U0915772

2021—2022年

厦门发展报告

厦门市发展研究中心 编著

厦门大学出版社
XIAMEN UNIVERSITY PRESS
国家一级出版社
全国百佳图书出版单位

图书在版编目(CIP)数据

2021—2022年厦门发展报告/厦门市发展研究中心编著.—厦门:厦门大学出版社,2022.6
ISBN 978-7-5615-8624-2

Ⅰ.①2… Ⅱ.①厦… Ⅲ.①区域经济发展—研究报告—厦门—2021—2022 Ⅳ.①F127.573

中国版本图书馆CIP数据核字(2022)第096612号

出 版 人 郑文礼
责任编辑 许红兵
封面设计 李嘉彬
技术编辑 朱 楷

出版发行 厦门大学出版社
社 址 厦门市软件园二期望海路39号
邮政编码 361008
总 机 0592-2181111 0592-2181406(传真)
营销中心 0592-2184458 0592-2181365
网 址 http://www.xmupress.com
邮 箱 xmup@xmupress.com
印 刷 厦门集大印刷有限公司

开本 889 mm×1 194 mm 1/16
印张 20.25
插页 2
字数 584千字
版次 2022年6月第1版
印次 2022年6月第1次印刷
定价 128.00元

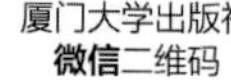

厦门大学出版社
微信二维码

厦门大学出版社
微博二维码

《2021—2022年厦门发展报告》编委会

2021年是中国共产党成立100周年，是“十四五”开局之年，也是厦门经济特区建设40周年。这一年，厦门坚持以习近平新时代中国特色社会主义思想为指导，全面贯彻党的十九大和十九届历次全会精神，深入贯彻落实习近平总书记在福建考察时的重要讲话精神，统筹疫情防控和经济社会发展，总体呈现“稳中有进、进中显优”的态势，实现了“十四五”良好开局。主要经济指标量质齐升，地区生产总值（GDP）迈上7000亿元新台阶，人均GDP突破2万美元，产业竞争力不断提升，跨岛发展和区域协同纵深推进，改革开放持续深化，社会民生共享发展成果。2021年的辛勤汗水和努力奋斗，为美丽厦门再添新彩，为经济特区建设再立新功。

今天的厦门，正如习近平总书记在致厦门经济特区建设40周年贺信中指出的，40年来，在党中央坚强领导下，厦门经济特区开拓创新、锐意进取，各项事业实现历史性跨越，为改革开放和社会主义现代化建设作出重要贡献，在促进祖国统一大业中发挥了独特作用。厦门经济特区的成功实践，是中国改革开放事业和社会主义现代化建设伟大成就的生动缩影，彰显了中国共产党领导和中国特色社会主义制度的显著优越性，展现了中华民族伟大复兴的光明前景。

40年风雨兼程，40年砥砺奋进。2022年，站在新的起点，站在实施“十四五”规划承上启下的关键期，我们正面临严峻复杂的外部环境，也迎来新的发展机遇。厦门要深入学习贯彻习近平总书记重要讲话重要指示精神，特别是在福建考察时的重要讲话精神和致厦门经济特区建设40周年贺信重要精神，牢记习近平总书记的谆谆嘱托和殷切期望，长期坚持中国特色社会主义经济特区建设规律的十条宝贵经验，并在实践中不断丰富和发展。按照省委省政府、市委市政府的工作要求，稳字当头、稳中求进，坚持系统观念，加强统筹协调，全面深化改革开放，推动高质量发展，促进两岸融合发展，加快构建现代化经济体系，不断满足人民对美好生活的向往，纵深推进“提升本岛、跨岛发展”战略，加快形成岛湾一体、区域协同发展格局，更高水平建设高素质高颜值现代化国际化城市。

《2021—2022 年厦门发展报告》围绕运行分析、产业发展、数字经济、绿色经济、开放发展、民生幸福等方面，全面总结 2021 年厦门市经济社会发展状况，展望 2022 年，提出相应的对策建议。希望本书的出版有助于读者加深对厦门发展的了解和认识，同时也为有关部门研究提供参考，为厦门率先实现社会主义现代化提供智力支持。

厦门市发展和改革委员会主任

2022 年 3 月

目录

第一篇 运行分析篇

第二篇 产业发展篇

第三篇 数字经济篇

第四篇　绿色经济篇

第五篇　开放发展篇

第六篇　民生幸福篇

第一篇　运行分析篇

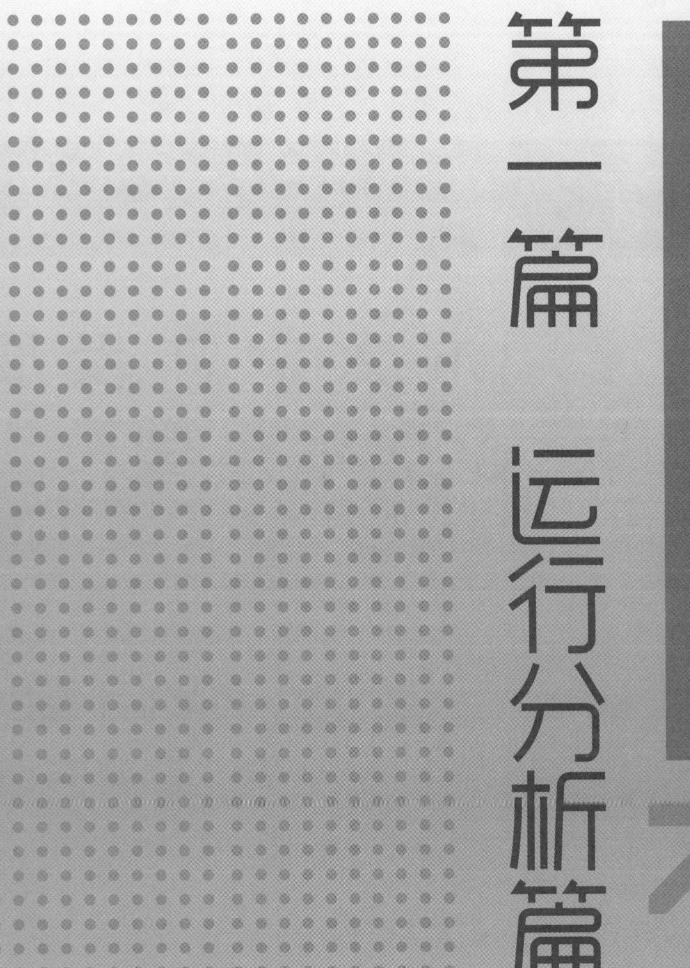

第一章

厦门市 2021 年发展评述与 2022 年展望

一、2021 年发展评述

（一）发展综述

2021 年，厦门统筹疫情防控和经济社会发展，主要指标运行在合理区间，经济社会发展总体呈现“稳中有进、进中显优”的态势，实现了“十四五”良好开局。虽然受上年基数逐季抬升及 7 月、9 月两次本土疫情影响，厦门经济增速呈现前高后低走势，但全年主要经济指标量质齐升，多项指标总量实现突破，地区生产总值（GDP）迈上 7000 亿元新台阶，批发零售业销售额、本外币存贷款余额分别突破 3 万亿元大关，外贸进出口总额、社会消费品零售总额和财政总收入分别超 8000 亿元、2500 亿元和 1500 亿元；地区生产总值、规模工业增加值、全社会固定资产投资额、社会消费品零售总额、财政总收入、全体居民人均可支配收入等主要指标增速排名全省前三（详见图 1-1、表 1-1）。

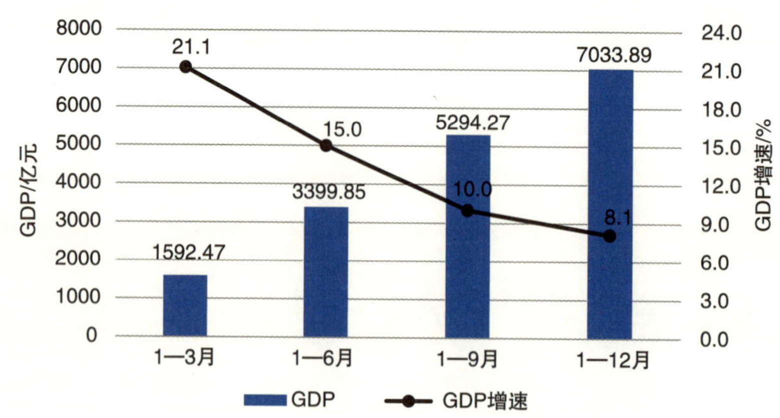

图 1-1　2021 年厦门市地区生产总值情况

表 1-1　2021 年厦门主要指标完成情况及在全省各设区市排名

主要指标	完成值	完成值全省位次	增速 /%	增速全省位次
地区生产总值	7033.89 亿元	3	8.1	3
规上工业增加值	—	—	11.9	2
全社会固定资产投资额	—	—	11.3	1
社会消费品零售总额	2584.07 亿元	3	12.7	1
外贸进出口总额	8876.5 亿元	1	27.7	6
实际利用外资	186.36 亿元	1	12.2	4
财政总收入	1530.21 亿元	1	13.2	3
地方级财政收入	880.96 亿元	1	12.4	3
全体居民人均可支配收入	64362 元	1	10.7	1
居民消费价格总指数	101.2	—	—	—

数据来源：厦门统计月报。

1. 产业竞争力不断增强

2021 年，厦门三次产业结构为 0.4:41.0:58.6，第二、第三产业对经济增长的贡献率分别为 34.6%、65.1%，二三产业均衡发展（详见表 1-2）。

表 1-2　2021 年厦门市 GDP 核算结构表

指标名称	增加值 / 亿元	同比增速 /%	占 GDP 比重 /%
地区生产总值	7033.89	8.1	
按产业分			
第一产业	29.06	5.3	0.4
第二产业	2882.89	6.7	41.0
第三产业	4121.94	9.0	58.6
按行业分			
工业	2162.84	9.2	30.7
建筑业	745.57	0.1	10.6
交通运输、仓储和邮政业	321.39	10.0	4.6
批发和零售业	905.79	23.0	12.9
住宿和餐饮业	94.38	9.5	1.3
金融业	865.50	7.0	12.3
房地产业	457.19	0.2	6.5
其他行业	1445.35	5.0	20.5

数据来源：厦门统计月报。

创新动能加速集聚。规划建设厦门科学城，嘉庚创新实验室形成60余项科技创新成果，生物制品省创新实验室建设全面启动，引进落地国家新能源汽车技术创新中心厦门分中心、厦门时代新能源研究院等创新平台。新增4家国家级和21家省级企业技术中心、13家省级新型研发机构、2家国家级科技企业孵化器。净增国家级高新技术企业超500家。新增国家级专精特新“小巨人”企业30家，累计培育国家级专精特新“小巨人”企业79家、省级专精特新中小企业167家、市级769家。

制造业能级持续提升。全市电子制造业、机械两大支柱行业实现平稳增长，其中电子制造业产业集群产值3077.4亿元，增长14.1%；机械产业集群产值2569.18亿元，增长16.5%。平板显示产业链、计算机与通信设备产业链产值持续增长，两条产业链分别实现产值1606.24亿元和1375.36亿元，分别增长6.5%和15.5%。战略性新兴产业快速增长，全市规上工业战略性新兴产业增加值比上年增长19.4%，其中生物与新医药增长96.9%，新材料产业链产值突破千亿元，集成电路、信息技术服务、新型显示器件获批省级战略性新兴产业集群。全市高技术制造业增加值占规上工业增加值的42.6%，比上年提高2.8个百分点，增长19.9%，有力拉动制造业增长；中航锂电、海辰新能源等投产，厦钨新能源、玉晶光电等企业增资扩产；天马六代线、电气硝子四期等项目加快建设。

现代服务业稳定恢复。全年实现服务业增加值4121.94亿元，增长9.0%，拉动GDP增长5.2个百分点。金融业全年保持较高增速，人民币存贷款余额增长13.5%，比全省平均水平高2.3个百分点，新增12家境内外上市企业，获批国家金融科技创新监管试点。交通运输、仓储和邮政业稳步复苏，港口货物吞吐量、集装箱吞吐量、空港货邮吞吐量总量规模均超过2019年水平，分别增长9.7%、5.6%、7.0%，入选国家绿色货运配送示范城市。批发和零售业销售额实现3.06万亿元，同比增长43%，高出全省平均水平11.3个百分点。住宿和餐饮业营业额增长21.7%。房地产贯彻落实中央“房住不炒，因城施策”的要求，市场平稳健康运行，全市商品房销售面积593.04万平方米，下降4.6%，其中住宅销售面积413.24万平方米，增长9.0%。其他营利性服务业营业收入增长20.3%，字节跳动区域总部项目开工、智能视听产业基地和海丝艺术品中心加快建设，中国电影金鸡奖等重大文化活动成功举办。

企业质量效益稳步提升。助企纾困有力有效，全市各部门全面落实国家、省、市减税降费各项政策，出台“1+N”政策体系，全年累计为企业减负374.23亿元；发布37个“免征即享”惠企政策，全年累计兑现资金超1.5亿元；全市中资银行机构累计减费让利36.81亿元，同比增加4.21亿元，市场主体融资获得感提高。企业产能利用率提高，根据对厦门市473家各类企业开展问卷调查，企业产能综合利用率达80.7%，较上年同期提高5.1个百分点（图1–2）。企业盈利状况持续改善，全年全市规上工业企业利润总额增长45.1%，比上年提高16.2个百分点；企业纳税能力增强，增值税增长13.6%，企业所得税增长25.2%。

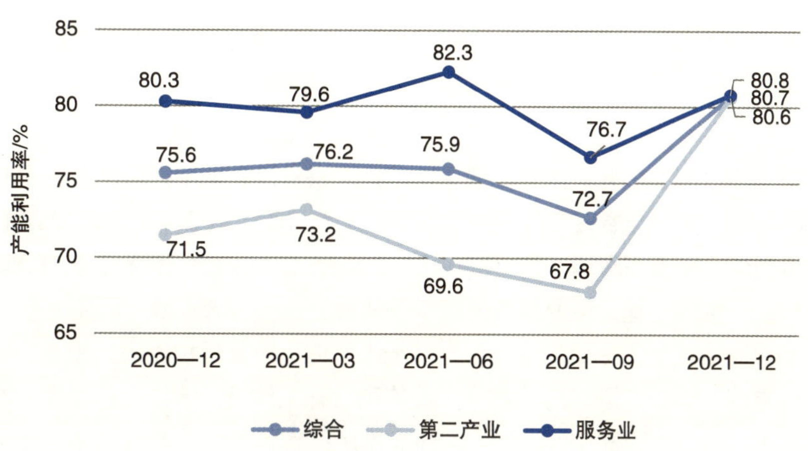

图 1–2　2021 年厦门市受调查企业各季度产能利用率情况

2. 内外需求复苏步伐加快

固定资产投资快速增长。2021 年，全市固定资产投资增长 11.3%，高出全省 5.3 个百分点，增速连续 10 个月排名全省第一，两年平均增长 10.0%。第一、二、三产业投资分别增长 22.2%、22.5%、9.0%。基础设施、制造业投资增长较快，其中：基础设施投资增长 24%，拉动全市固定资产投资增长 5.8 个百分点；制造业投资同比增长 30.2%，完成投资占全市固定资产投资的 16.2%，拉动全市固定资产投资增长 4.2 个百分点。重点项目投资带动作用显著：435 个市重点项目完成投资 2283.3 亿元，完成年度计划 169%；111 个省重点在建项目完成投资 805.4 亿元，完成年度计划投资的 126.3%，投资完成率排名全省第一；天马六代生产线、联芯集成电路制造、轨道交通、第二东通道、新机场工程、新体育中心、新会展中心等重大项目"龙头"带动作用显著。

消费潜力持续释放。2021 年，厦门加快推进集美新城 IOI 等一批大型购物中心项目建设运营，改造提升中山路步行街，推动实体商业加快数字化智能化改造，出台各项促进消费措施，举办全城欢动消费节和文旅消费季等系列促销活动，全年社会消费品零售总额实现 2584.07 亿元，增长 12.7%，高出全省平均水平 3.3 个百分点，增速居全省第一。网络零售保持较快增长，限上网上零售额增长 19.6%，拉动社会消费品总额增长 4.2 个百分点。衣着、食品、汽车类等消费增势稳健，全市限上衣着类消费实现零售额 420.92 亿元，增长 36.9%；限上粮油食品类消费实现零售额 190.54 亿元，增长 8.5%；汽车消费整体平稳，限上汽车类实现零售额 383.07 亿元，增长 6.6%。

外贸总量再上新台阶。2021 年厦门出台促进外贸发展惠企 15 条措施和外贸自主品牌培育三年行动方案，从强化工作机制、加大信保融资支持、降低通关成本等方面支持外贸企业发展。全年货物进出口总额达 8876.5 亿元，增长 27.7%，其中：出口 4307.3 亿元，增长 20.6%；进口 4569.2 亿元，增长 35.3%。从贸易方式看，一般贸易进出口 6462.20 亿元，占全市 72.8%，增长 33.7%；加工贸易进出口 1300.08 亿元，增长 18.9%。从市场结构看，对 RCEP（《区域全面经济伙伴关系协定》）、"一带一路"和金砖国家进出口分别增长 22.0%、28.7% 和 20.7%。外贸新业态新模式发展迅猛，跨境电商进出口 85.5 亿元，增长 207%，其中出口 73.3 亿元，增长 203%。服务贸易创新发展，自贸区位列国家文化出口基地功能区类基地首位，数字服务出口基地梦加网络发展成功入选商务部国家数字出口基地发展案例，全年服务贸易进出口总额 101.58 亿美元，同比增长

47.9%，其中：出口 57.29 亿美元，增长 60.2%；进口 44.29 亿美元，增长 34.6%。

3. 跨岛发展和区域协同加快推进

岛内大提升岛外大发展协调推进。岛内城市有机更新加速推进，实施湖里东部、湖滨一至四里、何厝岭兜、泥窟石村等重点片区改造提升；滨北超级总部基地加快建设；两岸区域性金融中心片区厦门银行新总行大厦、阳光龙净总部大厦、会展五期等一批项目开工建设，厦航总部大厦、仁和公寓、弘爱妇产医院、厦门市音乐学校艺术教学及配套用房等一批项目竣工。岛外新城片区加快环湾成势，新机场片区快速路网、地下管廊框架基本形成，主体工程工可及用海使用权证获批复；马銮湾新城“两湾 + 四岛”水陆新界域初具形态，片区景观明显改善，厦门一中海沧分校、双十中学海沧附属学校庚西分校、后柯小学等学校招生办学；环东海域新城官浔中学、下潭尾污处理厂工程等项目开工建设，信和达元器件智能物流中心、后吴幼儿园等项目顺利竣工，双十中学翔安校区初中部建成投用；集美新城电子城 · 厦门国际创新中心三期等项目开工建设，川大华西厦门医院主体工程完工，外国语学校集美校区、软件园三期西片区首批研发楼等项目竣工验收；东部体育会展新城新体育中心白鹭体育场、凤凰体育馆、白海豚游泳馆主体结构封顶，新会展中心展览中心、会议中心已完成主体结构；同翔高新城加快打造城市新区和产业集群融合发展的标准化园区。

城市功能品质提升。基础设施更加完善，轨道交通 3 号线（火车站—蔡厝）开通运营，与 1 号、2 号线共同形成“岛内成网、三向出岛”的基本骨架网络；海沧隧道建成通车，新机场工可、用海、环评、初设获批，航站楼主体工程等 15 个项目开工；原水低线连通工程全线贯通；新建改造燃气管道 95.05 公里、新增管道用户 3.71 万户。城市建管更加精细，完成老旧小区改造 2.5 万户；完成 21 个道路交通安全隐患整治项目、22 个路网改造提升项目，打通断头路 11 条，新增路外公共停车泊位 8584 个；环山、滨水、穿城绿道加快推进，新建及提升绿道约 60 公里，新增改造公园绿地 81 公顷，环东海域滨海旅游浪漫线绿化工程被省品质提升办评为典型样板工程。智慧厦门加快推进，“城市大脑”启动建设，“数字身份”“图看厦门”等一批应用上线。

乡村振兴战略深入实施。全市乡村振兴千亿投资工程完成投资 334.76 亿元，完成年度计划的 112.34%。30 个试点示范村和 10 条动线建设进展顺利。创建市级以上绿盈乡村 18 个、美丽庭院示范户 1240 户，完成既有裸房整治 4653 栋。实现无害化农村卫生户厕全覆盖。同安区莲花镇获评全国首批乡村旅游重点镇，集美汽车小镇、动漫小镇纳入省级特色小镇清单管理。

闽西南协同发展深入推进。编制《厦漳泉都市圈发展规划》，组织实施 14 个专项规划，优化毗邻区协同发展机制。加大项目推进力度，28 个重大协作项目完成投资 178 亿元，城际铁路 R1 线进展顺利；闽西南集团和基金深度运作，完成智慧城市等 5 个项目建设。4 个经济合作区新签约项目 69 个、总投资超 500 亿元。闽西南智能制造等 7 个共建共享平台正式运作，结婚登记、政务服务等事项实现跨区域通办。

4. 社会民生共享发展成果

公共服务水平持续提升。全年建成 48 个中小学幼儿园项目，新增学位 5 万个。实验小学翔安校区、外国语学校集美校区等一批学校建成招生。中小学课后延时服务实现全覆盖。成为健康中国行动创新模式首批试点城市，复旦儿科厦门医院、川大华西厦门医院获批第二批国家区域医疗中心试点。建成 2 个镇（街）级养老服务照料中心、9 个农村幸福院，新增养老床位 1472 张。开展婴幼儿照护服务试点。入选首批国家体育消费试点城市，厦门国际马拉松跻身世界田联最高级别赛事，新开放 29 所学校体育场地设施。多层次住房保障体系加快建设，全年保障性住房建设完成投资 9.37 亿元，建成保障性住房 1.28 万套，配租配售 1.86 万套（间）。开展扩大房源稳定市场专项行动，筹集投放租赁住房 2.8 万套。

就业持续扩大，收入稳步提高。出台扩岗留工稳就业“15 条”和优化人才服务保障“留厦 6 条”，全市城镇登记失业率 3.40%，比上年下降 0.44 个百分点；城镇职工参加医社保人数增长 4.6%。全体居民人均可支配收入 64362 元，增长 10.7%，城镇、农村居民人均可支配收入分别增长 9.6%、12.3%，三项收入的总量与增速均处于全省领先水平。

社会治理深入推进。启动完整社区建设试点，入围全国首批城市一刻钟便民生活圈试点地区。安全生产形势总体稳定，全市各类生产安全事故和死亡人数同比分别下降 40% 和 8%；深入创建国家食品安全示范城市，超 10 万家经营主体近 52 万种食品纳入食品安全信息系统，消费者满意度居全国第三；全省粮食安全责任制考核名列前茅；反诈骗“厦门经验”全国推广，全年公安机关共预警劝阻受骗群众 15.49 万人，减少经济损失 6.37 亿元，累计建成 1237 个智慧安防小区，群众安全感保持全省第一。“爱心厦门”深入人心，实名注册志愿者超 87 万人，双拥共建工作不断加强，近邻党建服务模式全国推广。

生态文明建设成效显著。公众生态环境质量满意度位居全省第一，空气质量综合指数在全国 168 个重点城市中排名第六，饮用水水源地、主要流域国考断面、主要流域省考断面、小流域省控断面水质实现“四个 100% 达标”，国家“蓝色海湾”综合整治工程全面推进，土壤环境质量保持稳定。建成污水厂 3 座并通水，新建改造污水管网 120 公里，全市大型污水集中处理设施处理能力达 179 万吨 / 日以上。湖里、集美获批国家生态文明建设示范区。东坪山片区近零碳排放区示范工程入选全国绿色低碳典型案例。

5. 改革开放持续深化

国际一流营商环境持续提升。出台实施《厦门经济特区优化营商环境条例》，通过立法破除营商环境的制度障碍；出台《厦门市高质量推进国际一流营商环境建设 2021 年度提升方案》，实施 225 项营商环境提升重点任务；注重包容普惠创新全方位提升，在全国率先出台《厦门市包容普惠创新专项提升实施方案》；全国营商环境评价中 18 个指标全部获评“全国标杆”，14 个指标进入全国前十，厦门海丝中央法务区正式运营。持续推进信用示范城市建设，出台 6 项社会信用条例配套办法，“信易贷”平台获全国评比第二，个人信用“白鹭分”覆盖近 200 万市民；新增各类商事主体 14.6 万户，同比增长 10.5%，厦门企业活跃度和成长性居全省前列。

金砖创新基地加快建设。制定金砖创新基地建设三年行动方案以及功能产业规划。实施“八个一”工程，出台《关于加快金砖创新基地建设的若干措施》，发布 60 项重点任务清单。编制金砖国家标准化研究报告，推动标准制定和资格互认。组建厦门金砖新工业能力提升培训基地联盟，参训学员覆盖 15 个国家超 2 万人次。挂牌成立金砖创新园，建设金砖工业能力共享平台等 7 个赋能平台，成立中俄数字经济研究中心等机构，推出首批 39 个示范标杆项目。成功举办金砖国家智库国际研讨会、投融资论坛、金砖国家新工业革命伙伴关系论坛等活动。

自贸试验区建设提档升级。获批新型离岸国际贸易、飞机经营性租赁外币计价结算等 4 项试点政策。推出 52 项创新举措，累计自主推出 498 项创新举措；新增 11 项全国首创经验，累计全国首创 111 项。挂牌成立厦门自贸数字化促进中心，建成数字国际酒平台等一批重点数字化项目。获批建设象屿、海沧港综合保税区，开展多式联运“一单制”试点。入选全国供应链创新与应用示范城市，获批贸易外汇收支便利试点城市、新型离岸国际贸易试点专区。

海上合作战略支点建设持续加力。新增“丝路海运”命名航线 16 条，至 2021 年底，“丝路海运”命名航线总数 86 条，通达 29 个国家的 102 座港口，全年共开航 2829 航次，集装箱吞吐量达 351.6 万标箱，增长 15.6%。成功举办“丝路海运”国际合作论坛。中欧班列开行 179 列，累计货值 10 亿美元，增长 10%。厦门机场国际航线货邮吞吐量 10.69 万吨，增长 56.7%。与“一带一路”国家进出口总额和实际使用外资分别增长 28.9% 和 66%。

两岸融合发展持续推进。出台《厦门市打造台胞台企登陆第一家园“第一站”的若干措施》，突出以通促融、以惠促融、以情促融。新批台资项目 688 个，合同使用台资 6.69 亿美元，在大陆率先实现台胞按内资企业注册公司，在大陆设立首只全国性台商基金。厦门两岸集成电路产业园获评国家级科技企业孵化器。空中直航航班数 1915 航次，增长 7.22%，厦金通电、通气、通桥项目厦门侧相关工作进展顺利。成功举办第十三届海峡论坛、海峡两岸图书交易会。12345 便民服务平台开通涉台服务热线，11 个市级行政审批窗口设立台胞台企服务专窗。

（二）存在问题

1. 经济增长压力较大

2021 年 7 月、9 月的两次本土新冠疫情对经济增长影响较大，叠加上年逐季走高的基数，2021 年主要经济指标均呈现逐季走低态势。一是重点行业贡献下降。随着国外对新冠检测相关用品的需求下降，医药制造企业的订单量有所回落，医药制造业对全市工业的拉动作用不断削弱；国际航运需求持续低迷，飞机维修业增长乏力，金属制品、机械和设备修理业增加值下降 25.9%；1—11 月规上互联网软件业营业收入增长 4.5%，增速低于全省同行业平均水平 12.6 个百分点，45.5% 的企业营业收入比去年同期减少。二是新增企业和头部企业拉动作用不足。全年新投产及“下转上”工业企业净增工业总产值 125.45 亿元，仅拉动规上工业增长 1.7 个百分点；部分头部企业基数增大，带动能力逐步减弱。

2. 有效投资仍显不足

一是新增项目生成不足。全市新增项目计划投资 1346.21 亿元，下降 42.3%。新增计划总投资超 20 亿元的项目有 7 个，下降 53.3%；新增计划总投资超 50 亿元的项目只有 1 个，比上年少 5 个。二是民间投资占比下降明显。全市民间投资下降 0.1%，占全市投资的 26.2%，比上半年下降 21.6 个百分点。主要是房地产投资中民间投资下降 19.7%，拉低民间投资增长 14.3 个百分点，制约全市投资增长。

3. 企业生产经营成本上升

2021 年，受美国宽松货币政策、疫情导致的供给受限和运输受阻、需求回升等因素影响，国际大宗商品价格大幅上涨。生产者价格指数（PPI）短时间内快速迅猛上涨，1—12 月同比分别上涨 0.3%、1.7%、4.4%、6.8%、9.0%、8.8%、9.0%、9.5%、10.7%、13.5%、12.9%、10.3%，全年上涨 8.1%。由于价格传导存在滞后性和传导分摊有限，企业利润空间受到挤压。同时海运成本、人工成本也有不同程度的提高。年末对厦门 473 家企业的问卷调查结果显示，52.2% 的企业反映用工成本比上年同期明显提高，近六成企业用工成本占全部生产经营成本比重的 30% 以上；72.1% 有进出口业务的企业反映运输成本涨幅大，其中反映比上年同期平均涨幅 25% 以上的企业占 35.2%。

4. 供应链受疫情影响程度持续加大

根据对 2021 年各季度厦门企业的问卷调查结果，除第三季度厦门本土突发疫情外，供应链受全球疫情及国内部分地区疫情反复影响的企业占比总体上呈上升趋势，四季度受疫情影响较大和非常大的企业占比达 53.9%，比一季度高 17.1 个百分点（详见图 1−3）。2022 年疫情仍具有较大的不确定性，一方面疫情反复抑制需求恢复，将进一步影响市场预期和需求，不利于经济稳定恢复；另一方面，疫情反复影响工业生产，部分行业企业生产中断、原材料供给不足或交货时间延长等问题仍然可能出现。

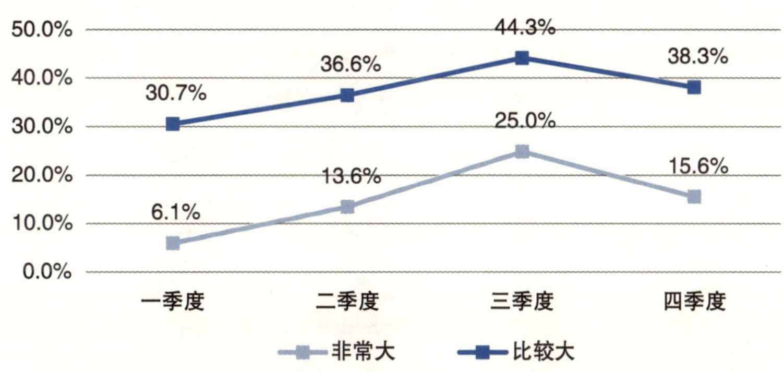

图 1−3　2021 年各季度厦门市企业供应链受影响情况

5. 城建、社会等领域发展仍存在短板

岛内外发展不平衡状况仍存在，岛外产城融合程度不够高，城市管理精细化水平有待提升，区域中心城市辐射带动作用发挥仍不充分；基本公共服务均等化水平有待提高，教育、医疗、养老、住房等方面存在不少短板，社区治理还有薄弱环节，统筹推进常态化疫情防控和经济社会发展压力较大。

二、2022 年发展展望

（一）国内外宏观环境分析

1. 国际环境

（1）在快速的报复性“深 V”反弹后，全球经济将逐步回归正常化复苏。2021 年的全球经济复苏是“强刺激”加上低基数（2020 年全球 GDP 深度衰退幅度 3.3%）等因素下的报复性反弹，经济增速预计将达到 5.5%~6%，两年平均增长约 1.3%。但由于技术进步与人口贡献因素作用下降（长周期）、投资消费信心不足和全球化倒退（中周期），以及疫情反复、俄乌冲突、中美博弈等扰动因素（短周期）叠加，2022 年全球经济大概率将回归到不超过 4% 的常态化增速水平。国际货币基金组织（IMF）和世界银行 4 月份分别预计 2022 年全球经济增长 3.6% 和 3.2%。

（2）俄乌冲突对全球经济影响大。俄罗斯、乌克兰地区是全球石油、天然气、金属、化肥、稀有气体、粮食作物的重要出口地，2022 年 2 月以来，俄罗斯乌克兰冲突持续升级并爆发了战争，预计俄乌冲突僵局短期难以结束，加上美欧全方位、无差别地对俄实施制裁，预计 2022 年原油、天然气、粮食等大宗商品价格持续高涨，稀有气体供应影响芯片供应链稳定，有色金属供应紧张状况加剧，国际物流因俄罗斯与美欧间相互关闭领空受到阻碍，制裁导致世界经济的结构性风险持续升高，部分国家的经济复苏、恢复产能等计划将被迫放缓。国际产业链、供应链、创新链和价值链的“再安全化”需求上升，成本驱动型通胀和系统性金融风险的诱因将显著增多，跨国企业和各类国际投融资活动将陷入“选边站”的困境，被动“脱钩”和主动“筑墙”的尝试将更加频繁。

（3）全球疫情影响有望缓和，但不确定性仍存在。随着疫苗推广、特效药研发以及经济社会交往越来越适应抗疫带来的变化，新冠疫情影响将逐步减弱。但是，全球新冠肺炎疫情仍处于流行状态，且病毒频繁变异，增加疫情防控难度。新冠病毒变异带来的疫情反复给经济社会活动、产业链供应链带来负面冲击。

（4）发展理念变革将重塑全球经济运行轨迹。一是绿色低碳转型。以中国提出“2030 年碳达峰、2060 年碳中和”目标、美国重返《巴黎协定》为重要标志，全球携手开展绿色低碳转型，目前全球已有 120 多个国家和地区提出碳中和愿景，30 多个国家和组织宣布碳中和目标。绿色低碳理念引起相关行业重大变化：太阳能、风电、水电、核能等低碳能源的投资将大幅增加；节能技术、绿色建筑、电动车、绿色农业等新兴低能耗行业正快速增长。绿色低碳的转型发展，将对全球经济的供求结构、产业结构、区域结构和发展模式产生巨大影响，并对价格水平、资本市场投资方向、绿色金融供给等带来新的变革性挑战，同时也蕴含着巨大的创新、绿色与协调发展机遇。二是数字化转型。疫情暴发推动了数字化时代的全面到来，疫情期间数字技术在智能制造、远程办公、无接触消费、线上教育医疗、社会治理等领域发挥了重要的作用。全球主要国家和经济体纷纷加快数字经济发展，产业数字化、数字产业化和数字化治理等转型成为全球经济复苏的重要方向。2022 年，人类社会仍将面临新冠病毒、极端气候以及其他类似的自然灾害问题，数字经济正在成为驱动经济高质量发展的核心力量之一，将深刻改变人类社会的生产与生活方式，带动产业升级发展。

2. 国内环境

（1）经济长期向好的基本面没有改变。2022 年，“十四五”规划重大项目陆续上马，各地换届后要以优异的成绩迎接党的二十大胜利召开；供给侧结构性改革、创新驱动发展战略持续深入推进，不断为经济发展注入新动力；数字经济与实体经济深度融合，赋能传统产业转型升级，催生新产业新业态新模式，为经济发展增添新活力；新型城镇化提质增效，乡村振兴全面推进，强大国内市场和高水平对外开放协同互促，不断拓展经济发展新空间。国内外权威机构预测 2022 年中国 GDP 增速目标大概率在“5% 以内”。

（2）疫情不确定性增加经济稳增长压力。2022 年以来，国内疫情多点散发和局部规模性暴发并存。从供给侧看，新冠疫情反复将影响工业生产，部分行业企业生产中断、原材料供给不足或交货时间延长等问题仍然可能出现。服务业将恢复缓慢，1 月、2 月铁路运输、道路运输、水上运输、邮政、居民服务等行业商务活动指数降至临界点以下，行业景气水平回落。预计全年经济运行仍将受到这些供给端问题约束，面临较大的下行压力。从需求侧看，2021 年三季度以来，内需出现明显放缓，预计 2022 年疫情反复仍将抑制需求恢复，消费增速反弹程度有限；投资方面，预计 2022 年房地产投资将延续放缓态势，制造业投资增速存在回升潜力，但需要利润端的配合；从出口看，随着全球生产能力的恢复，疫情期间向我国转移的订单能否延续，存在较大的不确定性，出口增速见顶回落的可能性大。

（3）宏观政策稳字当头、稳中求进。2021 年 12 月中央经济工作会把“稳字当头、稳中求进”定为

2022 年我国经济工作的主基调，并提出了七大政策组合拳，即宏观政策要稳健有效、微观政策要持续激发市场主体活力、结构政策要着力畅通国民经济循环、科技政策要扎实落地、改革开放政策要激活发展动力、区域政策要增强发展的平衡性协调性、社会政策要兜住兜牢民生底线。相关机构预计 2022 年财政赤字率水平将保持在 3% 左右，专项债的额度在 3.5 万亿 ~4 万亿元；货币政策将略有松动，预计存款准备金率下调，M2 将适度加速增长。

（二）厦门 2022 年经济走势分析

1. 经济将呈前低后高走势

综合国内外经济形势，一方面，全球经济正常化复苏和国内经济在合理区间运行，有利于厦门充分利用国内国际两个市场、两种资源，推动供给侧改革和需求侧管理；数字经济、绿色经济等产业变革新方向，为厦门进一步升级发展软件信息服务、生物医药与健康、绿色产业等重点产业创造了良好机遇。另一方面，疫情反复、供应链不稳定、通货膨胀等风险，对厦门的制造业、外贸进出口、房地产市场等领域将产生较大影响。综上研判，2022 年厦门市经济工作机遇与挑战并存，但经济运行中不确定性因素增多，保持经济平稳运行压力加大，叠加 2021 年 GDP 增速前高后低因素，初步预计 2022 年厦门经济将呈前低后高走势，全年增速 7.0%~7.5%。

2. 企业对 2022 年发展前景总体乐观

根据 2021 年 12 月底对全市 473 家企业问卷调查显示，61.1% 的企业对 2022 年全年发展前景表示乐观，较三季度末调查增加 9.9 个百分点；对发展前景不乐观的企业占比 23.7%，较三季度末调查减少 11.2 个百分点。企业投资意愿有所回升，近五成企业表示 2022 年将增加投入，比三季度上升 5.3 个百分点。用工需求有所增加，未来一段时间计划增加用工的企业占比 38.7%，比三季度末增加 3.9 个百分点。

三、2022 年对策建议

坚持“稳字当头、稳中求进”，统筹疫情防控和经济社会发展，着力抓好国家政策落实，聚焦聚力建设现代化经济体系，确保全年经济平稳运行，加快打造高质量发展引领示范区，推动厦门“高素质更具实力、高颜值更具魅力、现代化更具活力、国际化更有张力”，推动厦门率先实现社会主义现代化。

（一）全力保持经济平稳运行

1.“因势利导”加快新产业发展

在加快发展先进制造业、优化发展现代服务业的基础上，结合全球产业转型发展机遇，积极探索新市场，主动发展新业态，打造数字经济、绿色经济、生物医药与健康等发展新高地，培育厦门经济发展新动能。一是大力发展数字经济，着力发展集成电路、新型显示、计算机与通信设备、高端软件、云计算、人工智能、区块链等新一代信息技术产业，不断壮大产业规模和能级；推动制造业、服务业、农业等产业数字化，利用互联网新技术对传统产业进行全方位、全链条的改造，发挥数字技术对经济发展的放大、叠加、倍增作用。二是培育发展绿色产业体系，围绕节能环保、新能源汽车、光伏发电、生物能源、智能电网等绿色新兴产业领域，大力引进培育产业链核心环节和关键配套项目，建设绿色产业示范基地。三是积极发展医疗健康产业，推动新型重大流行病疫苗、体外诊断和医疗器械等行业发展；构建医疗大数据中心和信息共享体系，发展“互联网＋健康＋医疗”体系。

2.“内外结合”完善产业发展平台载体

打造高质量产业创新、开放、发展载体，主动融入我国新型产业链集群，抓住后疫情时期全球经济复苏机遇，完善与“一带一路”、金砖国家的科技创新与经贸合作。一是加快建设厦门科学城，推进能源材料、生物制品省创新实验室建设，加快国家新能源汽车技术创新中心厦门分中心、国家“芯火”双创基地和国家集成电路产教融合平台等高能级创新平台建设，建设高素质创新名城，促进创新链与产业链深度融合发展，聚焦新型显示、集成电路、人工智能、新材料、创新药等产业关键技术领域，加强前瞻性和基础性研究，推动产业链上中下游、大中小企业融通创新。二是加快推进闽西南协同发展区等区域合作载体建设，深化区域产业协作，形成多层次的产业配套、技术交流、产品交易和项目对接合作。三是加快推动金砖创新基地建设，推动金砖国家间AEO（认证经营者）互认合作，打造金砖国家示范电子口岸、大宗商品交易中心等；推进厦门自贸片区扩区，依托自贸区，创新开展跨境产业链供应链合作试点。

3. 立足“双循环”推动需求侧健康发展

充分利用国际国内两个市场、两种资源，激发有效需求。一是紧抓《区域全面经济伙伴关系协定》（RCEP）正式生效机遇，研究、利用好国际贸易投资规则条款，结合RCEP各成员国的降税承诺、产业特点，推动厦门优势产品出口，并积极扩大先进技术、重要设备、关键零部件等进口；加大对跨境电商、市场采购等新业态新模式的支持力度，促进外贸转型升级；积极发展数字贸易，推进厦门软件园国家数字服务出口基地建设，大力扶持软件、社交媒体、云计算、卫星定位等信息技术服务，以及数字传媒、数字娱乐、创意设计等数字内容服务出口。二是抢抓中央积极扩大有效投资有利时机，推动“十四五”规划项目加快落地建设，加速推进“两新一重”和制造业、民生补短板五大建设行动。实施投融资创新行动，推动大型基础设施、片区开发项目采用PPP（政府和社会资本合作）等合规方式引入社会资本；加大力度争取上级资金和政策性优惠性融资支持；盘活地铁、保障房、污水处理、供水设施等合规经营性存量资产，争取推出一批REITs（房地产投资信托基金）项目。三是加快推动消费模式创新，支持传统零售企业打通线上线下协同的全渠道模式，发展智慧零售、无人零售、绿色零售等零售新业态，推进线上交易、线下配送等消费新模式；打造海外消费品集散中心，推进自贸片区燕窝、酒、水产品等特色商品进口平台建设，建设进口优品展销中心，打造台湾特色进口商品集聚区，吸引更多海丝、金砖、东盟的消费品牌集聚；在符合疫情防控前提下，大力发展文旅经济，吸引游客、客商来厦休闲度假、观光旅游、商务洽谈。

4.“大小并重”加大企业帮扶服务力度

密切关注疫情对企业的影响，全面落实“六稳”“六保”任务，细化企业分类分级政策体系，及时解决行业、企业等中微观层面出现的具体困难，帮助企业积极应对、适应外部变化，持续激发市场主体活力。一是落实完善企业跟踪服务机制，建立后疫情时期专项帮扶机制，扩大普惠型政策“免申即享”范围，强化财税金融政策的协同性，增强政策的产业靶向性。二是大力扶持民营企业发展，引导民营企业创新发展，支持民营企业拓展国际市场，优化民营企业金融服务供给。三是主动防范重大风险，加快清理拖欠民营企业、中小企业账款；制定房地产企业风险化解与稳控预案；提升金融机构信息化预警监测能力，防范化解中小金融机构风险。

（二）深入推进跨岛发展战略

1. 加快岛内功能提升和城市更新

统筹高林金林、湿地公园 TOD 成片综合开发，完善何厝岭兜片区产业空间设计，加速开元创新社区规划落地，统筹泥窟石村片区用地，加快滨北超级总部基地规划建设，集聚科创、金融和总部经济等高能级产业，做强城市“主核”。整合厦门本岛东部空间和产业资源，推进海丝中央法务区建设；以大唐中心整体盘活为基础，谋划打造厦门国际商务区，建设“两高两化”标杆园区；推动两岸金融中心片区厦门国际银行总部大厦、厦门三迪国际金融中心、碧海嘉园、人才子弟学校等项目建设，尽快完善片区路网建设、交通设施及公共配套服务设施。

2. 加速岛外新城片区连片成势

以产城融合为重点，推动产业发展、城市建设、生态优化和人口集聚，提高常住人口城镇化率。集美新城片区推进二中集美校区、集美中学新校区、官任安置房、西亭官任片区市政道路等项目建设，建成市青少年足球训练中心、软件园三期 F 片区、软件园三期一号公园；同安新城片区重点加快银城智谷、新经济产业园、环东海域医院、官浔中学、仰正中学（高中）等项目建设；马銮湾新城加快环湾景观带，推进马銮湾生态三岛公园建成开放，“两环七横七纵”骨干路网基本成型，马銮湾医院建成投用；同翔高新城加快启动厦门时代等新落地重大招商项目开工建设，推动天马六代等项目加快建成投产，加速新材料（石墨烯）产业园等新产业载体尽快竣工投入使用；翔安新城片区、机场片区重点完善片区规划，加快新机场主体工程、新体育会展中心等核心项目建设，力促厦门太古维修基地、厦门航空产业启动区、莲蹬大桥等项目尽早开工。

3. 畅通岛内外连接

加快地铁 3 号线南延段工程、4 号线建设，实现 6 号线区间洞通，规划建设一批轨道配套公交场站；加快建设翔安大桥、同安进岛通道等一批交通重点项目。拓展对外连接新通道，推进新机场主体工程全面开工，加快建设福厦高铁，推进渝长厦、兴泉铁路厦门支线、厦漳泉城际轨道 R1 线等铁路（轨道）和高崎 5000 吨码头改造等项目前期工作。加快整治重点道路交通安全隐患，打通断头路，新增路外公共停车泊位。

4. 促进城乡共同富裕

做精做优都市现代农业，大力发展绿色农业、生态农业，培育“三品一标”农产品，做好粮油肉菜等重要民生商品保供稳价工作，保障好“米袋子”“菜篮子”。增强种子种苗企业科技创新能力，培育现代农业智慧园、农业物联网应用基地。促进农村一二三产融合发展，推进乡村旅游提升工程和特色小镇建设。推动绿盈乡村提档升级，持续推进农村雨污分流、生活垃圾处理、农房整治等工作，改善农村人居环境。

严格落实耕地保护制度，深化农村集体产权制度改革，促进农村土地经营权有序流转，稳妥推进农村宅基地改革。提高新型农业经营主体管理水平，多渠道促进农民增收。

5. 深化区域协同合作

推动厦门海沧—漳州台商投资区、厦门翔安—泉州南安市际毗邻区融合发展，探索建设厦门翔安—泉州南翼科技创新走廊。推进城际铁路、九龙江水源保护等一批年度重大协作项目建设，完善山海协作平台和机制，加强与长三角、粤港澳大湾区对接合作，大力实施联合招商，强化政务服务、区域应急、城市治理、人口管理等便利化流动和协同治理。

（三）持续改善人民生活

1. 进一步提升基本公共服务水平

落实义务教育“双减”政策，推动教育补短扩容、名校跨岛行动，推进名师出岛，促进学前教育普及普惠发展、义务教育优质均衡发展，进一步提高普通高中招生比例，有力推进教育公平。加快“双一流”高校和学科建设，推动理工学院升格为理工大学，筹建海洋职业大学。加快建设职业教育创新发展高地，促进产教融合。加快复旦中山厦门医院等3个国家区域医疗中心试点建设，市中医院争取纳入第三批国家区域医疗中心试点，建成川大华西厦门医院并投用，加快马銮湾医院、环东海域医院建设，推进中医药传承创新发展。突出抓好“一老一小”民生工程，实施应对人口老龄化工程，发展普惠托育服务。

2. 加强就业服务和社会保障

实施就业能力提升工程，健全职业技能培训和公共就业服务体系，建立健全灵活就业和新就业形态人员政策服务体系。构建工资稳增长机制，适当提高一线职工工资待遇，探索壮大中等收入群体新机制，着力提升低收入群体增收能力，推动居民收入稳步增长，加快建设共同富裕先行示范市。提高基本养老保险参保率，加大基本养老保险、基本医疗保险保障力度，扩大失业保险保障范围。完善公租房、保障性租赁住房和共有产权房政策体系，着力解决城市新市民等的住房困难问题。保障妇女、儿童、老年人、残疾人合法权益，发展社会救助、社会福利、慈善事业。

3. 繁荣发展文化体育事业

持续提升城市文明水平，争创全国文明典范城市；聚焦“文化中心”、“艺术之城”和“音乐之岛”，争创国家历史文化名城。加强全民健身设施建设，加快建设南北向健康步道，扩大学校体育场地设施对外开放范围，广泛开展群众性文化体育活动，发展“体育+”多元业态，做好2023年亚洲杯足球赛场地建设和筹备工作，推进国家体育消费试点城市建设。

4. 推进生态文明建设

实施蓝天、碧水、碧海工程，确保空气质量在全国位居前列，建设美丽河湖、打造美丽海湾。有序推进碳达峰碳中和工作，构建全市碳达峰碳中和“1+N”政策体系。大力发展绿色经济，推进生产、流通、消费领域绿色低碳循环转型。倡导绿色低碳生产生活方式，推动全社会建立绿色低碳循环的消费理念。推进用能权、碳排放权、排污权等市场化交易，争创绿色金融改革试验区。深化生态文明体制改革，推进国家生态文明建设示范市、区联创。

5. 推动社会治理创新。

健全公共卫生服务体系，提升疫情常态化防控和应急处置能力。加快“城市大脑”中枢系统建设，提高“大数据 + 网格化”治理水平，夯实基层社会治理基础。推广近邻党建服务模式，加强“城中村”基层社会治理。完善矛盾纠纷源头预防、排查预警、多元化解机制。常态化开展扫黑除恶斗争，建设更高水平的平安厦门。完善城市安全体系，防范化解各类风险挑战。

【参考文献】

[1] 厦门市人民政府 .2022 年厦门市人民政府工作报告 [R/OL].(2022–01–07)[2022–03–01].https://news.xmnn.cn/xmnn/2022/01/25/100998354.shtml.

[2] 厦门市发展和改革委员会 . 关于厦门市 2021 年国民经济和社会发展计划执行情况与 2022 年国民经济和社会发展计划草案的报告 [R/OL].(2022–02–08)[2022–03–01].http://dpc.xm.gov.cn/xxgk/xxgkml/ghjh/202202/t20220208_2624973.htm.

[3] 厦门市统计局 . 厦门统计月报 [R/OL].[2022–02–08].http://tjj.xm.gov.cn/tjzl/.

[4] 厦门市台港澳办 . 厦门台港澳工作简报 [Z].2022(28)、(29).

[5] 国际货币基金组织（IMF）. 世界经济展望 [R/OL].[2022–03–26].https://www.imf.org/zh.

[6] 赵隆 . 俄乌冲突对世界格局的深层影响将逐步发酵 [EB/OL].(2022–03–07)[2022–03–20].http://www.cssn.cn/gjgxx/gj_bwsf/202203/t20220307_5397114.shtml.

课 题 组 长：彭梅芳
课题组成员：彭朝明　彭梅芳　许　林
　　　　　　欧阳元生　黄榆舒
课 题 执 笔：彭梅芳　许　林

第二章

思明区 2021 年发展评述与 2022 年展望

一、2021 年发展评述

（一）发展综述

2021 年，思明区统筹推进疫情防控和经济社会发展，扎实推进“六稳”工作，全面落实“六保”任务，经济增长在抗击疫情中体现韧性，高质量发展加快推进。

1. 千方百计稳住经济基本盘

思明区有效应对了疫情和复杂外部环境的叠加冲击，经济稳定恢复，显示出较强的韧性和潜力，经济保持平稳较快发展，经济总量和综合竞争力不断提升，加快形成活力迸发的高质量发展引领区。2021 年，思明区实现地区生产总值（GDP）2258 亿元，年增长 8.2%。人均 GDP 首次超过 20 万元。财政收入稳步增长，实现财政总收入 427 亿元，年增长 9.4%。区级财政收入 73 亿元，年增长 16.2%。详见表 2-1、图 2-1 至图 2-3。

表 2-1　2021 年思明区主要经济指标及在全市排名

指　标	总量	总量全市排名	增速 /%	增速全市排名
地区生产总值	2258 亿元	1	8.2	2
其中：第一产业	33 亿元	4	6.7	2
第二产业	374 亿元	5	2.7	6
第三产业	1881 亿元	1	9.3	4
规模以上工业增加值	—	—	17.9	2
社会消费品零售总额	1007 亿元	1	22.3	1
固定资产投资额	—	—	2.7	6
财政总收入	427 亿元	1	9.4	3

续表

指　标	总量	总量全市排名	增速 /%	增速全市排名
区级财政收入 / 亿元	73 亿元	1	16.2	5
实际利用外资 / 亿元	52 亿元	1	73.6	1
全体居民人均可支配收入 / 元	81224 元	1	9.7	6

资料来源：思明区发改局、厦门市统计局。

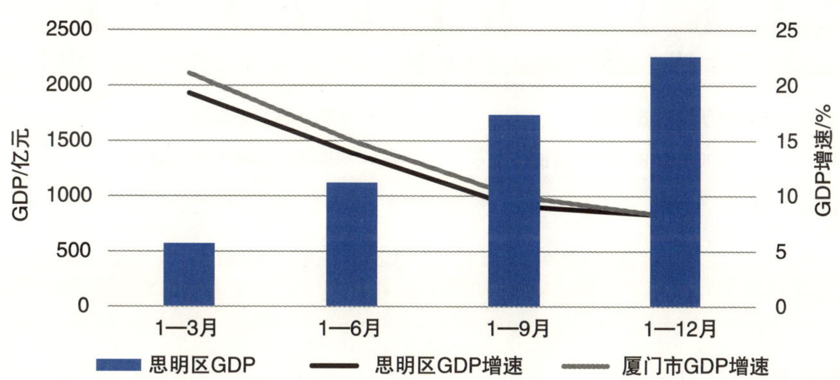

资料来源：思明区发改局、厦门市统计局。

图 2-1　2021 年思明区 GDP 情况

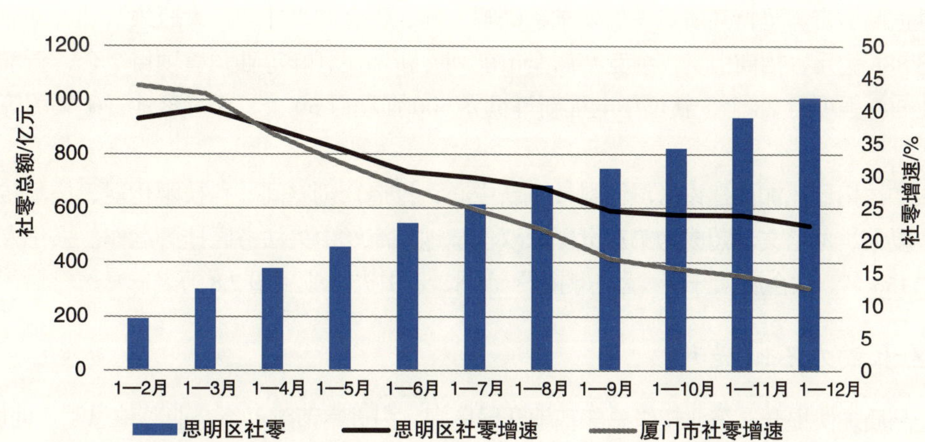

资料来源：思明区发改局、厦门市统计局。

图 2-2　2021 年思明区社会消费品零售（社零）总额情况

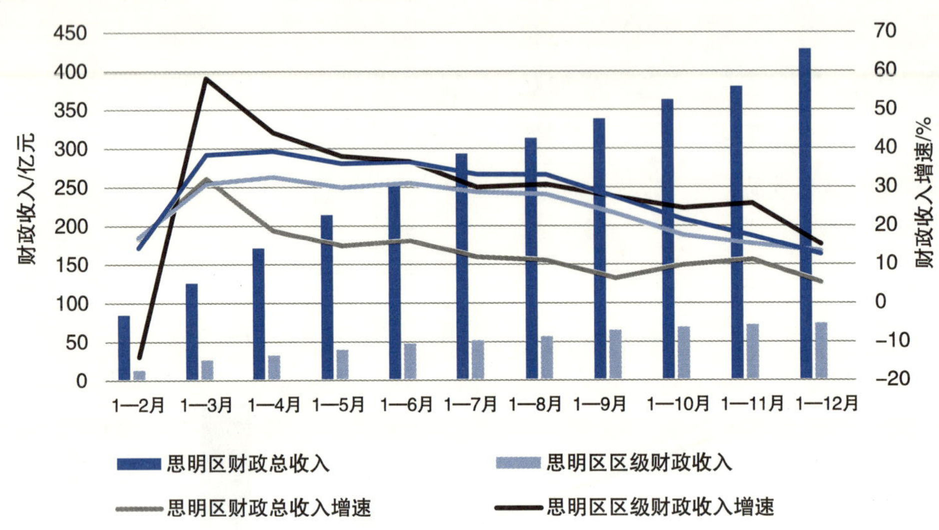

资料来源：思明区发改局、厦门市统计局。

图 2-3　2021 年思明区财政收入情况

2. 产业质效稳步提升

产业能级不断提升。思明区抓住疫情催生的新业态新模式机遇，大力发展数字经济、线上经济，推进产业能级提升取得新突破。绿化、华西集团等头部企业入驻。算能、链建科技等创新型企业落地。四三九九、吉比特、信息集团等入选中国软件和信息技术服务竞争力 100 强企业榜单。打造万科创想中心等金融科技产业示范园，创立“思明 · 波特曼”基金集聚区，推动红杉、挑战者、愉悦等基金引入 30 家企业 51 只基金。厦门音乐季、思明影视季、体育时尚季成为“文化 + 旅游”“赛事 + 旅游”融合新样式。

集中力量招商引资。坚持高质量发展要求，破解土地、资金和人才“三大瓶颈”，推进招商引资裂变，吸引总投资超 888 亿元，招商引资实绩竞赛居全市前列。新增便利蜂等独角兽项目 7 个，新增华泰证券等中国上市企业 500 强项目 28 个，新增华电福新等世界 500 强项目 50 个，新增落地五矿集团等高能级项目 113 个。

创新发展加快拓展。加快建设区域性科技创新中心，打造众创空间、科技孵化器、技术转移中心等重大创新平台，厦大、龙山文创园成为第三批国家双创基地。海丝中央法务区挂牌运作。强化人才支撑，引进高层次人才 156 名。联合厦大开展“思志明德”计划，新引进毕业生超 2.8 万名。

3. 城区承载力不断提升

城区功能品质加快提升。滨北超级总部基地开局良好，引进字节跳动系企业落地思明。何厝岭兜片区、泥窟石村片和湖滨片区规划加快推进。滨海片区征收顺利推进。沙坡尾片区积极对接地铁 3 号线，深化完善片区规划。东山东坪山片区完成平岩、西面等景观生态恢复工程，加快生产、生活、生态三生融合。槟榔小区等 18 个老旧小区呈现新面貌。

基础设施加快完善。倾力打造区域性综合交通枢纽，立体交通优势更加凸显，枢纽能级迈上更高台阶。

加快推进污水处理设施“两高”建设，打造官任试点片区水环境整治样板，全域雨污分流加快推进。打通东坪山路、龙山东二路，新建和改造禾祥西路等 23 条道路，完成中山公园和厦门宾馆周边改造提升。完善 2.6 公里海岸线夜景。

城区治理不断完善。注重加强风貌管控，把绿色为基、文化铸魂贯穿城区治理全过程。保持“两违”整治高压态势，拆除违建 57.5 万平方米。强力推动违建别墅专项治理。推行垃圾定时定点投放，新建 276 座智能环保垃圾屋，鹭江街道成省级垃圾分类示范片区。

生态环境加快改善。全面落实双总河（湖）长制，启动污水“两高”建设，完成全区雨污管网溯源排查，排海口整治到位。率先全市启动“两山”实践创新基地建设。稳步推进守护蓝天攻坚行动，东坪山片区建成全省首个近零碳排放区示范工程，空气质量优良率达 100%。

4. 民生福祉加快完善

就业再就业扎实推进。贯彻落实就业优先策略，推进就业服务体系建设，强化就业举措，保持了就业局势的稳定。2021 年，失业再就业 4.16 万人，零就业家庭动态为零。加强劳动保障监察，劳动者合法权益得到保障。

公共服务提质提量。持续加大公共服务投入，基本公共服务均等化和养老服务水平明显提升。建成投用第五幼儿园、深田小学，改扩建演武小学，新增学位 2700 个。严格落实国家“双减”政策，积极开展课后服务有效规范校外培训机构经营。中小学智慧学校覆盖率达 100%。推动区属医护院改造提升全覆盖，疾病预防、疫情防控、应急指挥“三大体系”全面完善，群众就医环境显著改善。公共文化体系和文化产业体系更加健全，思明区优秀文化得到大力弘扬，思明区文化软实力显著增强。

基层治理不断创新。推动政策举措向基层倾斜、要素资源向基层聚集、公共服务向基层延伸，畅通服务群众“最后一公里”。打造全市首个志愿服务公园，龙山、瑞景社区获评全国最美志愿服务社区。深田完整社区升级为 2.0 版本，形成敬龄、童梦等一批“近邻”服务品牌，下沃、白城等社区治理经验入选福建省第三批优秀社区工作法。思明区已建成 1 个新时代文明实践中心（金榜书院），实现 10 个街道实践所、98 个社区实践站全覆盖。

5. 改革开放取得新进展

改革力度不断加大。持续深化“放管服”改革，“一趟不用跑”“最多跑一趟”，推广“掌上办”“邮寄办”“不见面审批”等新模式。整合组建资源规划和城市更新工作架构。试点“评定分离”，促进招投标权责统一、规则公开、择优竞争。调整充实国企干部队伍，出台国企改革三年行动实施方案。

一流营商环境加快打造。全面推进极简审批许可、便利开办登记，优化注销服务，畅通企业退出渠道。强化市场主体全过程公正监管，加强平台企业合规治理，维护公平竞争环境。积极构建亲清政商关系，依法保护民营企业合法权益。

对外开放取得新进展。积极参与共建“一带一路”和金砖国家新工业革命伙伴关系，拓展平台招商、以投带引等渠道。吸引外资居全市前列，2021 年，全区全年引进外资项目 419 个，合同利用外资 94.0 亿元，实际利用外资 52.3 亿元。

（二）主要问题

1. 经济增长下行压力加大

思明区正处于产业能级跃升、综合服务功能提升的关键期，受生活成本居高挤压，企业利润收窄，房地产受宏观政策影响较大，经济下行压力加大，稳增长未来需要持续发力。

2. 投资增长后劲不足

思明区全年固定资产投资增速仅 2.7%，低于全市平均水平 8.6 个百分点，新落地项目少，已落地大项目开工偏慢。因受土地、人才等要素的制约，储备大项目少，没有形成新的投资实务量，缺乏新的增长动力。

3. 满足市民高品质生活期待任务依然艰巨

中小学学位不足。高水平和国际化医院以及重点专科缺乏。高水平文体设施不足。养老需求持续增加，养老服务的任务日益艰巨。伴随老旧小区改造成本的高企和保留保护要求的不断提升，旧改所需资金平衡和房源筹措压力日益增加。思明区创造高品质生活还需拿出更有力度、更具突破的举措，公共服务的均衡化、优质化水平还需提高。

二、2022 年发展展望

（一）影响因素

1. 有利因素

新发展格局新要求。我国加快构建以国内大循环为主体的国内国际双循环新发展格局，厦门全面打造国内大循环的重要节点、国内国际双循环的重要枢纽，有利于思明区进一步发挥金融服务优势和贸易投资的网络节点功能，在更大范围内实现资源的优化配置，在更高水平上促进思明区高质量发展。

城区定位新要求。进入新时代，思明区紧紧围绕建设年轻产业、年轻经济、年轻城区、年轻社区等四个年轻思明，强化智慧思明赋能，为思明区高质量发展拓展了新的发展空间，推动城区增值、品位增值、品质增值，加快思明区城区功能提升和核心竞争力提升。

品质生活新要求。为人民群众创造高品质生活成为新一届政府努力的重要方向，城区发展全方位地体现以人为本，通过更好的教育、更稳定的工作、更满意的收入、更可靠的社会保障、更高水平的医疗卫生服务、更舒适的居住条件、更优美的环境、更丰富的精神文化生活，满足人民群众多样化、多层次、多方面的需求，有利于思明区进一步坚持增进人民福祉、坚持人民共享发展成果和坚持人的全面发展，全面提高市民的幸福感、安全感和获得感，打造高品质生活的标杆区。

2. 不利因素

要素保障压力加大。随着思明区经济总量不断增长，人才、土地、资金等要素保障压力增大，对高水平推进高质量发展带来挑战，导致大项目落地难。

区域竞争加剧。周边城市加快发展，劳动力、人才、资本等争夺日益激烈。在全国掀起的新一轮城市竞逐中，思明区面临加速突围、脱颖而出的巨大挑战。

（二）2022 年发展展望

2022 年，思明区进入了高质量发展的新阶段。思明区要走打破常规、创新突破之路，着力在提高投入、产出、效率上下功夫，在提升配置高端资源能力上下功夫，在增强创新策源能力上下功夫，不断增强城区吸引力、创造力、竞争力，努力在新时代全国和厦门改革发展中争当标杆、走在前列。2022 年，思明区地区生产总值目标在坚持高质量发展的前提下增长 7.5% 左右，考虑全球性新冠肺炎疫情影响，固定资产投资增长 10% 左右。

三、2022 年对策建议

2022 年，紧紧围绕建设年轻产业、年轻经济、年轻城区、年轻社区等四个年轻思明，全方位推动高质量发展超越，大力推进智慧思明赋能，着力空间再造，打造精致城区，推动品质跃升，加快成为“发展领先、群众幸福、治理高效、魅力彰显、人人向往”的年轻城区建设典范。

（一）着力发展动能提升，全力打造高质量发展先行区

坚持创新在现代化建设全局中的核心地位，聚焦金融科技、人工智能等重点领域，以超常规举措增创新优势，集聚更多创新资源，提供更优创新服务，产生更多创新成果，加快建设高水平创新型城区，为推进高质量发展注入强大动力。

1. 强化创新驱动

加快科技创新平台建设。布局环厦大科创谷。积极争取金融科技重大项目和平台，全力支持资产交易、支付清算、交易监管等方面的研发、建设与应用推广。鼓励外资机构设立研发中心、技术中心、实验室等，引导研发机构和科技企业合作共建研发平台。推动建立“离岸研发实验室”“离岸研发中心”“离岸孵化器”等离岸创新平台。

壮大科技创新企业主体。实施全社会研发投入专项行动，完善研发导向的政策扶持机制，全面落实研发费用税前加计扣除政策，综合运用项目支持、研发后补助、风险补偿等财政支持方式，鼓励企业加大研发投入。着力引进一批总部型、平台型科技龙头企业，引导支持有实力的科技企业升级设立地区总部，集聚一批技术特色鲜明、业态模式创新的科技型中小企业、高新技术企业和科技小巨人企业。鼓励引导大型科技企业通过收购、兼并、重组等方式带动产业强链补链，持续引领行业创新。大力培育发展民营科技企业，鼓励企业承担各类科研创新项目和创新平台建设。

积极推进科技成果转化。支持科技企业和研发机构在海外设立分支机构、成果转化中心或国际合作直通车，积极吸引全球知名科研团队和优质科研成果。推进一批专业化、国际化的创新服务功能性机构、公共技术平台集聚发展，加快技术转移及成果产业化进程。

2. 提升产业能级

提升金融业能级。加快推进金融科技产业园建设，促进金融与科技互融发展，推动金融科技成为金融业创新发展的新引擎。探索建设供应链金融创新平台、供应链金融创新试点。支持金融要素市场延展服务广度、挖掘服务深度，拓展境外投资者参与的范围、渠道和规模，采取更加有力有效举措吸引更多的全球知名跨国金融机构入驻思明区。发挥产业引导基金作用，做大私募基金规模，建设国内有影响力的基金集聚高地。举办鼓浪屿金融论坛，召开中国投资年会，打造长久性高水平的交流合作平台。

提升商贸业能级。鼓励境外企业在思明区重点商圈设立首店、旗舰店、体验店，支持国际知名商贸企业在思明区设立总部型、功能型机构。聚焦中山路、火车站商圈能级提升，深化形态建设和功能提升，提高思明区消费品质。推广夜间购物、夜间美食、夜间娱乐、夜间休闲等，打造一批引领潮流、优质个性的24 小时都市空间，加快形成“夜间经济”品牌。加快发展跨境电子商务、数字贸易、服务贸易等新型贸易业务。加快推动自主品牌发展壮大、老字号品牌振兴焕新、国际优质品牌集中集聚，成为厦门品牌发展高地。

提升软件和信息服务业能级。以软件园一、二期为基础，进一步向外拓展发展空间，抓住 5G 产业发展机遇，加快软件和信息服务业增速换挡，进一步做大以行业应用、数字内容、系统集成、移动互联、电子商务等为特色的软件信息产业集群。加快培育动漫游戏、信息安全、移动互联、人工智能等细分领域“单项冠军”，打造厦门游戏出口产业基地。

提升文旅业能级。以扩大规模、提升能级为方向，聚焦文化创意、旅游会展、演艺影视、体育电竞等行业，打造优势突出、辐射力强、结构优化的文旅服务产业集群。巩固提升龙山文创园等园区优势，培育集聚广告设计、创意设计、工业设计、动漫设计等领域的龙头企业。着力发展旅游总部经济，提升旅游服务能级。积极推动文化演艺、影视制作、文化经纪、出版传媒、IP 授权、艺术品拍卖等领域品牌企业集聚发展。积极引进知名电竞职业赛事，提升电竞产业能级。放大“九八”投洽会、中国电影金鸡奖、厦门马拉松等品牌活动效应，实现以展兴城、以节促产、以赛促旅。持续释放“金鸡效应”，加快引进标杆性影视企业。

前瞻布局未来产业。加快在线金融、新零售、在线医疗、在线教育、在线娱乐等在线经济发展，促进数字经济、在线经济与思明区产业深度融合，催生一批新产业、新业态、新模式。积极探索发展场景经济，在金融、零售、文旅、健康、科创等领域，集聚吸引一批具有场景技术开发运用能力的知名企业。引导风投创投机构投向未来产业，培育重点示范项目和高成长企业，建设未来产业集聚区。

3. 强化招优育强

加强龙头企业招引。加大现代服务业企业和“三高”引育力度，形成领军企业、骨干企业、中小企业发展梯队。在贸易、物流、科技、商务等领域招引一批具有全国影响力的领军企业，面向全球引进一批金融保险、研发设计、信息服务、旅游休闲、专业服务等领域的优势企业。

加强未来产业招引。聚焦工业互联网、第三代半导体、先进功能装备、空天信息、先进前沿材料、区块链等未来产业，引进一批具有自主创新技术的龙头企业，培育未来经济竞争新优势。引进平台经济、共享经济等领域的龙头企业，支持发展新技术、新产品、新业态、新模式。

（二）着力功能提升，全力打造城区治理创新示范区

以空间再造、功能提升、生态塑造为重点，强化产业、功能协同联动，打造具有时尚元素、港城特色、

闽南韵味、国际气派的城区形态，建设更有颜值、更有气质、更有内涵、更有格调、更有品位的中心城区，推动思明区加快成为全国城区治理创新和功能转型的示范区。

1. 加快推进重大片区建设

整合本岛东部空间和产业资源，加快推进海丝中央法务区建设。以大唐中心为基础，打造厦门国际商务区。优化观音山商务营运区管理服务，提升园区公共配置水平。完善何厝岭兜片区产业空间设计，加快安置房和配置设施建设。加速开元创新落地，统筹泥窟石村片区用地，推动前埔前期策划，积极拓展产业发展空间。加快滨北超级总部基地建设。布局环厦大科创谷。提升龙山文创园影视双创基地，深化黄厝影视小镇规划建设。加大场站、学校、医院、公园等周边地块开发强度，建设大型功能混合生活组团。高品质建设公共建筑、历史街区、公园绿地等重要节点，打造 24 小时城市活力中心。

2. 高标准推进城市更新

以风貌保护、文化传承、功能重塑为核心，全面推进老旧街区、完整社区、老旧小区等单元更新改造，重点谋划启动浦南、西林等片区改造，加快推进将军祠西片区征收攻坚。加快湖滨片区安置房和配置工程建设，深化深田完整社区建设。推进低效空间更新，实施旧园区、旧厂房、旧市场、旧楼宇改造工程，强化复合开发和功能注入，提升土地开发建设效率。深入实施城中村改造行动计划，高质量推进未来社区建设，打造新型城市功能单元。统筹推进历史文化遗产更新保护，营造历史名城景观空间形态，更高水平推进中山路改造提升，在同文顶片区探索打造历史文化街区保护和更新样板，加速沙坡尾片区用地整合，塑造渔港文化街区。

3. 着力增强城市核心功能

统筹建设研发创新、金融服务、总部经济等集聚区，提高人才、知识、资本、信息、物流集聚能力，增强中心城区极核功能，辐射带动周边区域发展。做强本土金融机构、地方金融组织和金融要素平台，加强上市企业梯队培育，打造区域性金融中心。高水平建设国际会议中心，争办具有国际影响力的会议，提高大型活动承办水平。扩大对外交流合作，打造“一带一路”与金砖国家的国际交往中心。

4. 加快推进基础设施建设

围绕城市空间优化、产业发展支撑、城市交通拥堵缓解等发展需求，注重城区道路建设与沿线建筑、街区等整治、保护、改造、建设、开发、管理的关系，推动道路建设与城市有机更新相协调，与城区魅力相吻合，重点推进完善各功能区路网布局，攻坚区间快速路、配套主次干路、打通区内支路微循环。按照“智慧引领、盘活存量”的导向，促进停车系统与动态交通协调发展，构建规模适宜、布局科学、结构合理的停车设施和充电设施。以步行和非机动车为中心，重点做好轨道站点出入口附近的道路交通衔接配套与道路交通系统的契合，使道路设计理念向街道设计理念转变，促进绿色交通发展。继续推进立体过街等设施建设，优先保障慢行系统路权。

5. 加快推进智慧城区建设

聚焦群众需求和城区治理突出问题，对城区供水、排水、燃气等市政基础设施进行升级改造和智能化管理，完善基础设施“末梢神经元”。通过构建城区地下空间三维模型，整合城区地质、地下市政设施、建筑深基坑、道路荷载等基础数据，识别路面塌陷重点防控区域和部位。建设地下空间安全感知网络，多维度、实时感知城市地下空间及管网运行状态，为发现防范城区地下安全风险隐患提供支撑。深化数据深度融合、算法算力融合、应用场景融合和体制机制融合，充分利用海量城区数据资产，构建数据开放平台，实现政府对城区的精准治理。

6. 深入推进生态环境优化

持续深化污水“两高”建设，推动筼筜湖南、北岸片区排水管网正本清源改造，加大入海排放口污染防治力度。统筹推进 $PM_{2.5}$ 和臭氧浓度“双控双减”，严控高排放非道路移动机械尾气排放，提升区域空气质量。开展新一轮“美丽街区”建设，美化区域生态空间环境。科技赋能空气及水质监测和整治，确保水质稳定达标。强化东坪山、万石山等山体保护提升，打造低碳景区、低碳社区。进一步增加绿色空间，提升市民感受度和满意度。结合城市更新和区块改造，建设一批社区公园和口袋公园。提升公园绿地开放度，创新公园建设模式，因地制宜建设集体育健身、园林景观、文化演出、地下停车、生态涵养等功能于一体的复合型公园。

（三）着力融入新发展格局，全力打造改革开放引领区

依托强大国内市场，继续发挥好特区改革开放主阵地的作用，在积极服务和融入新发展格局上展现更大作为，把思明区打造成联结国内国际双循环的战略枢纽。

1. 深化内需挖潜

促进消费扩容提质。建设国际消费中心城区，高品质打造中山路、火车站等核心商圈，积极引进高端特色主题商场、国际一线品牌体验店等高端业态。加快引进旗舰店、潮货店、免税店等，打造网红消费打卡地。大力发展智慧零售、跨界零售等新业态，打造一批智慧商圈和智慧商店，促进电商、微商、网络直播等线上消费平台健康发展。促进住房消费、汽车消费健康发展，扩大信息消费，适当增加公共消费。大力发展文化、旅游、健康、养老、教育培训、体育休闲等新兴消费，促进智能终端、游艇、民用飞行器等消费增长，推进消费结构优化。完善公共交通配套服务，激发夜间经济潜力。

打造高质量投资高地。更好发挥政府投资作用，保持投资合理增长，扩大重大科创平台、战略性新兴产业、现代化产业链投资。补齐基础设施、市政工程、生态环保、公共卫生、物资储备、防灾减灾、民生保障等领域投资短板。加大 5G、工业互联网、大数据中心建设和下一代互联网规模部署等新基建投资。加大数字化赋能传统基础设施投资。鼓励民营资本参与公用事业和新基建建设。增强投资有效性，让更多基础设施投资形成优质资产、产业投资形成实体企业、民生投资形成消费潜力。

2. 深化改革攻坚

进一步推进简政放权。以政务服务“一网通办”为基础，增加并联、减少串联，探索形成“一窗受理、内部流转、同步审批、统一发证”服务模式，实现企业高效“一次办成一件事”。坚持“非禁即入”，依法平等对待各类市场主体。推动“一业一证”审批模式改革。围绕要素市场化改革，推动劳动力、资本、技术、数据等各类要素协同向高端产业集聚，提升经济发展活力和动力。在监管预警与风险监测、联合惩戒

等功能方面推进大数据监管。

持续推进投融资体制改革。积极争取市级投资审批管理权限下放，探索试点投资类企业注册审批，缩短审批周期。推动政府投资体制改革，强化政府资金优先投向市场难以有效配置资源的领域，鼓励以政府购买服务等方式扩大公共产品和服务供给。盘活存量资产，优化资源配置。引导鼓励种子期、初创期企业，并对其提供股权、债权以及信用贷款等融资综合服务。支持重点领域投资项目通过债券市场筹措资金。

提升企业感受度、满意度。扩大“不见面审批”覆盖面，实现线上线下服务一体化。建立完善覆盖企业开办、项目建设、运营管理等重点环节的企业全生命周期服务体系。持续提升惠企政策和服务的精准性、可及性和覆盖面。大力弘扬“店小二”精神，深化企业走访机制，畅通政企沟通协调渠道，及时回应企业诉求。以市场主体满意度为导向，加强营商环境测评重点领域的第三方评估，以评促优，推进营商环境优化。

3. 深化对外开放

打造优质外资集聚地。主动融入自贸区、金砖创新基地、海丝战略支点城市建设，主动吸引金砖国家和“一带一路”沿线国家投资。全面落实外商投资准入前国民待遇加负面清单管理制度，争取在金融、教育、医疗、文化等现代服务业落地重大外资项目。坚持引资引智相结合，大力引进国外技术创新机制、现代管理经验和高素质团队。健全重大外资项目协调推进机制，培育引资综合竞争优势。

支持企业走出去全球布局。推动本土企业参与全球产业链重构，培育一批本土跨国公司。支持企业赴境外开展投资合作等跨国经营活动，参与国际标准、行业标准制定，赴境外设立产销基地，加快建设境外产业园区。完善境外投资管理和服务，保护企业海外合法权益，健全海外风险预警防范处置和金融风险防控体系。

4. 深化两岸交流

深化经贸领域融合。加强与台湾现代服务业的交流合作，支持台企转型升级。落实落细惠台利民政策措施，积极服务台湾青年就业创业，打造台胞台企登陆第一家园先行区。鼓励探索在市场准入、资金流入、从业进入等方面试点先行，吸引台湾知名高端专业服务企业到思明区发展。鼓励台湾企业、高校、科研机构在思明区建立产业协同创新中心，携手共建科技成果转化基地。

深化社会领域融合。完善保障台湾同胞福祉和享受同等待遇的政策制度，坚持“非禁即享”，推进基本公共服务均等化、普惠化、便捷化，鼓励台胞参与城区管理和基层建设，吸引更多台湾教师、医师、社工等人才来思明区发展。拓宽对台教育合作领域，深化合作办学、结对交流、师生互访。完善台胞在思明区就学就医就业配套政策，开展对台健康卫生领域交流合作，推动与台湾两地的医疗合作。

深化文化领域融合。围绕“青年、民间、基层”主线，强化宗亲、乡亲、姻亲，促进同胞心灵契合。培育一批新的对台交流基地、台湾青年体验式交流中心、基层交流示范点。加强与台湾影视、音乐等领域的全方位合作。

（四）着力高品质生活，全力打造民生幸福标杆区

注重长板锻造、短板攻坚、资源共享、功能融合、品质提升相结合，完善优质均衡的公共服务体系，让思明市民生活更有品质、更有尊严、更加幸福。

1. 构建高位优质的教育体系

推进学前教育高品质科学化发展，实施新一轮学前教育三年行动计划，扩大公益性托育覆盖面，提高幼儿园办园质量。推动义务教育高位优质发展，深化小学主题式综合实践活动课程建设，推进初中“一校一品”工程，加快推进国家级义务教育优质均衡发展区建设。促进高中教育特色多样化发展，鼓励学校创新特色项目和课程。

2. 全面推进健康思明建设

实施区疾控机构和能力提升工程，推进医疗机构发热门诊和哨点标准化建设。着力增强突发公共卫生事件应对能力，持续提升运行效率和能级，建立完善智慧高效的公共卫生应急指挥体系、多方联动的防控网格化管理体系、灵敏可靠的公共卫生监测预警体系和平战结合的区域应急医疗救治体系。实施新一轮社区卫生服务中心标准化建设，推动硬件升级和功能优化。持续推进“互联网 + 诊疗服务”，优化完善分级诊疗制度，实现基层首诊、三级转诊。促进区域综合性医疗机构与中医医疗机构融合联动，推进中西医临床协同发展。

3. 加快建设历史文化名城

办好鼓浪屿申遗成功五周年系列活动，加快建设音乐之岛。强化海洋文化辐射，打造更多特色试演空间、专题交流场地、市民阅读载体、公共文化空间，做大做强海洋文化优势，让国际风尚与东方审美、传统经典与现代时尚、深厚历史与未来潮流相互碰撞交融。坚持弘扬闽南文化，通过创造性转化、创新性发展，持续激发城区文化底蕴活力。讲好红色文化故事，擦亮红色文化地标，做好红色文化体验。完成区图书馆改造提升，加快打造文化之城、艺术之城。按照 10 分钟公共文化服务圈的网络布局要求，着力推进社区综合文化活动室（中心）能力提升建设。

4. 完善社会保障体系

加大对新就业形态的扶持力度，积极探索人力资源产业化路径，提供更加优质的就业和人才服务。深入推进全国居家和社区养老服务改革试点，持续完善养老服务圈标准化设施建设，不断提升养老服务专业化水平。加快建立多主体供给、多渠道保障、租购并举的住房制度。加强公共租赁住房供应，切实解决各类人群的居住困难。加强重要民生领域商品价格监测和管理，保持物价水平总体稳定。

【参考文献】

[1] 厦门市人民政府 .2022 年厦门市人民政府工作报告 [R/OL].(2022-01-07)[2022-03-01].https://news.xmnn.cn/xmnn/2022/01/25/100998354.shtml.

[2] 厦门市思明区人民政府 .2022 年思明区人民政府工作报告 .[R/OL].(2022-02-17)[2022-03-01].http://www.siming.gov.cn/zfxxgkzl/qrmzf/zfxxgkml/zfgzbg/202202/t20220217_832671.htm.

课 题 组 长：刘飞龙
课题组成员：刘飞龙　林汝辉　陈国清
课 题 执 笔：刘飞龙

第三章

湖里区 2021 年发展评述与 2022 年展望

一、2021 年发展评述

（一）发展综述

2021 年，湖里区以习近平新时代中国特色社会主义思想为指导，深入学习贯彻党的十九大和十九届历次全会精神，牢牢把握全方位推进高质量发展超越主题主线，坚决落实市委、市政府决策部署，统筹推进常态化疫情防控和经济社会发展，跳起摸高、争先进位、攻坚克难，全力抓好复工复产、征地拆迁、招商引资、项目落地等工作，经济社会发展实现“十四五”开好局、起好步。

1. 经济发展稳中有进

2021 年，湖里区经济社会保持平稳较快发展，全年实现地区生产总值 1539 亿元，增长 7.2%，总量位居全市第 2 位，增速位居全市第 4 位。财政总收入 260 亿元，其中区级财政收入 55.6 亿元，均位居全市第 2 位。湖里区财政管理工作获国务院办公厅通报表扬，并获得财政部 2500 万元的资金奖励，系该类别全国十个获此殊荣的先进典型县区之一，也是全省唯一获此类别殊荣的县区。全年全区服务业增长 9.4%，增速比全市高 0.3%，在全市排名第三；固定资产投资额增长 13.7%，增速比全市高 2.4%，在全市排名第二；城镇居民人均可支配收入达 66226 元，增长 9.9%，增速比全市高 0.3%，在全市排名排第 2。详见表 3-1、图 3-1 至 3-4。

表 3-1　2021 年湖里区主要经济指标及排名

指　标	总量	总量全市排名	增速 /%	增速全市排名
地区生产总值	1539 亿元	2	7.2	4
规模以上工业增加值	—	—	6.1	5
社会消费品零售总额	526 亿元	2	11.3	3
固定资产投资额	—	—	13.7	2

续表

指　标	总量	总量全市排名	增速 /%	增速全市排名
财政总收入	260 亿元	2	—	—
区级财政收入	55.6 亿元	2	—	—
实际使用外资	22 亿元	3	−2.6	5
全体居民人均可支配收入	66226 元	2	9.9	2

资料来源：厦门统计月报。

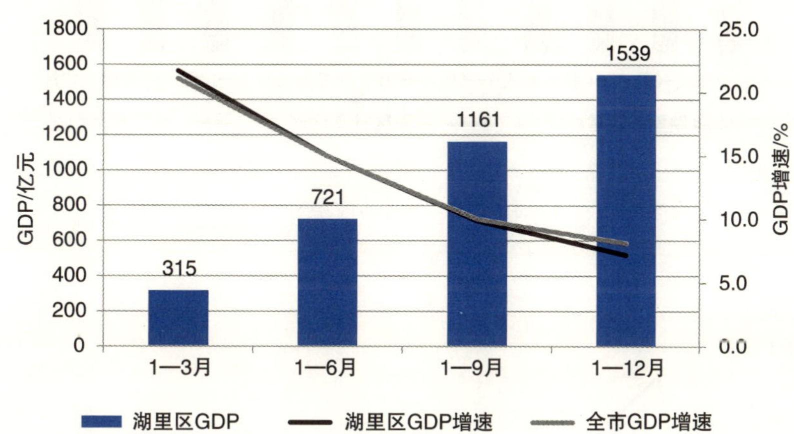

资料来源：厦门统计月报。

图 3–1　2021 年湖里区 GDP 情况

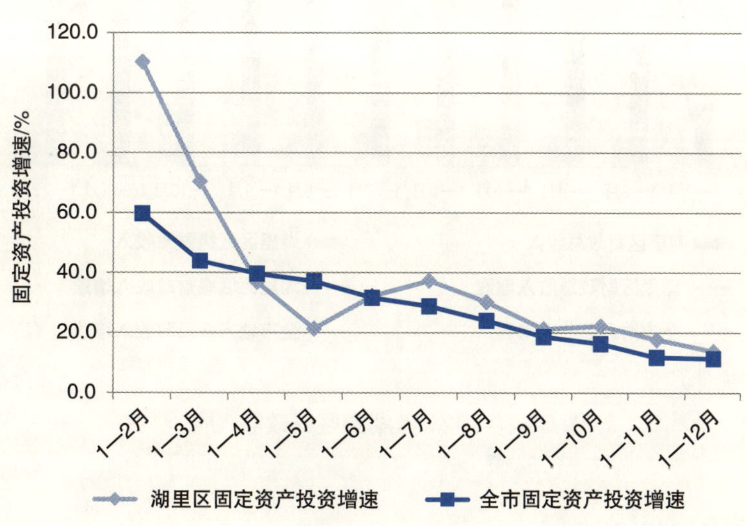

资料来源：厦门统计月报。

图 3–2　2021 年湖里区固定资产投资增速情况

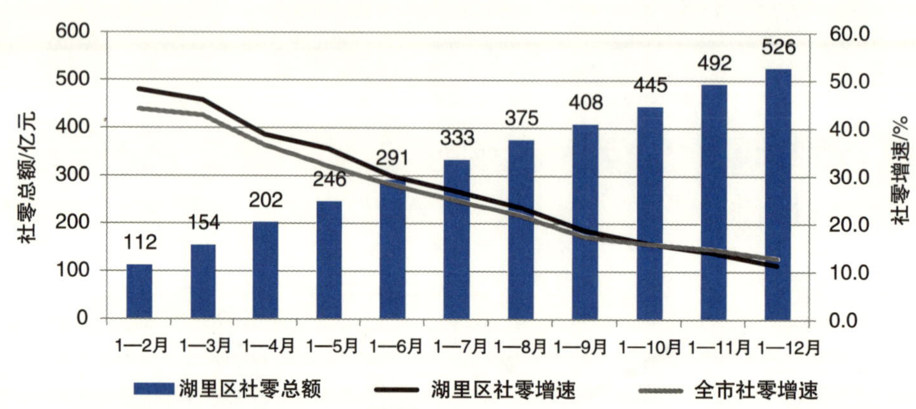

资料来源：厦门统计月报。

图 3-3　2021 年湖里区社会消费品零售（社零）总额情况

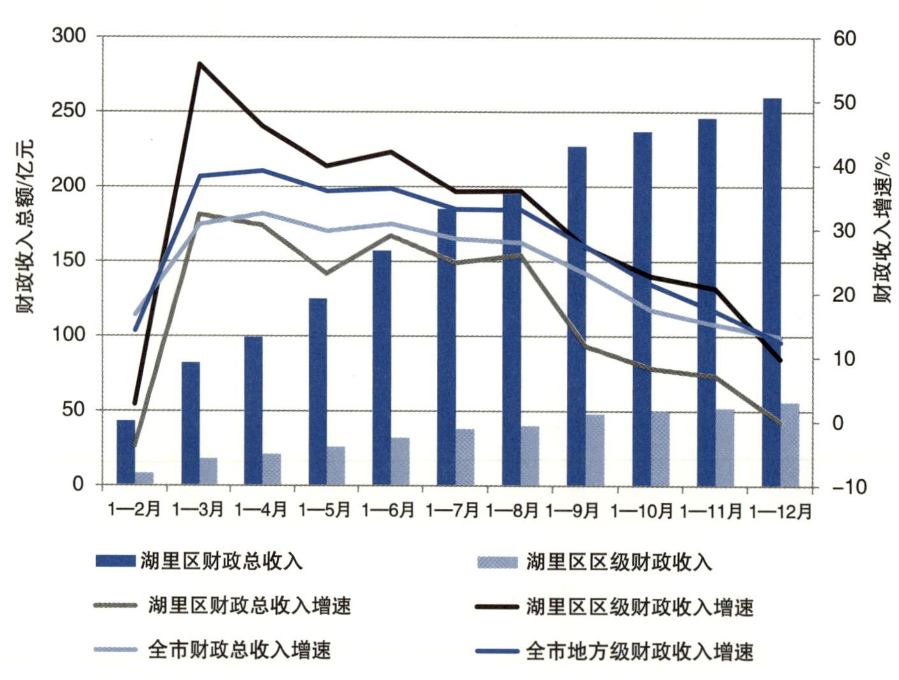

资料来源：厦门统计月报。

图 3-4　2021 年湖里区财政收入情况

2. 产业发展提档升级

产业发展充满活力。促进工业经济平稳发展，太古可口可乐新产线正式投产，亿联网络总部大楼、欣贺研发设计中心等竣工投用，两岸集成电路产业园入驻“双百人才”企业 10 家并获评国家级科技企业孵化器，计算机制造业、电气机械和器材制造业产值分别增长 20%、30%。推动服务业高质量发展，制定《全市重点产业链（群）湖里区软件和信息技术服务业专项工作方案》，软件信息业营收增长 30%；印发《促进私募证券投资基金发展若干意见》，古地石“基金小镇”已设立基金项目 140 家，基金规模超 150 亿元；修订出台《促进湖里区现代物流业发展实施办法》，全年新增 38 家物流企业，兑现 24 家企业物流产业发展资金 227.3 万元；成功举办“湖里魅力购”等专项活动，推动商贸业发展持续向好。推动企业做大做强，建立区“三高”企业后备库，164 家企业入库，入选国家“专精特新”小巨人企业 10 家、省级科技小巨人企业 17 家，新增境内外上市企业 4 家，境内外上市企业数量均为全市第一。

项目招商积蓄后劲。构建“提前介入、主动服务，全程跟踪、联合监管”工作机制和“1+5+5”项目推动机制，全年 56 个重点项目有序建设，16 个项目如期开工，8 个项目全面竣工，累计完成投资 206 亿元，省市重点项目完成情况综合排名位居全市各区首位。创新升级传统招商方式，开发“湖里招商 e 站达”小程序招商服务平台，有效提升招商工作信息化、数字化、集约化水平。成功引进京东集团在辖区落户 8 家主体，布局金融科技、数字科技等业务，注册资本 14.3 亿元，累计实缴 13 亿元。引进邦芒集团区域总部，项目累计实现营业收入约 174 亿元，纳税 10.2 亿元，有力带动全区其他营利性服务业增长。全年新增落地招商引资项目总投资超 3000 亿元，其中：车和家投资公司项目、中金启鹭增资项目、每日优鲜厦门区域总部等高能级招商项目 72 个，总投资 763.68 亿元，占落地项目总投资额近 1/4，到资金额 289.48 亿元，项目能级持续提升。

营商环境持续优化。全市首推区级“掌上办”“秒批秒办”审批服务事项，“一趟不用跑”“最多跑一趟”事项占比分别达 99.5%、99.8%，在近三年市对区营商环境考核中蝉联第一。全市首创推出午间无休服务，探索推出政银合作商事主体帮代办服务、“免跑腿”信封服务、24 小时自助文件柜服务，政务服务水平不断提升。出台《湖里区存量企业经营贡献奖励实施办法》《湖里区应对新冠肺炎疫情影响助力企业纾困减负若干措施》等系列惠企政策措施，兑现各类奖励政策 9.4 亿元。成立湖里区产业人才研修院，探索政、校、企、人力中介“四方联动”产业人才培育新模式；积极吸纳“双百”人才，开展柔性引才工作，引进高层次“双百”人才企业 65 家，14 名人才申报“双百计划”，11 家企业“柔性”人才共 179 人，引才育才工作不断优化。

3. 城区建设日新月异

城市更新扎实推进。全力推进东部旧村整村改造扫尾攻坚，全年完成签约 96.3 万平方米，拆除 191.1 万平方米，其中 7 个自然社完成整村签约，5 个自然社实现整村拆除，1533 亩用地顺利提交，有效拓展城区发展空间。创新湖里东部旧村改造预安置新机制，东宅社完成返迁，3 个安置房项目如期完工，15 个安置房项目和 2 个社区发展中心项目加快建设。大力推动高林金林和湿地公园 TOD 两个项目成片综合开发试点，已完成土地出让。完成东渡社区老城更新样板项目，建成湖里花漾街区，试点完成围里社、湖里社空中线缆改造，完成 21 个老旧小区改造提升。大力推动南北向健康步道（空中自行车道县后－蔡塘段）沿线、厦门北站—厦门站铁路沿线、海堤路沿线等立面整治以及城中村线路老化及乱拉电线专项整治，有效提升城区面貌。

城区管理更加精细。全省首创以小区为单元的小区城管模式，实行小区吹哨、城管联动机制，实现城管服务零距离。创新利用卫星影像监测地表变化，加大对违法建设的巡查密度，全面遏制新增“两违”行为，全年拆除“两违”6192 万平方米，完成年度任务 480%，名列全市第一。仅用 35 天完成石头皮山 1.3 万平方米历史“两违”拆除，获评全市首批“我为群众办实事”的“十佳优秀案例”。打通断头路 9 条，成功打造江头祥店全省精细化管理样板街区，3 次市对区城市综合管理考评中 2 次位居第一。开展“静夜守护”、燃气安全、垃圾分类、“门前三包”、共享单车、违规广告、违规养犬等专项整治，辖区市容市貌得到全面提升。2021 年，在由中国互联网新闻中心（中国网）开展的第二届“新时代·中国美丽城市、美丽乡村巡礼”暨 2021 美丽中国样板成果征集及推介活动上，湖里区获得“2021 中国创新城市治理新典范”和“2021 中国市容环境高品质城市”两项荣誉。

生态文明卓有成效。实施蓝天、碧水、净土等工程，西潘地块扬尘防治经验得到全市推广；完成雨污分流改造 101 公里，加快推进辖区剩余 44.4 平方公里正本清源；殿前街道纳入 2021 年度省级生活垃圾分类示范片区创建；建成 17 个口袋公园，在园山南路等 16 条道路打造约 1.3 万平方米的“红色文化”园林景观。生态环境质量近年来首次实现“三个 100%”：空气质量优良率 100%、地表水功能区达标率 100%、近岸海域水质优良率 100%。盛德东南新能源电动汽车生态园获评全市首批低碳工业园区，湖里区获评第五批国家生态文明建设示范区称号。

4. 民生福祉持续提升

教育水平不断提升。加快实施教育“补短扩容”行动，率先实施“多校划片”。按照“开办一批、开工一批、策划一批”的原则，高起点高标准扩充优质学位，全年新开办校园 5 所，新增学位超 3400 个。对民办校实施全方位指导托管，推进启泰学校、光华学校等升级改造，有效提升民办校教育水平。率先成立“校外培训机构监管办公室”，实施“1234+N”模式，有序规范辖区教培行业。完成“优质放心午餐工程”“校园清凉工程”“课后延时服务”全覆盖，不断提升人民群众教育获得感。

健康城区深入建设。开展家庭医生“签约”服务。推进适龄在校女生免费接种国产二价 HPV 疫苗。不断加强以传染病防治等为重点的卫生应急能力建设，着力提升公共卫生应急能力水平。探索建立“医院—社区—政府部门”三位一体的体医融合模式。稳步推进 1 个省级、3 个市级婴幼儿照护服务和普惠托育服务试点建设任务。

养老服务更加优化。升级近邻敬老服务圈，完成金尚、兴园、金山 3 个全国老年人心理关爱项目试点社区建设。新建江头街道（园山）、湖里街道（濠头）等 2 个街道居家社区养老服务照料中心。坂尚等 15 个社区居家养老服务站完成适老化改造升级。8 家养老服务机构获得 2020 年度财政扶持资金超 1900 万元，全区养老机构床位达到 3695 张，提前超过国家每千名老人 40 张养老床位的要求。

住有所居得到保障。持续落实工期提速 10%、净地 60 天内开工建设工作法等举措，下忠、仓后、高林一期、江村社区发展中心（二期）等一批安置房及社区发展用地项目加快推进。建立区级整治恶意抬高房租工作领导小组，制定《湖里区整治恶意抬高房租维护社会稳定工作方案》，推进非住宅项目改保障性租赁，加大新就业大学生等青年群体租赁住房保障，住房租赁市场得到有效整治。

劳有所得扎实推进。实施“十个一批”行动，积极帮扶东部旧村改造被征收失业人员实现就业。全面推进“无欠薪项目部”创建，全年辖区区属欠薪讨薪警情发生 106 件，占全市总比 2.44%，为全市最少，根治欠薪成效明显。优化“劳动关系调节数字云”系统，指导源头精准治理。2021 年 4 月，湖里区被授予“福建省和谐劳动关系示范区”。

民生保障水平提高。提高低保等救助标准，全年共发放低保金超 700 万元、特困人员救助供养金超 160 万元、临时救助金超 220 万元、困难群众临时生活补贴超 30 万元。探索“物质 + 服务”的救助方式，购买社会救助类服务项目 9 个超 200 万元。开展儿童关爱和残疾人帮扶，发放孤儿、事实无人抚养儿童基本生活补助超 80 万元，残疾人两项补贴超 1180 万元。

5. 社会治理更加高效

社区治理不断创新。充分运用近邻党建引领小区治理的工作方法，建立街道—社区—小区城市基层治理体系，打造 15 分钟近邻便民服务圈。发挥“爱心厦门”建设的积极作用，持续激发小区主体内生动力，为居民提供精细化近邻服务。金安、嘉福、禾山等 8 个社区入选省级近邻服务试点社区。禾缘社区“五缘”工作法荣获福建省第三批优秀社区工作法。

和谐社会深入推进。设立“城调对接”办公室，依托小区调委会“零距离”调解小区中涉及物业、邻里等城市管理纠纷，使小区成为维护基层社会稳定的“第一道防线”。成立全市首家区级人民调解员协会，深化访调对接、诉非联动机制，探索警民联调模式，升级交调委“一条龙”服务平台，成功调处各类矛盾纠纷超 6000 件。2021 年 4 月，湖里区获评“全国信访工作三无县（区）”。

安全生产抓严抓实。开展安全隐患大排查大整治、火灾安全隐患排查整治及集中攻坚等专项行动，坚决遏制安全生产事故发生。深入开展危房和钢结构房屋排查整治工作。成立火炬安监站，整合应急局、火炬工业园区和属地街道的安全生产监管力量，有效提升工业园区安全生产监管及服务保障水平。

平安湖里迈上新台阶。持续推进最具安全感中心城区建设，严打“黄赌毒”“盗抢骗”“食药环”等违法犯罪，推广江头派出所“四分制”反诈宣防法，巩固全国反电信诈骗“厦门经验”，湖里区电信网络诈骗刑事警情同比下降 16.93%，降幅位居全市首位。深化“智慧＋群防”警务模式，开展平安星级小区创建活动，在全区 35 家中小学落地校园智慧安防“平安眼”项目，建设智慧安防小区 338 个，成效全市第一。

（二）存在问题

一是多项经济指标排名全市靠后。GDP 增速逐月滑落，从一季度的 21.7% 逐步下滑到全年的 7.2%，增速比全市低 0.9%，仅排名全市第 4 位。规模以上工业增加值全年仅增长 6.1%，增速比全市低 5.8%，排名全市第 5 位。批发零售贸易业销售额增长 30.9%，比全市低 12.1%，排名全市第 6 位。住宿餐饮业营业额增长 15.7%，比全市低 6%，排名全市第 5 位。实际使用外资增长 −2.6%，比全市低 14.8%，排名全市第 5 位。

二是产业实力仍有待加强。产业规模仍然偏小，工业、建筑业、交通运输业仍占湖里产业主导地位，但受疫情、火炬工业向岛外迁移、机场和货港搬迁等因素影响较大，产业转型升级步伐总体偏慢。新兴产业尚未形成规模，产业研发与创新能力不足，实力还不强大、贡献还不明显，传统与新兴动能未能形成有效接续。

三是城区面貌需持续提升。区域发展不够均衡，道路、污水管网、供气等基础设施仍存在短板。东部旧村整村改造七大片区正处于征拆建设阶段，需抓紧编制用地方案，同步推进项目招商，营造兼具高端服务和创新创业服务功能的城区新空间。中、西部老工业区、老旧小区等改造更新历史欠账较多，推进难度较大。

四是公共服务质量有待提高。公共服务资源配置不够均衡、不够完善。教育学位尚未完全满足实际需求，优质教育资源相对短缺。文体设施不足，缺乏区级“一场两馆”，文化馆、图书馆等专业文化设施离国家标准尚存在差距，市民多样化的需求难以得到充分满足。高水平和国际化医院以及重点专科缺乏，基层公共卫生机构服务质量有待优化。

二、2022 年发展展望

（一）影响因素

1. 有利因素

产业发展方面，随着营商环境和投融资生态的改善、促进总部经济发展以及推动企业上市政策的实施，有利于湖里两岸金融中心、古地石基金小镇的发展壮大，并产生金融产业集聚溢出效应，推动湖里新一代信息技术、集成电路、工业互联网、数字文创等新兴产业发展。市里支持湖里东部旧村改造片区 22.6 平方公里范围纳入金砖创新基地核心区，有利于带动湖里科创产业集聚发展，加快产业项目引进与建设。

城市建设方面，健全项目推动机制和多方联动机制以及数字湖里公共管理集成平台等建设，加速了湖里东西并进的建设热潮。湖里拥有“四桥两隧”优势，随着厦门航空总部大厦、万华金融大厦、蓝英国际金融中心等金融商业区竣工，高集海堤改造和断头路打通等城区路网体系完善，蔡塘和高林—金林片区等“城中村”改造，东渡片区老旧小区更新、安置房安居项目推进，为湖里城市空间再造打下基础。

消费方面，发放补贴消费券、线上带货促销等多维度扶持商贸企业纾困减负的举措，有利于激活区内十二大商圈的餐饮、商超、百货消费，创新消费模式。随着区内交通便利度提高和新建成片区的扩大，有利于区内商圈消费扩容。

进出口方面，我国不断降低关税总水平，湖里入选全国进口贸易促进创新示范区，在贸易促进和贸易创新方面潜力将不断释放，有利于湖里成为成熟的进口集散地。

2. 不利方面

产业发展方面，新冠肺炎疫情反复和大国博弈影响下，全球产业链供应链遭受重创并加速重构，呈现分散化多中心化的趋势，国内产业链面临不稳、不强、不安全的挑战，将给湖里计算机、通信和其他电子设备制造业、电气机械和器材制造业、航空航天器修理业、通用设备制造业带来不利影响，同时也面临着与周边区域之间产业招商引资的激烈竞争。

城市建设方面，对照高颜值要求，区域发展不够均衡，湖里区道路、消防、排水、供气等基础设施仍存在短板，进一步改造提升“城中村”，盘活老工业区发展空间，纾解非核心功能还受财政资金、相关政策等制约。

消费方面，疫情对经济的影响仍未消退，经济增速放缓。投资在乏力中复苏的大环境未改变，消费虽处于总体恢复的状态中，但完全恢复至疫情前的繁荣“日常状态”，仍需要一定的时间。湖里未来在促进重点行业社会投资和居民消费方面仍需给予政策支持和引导。

进出口方面，世界经济仍处在深度调整期并有进一步下行的压力。2022 年面临全球动荡和风险增多，地缘政治冲突，全球贸易摩擦未有根本好转。我国经济面临的外部环境不稳定、不确定因素增加，内部结构性、体制性、周期性问题交织，经济运行面对的风险和挑战依然较多，湖里未来面临的进出口增长压力仍将存在。

（二）发展展望

2022 年是实施“十四五”规划承上启下的关键一年，既面临严峻复杂的外部环境，也迎来新的发展机遇。湖里区拥有海港、空港、陆路三位一体的交通枢纽以及自贸试验区、火炬高新区等多区叠加的优势，综合考虑内外部环境因素，及全区经济主要支撑点、增长点、财税点，2022 年湖里区经济社会发展主要预期目标为：地区生产总值增长 8% 左右，规模以上工业产值增长 6%，全社会固定资产投资增长 10%，城镇居民人均可支配收入保持稳定增长，主动融入新发展格局态势进一步显现，新经济体系构建步伐加快，东部新城建设提速，对内对外开放水平提升，人民幸福生活迈上新层次。

三、2022 年对策建议

站在特区建设 40 周年的新起点上，2022 年湖里区将牢记习近平总书记致厦门经济特区建设 40 周年贺信的嘱托，充分发挥地理和政策叠加优势，主动融入金砖创新基地建设，持续打造一流营商环境，加快推动一批科技含量高、带动性强的高能级企业落地投产，在更高起点上推动特区发祥地再创新辉煌，打造“两高两化”城市的典范区、标杆区，为全市率先实现社会主义现代化发挥更大的作用。

（一）加快推进产业结构优化升级

1. 促进工业经济稳步增长

做大存量。鼓励存量企业谋划一批新的增资扩产项目，促进企业增产增效。以戴尔系、宸鸿系等百亿级支柱企业，以及浪潮、科华数据、玉晶光电、亿联网络等腰部企业，汉印电子、凌阳华芯等高成长企业为重点，靠前服务协调解决企业增资扩产、生产经营、员工子女入学等问题。用好市、区各项纾困减负促生产政策，鼓励欣贺股份、太古可乐、同致电子等一批龙头区属企业稳产增产，帮助企业摆脱疫情影响。加快推进台松精密继电器车间技术改造、安保塑胶技改扩建等在建项目。

挖掘增量。充分整合和利用联谊大厦、火炬荟智空间、火炬新科广场、老湖里工工业区企业外迁空余厂房等一批招商空间，有序推动企业引进。加强企业梯次培育，建立完善“小升规”企业储备库，推动上规入统贡献增量。加强对昊琪科技、万世工贸等规下工业企业的跟踪对接，有效、精准释放增长潜力。

2. 加快发展新兴成长企业

完善鼓励信息产业发展政策，培育壮大软件信息业、集成电路设计等专业服务行业，加大对现有规上企业丝柏科技、勇仕科技、科技谷、熙重科技等一批高质量成长企业培育力度。推进区、街联动力度，进一步加大软件信息企业招商力度，以互联网平台型企业、成长性较好的智慧产品、人工智能研发企业以及 IC 设计企业为招商重点，培育和引进一批数字化转型标杆企业，做大做强湖里区数字经济、平台经济。

3. 促进现代服务业提质增效

促进消费增长。充分利用“全闽乐购”“湖里魅力购”“悦游湖里”“夜间经济”等促进消费平台，依托区零售协会谋划“湖里魅力购”专场促消费活动，促进湖里区餐饮、百货零售等企业恢复式增长。发展跨境电商、直播电商等消费业态，繁荣夜间经济，培育新型消费。加快推动“海上世界”、SM 三期四期和闽南古镇万达广场建设，发展壮大航空古地石广场等特色园区，培育新兴商圈和消费热点，促进文旅消费恢复。

壮大金融产业。依托五通金融核心区、古地石基金小镇等专业空间，引进一批高能级基金项目，增强金融服务业竞争力。加快落实《湖里区新兴金融产业专项工作方案》强链补链措施，完善基金小镇扶持政策实施细则、两岸金融中心湖里片区扶持政策等，依托产业引导基金，打好“财政 + 金融”组合拳，培育更多本区上市公司。

推动影视文创旅游融合发展。扶持“特区·1980”湖里创意产业园，促进先力电影产业基地、理源未来电影世界项目建设，推动光夏包装厂房改造文创园，推动金龙厂房改造为未来汽车科技和文化创意园。开展五缘湾创建国家级度假旅游区评估工作，积极发展影视、非遗、健康、工业文化旅游业态。

助力物流企业发展壮大。落实交通运输企业纾困减负措施，指导企业复工复产，尽快促进行业恢复。加快落实《促进湖里区现代物流业发展实施办法》，促进物流企业转型升级。

（二）提升科技创新能力

强化企业创新主体地位。打好政策“组合拳”，实施“双迈进”战略，培育专业化科技服务机构，促进各类创新要素向企业集聚，构建完整孵化链。鼓励企业加大科技研发、设备更新和技术改造投入，加快推进台松精密继电器车间技术改造、安保塑胶技改扩建等技改项目。

培育提升“三高”企业。鼓励和引导“三高”企业技术创新和增资扩产，推进产学研深度融合。支持“三高”企业联合业内骨干企业和相关高校院所共建行业技术创新中心、应用型研发机构。通过“精准滴灌”和贴心服务，推动中小微企业成长为“三高”企业，推动“三高”企业成长为现代化国际化的一流企业。

加快科技创新载体建设，充分抓住金砖创新基地核心区的发展契机，利用东部旧村整村改造后湖边水库东片区腾出的产业发展空间，规划设立专业化科创园区，加快科创企业引进和培育，实现“科技回归都市”。

推进“智汇湖里”人才战略。推动“双百”人才引育，促进人才项目与产业升级紧密融合，做好人才保障服务工作。建设区级科技特派员队伍，开展科技特派员宣讲交流活动、“三高”企业与高校、科研院所对接会等，实现技术与需求、需求与人才的精准对接。

（三）加强对内对外开放

提升东西部协作和对口支援。开展与闽宁镇的全方位多层次、全领域广覆盖的深度协作。加快推进一批产业协作、劳务协作和消费帮扶等巩固脱贫攻坚与推进乡村振兴项目，将闽宁镇打造成为全国东西协作乡村振兴示范点。深化“湖里企业 + 闽宁资源”“湖里市场 + 闽宁产品”等多种合作模式，促进当地因地制宜发展特色产业，实现自我造血。加强消费帮扶，通过“湖里魅力购”“电商扶贫活动”“厦洽会”等平台，帮助闽宁镇集中推介、展示、销售特色农产品。完善与浦城的协作发展机制，定期召开两地党政联席会议，协同开展招商引资活动。

加强两岸互融互通。以“通、惠、情”为要点，主动落实惠台利民措施，支持台商台企参与两岸青年就业创业基地建设，吸引台湾优秀人才集聚湖里。以“海峡论坛”“厦门人才服务月”为契机，促进两岸人才交流。支持开展福德文化节等民间交流活动，搭建对台交流平台，推动两岸同胞走近走亲、心灵契合。

主动联通对外开放。稳定外贸外资增长，加快打造航空维修、融资租赁、跨境电商等重点平台，培育一批具备区域影响力的消费品进口平台、大宗商品进口供应链运营中心，推动进口贸易促进创新示范区三年发展行动计划落地实施。构建“政府搭台、银企对接、市场整合、资金流通”的跨境业务服务框架，支持企业拓展海外仓、前置仓等新业务。推动境外上市企业返程投资，外资签约项目尽快落地。主动融入金砖创新基地建设，承接重大交流合作活动、投资贸易合作项目和各类赋能平台建设，加强工业创新、科技创新等领域交流合作。充分把握 RCEP 生效契机，组织相关培训，提升企业用好优惠政策的能力。

（四）加快建设新中心城区

推进基础设施建设。坚持“四高”要求，一次性规划建设基础设施和公共服务配套，重点做好东部片区公园、绿地、公共服务综合体及老旧小区改造等项目，推动高林金林组团、五缘湾营运中心二期组团成片开发方案落地实施，筹划湖边水库东片区、蔡塘片区成片综合开发，加快完善全域交通路网和全域慢行系统，优化城市功能品质，逐步打造产城人融合、宜居宜业的岛内东部新城。加快新型基础设施建设，尽早实现全区 5G 全覆盖。

有序推进城市有机更新。优化盘活空间资源，带动产业能级提升和城市功能完善。充分利用东部旧村改造 6.7 平方公里释放出的发展空间，强化科创、金融、总部等产业导入，加快推动东部系列科创园的落地生成，构筑新的增长极和动力源。整合提升中西部片区优质空间资源，加快推动湖里老工业区产业空间盘活，为优质存量企业增资扩产、产业链延伸提供充足空间。全面梳理产业、居住、商业、公建配套等各类用地，靠前做好土地保障，加快推进中建四局东南区域总部等重点落地项目土地出让进度，不断提升空间资源承载能力和土地效益。

持续提升环境质量。加强源头管控，实施清洁生产，不断降低大气污染物排放强度。加大空气质量管控力度，建立应急调度响应考核机制，形成联动管控格局。不断加强对湖边水库、埭辽湖、新丰湖、天地湖等水体及周边重点区域的巡查、防护和监测，确保地表水水质达到环境功能区标准，湖边水库水质稳定在Ⅱ类水质。建立入海排口（监测 + 监控）管家、重点污染源环保管家等，推动入海排口监测全覆盖，强化对日常陆海污染源的常态化管控和平台智能化管理。加强建设用地土壤污染防控和辐射监督，力争危废管理水平持续保持全市领先。

提升城区管理水平。建设信息集约化、预警智能化、监测可视化的“城市大脑”，强化专项执法和联合执法行动，推动实现城区常态化、长效化、精细化管理。以围里社、湖里社等 4 个“城中村”为试点，推动“城中村”综合整治。探索建立垃圾分类智慧化体系，力争创建省级生活垃圾分类示范街道和市级垃圾分类样板社区。

（五）全力扩大有效投资

加强重大项目策划、落地、投产。围绕国家、省、市出台的重大规划、产业政策和重点投向，加强政策研究与项目策划，在新材料、人工智能创新应用等方面生成一批项目。围绕城市更新、新基建、民生保障等方面，进一步谋划生成更多的市重大项目。持续完善和强化重大重点项目挂钩联系制度、项目落地要素保障机制，加强统筹协调，提速项目审批。围绕从策划到落地、从开工到投产等全链条服务，组建工作专班、实行“并联”审批，力推西海湾邮轮城等 31 个项目有序建设。

完善企业发展服务保障。落实重点企业走访，优化重点企业名单，以市中小企业服务平台为依托，以湖里区大数据平台数据为基础，搭建湖里区中小企业服务平台。开展特色企业服务培训，邀请专家定期召开惠企课堂培训，宣传推广惠企政策。通过举办国家级高企认定政策专题培训会、湖里高新园“企业创新服务周”“三高”政策宣讲、湖里区科技企业研发费用加计扣除辅导会等活动，加强高新技术企业对口服务。

全方位优化招商引资机制。强化专业招商队伍建设，紧盯世界 500 强、中国 500 强和行业领军企业，吸引更多优质企业落户本区。深化产业链招商，大力发展“研发 + 总部 + 委外制造”业态模式。进一步创新招商方式，鼓励资本招商、基金招商、校友招商、以商招商和企业增资扩产，切实提高招商引资的针对性和实效性。

持续打造一流营商环境。持续优化政务、市场、法治环境，深化“放管服”改革，优化审批流程和环节，实现更多审批服务事项多点办、就近办、一次办、网上办、自助办，提高“秒批秒办”和“免审即享”事项比重，推动“证照通办”100% 全覆盖。

（六）全力打造新幸福生活

促进教育优质均衡发展。以率先全市创建首批国家义务教育优质均衡发展区为契机，推动各类教育创新优质发展。增办普惠性幼儿园和托育点，扩大“幼有所教”范围。增加义务教育学位，全面落实“双减”政策，推动“三心”校园民生工程，推动民办校转型升级，提高办学整体水平。优化集团化办学模式，实施专家教师培养计划，进一步提升教育品牌优势。

提升健康城区水平。加快复旦中山厦门医院科研教学楼、儿童医院科教楼、中医院康复楼等项目建设，鼓励社会资本举办高水平医疗机构，发挥环五缘湾医疗资源优势，积极发展高端医疗、医美美妆等泛医疗产业，吸引更多优质医疗资源集聚。加快厦门国际健康驿站建设，提升社区医院综合服务能力，巩固慢性病综合防控示范区建设成果。突出抓好“一老一小”民生工程，稳妥有序实施健康养老和普惠托育专项行动。推进升级街道居家社区养老服务，建设近邻敬老服务圈示范点。常态化做好传染病检测和防控工作，完善平急转换工作机制，落实“外防输入、内防反弹”各项规程要求。促进公共文体设施建设，推动区级“一场一馆一中心”规划。

促进就业精准帮扶。加大对辖区失业人员、未就业高校毕业生、就业困难人员等精准就业帮扶工作力度，保障新就业形态劳动者权益，推动居民收入稳步增长。全力保障下忠、仑后等 18 个安置房、安商房项目建设，加快东部返迁，满足基层群众安居乐业需求。精准实施各类社会救助，稳步提升养老、失业、工伤保险参保覆盖率。

（七）探索社会治理新模式

完善社区网格化管理机制。加快社会治理综合网格“一网多用”“多网合一”建设，优化拓展以网格化为基础的社会治理体系和治理能力。建立健全“平安中心户长”工作机制，构建“街道政法委员 + 社区治保主任 + 社区网格员 + 平安中心户长”的基层平安创建骨干力量。持续推进社区工作者职业化体系建设。加强精细化治理，推出一批社会治理“微创新”项目，打造更多社会治理“微品牌”。

提升平安湖里智能化水平。结合“数字湖里”建设，狠抓“雪亮工程”、AI 人体人脸等项目质量和进度，提升治安打防管控智能化、现代化水平。常态化开展扫黑除恶斗争，重点防范打击电信网络新型违法犯罪，提升打击防范精准度。深化安全生产工作联席会制度，强化推进重点领域专项整治，加强应急救援能力建设。

切实维护社会稳定。加强风险评估和预警研判，严格落实源头稳控措施和多元化解机制，打造“公证+”综治矛盾纠纷调解工作模式，不断丰富新时代特区版“枫桥经验”。落实“四门四访”，普及推广“最多投一次”阳光信访及信访评理工作机制，打造全国信访工作示范区。打好“重点领域”“重点群体”“重点人员”信访积案攻坚战，深入开展征地拆迁、涉众金融、房地产等重点领域主动创稳专项行动。

【参考文献】

[1] 厦门市人民政府 .2022 年厦门市人民政府工作报告 [R/OL].(2022-01-07)[2022-03-01].https://news.xmnn.cn/xmnn/2022/01/25/100998354.shtml.

[2] 厦门市湖里区人民政府 .2022 年湖里区人民政府工作报告 [R/OL].(2022-01-05)[2022-03-01].http://www.huli.gov.cn/zwgk/zfxxgkzl/zfxxgkml/41922/zfgzbg/202112/t20211230_825961.htm.

[3] 厦门市统计局 . 厦门统计月报 [R/OL].[2022-03-01].http://www.xm.gov.cn/zwgk/tqjj/xmsj/xmhgyb/index.htm.

课 题 组 长：林　红
课题组成员：戴松若　董世钦　林　静
　　　　　　梁子升
课 题 执 笔：林　红　董世钦　林　静

第四章

集美区 2021 年发展评述与 2022 年展望

一、2021 年发展评述

（一）发展综述

2021 年，集美区坚持稳中求进工作总基调，统筹疫情防控和经济社会发展，经济运行企稳回暖，城区品质全面跃升，民生福祉不断改善，较好完成全年各项任务目标。

1. 经济实力更加雄厚

2021 年，全区实现地区生产总值 876 亿元，同比增长 6.8%；三次产业结构优化调整为 0.3:46.8:52.9。社会消费品零售总额增长 16.7%，比全市平均水平高出 4.0 个百分点，居全市第二；区级财政收入 47.5 亿元，规模位列岛外第一，增速居全市第二；全体居民人均可支配收入增长 10.8%，居全市第二。详见表 4-1、图 4-1 至图 4-4。

表 4-1　2021 年集美区主要经济指标完成情况表

指　标	总量	总量全市排名	增速 /%	增速全市排名
地区生产总值	876 亿元	4	6.8	5
其中：第一产业	3.3 亿元	3	4.6	4
第二产业	448.4 亿元	4	8.3	2
第三产业	424.2 亿元	3	5.3	6
规模以上工业增加值	—	—	14.2	3
固定资产投资	—	—	4.4	5
社会消费品零售总额	225.0 亿元	5	16.7	2
实际利用外资	17.4 亿元	4	14.8	4
财政总收入	148.8 亿元	4	2.6	6

续表

指　标	总量	总量全市排名	增速 /%	增速全市排名
区级财政收入	47.5 亿元	3	18.4	2
全体居民人均可支配收入	58219 元	4	10.8	2

资料来源：厦门统计月报。

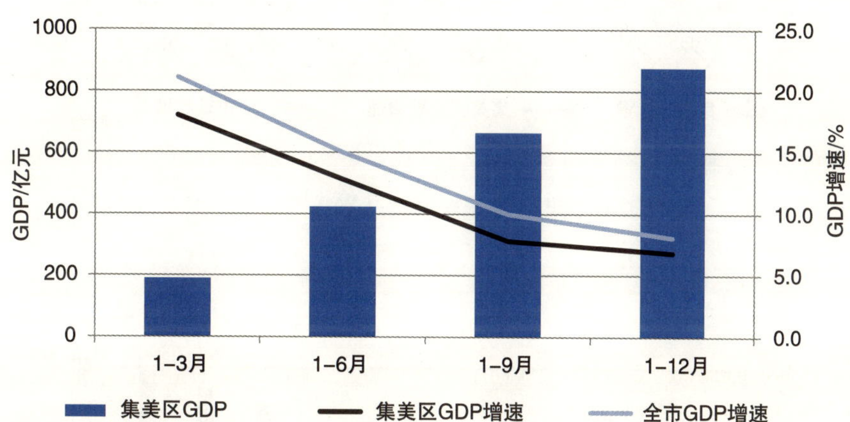

资料来源：厦门统计月报。

图 4-1　2021 年集美区 GDP 情况

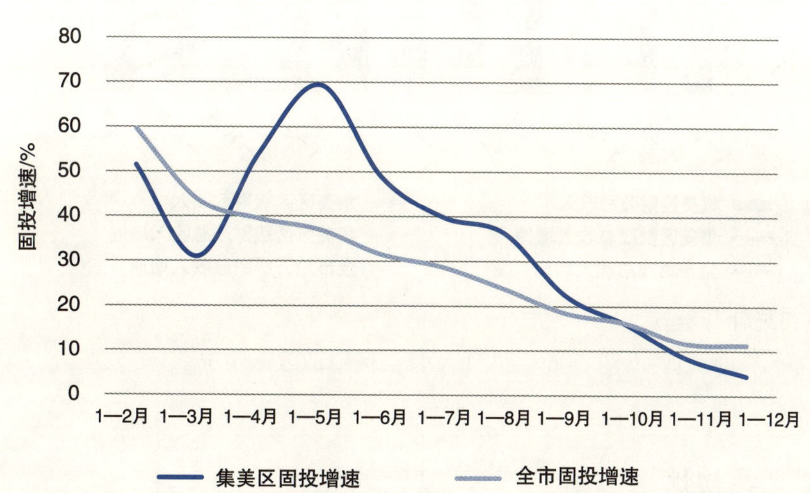

资料来源：厦门统计月报。

图 4-2　2021 年集美区固定资产投资（固投）情况

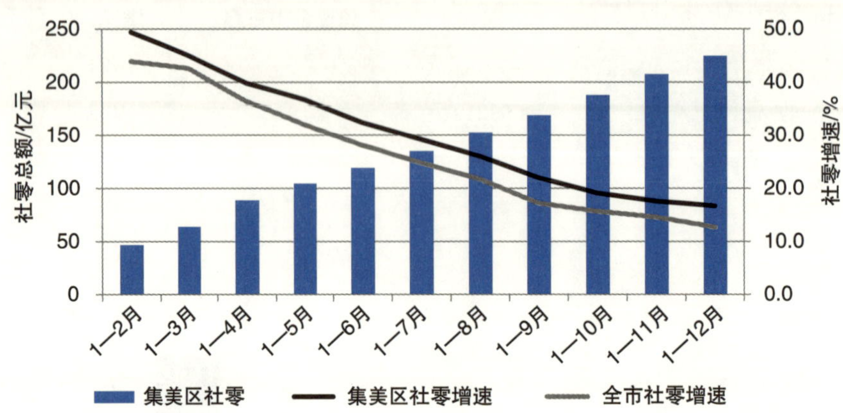

资料来源：厦门统计月报。

图 4-3　2021 年集美区社会消费品零售（社零）总额情况

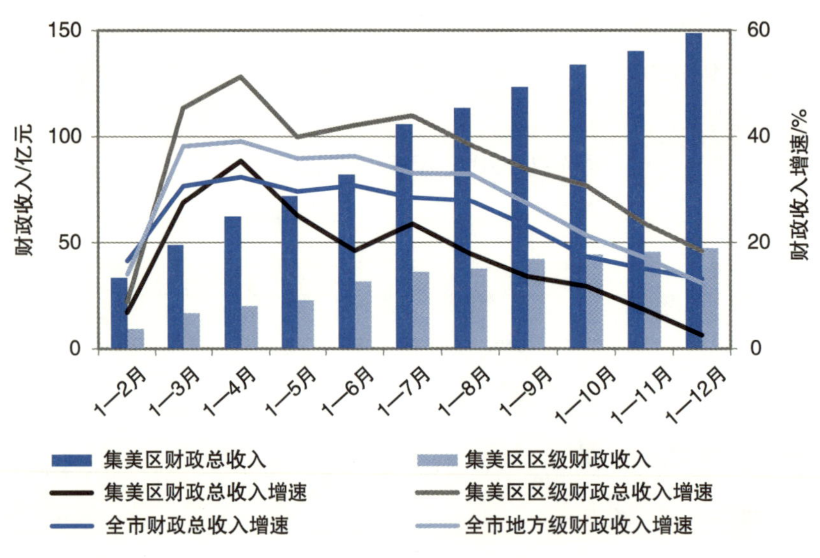

资料来源：厦门统计月报。

图 4-4　2021 年集美区财政收入情况

2. 产业转型更具韧性

工业基石稳步打牢。规模以上工业增加值增长 14.2%，高出全市平均水平 2.3 个百分点，全市排名第三。全面推行产业链链长制，打造“一条产业链、一张路线图、一套班子、一个顾问团队、一抓到底”的工作模式，电子信息、新材料等重点产业链稳定性可靠性不断增强，美科安防、科力电子等先进制造业项目开工建设。企业梯度培育见实效，新增“三高”企业 131 家，占全市新增量近 1/3；累计拥有国家高新技术企业 494 家；坤锦电子等 15 家企业获得国家级“专精特新”小巨人称号。集美（杏林）台商投资区园区循环化改造示范试点顺利通过验收。

现代服务业集聚发展。软件信息持续快速增长，软件园三期全年营收326.6亿元，大数据人工智能、智慧城市与行业应用、移动互联、电子商务、数字创意等五大细分领域齐头并进。软件园三期累计注册企业近5000家，员工近5万人，金砖未来创新园落地开花。“3+2”商贸格局基本成型，同集路商业带、集美新城核心商圈、北站商圈三大商圈人气商气进一步集聚，新增世茂广场等2家大型商业综合体，集美大悦城开工建设。消费潜力加快释放，批发业销售额逼近千亿元大关，同比增长70.3%，增速居全市首位；零售业销售额169.5亿元，同比增长22.2%，增速居全市第二；“首店经济”“夜间经济”“直播经济”等消费业态进一步丰富，成功举办“到集美，go购够！”等系列活动。文化旅游逐步复苏，全年接待游客1361.9万人次，同比增长36.5%；实现旅游收入82.2亿元，同比增长44.8%；园博苑景区免费对外开放，一站式全能型文旅综合体大地文旅城试营业，“鲸探海洋”科普研学基地正式开馆，海纳互娱金砖文化出海项目成功签约。

创新动能加速释放。自主创新能力稳步提升，拥有省级以上企业技术中心17家、工程研究中心14家、重点实验室10家、院士专家工作站4家、博士后科研工作站8家、国家级高新技术企业494家；拥有百度创新中心等15家国家级众创空间，16家省级和18家市级众创空间，累计成功孵化立马耀等约1700家优质企业。宏发电声入围2021民营企业研发投入500强，位居329位。国家政法智能化技术创新中心（厦门）分中心落地集美新城，区高校产业技术联盟高校成员扩大到辖区14所高校。东南金融高地逐步成型，区产业引导基金规模达500亿元，投资区内项目数量累计达110个，获评清科“2021年中国政府引导基金50强”，在全国区级产业引导基金中排名第三。杏林湾基金聚集区基金管理规模突破千亿大关，日均吸金超过1亿元，吸引439家股权投资类企业入驻。金桐环球创始人基金签约落户。政府性融资担保市对区考核4项指标中有3项名列首位。新增上市公司2家，占全市增量近三成，现有上市公司总数达11家。

发展后劲持续增强。招商引资硕果累累，投洽会期间签约项目84个，总投资额761.5亿元，签约引进复星集团产业综合体、中粮新零售产商融合聚集区等高能级项目。项目建设跑出加速度，德邦（厦门）智慧物流园百余天完成从土地摘牌至进场施工，打破德邦全国项目筹备时效的最快纪录。全年集中开竣工重大项目123个、总投资488亿元。

3. 城区品质显著提升

城区建设日新月异。“一心四片”加速融合，集美新城成为跨岛发展样板，人气商气全面集聚；马銮湾新城全面拉开框架，进入产业项目落地阶段，北部智慧科技产业园、蓝地球主题岛大型文旅项目等取得重大实质进展。常住人口突破百万，集聚规模居岛外首位、全市第二，十年增量排名居全省各县区之首。交通路网日益完善，“两纵三横”对外联系主骨架路网基本成形，轨道4、6号线加快建设，环湾大道建成待验收。新增4条、优化15条公交线路，新能源公交车辆占比达95.1%。新增浔江路、纺织西路等路内停车泊位382个，投用月美池地下停车场等一批公共停车场，新增停车位779个。城市更新刷新颜值，明达玻璃厂、糖厂片区提升改造有序推进，完成陈井、西滨等6个村庄50年以上建筑普查甄别工作，蔡林安置房等项目加快建设。

乡村振兴收获实效。全力推进乡村振兴动线及试点示范村建设，新324国道乡村振兴动线全面完工，溪林生态动线基本完工。村容村貌根本逆转，持续推进农村人居环境整治，完成261栋沿线农房裸房整治，推动城镇污水处理厂管网向周边村庄延伸覆盖，优先推进10个村庄的污水治理提升改造。积极实施“引智下乡”策略，创新制定“校地联席”制度，引入台湾社区营造经验，整合提升村居建设水平。

生态环境日趋优良。获评国家生态文明建设示范区称号。积极推进后溪工业组团低碳工业园、招商海德公园小区—低碳社区、双龙潭—近零碳排放景区等低碳创建试点工作。水环境质量达近年最好水平，河湖长制工作走在全市前列，全区70个入海排口实行云管理；坂头—石兜水库水质达Ⅱ类标准，优良率55.5%；深青溪环美北路桥水质均值达Ⅲ类标准，杏林湾水库水质均值达湖库型Ⅴ类标准。垃圾分类取得新突破，生活垃圾夜间直运量持续保持全市领先，率先全市启动泡沫塑料单独收运处置工作。空气质量保持领先，六项主要污染物均达国家二级标准。开展第二轮中央生态环保督察反馈问题整改，涉及集美的中督察53个信访件均已完成整改。

4. 民生福祉持续改善

民生事业更加全面。民生事业支出66.4亿元，占一般公共预算财政支出的78.5%，发展成果更多惠及全区市民。"教育强区"底气更足，建成亭北中学、侨英中学、白石小学、白石幼儿园等一批中小学、幼儿园，首个"嘉庚书房"正式揭牌。"健康集美"加快建设，四川大学华西厦门医院计划年底交付，市妇幼保健院集美院区加快建设，灌口镇中心卫生院初步达到二级综合性医院水平。深化与二院、厦心等医联体建设，做细高血压、糖尿病、消化系统疾病、慢性肺病等分级诊疗。探索智慧医疗服务新模式，6家基层医疗机构启动智慧药房建设试点。推进普惠性托育示范点建设，建成市级婴幼儿普惠托育服务试点1家。全面完善养老服务体系，区级老年人养护中心运营项目落地，太保家园国际颐养社区等高端养老项目加快建设，将新增困难老年人适老化改造配套补助等纳入补助，推动助餐点覆盖53个村（居）。文体活动深入开展，闽南戏曲艺术中心竣工验收，厦门市青少年足球训练中心即将开工。

社会保障更加精准。全面强化就业优先政策，形成扶持台胞就业创业、闽宁技能培训、"党建+无欠薪标杆"、劳动用工"红黑榜"评定等全市首创做法；出台全市最大力度春节留厦补贴，累计发放4916.9万元，惠及32779人；率先全市在云南大姚、贵州纳雍2县设立区级劳务基地，接收高校未就业毕业生人数居全市前列。积极推进低保扩面，实现救助标准动态增长，低保标准提高至每人每月850元，特困人员基本生活标准提高至每人每月1275元。强化返贫监测预警机制，建立困境儿童常态化排查机制，健全社会救助机制，确保"全面覆盖无盲区，精准救助不重复"。续写山海协作新篇章，继续保持与和政劳务协作。探索闽宁协作新路径，与彭阳合作培养电商人才。

基层治理更加高效。全区社会大局安定稳定，刑事警情压控成效明显，连续近五年排名全市第一。社区治理效能有效提升，率先全市完成首批5个"村改居"社区转型，选取日东社区、田头村开展省级近邻服务试点示范创建，田头村获批第八批全国民主法治示范村（社区），率先全市启动村（社区）"两委"换届工作。"五安"工程扎实推进，率先全市实现千人以上用餐的中学食堂食品安全检测室建设全覆盖，全区未发生较大及以上生产安全事故，事故起数、死亡人数、受伤人数实现"三下降"。

5. 改革动力有效激发

营商环境持续优化。提前筹划金融支持企业纾困减负增产政策，第一时间给予受疫情影响出现经营困难的餐饮业、文化旅游业、交通运输业企业贷款贴息支持，1—11月，全区新增减税降费超9亿元。推行免申即享惠企再升级，工业惠企政策全年预计兑现扶持资金1.8亿元。深化"放管服"改革，累计梳理省网入驻事项1345项，"一趟不用跑""最多跑一趟"事项占比99.2%。区行政服务中心日均受理事项5565件，即办率74.1%。

两岸融合积极推进。建成全省首个区级台胞警务服务站，实现台胞警务"一站受理"，获新华社、人民网、福建日报等中央及省级媒体报道。开通全省首条台港澳同胞办税绿色通道，实现台胞税务“一窗通办”，创新举措受到国家税务总局肯定，并作为经验推广。出台全市首个加强对台金融服务方案，推出闽渝首个专门为台胞设计的线上两岸薪资汇出产品“薪速汇”。

（二）存在问题

经过接续努力，集美全年经济社会保持协调发展，但仍存在一些困难和问题，主要体现在：

一是集美正处于经济结构调整、产业转型升级、新旧动能转换的关键期，叠加新冠疫情存在较大不确定性等因素影响，GDP、财政总收入等主要经济指标未达到年初预计目标，全年 GDP 增速走势低于全市平均水平，财政总收入增速各区垫底，经济下行压力加大。

二是发展后劲不足，固投全年走势基本呈现前高后地，全年固投增速仅 4.4%，大幅低于全市平均水平 6.9 个百分点，新落地项目少，已落地大项目开工偏慢；百万人口大区的人口红利尚未转化为“人才红利”“人文红利”，对拉动中高端消费、实现创新引领的作用有待增强。

三是从城市建设管理看，杏林老工业区等片区城市更新进展较慢，精细化管理的“绣花”精神还不够，交通拥堵、停车难等问题仍然是痛点，还需下大力气整治。

四是从社会事业发展看，优质公共服务资源的供给不足，住房、教育、医疗等资源供给与集美经济社会发展水平不相匹配，与群众对美好生活的需要还有差距；生态建设仍存短板，水环境治理任务依然繁重；疫情防控工作还存在短板和薄弱环节。

二、2022 年发展展望

（一）影响因素

经济发展方面，有利因素：率先实现社会主义现代化、建设高质量发展引领示范区、金砖创新基地等重大机遇，给集美实现高质量发展、加快实现产业现代化，更高水平建设跨岛发展“产城学人”融合先行区和示范区带来重大利好。不利因素：全球疫情反复，芯片短缺、能源供应不足、航运不畅和运费暴涨成为全球供应链主要痛点，集美产业链供应链稳定性受到较大挑战；国内消费需求不振，辖区存量工业企业难以有较大幅度增长，旅游娱乐等服务业恢复缓慢；两岸格局深刻变化，两岸关系存在不确定性，对经贸合作产生负面影响；各区全方位推动高质量发展超越的使命意识越来越强，争取项目、人才、政策的竞争更加激烈，集美的领跑优势较难维系。

城市建管方面，有利因素：三大新城连片成势，新建福厦高铁、轨道交通等重大发展平台载体加快建设，将进一步拓展集美的发展空间，集美有望成为探索建设独立性综合节点城市的主战场，绘就岛内外发展一体化进程的最美“扇面”；以创建文明典范城市为抓手，一批城市管理难点顽疾有望得到集中攻克。不利因素：集美新城建设已进入中后期，叠加房地产调控政策效应，固定资产投资增速难以实现新突破；资源环境约束日益趋紧，破解发展空间不足、土地集约利用效率不高等问题的迫切性突出。

（二）发展展望

综合考虑内外部环境因素，及全区经济主要支撑点、增长点、财税点，预计 2022 年集美区经济继续保持稳中有进的态势，主要指标预计如下：地区生产总值增长 8% 左右，规上工业增加值增长保持全市前列，软件信息、新材料等新兴产业规模逐步做大，固定资产投资增长 10%，财政总收入、区级财政收入分别增长 8%、7.5%；城乡发展的系统性、协调性进一步增强，生态人居环境明显提升；城乡居民人均可支配收入增长与经济增长基本同步，人民群众生活质量和幸福指数持续提升。

三、2022 年对策建议

2022 年，集美要坚持稳字当头、稳中求进，既要“敢突破”，突出“人文集美”的特色，让创新成为集美发展最强劲的动力，探索建设“青年发展友好型城区”；还要善于“谋全局”，以更高站位、更广视野，打造跨岛发展新格局，在全市奋力建设高素质高颜值现代化国际化的中心城市、社会主义现代化强国的样板城市的征程中，在率先实现社会主义现代化中做出集美贡献。

（一）招大引强，积蓄发展后劲

聚焦精准招商。坚持“增量崛起”和“存量变革”两手抓，保持抓招商促发展、抓项目增后劲的浓厚氛围。完善产业链招商机制，充分发挥产业基金优势，聚焦产业链缺失和关键环节开展精准招商，全面梳理招商空间资源，强化招商条款与资源匹配，建立资源匹配工作机制。强化专业化招商机制，建立全方位立体化的招商队伍，建立招商引资重点项目跟踪落实机制，为重点项目提供全周期流程服务。

推动落地见效。加快项目策划生成，依托“五个一批”项目建设机制，加快规划布局 5G、人工智能、大数据等新型基础设施项目，以及传统产业改造升级、先进制造业、现代服务业项目及教育、卫生、安置房等民生补短板项目。优化全区空间规划和“一张蓝图”，全力支持重点产业项目、重大投资工程用地，启用安仁产业园二期、集美模具产业园（一期），纵深推进软件园三期西片区建设，引导企业在功能匹配的产业园区选址建设，促进集约节约用地和产业集聚发展。突出做好征地拆迁，重点做好轨道平衡用地、机械工业集中区三期、马銮湾片区重要产业和基础设施项目保障。

（二）创新驱动，构建现代产业体系

坚持创新引领发展，着力把创新资源富集的潜在优势转化为高质量发展的竞争优势，促进产城学人深度融合。强化企业创新主体地位，深入实施高新技术企业培育行动计划，助力更多企业跻身“三高”行列，重点培育“单项冠军”、“专精特新”的小巨人企业、瞪羚企业、准独角兽企业，力争新增高新技术企业 50 家。强化文教区支撑功能，健全集美区高校产业技术联盟、教育部“蓝火计划”中国高校（厦门）科技成果转化中心、厦门国际协同创新中心等平台运行机制，部署和建设新一轮创新基础设施，推进“文教区”提升为“创新极”。主动对接金砖国家新工业革命伙伴关系创新基地建设，大力吸引金砖国家企业、高校和科研院所在集设立研发和创新中心。深入实施“聚贤集美”人才计划，面向重点领域积极引进软件研发人才、综合型创新人才以及知名企业高管，继续拓展和深化“高校人才深耕计划”，健全高校产业技术联盟运作机制，优化提升人才发展环境，加快建设青年发展友好型城区。探索双创升级融合新路径，推动杏林湾“千亿基金聚集区”建设，加快推动基金内生接续发展。

坚持双轮驱动，着力促进新旧动能加快接续转换，加快构建具有较强创新力、竞争力的现代产业体系。推动先进制造业提档升级，以集美机械工业集中区为重点，大力发展智能新能源汽车及关键零部件研发制

造，支持以宏发集团为龙头的企业发展绿色、智能继电器等输配电新产品，加快推进厦钨稀土永磁电机产业园建设及以商招商，加快机械工业集中区扬森数控、耐德电气、美科安防等项目建设。推动现代服务业量质齐升，持续推进软件园三期西片区建设，深化与电子城、数码港等重点平台企业招商合作，推动营收爆发式增长。打造多层次、差异化优质商圈，紧盯大悦城商业体载体建设，跟踪服务好辖区规模型、支撑型存量企业，积极引入一批带动型、成长型新零售企业。大力培育铁路物流、冷链物流、城际城市配送物流等业态，推进前场铁路大型货场建设，加速橙联跨境电商产业园、德邦智慧物流园等项目建设，增强物流业发展后劲。深化“以节促产”，打造“听见集美”厦门集美学村周末音乐会、“看见集美”青春电影展等文化活动品牌，推进厦门影视城、国家音乐产业基地等项目落地。

（三）建管结合，优化城市功能品质

全面融入“岛外大发展”大局，把集美新城、马銮湾新城集美片区、集美东部新城片区作为集美城市核心区，一体规划，环湾发展，构建起东西联动、南北呼应、开放大气的现代城市格局。集美新城，增强核心区“一心”的极核功能，做足聚人气、聚商机两篇文章，突出高新高端发展方向，加快提升软件信息产业层次和综合实力，建设跨岛发展“产城学人”融合先行区和示范区。马銮湾新城集美片区，加快完善骨干路网及公建配套，重点发展商贸文旅、现代物流和智慧产业，力促北部智慧科技产业园、西滨旧村改造等项目取得重大实质性进展，打造“厦门湾两高两化新极点”。集美东部新城，坚持基础设施和民生社会事业规划建设标准高于岛内，推动产业发展、生态优化和人口集聚，带动北部工业区转型升级，打造全区发展新的增长极。

统筹推荐城市有机更新，加快收储闲置低效地块再出让进程，吸引优质企业落地并增资扩产，推动陈井、岩内等整村交地，启动后浦、董任等整村征收工作。加快轨道平衡用地征收及杏林老工业区提升改造。持续推进不可移动文物保护工作，统筹推进非物质文化遗产保护与城乡建设的协调发展。

注重建管结合、持续提升城市承载力，高标准完善市政交通设施，加快福厦铁路厦门北站和轨道 4 号线、6 号线建设，持续优化各大组团、重大片区间的交通联系，加快集灌路桥下停车场、锦城国际北侧停车场等项目建设；高水平谋划城乡融合发展，继续落实“一革命四行动”，继续推进“绿盈乡村”建设，积极谋划一批村集体发展项目；高站位推进生态文明建设，坚决打赢蓝天、碧水、净土三大保卫战，打赢疫情防控歼灭战，继续开展杏林湾水环境跟踪监测与评估，推进九天湖试验区水环境治理工程。

（四）以人为本，打造民生幸福家园

聚焦群众“急难愁盼”问题，把改善民生、解决民需作为工作的出发点和着力点，按照普惠性、保基本、均等化、可持续方向，推动各项社会事业和民生保障同步发展。持续扩大教育资源，新增一批中小学、幼儿园学位，加快厦门市青少年足球训练中心建设。优化提升医疗卫生整体水平，加快四川大学华西厦门医院、市妇幼保健院集美院区建设，持续跟进“一村一所”建设，进一步深化“互联网 + 家庭医生”签约服务平台、专科专病医联体建设。筑牢兜底保障防线，着力抓好高校毕业生、失地失海农渔民等重点群体就业，健全重点群体就业的精准帮扶机制；积极扩大住房租赁供给市场，全面梳理闲置安置房房源，研究推动存量安置房转化为租赁住房；持续巩固东西部扶贫协作及对口帮扶工作成效，高标准打造“爱心集美”。深入开展“平安集美”创建，持续巩固“七位一体”主动创稳集美模式，绷紧疫情防控“安全”弦。

（五）党建引领，建设服务型政府

毫不动摇加强党的领导，巩固和壮大最广泛的爱国统一战线，汇聚推动集美发展的强大合力。充分发挥政策“洼地”优势，加强各类帮扶政策储备，强化出台政策宣传解读，支持企业用好用足惠企政策，开展帮扶企业政策评估，提升政策实施精准度。继续建设完善智慧政务服务体系。持续深化“放管服”改革不动摇，以建设市场化、法治化、国际化营商环境为目标，聚焦开办企业、获得信贷、政务服务、执行合同等市场主体关切的领域系统谋划、综合施策、全面发力，最大限度为企业减负、松绑、让利，力争在市对区营商环境绩效考评中继续排名各区前列。

【参考文献】

[1] 厦门市集美区人民政府 .2022 年集美区政府工作报告 [R/OL].(2022−01−10)[2022−03−01].http://www.jimei.gov.cn/xxgk/xxgk/gzbg/F398/202201/t20220130_830769.htm.

[2] 厦门市集美区人民政府 . 集美区运行分析会议汇报材料 [Z].[2022−03−01].

[3] 厦门市集美区人民政府 . 厦门市集美区国民经济和社会发展第十四个五年规划和二〇三五年远景目标纲要 [R/OL].(2021−06−24)[2022−03−01].http://www.jimei.gov.cn/xxgk/xxgk/ghjh/wngh/202106/t20210624_790497.htm.

[4] 厦门市集美区人民政府 . 集美区面向 2035 年发展规划 [Z].[2022−03−01].

课 题 组 长：陈菲妮
课题组成员：戴松若　谢　强　李　婷
　　　　　　林　智
课 题 执 笔：陈菲妮

第五章

海沧区 2021 年发展评述与 2022 年展望

一、2021 年发展评述

2021 年是中国共产党成立 100 周年，也是厦门经济特区建设 40 周年。海沧区面对错综复杂的国际形势，坚定不移贯彻新发展理念，有力抗击新冠肺炎疫情，持续推进跨岛发展，全方位推动高质量发展超越，国民经济、社会发展保持平稳运行、和谐稳定，实现“十四五”良好开局。

（一）综合评述

1. 经济发展逆势而进

2021 年，全区地区生产总值 938.24 亿元，增长 11.9%，增速位列全市六区第一。财政总收入、区级财政收入分别增长 25.6% 和 18.1%。规模以上工业增加值增速、固定资产投资增速、全体居民人均可支配收入分别增长 23.7%、15.1% 和 11.3%，增速均位居全市第一。城镇居民和农村居民人均可支配收入增速超过省市平均水平。详见表 5-1、图 5-1 至图 5-5。

表 1　2021 年海沧区主要经济指标及排名

指　标	总量	总量全市排名	增速 /%	增速全市排名
地区生产总值	938.24 亿元	3	11.9	1
其中：第一产业	1.64 亿元	5	-6.8	5
第二产业	565.1 亿元	2	14.7	1
第三产业	371.5 亿元	4	8.1	5
规模以上工业增加值	576.21 亿元	—	23.7	1
固定资产投资额（不含农户）	—	—	15.1	1
社会消费品零售总额	300.97 亿元	4	4	5
实际利用外资	17.34 亿元	5	15.8	3

续表

指　标	总量	总量全市排名	增速 /%	增速全市排名
财政总收入	237.26 亿元	—	25.6	—
区级财政收入	40.14 亿元	—	18.1	—
全体居民人均可支配收入	60859 元	3	11.3	1
其中：城镇居民人均可支配收入	61664 元	3	10.1	1
农村居民人均可支配收入	36948 元	1	12.7	2

资料来源：厦门统计月报、海沧区统计月报。

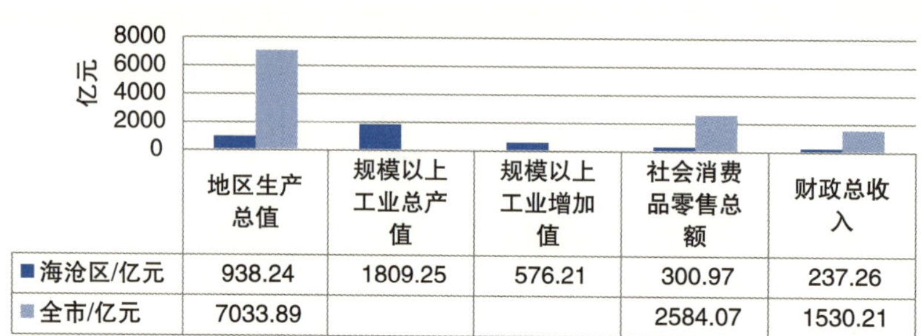

资料来源：厦门统计月报、海沧区统计月报。

图 5-1　海沧区主要经济指标与全市对比

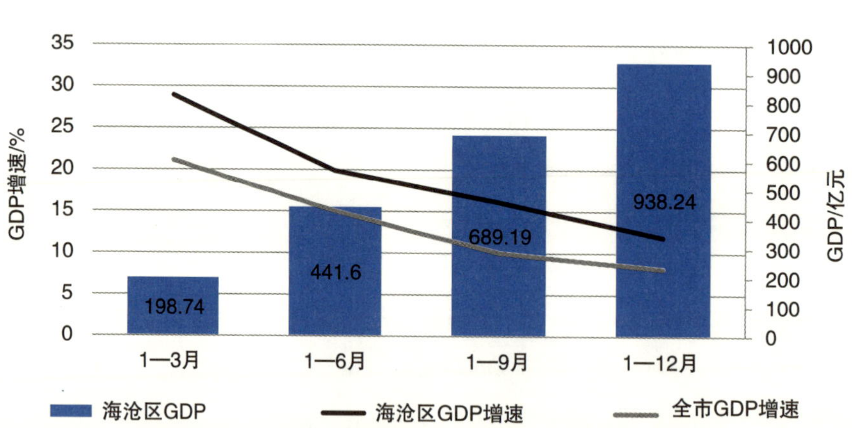

资料来源：厦门统计月报、海沧区统计月报。

图 5-2　海沧区 GDP 增速与全市对比

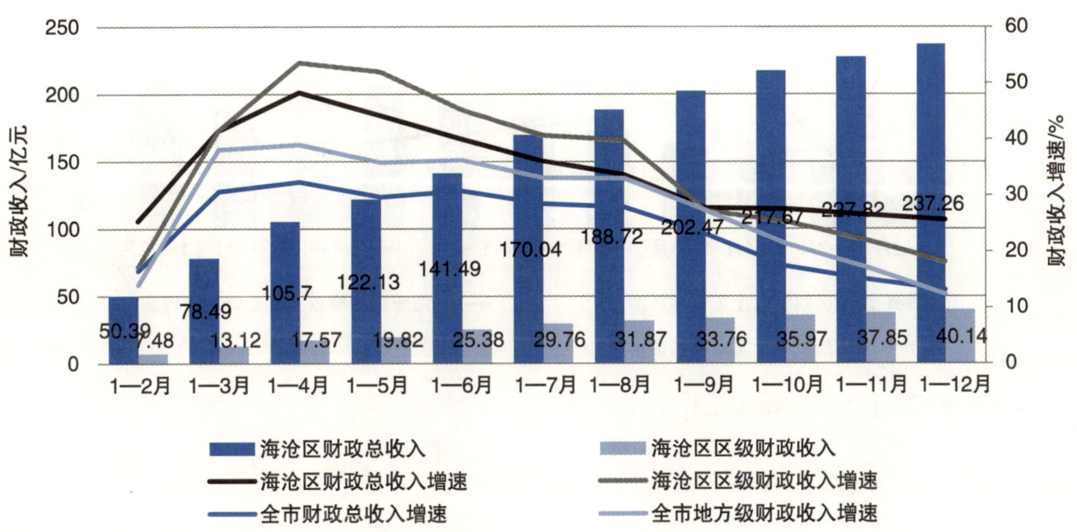

资料来源：厦门统计月报、海沧区统计月报。

图 5-3　海沧区财政收入增速与全市对比

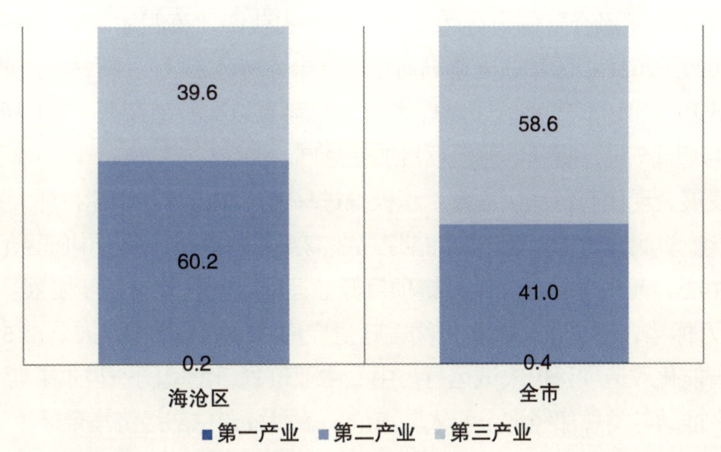

资料来源：厦门统计月报、海沧区统计月报。

图 5-4　海沧区三次产业结构与全市对比

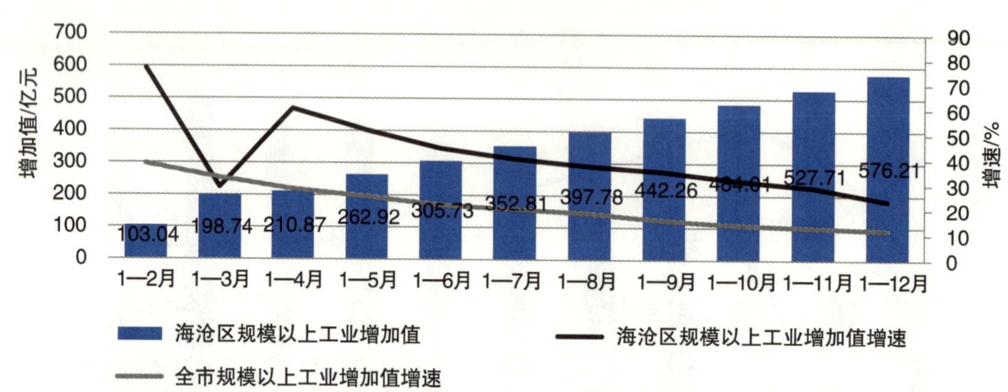

资料来源：厦门统计月报、海沧区统计月报。

图 5–5　海沧区规模以上工业增加值增速与全市对比

2. 产业转型持续加快

主导产业不断壮大。生物医药亮点频现：生物医药产值实现翻倍增长，宝太、安邦、万泰、特宝等企业快速增长，大博医疗科技产业园、大博医用材料项目加快建设；海沧生物医药港入选国家“双创”示范基地，万泰沧海自主研发的国内首支二价宫颈癌疫苗获世界卫生组织认证，全国首座硼中子俘获治疗中心竣工。集成电路链条加快完善：集成电路产值增长 4.5 倍，士兰 12 吋二期启动，金柏半导体项目竣工；产业链、创新链、金融链“三链融合”的半导体产业发展模式获评“第四届‘IC 创新奖’产业链合作奖”；集成电路园区荣获“2020—2021 中国集成电路高质量发展十大特色园区”。新材料产值提速：新材料产值增长 51%，厦钨新能源成功上市，长塑高分子功能性薄膜材料重点实验室荣获“厦门重点实验室”，BOPLA 可降解膜材正式量产实现国产化，厦顺电池箔项目加速量产。

现代服务业加快发展。现代商贸加快培育。积极推进马銮湾城市商圈构建，加大东屿 CBD 片区商业综合体招商进度，SM 马銮湾项目加快建设，谋划搭建马銮湾新零售中心，吸引中闽百汇、夏商民兴等知名企业落地，西雅图购物中心、元初食品国际供应链项目开业运营。现代物流稳步发展。海沧港 1—12 月集装箱吞吐量完成 963.45 万标箱，占全市 75%；货物吞吐量完成 1289.48 万吨，占全市 50%。中远海运等项目开工建设，海润码头智能化改造项目投入试运行。中欧中亚班列新增厦门—霍尔果斯—中亚五国全程班列。其他服务业较快增长。推动各类总部经济企业入驻海沧，争取打造总部经济集聚区。

传统制造业量质齐升。智能家居、机械制造、电子等优势产业产能提升，佳浴陶瓷、捷太格特等新产线投产，海嘉面粉、钢宇增资等项目加快建设，法拉二期、迈动增资等项目加快办理前期手续，传统制造业朝智能化、信息化方向迈进。

创新活力加速迸发。海沧生物医药港入选国家“双创”示范基地。辖区主次干道、中心城区及重要区域室外实现 5G 信号全覆盖。企业创新平台建设成效显著，众创空间建设顺利推进，累计孵化出 14 家国家级高新技术企业、31 家市级高新技术企业、10 家厦门“双百人才”企业。公共平台更加完善，半导体产业基地竣工，华西海圻厦门工作站揭牌。

3. 跨岛发展加快推进

基础设施更加完善。交通路网不断织密，海沧隧道、海新路主线开放通车，轨道 6 号线海沧段车站全面封顶，翁角路（孚莲路—厦漳界段）等道路项目完工，打通断头路寨后北路。不断优化公交线网，增设公交线路（含定制公交），便利居民地铁换乘和绿色出行。市政保障持续增强，海沧湾沿线夜景提升工程完工，沧江新城道路项目完工，路网、商业综合体等配套设施逐步健全，后柯等村庄征地拆迁工作基本完成，新城建设步伐加快。加快推进排水管网雨污分流建设，完成正本清源改造 12.7 平方公里，海沧、嵩屿街道正本清源项目正式开工。新增公共停车位 1085 个，着力化解“停车难”问题。

生态环境持续优化。蓝天、碧水、净土保卫战深入推进，空气质量优良率达 100%，优级率全市第一；建立湾（滩）长制，水环境功能区达标率 98.21%，入海排放口水质达标率 92.67%，马銮湾再生水厂和海沧水质净化厂投入使用；土壤环境质量保持稳定，危险废物处置利用率和医疗废物无害化处理率达 100%。2021 年度公众对环境质量满意度蝉联全市各区第一。推进“碳达峰”“碳中和”建设，发展低碳智慧工业园区和低碳试点区，建成 5 座“口袋公园”、马銮湾生态三岛公园，持续拓展绿色空间。

乡村振兴持续深化。着力推动乡村振兴试点示范村项目建设，抢抓农村电商平台和现代农业加速发展机遇，加快推进现代农业招商，完成班纳利中国育种中心一期项目建设。推动一批农村建设品质提升项目，完成“四好农村路”建设和农村裸房整治，加快推进自然村农村生活污水治理提升。加快推动农村集体经济项目建设，莲花汤岸公寓、新垵正顺公寓竣工验收。个性化开展村（居）项目制培训，劳务输转工作获评“福建省脱贫攻坚先进集体”。

4. 民生福祉持续增进

教育事业成果丰硕。全年新增中小学幼儿园学位 17700 个。探索企业园区办学配套模式，扶持国企举办普惠性幼儿园。持续推进义务教育优质均衡发展，落实国家“双减”政策，加强学校“五项管理”，实现中小学课后延时服务全覆盖，为全区中小学生提供多样化课后服务，促进学生身心健康成长。打造多元卓越的普通高中教育，落实“新高考实施方案”，全面推进新课程改革。深入实施素质教育，持续推进海沧区青少年研学实践营地项目。

医疗服务更加优化。全力推进疫情防控工作，率先全市完成 12~14 周岁、15~17 周岁、18 周岁以上人群全程疫苗接种任务。辖区医疗资源供给进一步增强，海沧街道社区卫生服务中心竣工投用，海沧医院互联网医院正式揭牌。2 家基层医疗卫生机构在“优质服务基层行”活动中获国家卫健委通报表扬。提升基层医疗机构水平，加强与复旦中山厦门医院在远程教学、远程会诊、转诊等领域的合作，让群众在家门口享受上海专家的医疗服务。

社会保障更加完善。新阳人力资源市场投入使用，推动失业人员再就业，加强高校毕业生等重点群体就业服务。做好特殊人群保障工作，被征地人员基本养老保险参保完成度岛外最高；推进低保扩面，扩大发放困难群众救助金覆盖面。深化构建和谐劳动关系，获评“福建省根治拖欠农民工工资工作成绩突出单位”。健全养老服务体系，推动社区养老服务设施建设，新开办幸福食堂。加快佳芸花园、渐美等安置房项目建设，加大保障房源供给。

5. 营商环境持续优化

行政服务有效提升。深化“互联网 +”政务服务，办理全省首张“微信办”个体户营业执照。持续推进“放管服”改革，行政许可事项“一趟不用跑”事项占比99.9%，“秒批秒办”事项61项，实行工程建设项目“一窗受理”。落实减税降费，兑付扶持资金；深入开展“法治助企”行动，多元化解涉企纠纷。

招商引资成效显著。全年共落地项目875个、总投资1164亿元。引进紫金智控等高能级项目，落地新格诺康等总部项目，宝太生物等完成供地。实际使用外资17.34亿元，增长15.8%。厦门中心引进元初食品总部等优质项目，积极推进高端酒店等项目洽谈。

（二）存在问题

1. 产业结构有待优化

海沧区服务业发展相对滞后，对经济增长的贡献和拉动不明显，辖区商贸服务、旅游会展等现代服务业有待加快发展，以求摆脱“拖后腿”的被动局势。企业实力有待增强，龙头企业较少。辖区主导产业规模不大，新兴产业发展处在培育阶段，难以支撑经济快速增长、高质量发展。

2. 城区品质有待提升

新城建设有待加快，产城人融合需要进一步深化，商业配套、市政配套、公共服务等设施有待进一步完善。城区商贸业发展滞后，缺乏有影响力的商业综合体入驻。征地拆迁难仍制约城区的发展，城中村违章建筑增多，制约着城区环境和品质提升。

3. 民生保障有待提升

优质教育、医疗、养老等公共服务还有缺口，文体设施层次不高、布局不均，公共文化供给缺乏多样性，与人民群众对美好生活的需求存在差距。公共服务不够均衡，公共资源配置不够合理，公共服务城乡差距、群体差距仍较为明显。

二、2022年发展展望

（一）有利因素

产业方面，疫情加速产业变革，人工智能、集成电路产业、5G及其相关产业、互联网相关产业、新材料产业等高新技术产业都将获得进一步的大发展，传统产业加快向智能化和网络化转型，同时海沧区持续加大招商引资力度，聚焦提升产业链招商精准度，2021年全年落地项目总投资1164亿元，将为海沧产业发展带来源源不断的动力。

投资方面，国家将围绕增强发展内生动力，实施好扩大内需战略，适度超前开展基础设施投资。岛外大发展将加速推进，围绕国际一流海湾城区形象提升、产城人深度融合类的项目将加快策划生成，新城建设、城市更新、轨道交通等重大项目加快建设，基础设施投资预计较快增长，房地产投资保持稳定，此外国家将落实外资企业国民待遇，吸引更多跨国公司投资，推动重大外资项目加快落地，海沧投资将保持较快增长势头。

消费方面，国家将继续深化供给侧结构性改革，着力畅通国内大循环，减税、收入增加、社会保障健全完善等政策配套持续跟进，将进一步释放国内消费需求。随着交通出行便利、城区功能配套完善和商贸旅游会展体育等产业的发展，人气、商气不断集聚，将有助于推动海沧消费较快增长。

（二）不利因素

世界正经历百年未有之大变局，世纪疫情和百年变局相互叠加，外部环境更趋复杂严峻和不确定。在全球贸易壁垒、技术封锁打压形势下，全球产业转移及升级步伐将进一步受阻，全球供应链出现裂痕甚至部分断裂，外部需求增长面临诸多不确定性，对海沧发展战略性新兴产业和外向型经济带来不利影响。国内经济发展正面临需求收缩、供给冲击、预期转弱三重压力，将对海沧区整体产业发展特别是现代服务业发展带来较大冲击。此外，周边区域发展提速，海沧区将面临更为激烈的竞争环境。

（三）2022 年发展展望

综合考虑，基于 2021 年运行态势向好，预计 2022 年海沧区发展将延续较快势头，GDP 增长 7.5% 左右，固定资产投资增长 10% 左右。产业转型升级步伐持续加快，集成电路、生物医药和新材料三大支柱产业持续发展壮大。海沧湾、马銮湾建设向纵深推进，国际一流湾区形象进一步凸显。教育、医疗、养老、城乡基础设施等领域短板进一步得到改善，城区居民归属感、幸福感、获得感明显提高。

三、2022 年对策建议

2022 年，海沧区全面贯彻落实习近平总书记对福建、厦门工作的重要指示精神，坚持稳中求进工作总基调，立足新发展阶段，贯彻新发展理念，服务和融入新发展格局，勇立潮头、勇毅前行，深入实施跨岛发展战略，全面深化改革开放、推动高质量发展、促进两岸融合发展，奋力推进高素质高颜值国际一流湾区建设，为厦门加快打造高质量发展引领示范区和更高水平建设高素质高颜值现代化国际化城市、努力率先实现社会主义现代化贡献海沧力量。

（一）强化能级提升，加快建设高质量现代产业集聚区

提升主导产业能级。生物医药产业方面，推进万泰沧海二期投产，加快建设国家级特色疫苗研发生产基地，推动生物医药港扩容提升。集成电路产业方面，充分发挥半导体产业基地效益，推动通富、士兰、云天半导体等项目释放产能及投产，力促金柏尽快投产、安捷利美维开工，进一步做大集成电路产业规模。新材料产业方面，推动厦钨新能源锂离子材料项目尽快达产，加快金鹭硬质合金项目建设，不断延伸新材料产业链条，链群式发展产业集群。

壮大现代服务业规模。加快发展物流商贸、文旅会展、总部经济等现代服务业，推动中远海运、象屿智慧供应链等高端物流项目建设，支持文旅产业多元发展，加快新经济业态布局，推动研发总部、营销总部等落地。培育打造新兴商圈、特色商圈，力促汉博漫乐城投入运营，加快 SM、招商蛇口海沧花园城项目进度，打造马銮湾新零售中心。大力促进汽车消费，加快建设跨境电商基地、直播基地，挖掘平台消费、夜间消费等新型消费潜力。

培育现代制造业集群。以智能化和信息化为导向，鼓励企业加强核心技术研发、加快自有品牌的建立，支持智能家居、汽车及零配件、食品等传统优势产业转型升级。大力扶持威迪亚、佳浴陶瓷、钢宇等智能

家居企业加快发展，推动捷太格特、正新轮胎等汽车及零配件企业做大做强，大力扶持安井食品、佳格等食品企业发展。充分利用厦门海峡黄金珠宝产业园平台，重点引进拥有国际先进生产工艺的黄金加工制造企业、设计师工作室、黄金珠宝贸易企业、黄金金融服务企业及其他黄金相关配套企业。

（二）强化功能完善，加快建设高水平跨岛发展标杆区

提速开发重点片区。高标准规划建设新城，打造产城融合、功能完备、立体开发、生态宜居、治理高效的典范区。持续提升海沧湾新城，探索以 TOD 模式推动东屿片区开发，打造嵩屿码头至海沧大桥滨海魅力核心街区。加快建设沧江新城，持续完善公建配套和交通基础设施，大力发展高端服务业，打造南部产城融合的综合性城市片区。高起点规划建设鳌冠新城，加快鳌冠海域岸线保护和生态综合整治项目建设，加快拓展海岸生活空间。高质量规划建设马銮湾新城，加快 SM 马銮湾商业项目建设，加快地铁社区、保障性住房建设，持续集聚人气。

全面推进乡村振兴。结合“一村一品”、美丽庭院创建、乡村文明治理等，深化打造若干典型示范村，积极创建省级乡村振兴重点特色镇。推进乡村建设行动，持续补齐农村基础设施短板，全面完成农村生活污水治理提升，完善农村公路管养长效机制，提升乡村振兴示范点创建成效。做强农村集体经济，加快莲花、新垵等项目招商，推动温厝、祥露等项目实施；加快培育庭院经济等新业态，拓展就业创业空间，促进农民增收。

加快完善基础设施。聚焦“两新一重”和民生补短板等领域，进一步健全市政路网体系，力争海沧疏港通道及芦澳路（马青路—翁角路段）年底建成通车，推动疏港交通、岛内外交通、南北城区交通和过境交通有效衔接。持续推进打通断头路建设，不断完善港区、沧江新城片区、马銮湾新城片区、新阳东孚片区等片区路网系统，提高区内支路网系统通达性。结合轨道站点及路网布局，完善公交线网，方便居民出行。加快推进健康步道等慢行系统建设。

持续优化生态环境。深入实施蓝天工程，强化大气污染精准防治，推进新能源发展，确保空气质量稳步向好。深入实施碧水工程，加强地表水环境质量监测，大力推进小微水体整治和入河入海排放口整改，建设“美丽河湖”。深入实施碧海工程，积极推进湾（滩）长制，强化海漂垃圾治理，推进“美丽海湾”建设。初步建成全域生态旅游示范区，提升生态产品价值，加强生态产品共享，不断提升“两山”转化能力。科学制定区域碳达峰碳中和行动方案，构筑全方位、多层次的低碳试点体系，创建低碳社区、低碳园区、低碳景区，倡导绿色低碳生活方式。

（三）强化优质均衡，加快建设高品质民生福祉样板区

全力提升教育事业。对接“名校跨岛”“名师出岛”战略，加快推动马銮湾新城、沧江新城等片区教育项目建设，力争学位供给适度超前。全面贯彻党的教育方针，确保“双减”工作落地见效。贯彻落实教育“十四五”规划，不断提升教育治理能力现代化水平，增强海沧教育服务经济社会的能力。持续推进智能制造产业学院建设，完善职业教育“升学 + 实训 + 就业”人才培养、输送链条。探索筹建高等教育学校，结合地区产业发展特点，打造一至两所具有海沧特色的都市型高等教育学校。

着力保障公共卫生。完善重大疫情防控体制机制，加强重点人群排查管控，强化重点场所、重点环节疫情防控，健全现代化城区公共卫生应急管理体系。推进医疗资源合理布局，加快建成马銮湾医院，鼓励长庚医院打造省级重点专科并启动护理院建设，支持海沧医院创建“三甲”，强化社区卫生服务中心功能。

深入推进医养结合发展，推动落实老年健康服务体系建设，实现健康老龄化。全面落实三孩生育政策，加强母婴设施建设，推进 3 岁以下婴幼儿照护服务，构建家庭发展支持体系。

大力发展文体活动。持续完善公共文体设施建设，加快建成马銮湾智慧体育公园，改造提升一批老旧公共体育设施。探索智能体育事业发展，支持在公园、公共绿地等建设智能健身设施。丰富群众文体生活，常态化组织开展群众喜闻乐见的“百姓大舞台”广场文艺活动、全民阅读活动。推动举办第三届青少年足球发展论坛等大型品牌赛事。做好文物保护与活化利用，加快金沙书院建设，推进沧江古镇保护性开发，在城市更新中留住“乡愁”。持续做好《海沧区促进旅游产业发展奖励扶持措施》的宣讲和兑现，加强线上和线下文旅宣传推介工作，寻找优质客商资源落户海沧。

聚力完善社会保障。千方百计稳就业，加强重点人群分类帮扶，推进职业教育提质培优，拓宽高校毕业生就业渠道。精准帮扶就业困难群体就业，多渠道支持灵活就业。积极推行城乡社区近邻服务工作，围绕近邻敬老、济困、扶幼、助残、关爱等城乡居民需求，培育“远亲不如近邻”的新型熟人社区。持续推动村（居）级养老服务设施、幸福食堂以及助老员队伍建设，打造 15 分钟“便民生活圈”。落实“住房不炒”，深化住房租赁改革试点，力促佳芸花园、佳盛花园一期等 8 个项目交付使用。

（四）强化改革开放，加快建设高层次深化改革先行区

持续优化营商环境。落实“强区放权”工作，细化梳理行政审批服务事项，优化提升政务服务水平。深化“放管服”改革，完善政府权责清单动态管理机制，持续推进“互联网 +”政务，拓宽“网上办”“掌上办”“自助办”服务范围，让数据多跑腿、群众少跑腿，着力提升网上政务服务能力。持续推进“自助办”，增加“E 政务”自助服务站点，优化审批流程，推动更多事项实现自助办。

推动自贸先行先试。深化“双自联动”，创新合作园区、试点园区、“平台 + 产业”等合作机制。落实外商投资负面清单，实施市场准入承诺即入制和“非禁即入”。完善通关一体化机制，推动生产、监测、航运、通关等数据共享和业务协同。积极融入“一带一路”建设，提高海铁联运比例，增强中欧（厦门）班列竞争力和服务附加值。完善海沧综和保税区产业布局，做大做强黄金珠宝、东南燕都等产业园，形成产业集聚。

探索两岸融合新路。持续在“通、惠、情”上下功夫，推动两岸优势产业融合发展，支持辖区台企发展壮大。推动两岸资金、技术、人才等要素流动，持续落实惠台政策，关注台胞台企新需求，吸引更多台湾青年来海沧学习、就业、创业、生活，引导更多台胞参与乡村振兴、社区治理。深化民间基层交往，强化宗亲、民间信仰等情感纽带，提升保生慈济文化节、乐活节等品牌活动影响力，深化两岸交流。

【参考文献】

[1] 厦门市海沧区人民政府.2022年海沧区政府工作报告[R/OL].(2022-01-20)[2022-03-01].https://www.haicang.gov.cn/xx/zdxxgk/jbxxgk/ghjh/zfgzbg/202203/t20220301_833969.htm.

[2] 厦门市海沧区人民政府.海沧区国民经济和社会发展第十四个五年规划纲要[R/OL].(2021-04-29)[2022-03-01].https://www.haicang.gov.cn/xx/zfxxgkzl/zfxxgkml/hcqrmzfgwh/jgzn/202104/t20210429_781784.htm.

[3] 厦门市海沧区统计局.2021年厦门市海沧区国民经济和社会发展统计公报[R/OL].[2022-03-01].https://www.haicang.gov.cn/xx/zdxxgk/jbxxgk/tjxx/hgyb/202203/t20220323_837170.htm.

课 题 组 长：陈国清
课题组成员：戴松若　林汝辉　刘飞龙
课 题 执 笔：陈国清

第六章

同安区 2021 年发展评述与 2022 年展望

一、2021 年发展评述

2021 年，同安区坚定不移贯彻新发展理念，始终坚持全面推动高质量发展赶超，面对严峻复杂的国际形势和艰巨繁重的改革发展任务的同时，积极应对新冠肺炎疫情暴发带来的巨大挑战，疫情防控取得显著成效，企业全面复工复产，国民经济和社会发展得到迅速恢复，岛外新城发展持续推进，各项经济指标运行平稳。

（一）发展综述

1. 经济保持平稳增长

2021 年，同安区各主要经济指标运行在合理区间，但多项指标增速呈现高开低走的态势。全年完成地区生产总值 640.36 亿元，同比增长 6.8%，其中，第一产业增加值、第三产业增加值增速排名全市各区第一和第二。规模以上工业总产值达 302 亿元，固定资产投资增幅高于省市平均水平，实际利用外资及规模等增速排名居全市各区第二。详见表 6-1 及图 6-1 至图 6-5。

表 6-1　2021 年同安区主要经济指标及全市排名

指　标	总量	总量排名	增速 /%	增速排名
地区生产总值	640.36 亿元	6	6.8	5
其中：第一产业	11.16 亿元	1	7.2	1
第二产业	340.6 亿元	6	4.2	5
第三产业	288.6 亿元	5	10.1	2
规模以上工业增加值	302 亿元	—	4.7	6
固定资产投资	—	—	13.1	4
社会消费品零售总额	394.84 亿元	3	0.1	6

续表

指　标	总量	总量排名	增速 /%	增速排名
实际利用外资	22.8 亿元	2	20.8	2
财政总收入	112.09 亿元	5	—	—
区级财政收入	30.66 亿元	5	—	—
全体居民人均可支配收入	49606 元	5	10.2	3
其中：城镇居民人均可支配收入	56461 元	5	9.1	5
农村居民人均可支配收入	27820 元	5	12	3

资料来源：厦门统计月报、同安区统计月报。

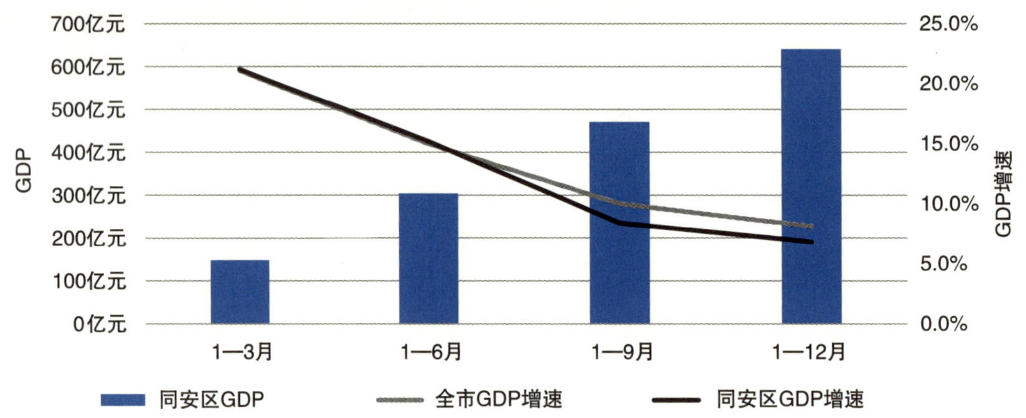

资料来源：厦门统计月报、同安区统计月报。

图 6-1　2021 年同安区 GDP 与全市比较

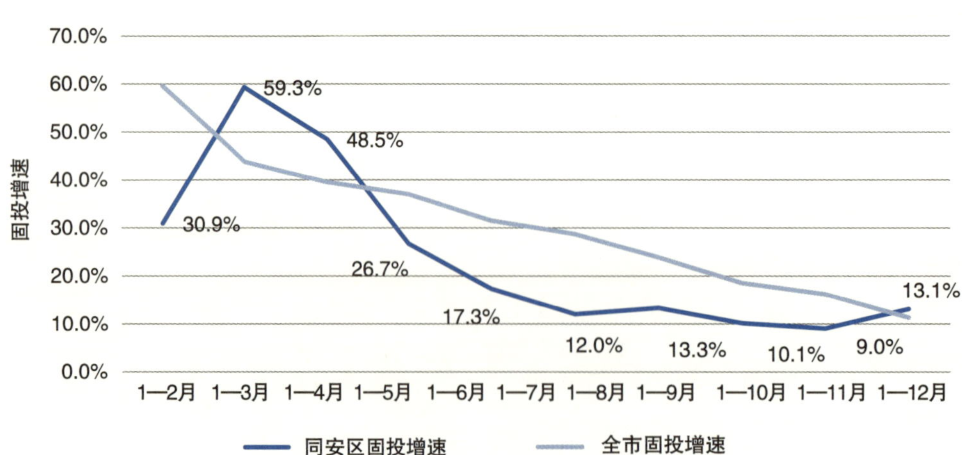

资料来源：厦门统计月报、同安区统计月报。

图 6-2　2021 年同安区固定资产投资（固投）增速与全市比较

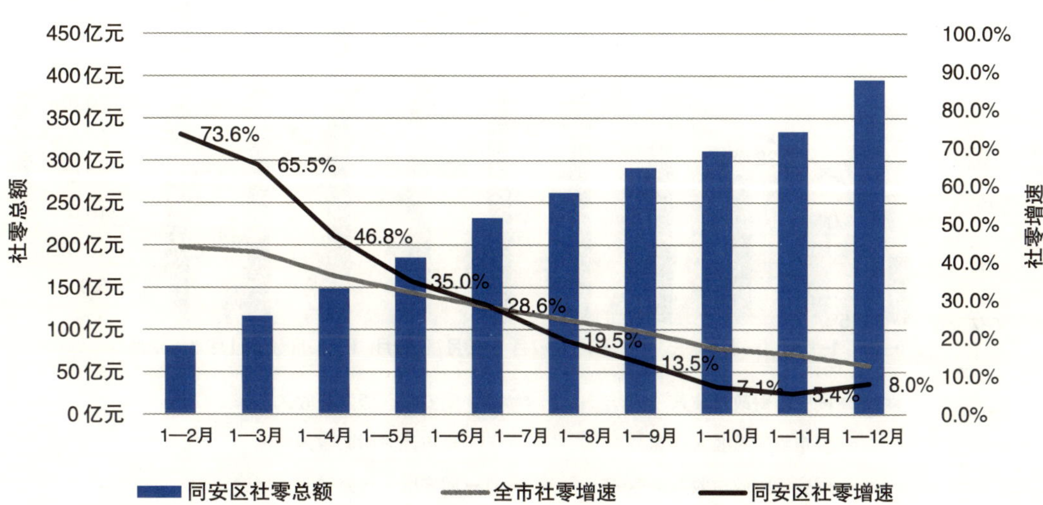

资料来源：厦门统计月报、同安区统计月报。

图 6–3　2021 年同安区社会消费零售（社零）总额与全市比较

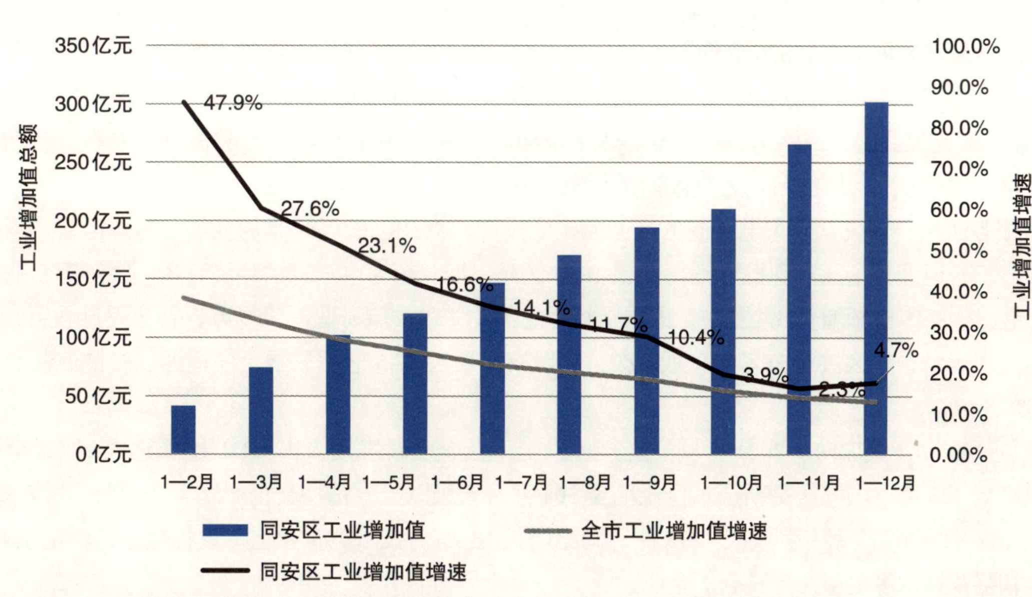

资料来源：厦门统计月报、同安区统计月报。

图 6–4　2021 年同安区工业增加值与全市比较

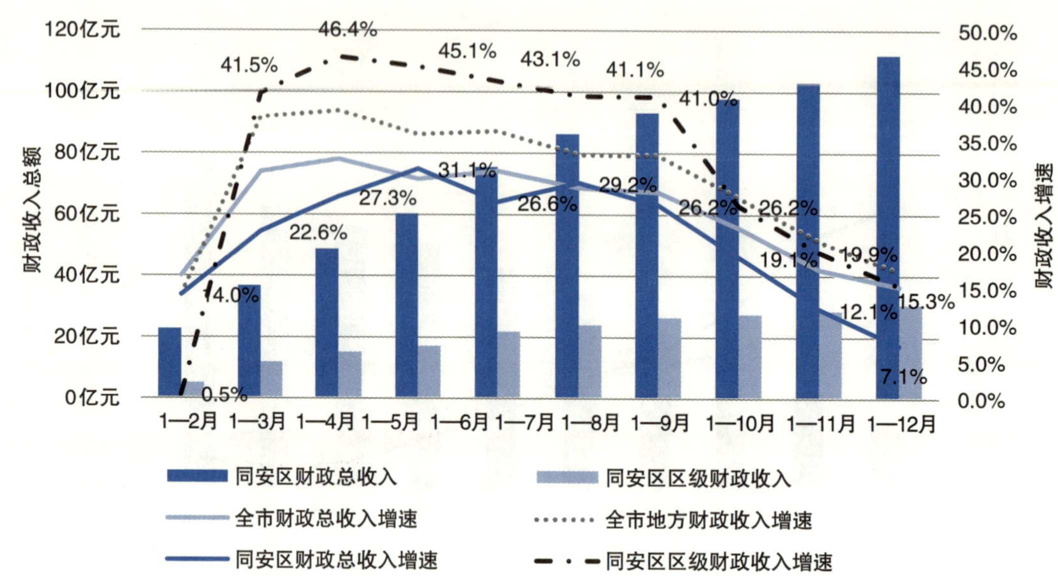

资料来源：厦门统计月报、同安区统计月报。

图 6-5　2021 年同安区财政收入情况

2. 产业升级提质增效

一是工业经济发展有力。826 家规上工业企业实现产值 1192.58 亿元，增长 6.7%；6 条重点产业链完成产值 930 亿元，其中新一代信息技术、新材料与新能源、高端机械制造产业链预计分别增长约 40%、20%、20%。重点企业支撑显著，百路达、呼博仕、太平货柜等产值前 20 名企业同比增长 20% 左右。新增企业后劲十足，140 余家规下转规上及新投产企业预计增长 90% 左右。

二是服务业增长较快。京东电子商务产业园建成投产，梅花创投等产业基金项目落户运营，华彬快消品等新项目增长迅速，全区实现批零销售额超 1800 亿元，增长超 40%。直播经济、夜间经济等新业态新模式加快发展，网络零售额增长 5% 左右，占限上社零总额约 75%。旅游业逐步复苏，智选假日酒店、汉景酒店等酒店投入运营，全区接待游客 930 万人次，实现旅游收入 37.5 亿元，限上住宿业、餐饮业营业额分别增长 22.5%、40%。

三是创新驱动步伐加快。2021 年同安区规模以上工业企业研发投入占 GDP 比重达 3.66%，全区“三高”企业增至 423 家，国家级高新技术企业增至 304 家，省级以上专精特新企业增至 48 家；高技术产业增加值增长 18.6%；新增国家专利授权 4253 件，同比增长 18.7%。技术型企业上市进程提速，新增东亚机械、固克节能和嘉戎技术等上市（含过会）企业。

四是都市农业不断壮大。农业总产值增长 7.2%，位居全市第一；都市现代农业产业集群营收 325 亿元，创历史新高。闽台农业融合发展产业园引进培育台资农业企业 12 家，莲花古厝里等 12 个现代农业招商项目落地、签约，傲农嘉烨兴生猪养殖场等 3 个项目竣工投产。新增五显镇明溪村高标准农田 650 亩，馨农丰、和平兴农设施等 3 个大棚建成。

3. 城乡发展更加协调

一是城乡功能持续优化。大交通格局加速构建，轨道 4 号线加快建设，6 号线涉铁段破土动工，同安隧道、海上交通线路启动前期工作，同翔大道全线通车，进出岛更加多元便捷。老城有机更新提速，全区完成 16 个老旧小区、6 个市场改造，处置存量“两违”197 万平方米。新城建设稳步推进，新经济产业园、现代服务业基地（丙洲片区）等重点项目加快建设，火炬高新实验学校建成，全面推进厦门科学城规划建设，科学城 I 号孵化器落地。

二是乡村振兴深入实施。乡村振兴厦门样板区建设加快，85 个试点示范村建设扎实推进，7 个美丽乡村项目通过验收，乡村振兴热度指数综合排名全省前十。古坑—竹坝等精品动线持续打造，莲花镇获评全国首批乡村旅游重点镇，汀溪镇获评福建省“全域生态旅游小镇”，军营村入选“建党百年红色旅游百条精品线路”。推动新时代乡村人才高地建设，开展“人才服务月”等活动，鼓励 360 余名大学生支援乡村振兴，开展高素质农民培训近 760 人次。

4. 民生保障实效显著

一是教育医疗补短扩容加快。新增学位 7400 余个，同安职业技术学校扩建等 45 个项目加快推进，第三实验小学凤祥校区等 8 个项目竣工投用，引进上海世外教育集团、新教育学校等优质教育品牌签约落地。加快“健康同安”建设，公共卫生服务投入近 12 亿元，推进五显卫生院迁建、环东海域医院、福建中医药大学科教综合楼等 12 个项目建设提速，引进福建中医药大学呼吸病研究所和北京中日友好医院“林江涛名医工作室”。

二是社会保障水平更高。投入近 9 亿元用于社会保障，“三险合一”保险新增投入 3200 万元，惠及范围覆盖全区户籍人口。全区新增保障性住房近 5000 套；实施“幸福晚年”计划，被征地人员基本养老参保人数全市第一；全区新增就业 3.8 万人，失业人员再就业人数超 9000 人，同新社区获评全国充分就业社区，住房保障、养老服务保障和就业保障等保障体系持续改善。

三是社会治理体系日趋完备。不断深化平安同安建设，创新“五化”治理模式，抓实“网格化 + 大数据”服务管理，科学精准划分 719 个网格，公开招聘 560 名本科以上学历网格员，推动实现网格员村居全覆盖。创新推行“邻长制”，莲花镇获评全国乡村治理示范镇。扫黑除恶好评率连续三次居全市第二，刑事警情为十年来最低。

四是筑牢疫情防控防线。2021 年 9 月，面对新冠肺炎疫情来袭，仅用 12 天时间实现社会面确诊病例清零，取得“80% 以上病例框定在首发镇域”“无外溢他省病例”等成效，得到国务院联防联控机制综合组肯定。织密织牢“三级联防”网络，创建 100 家“三级联防”示范单位，精准落实疫情防控各项工作任务。

5. 生态环境不断优化

一是环境治理成效突显。“一屏一湾三廊”生态安全格局基本成形，生态环境质量居全市前列。空气质量优良率保持 100%，综合指数排名全市第一，地灾防治与生态修复等工作获评全省第一。开展全面消除劣五类水体专项行动，国、省控断面水质稳定达标，隘头潭国控点水质连续 6 个月排名全国前 30。同安生态产品市场化改革试点精准治污项目建设顺利。

二是城乡环境逐步改善。全区新增园林绿地 95 公顷、绿道 11 公里、公共停车位 324 个，省级文明城区综合排名跃居全省第九。推动同安工业集中区等 5 个正本清源项目开工，新增城镇污水管道 20 公里，推动同安工业园区污水处理厂和洪塘污水处理厂一期建设。完成 28 座农村公厕和 128 个自然村的农村污水提升治理，完成既有裸房整治 1500 栋和西湖塘里等 7 个美丽乡村验收，巩固拓展省级村庄清洁行动先进区成果。

6. 招商引资和重点项目加快推进

一是招商引资成效明显。全区全年在招商引资上持续发力，紧抓中国国际投资贸易洽谈会、厦大百年校庆全球校友招商大会等契机，签约宁德时代、腾讯云、华润系列等 50 余个优质项目；海辰锂电、顺丰等高能级项目投资总额达 133.9 亿元；吸引腾讯福建超算中心等 335 家企业落户；新设外资项目的合同使用外资、实际使用外资分别达到 25.5 亿元和 23.1 亿元。

二是重点项目推进有力。重大片区加速崛起，同安新城和同翔高新城（同安片区）完成投资 167 亿元；滨海西大道提升改造等 12 个项目竣工，42 个民生项目加快推进。全区 115 个项目共完成土地征收 7005 亩，房屋征收 150 万平方米，分别居全市第二和第一，有效保障了重点项目实施进度。省市重点项目完成投资 637.7 亿元，完成率 153.8%，市重点项目交地情况和项目完成情况均居全市第一。

（二）存在问题

1. 经济上行动力不足

全区全年经济增速相较上年下降 1.1 个百分点，其中，工业总产值增速下降幅度较大，达到 4.7 个百分点。企业受销售不畅、原材料成本提高及疫情等因素影响，全区规模以上工业企业停减产面达 37.8%，全年规模以上工业增加值增速居全市各区末尾。社会消费零售总额增速持续低迷，财政总收入增长和区级财政收入增长在全市各区排名靠后。

2. 产业发展能级不高

同安区工业以传统制造业为主，中小微企业数量占全区工业企业 90% 以上，缺乏高能级工业龙头企业，厦门时代项目还处于开工建设阶段，未能对周边形成带动作用。服务业整体层次较低，全年传统的租赁和商务服务业对全区规上服务业营收增长贡献率超 400%，居十个行业门类首位，生产性服务业、专业服务业等高附加值服务业缺少新增长点。生物医药与健康、新材料新能源、高端机械制造、新文旅等战略性新兴产业尚处于培育阶段。

3. 城乡发展不够充分

城乡交通短板依然突出，缺乏直达本岛的快速通道（跨海大桥、隧道），与全市“两环八射”快速路网互联互通性不够；新老城区存在断头路，农村公路需要提升改造，交通微循环亟待畅通。城镇居民人均可支配收入和农村居民人均可支配收入的增速分别低于 9.6% 和 12.3% 的全市平均水平；代表城乡贫富差距的人均可支配收入比值超过 2，为岛外四个区最高。

4. 综合服务配套不能满足全区发展需求

医疗卫生、义务教育、养老服务等基本公共服务领域供给的数量、质量和布局与岛内相比还存在差距，其中，千人医疗床位数、累计新增义务教育学位数、每千名老人养老床位数等指标都低于全市平均水平。环东海域同安新城和同翔高新城同安片区在人才住房、教育设施、商业娱乐等城市要素配套方面仍存在不足，公共交通网建设覆盖面不够广，产城人深度融合未取得较好突破。

二、2022 年发展展望

（一）影响因素

1. 有利因素

一是“岛外大发展”使得环东海域同安新城和同翔高新城同安片区成为同安区推进高质量发展超越的关键动能，发挥两大新城的聚合作用，聚力打造一批战略性新兴产业，为同安区培育具有全球竞争力的数字产业带来新的发展机遇。

二是同安“美峰—西柯”片区为厦门科学城的核心区，打造厦门科学城同安发展极，有利于创新资源加速集聚，有助于“大院大所”和顶尖科研机构加快引进，有益于大科学装置、科学仪器中心、科技孵化器等重大科研基础设施集群以及各类创新平台在同安布局建设。

2. 不利因素

一是新冠疫情带来的不确定性依然存在。国外防疫能力和意识远远跟不上疫情传播速度，欧美客户呈现消费降级，百路达工业等外贸型制造业企业的海外订单量下滑问题可能将延续；随着低附加值高劳动力密集型的传统加工制造业转移至东南亚等人口红利较高地区，同安企业加工制造产品的出口空间将进一步被挤压。

二是生态保护性发展压力较大。北部生态区集中大部分生态控制线用地和水源保护区，生猪、牛蛙、畜禽等传统养殖业已完成全面退养，耕地种植面积也逐年减少，各村居大多未找到市场前景看好的替代产业，产业发展方向不明确、项目也难以落地。

（二）发展展望

综合考虑，2022 年同安区经济将平稳向好增长，预计全区地区生产总值增长 8% 左右。围绕新能源新材料、家居智造等五大主导产业链群，全力扩大有效投资，推动制造业高质量发展，培育产业发展新动能，打造环东海域数字产业集聚区，预计规模以上工业增加值增长 9%，社会消费品零售总量增长 8%，全社会固定资产投资增幅继续高于省市平均水平。加快环东海域同安新城和同翔高新城同安片区两大新城建设，对教育、医疗、就业、养老、住房等公共服务体系提档升级，全面推进乡村振兴战略，着力推进共同富裕，人民生活幸福感、获得感持续提升。

三、2022年对策建议

2022年，同安区将坚定不移贯彻落实习近平总书记贺信重要精神，紧扣“努力率先实现社会主义现代化”宏伟目标，立足同安发展阶段、资源禀赋、空间特点和产业特色，挖掘优势、创造机遇，在产业升级、跨岛发展、乡村振兴、老城发展等方面提质增效，更好统筹疫情防控和国民经济社会发展，全方位推动富美新同安高质量发展超越，为厦门推进全面现代化、实现共同富裕作出同安贡献。

（一）强化创新驱动，打造科技创新发展高地

1. 推进科技创新项目落地

依托金砖国家创新基地建设，聚力引进新材料新能源、高端机械制造等金砖国家项目；依托厦门科学城同安片区，力促推动5G、人工智能、新材料、生命健康等前沿科技和未来产业发展的一批重点项目在科学城落地。

2. 推进科技创新载体平台建设

加快中关村大学科技园联盟成果转化基地建设，推进网易数字产业中心、中科院STS厦门中心、新物种企业培育基地等重要创新平台载体建设，推动科学城I号孵化器尽快投入使用，梯度培育及引入一批新经济企业和新型研发机构。

3. 大力发展科技主体

从资金贷款、技术改造、降耗减排等方面给予高新技术企业更大力度扶持奖补，力争培育“三高”企业、国家高新技术企业、省级以上专精特新企业等120余家。推进产研结合助力创新，大力引进国内知名高校院所在同安设立分校或科研机构，支持企业联合高校、科研机构建设产业技术创新联盟。

4. 强化要素支撑

强化企业科技人才队伍建设，扎实推进“才聚银城”人才强区战略，引进培养一批高层次、高技能人才。鼓励本地金融机构为全区高新技术企业提供多元化、个性化且高效的信贷新产品，支持其通过证券市场、企业债券、信托资金等方式筹集建设发展资金，吸引更多社会资本参与投资。

（二）稳步提质增效，持续推进现代产业体系建设

1. 大力发展先进制造业

一是鼓励传统制造业“机器换人”，建设一批“黑灯工厂”“灯塔工厂”，力促实现制造业高端化、智能化、绿色化、服务化发展。二是紧盯重点工业企业、高技术制造企业、在建增资扩产项目、实施技改项目等，着重推进新一代信息技术、光电集成等项目投产、稳产、增产。三是强化制造业项目建设服务保障，加快华润啤酒等一批项目开展前期工作，力推厦门时代等项目开工建设，推动红牛功能饮料等项目建成投产。

2. 加快发展现代服务业

一是大力发展高端商贸业，加快顺丰创新产业基地等项目建设，支持京东东和、华彬快消等企业发挥更大实效。二是深化“总部 + 基地”模式，力争引进一批高能级总部项目。三是促进旅游文化消费快速增长，支持波特曼七星湾等酒店承接高端会务展览，力促华强方特、璞嘉华等酒店投入运营；厦门美术馆等项目落地，紧抓金鸡电影节契机发展文化影视经济，打造“文化 + 旅游 + 影视”产业区。

3. 加快培育战略性新兴产业

一是加快推动数字产业化，建设网易厦门数据中心、腾讯云等项目，培育壮大人工智能、大数据、云计算等数字产业，打造环东海域数字产业集聚区。二是深入推进产业数字化，提速企业“上云用数赋智”行动，支持水暖厨卫、运动器材等传统优势产业数字化转型，引导蒙发利、康乐佳等企业设立数字研发中心，鼓励建设更多工业信息应用场景，打造一批“智慧车间”。

4. 大力发展特色农业

一是做强现代化农业，加快百利农业科技园二期等项目落地投建，继续推进五显镇后垄村高标准农田和一批设施农业大棚项目建设；依托厦门种子协会、台湾种子协会、台商协会，力争引入一批大陆和台湾的重点龙头种子种苗企业。二是结合“一村一品”布局，建设一批蔬菜水果、苗木花卉等特色产业基地，加快建设三角梅交易集散中心和厦门同安闽台农业融合发展产业园等特色产业平台。三是深化粮食安全责任制，确保粮食种植面积基本稳定在标准线以上，布局新增一批粮食应急供应网点。

（三）供需发力同步，积极融入新发展格局

1. 推动消费升级释放内需

一是加快推进爱琴海双 MALL、宝龙旭辉城等新型大型综合体建设，提升钟楼商圈、老城夜间经济示范街区等老城商业区消费品级，深化“同安乐购”常态化促消费活动，打造“活力同安湾”夜经济特色 IP。二是持续壮大文旅产业，支持波特曼七星湾等酒店承接高端会务展览，推动方特、璞嘉华等酒店尽快投入运营，争创省级全域旅游示范区。三是发展直播电商新经济，打造“直播带货”“线上超市”“云逛街”等新型消费增长点，构建工业集中区、环东海域同安新城、莲花抖音小镇三大直播基地，不断完善“互联网 +”消费生态体系。

2. 加大招商引资和有效投资力度

一是坚持科学精准招商，紧盯中高端产业，招引及培育一批“专精特新”企业；围绕“高”“新”，引进一批科技型项目落地厦门科学城；强化产业基金和金融科技招商，提升产融结合水平。二是做好项目跟踪服务，推动宁德时代、灿星音乐城等已签约项目转段落地，推动中交四公局、福华石墨烯等落地项目运营见效。三是推进项目建设投产，加快趣店金融园、冠烽医疗等项目建设进度，力促优尔智能、容大科技等项目建成投产。

3. 优化公平高效的营商环境

一是推动各级减税降费政策落实落细，用足用活企业信贷风险补偿资金和融资增信基金，尽量减轻企业负担。二是持续深化“放管服”改革，深入推进工程建设项目审批制度改革；推行“一网通办”，打造能办事、快办事、办成事的“便利同安”。三是加快信用体系建设，开展“信易 +”守信激励，实现守信容缺受理型信用承诺在行政审批领域真正落地。

（四）推进协调发展，增加城乡发展实效

1. 加快新城建设、老城更新

一是加快环东海域同安新城发展，推动龙泉片区、洪塘南片区成片开发，大力推进滨海九路（同集路—美溪路段）等市政基础设施、西柯安置房等公建配套、泰亘信智能制造基地等产业项目建设，以“美峰—西柯”片区为核心，打造产业技术创新高地和湾区科创中心。二是加大同翔高新城建设，推动海辰锂电 110kV 专用变及进线、同新路（五显—同翔大道）改造等一批基础设施建设，推动洪塘安置房、龙泉中学等社会事业项目建设提速。三是推进城市老旧小区更新改造，重点实施银华小区、岳口小区等老旧小区改造，加快城西社区试点建设“完整社区”。

2. 加快促进城乡融合发展

一是完善综合交通建设，推动同安双溪大道、厦门北站至同翔高新城智轨交通等项目前期工作；力促同安进出岛通道、轨道 6 号线集美至同安段等项目开工；加快推进轨道 4 号线、国道 324 复线（同安段）二期等重要交通项目建设。二是补齐农村基础设施建设短板，推进县道 416 示范路等多条“四好农村路”建设，推动一批公路及安保、路灯、桥梁等配套设施项目建设；推动新一轮农村电网改造提升加快五显变电站、卿朴变电站等项目竣工；推进光纤和 5G 网络向更多自然村延伸。

3. 深入实施乡村振兴战略

一是加强政银共建，围绕信贷业务、科技平台、农村电商及特色旅游等领域提供全方位金融服务。二是做强做优村集体经济，盘活村集体发展用地，深化“跨村联带”等村集体经济发展模式，推动村级集体经营性收入稳步增长。三是大力实施农民培训计划，引进农业高层次人才、产业人才和柔性人才；培育新型职业农民和新型经营主体，鼓励农村劳动力就业转移，多渠道增加农民收入。

（五）改善公共服务，助推社会民生福祉增长

1. 健全社会保障体系

一是筑牢社会保障底线，建立低收入人口信息资源库，持续推进“大病医疗救助保险”；完善未成年保护体系，推动未成年人保护工作逐步向“物质 + 服务”的“发展型”转变。二是完善就业保障体系，落实“112”服务机制，通过灵活就业社保补贴和开发公益性岗位等措施促进困难群体增收；支持被征地人员、海域退养渔民、高校毕业生等重点人群实现再就业。三是健全养老服务保障和住房保障，抓好城乡居民养老保险参保工作，做到应保尽保；拓宽家庭养老床位建设试点范围，实施农村幸福院质量提升三年行动；

推动新建安置房 8700 余套，保障性住房 4900 余套。

2. 办好均衡优质教育

一是进一步推动校长专业化、教师专家化、课程精品化、管理现代化的“四化”工程，汇聚优质资源助推教育强区建设。二是扩持续增加有效学位供给，继续实施“补短扩容”“腾笼换凤”行动，新、改、扩建文笔塔学校、双溪学校等 40 个学校项目，新增 1.2 万个学位。三是强化师资队伍建设，完善“金字塔”式教师专业发展体系，采用购买课时服务、走教等形式补强农村教育师资，加快提升“双师型”教育比例，推进教师争当“四有”好老师引导工作。

3. 提高卫生医疗服务

一是完善公共卫生健康服务体系，深化紧密型医共体改革，统筹推进医疗、医保、医药“三医联动”机制创新。二是推动优质医疗资源高位嫁接、扩容下沉，加快推进同安区总医院“六大中心”、莲花卫生院等医疗项目建设，力促环东海域医院建成投用。三是提高卫生医疗水平，强化与高等医学院校的校地合作，大力引进医疗卫生高层次人才，新增一批“名医工作室”，加强基层医生服务能力。四是推进已婚农村妇女和女职工免费提供“两癌”筛查服务，做好婴幼儿普惠托育试点推进工作，完善三孩生育配套支持措施。五是健全疫情防控平急转换机制，加强疫区防控及流调配置，提升全员核酸检测能力。

（六）坚持绿色发展，持续深化生态文明建设

1. 推动绿色低碳发展

一是有力推进绿色发展，推动屋顶分布式光伏发电项目进度提速，有序推进碳达峰碳中和工作，探索和建立碳排放工作机制；严格落实能耗“双控”，坚决遏制“双高”项目盲目发展。二是推动生态产品市场化改革试点工作，力争埭头溪中下游周边环境治理工程早日竣工，生态产品认定、交易、经营机制逐渐完善。

2. 强化生态环境治理

一是持续开展守护蓝天百日攻坚行动，深化 PM2.5 和臭氧协同治理，加强扬尘污染防治工作。二是持续做好流域综合治理，加快实现埭头溪、官浔溪和龙东溪三条流域断面消除劣 V 类水体的目标；规划建设三条流域两岸绿道景观项目，推动早日实现岸绿景美；确保农村饮用水源地做到“划、立、治”。三是持续保持土壤环境质量稳定，强化建设用地和农用地污染防控，扎实做好医疗废物规范化管理。

3. 营造绿色生活方式

一是持续开展城区生活环境整治，大力动员辖区物业、社区居民、志愿者队伍，对背街小巷、小区卫生死角、杂物堆积的楼道等重点区域进行全面整治，多方联动推进消杀和灭蚊灭鼠行动，彻底清除病媒生物滋生环境。二是加快推进“绿盈乡村”建设，做好农村人居环境整治提升五年行动实施工作，统筹抓好农村改厕、生活垃圾治理等工作，深化“一革命四行动”，推动全区所有自然村农村完成污水提升治理任务。

（七）推进文化兴区，塑造新时代现代化文明城区

1. 聚焦建设文明典范城区

一是坚持推进文化兴区建设，深化新时代文明实践中心全国第二批试点区建设，深入推进“志愿者服务超市＋星火工程”，完善“文明实践岗＋邻长制”模式，构建新时代文明实践“同安样板”，争创省级文明示范区。二是深度融入爱心厦门建设，深入实施爱心“五大行动”，拓展优化“爱心屋”模式，深化“爱心四季”各类主题爱心活动，打造富有同安特色、项目内涵丰富、群众受益广的爱心文化品牌。三是加快文明村镇建设和培育文明乡风，广泛开展寻找“最美家庭”“五好家庭”“绿色家庭”等群众性精神文明创建活动，选树好媳妇、好儿女、好公婆等孝老爱亲典型；推动农村殡葬改革，树立“婚事新办、丧事简办、其他喜庆事民俗日不办宴请”的文明新风尚。

2. 优化传统及公共文化服务供给

一是深耕厚植古城历史文化，推进历史文化名城重点片区建设，加快历史陈列馆（二期）项目和厦门华强文化科技产业园区建设，谋划建设同安区博物馆，巩固基层综合文化服务中心提升达标建设成果。二是传承弘扬闽南文化和非遗文化，推动建立馆藏古籍数据库、非物质文化遗产档案和数据库，推进对闽南古厝、古官道、古村落、窑址、宗祠等节点保护性修缮工作，推动珠光青瓷等非物质文化遗产传习发展，重点打造“莲花褒歌演唱团”文化品牌。三是开展传统文化惠民活动，开展民俗展示、戏曲表演、农村公益电影放映等文化惠民活动，举办南音、歌仔戏、古筝、农民画等免费培训班。

3. 推进社会治理现代化

一是深化城区综合治理，全面实施“智慧政法”和大数据战略，推进治违控违机制建设，推广“议理堂”等多元调解模式，打造“大城管”治理格局，助力“平安同安”创建。二是深入拓展近邻模式，设立区级社会治理大数据中心，建立区、镇街、村（社）、网格四级平急结合指令体系，大力推进“五包一”包联责任制，加强综治指挥中心信息化队伍和基层社区网格员队伍建设，全面提升“网格化＋大数据”治理水平。三是加强农村基层党组织建设，深入开展“整镇（街）推进、整区提升”示范创建活动，持续建强村干部和农村党员两支队伍，深化“村居治理”有效机制，推动培育更多如田洋村、垵炉村、顶村等示范点。

【参考文献】

[1] 厦门市同安区人民政府 .2021 年政府工作报告 [R/OL].(2022-01-10)[2022-03-04].http://www.xmta.gov.cn/zc/zfxxgkzl/zfxxgkml/zfgzbg/202201/t20220130_830756.htm.

[2] 厦门市同安区人民政府 . 同安区 2021 年国民经济和社会发展计划执行情况与 2022 年国民经济和社会发展计划草案的报告 [R/OL].(2022-03-04)[2022-03-07].http://www.xmta.gov.cn/zc/zfxxgkzl/zfxxgkml/ghjh/ndjhzj/202203/t20220304_834741.htm.

[3] 厦门市发展研究中心课题组 . 同安区“十四五”经济社会发展思路 [Z].（2020-12-22）[2021-12-06].

[4] 厦门市发展研究中心 .2020—2021 年厦门发展报告 [M]. 鹭江出版社，2021.

课题组长：曾　峰
课题组成员：彭朝明　姚厚忠　黄光增
龚小玮
课题执笔：曾　峰　姚厚忠

第七章

翔安区 2021 年发展评述与 2022 年展望

一、2021 年发展评述

2021 年，面对复杂严峻的外部环境，翔安区紧紧围绕“抓落实”这一总要求和总基调，持续做好“五促一保一防一控”各项工作，全区经济社会稳步发展。

（一）发展综述

2021 年，翔安经济总体呈现平稳增长态势，全年完成地区生产总值 781.8 亿元，增长 7.3%。财政总收入增长 15.9%，区级财政收入增长 18.5%。三次产业结构为 1.2:68.3:30.5。第三产业增加值、固定资产投资增速居全市各区前列。详见表 7–1 及图 7–1 至图 7–4。

表 7–1　2021 年翔安区主要经济指标完成情况

指　标	总量	总量全市排名	增速 /%	增速全市排名
地区生产总值	781.8 亿元	5	7.3	3
其中：第一产业	9.7 亿元	2	5.1	3
第二产业	533.9 亿元	3	5.1	3
第三产业	238.2 亿元	6	12.7	1
规模以上工业增加值	—	—	6.2	4
固定资产投资额	—	—	13.7	2
社会消费品零售总额	129.8 亿元	6	7.7	4
财政总收入	93.4 亿元	6	—	—
区级财政收入	26.6 亿元	6	—	—
全体居民人均可支配收入	40062 元	6	10.1	4
其中：城镇居民人均可支配收入	47730 元	6	8.9	6
农村居民人均可支配收入	27045 元	4	11.7	4

数据来源：厦门统计月报。

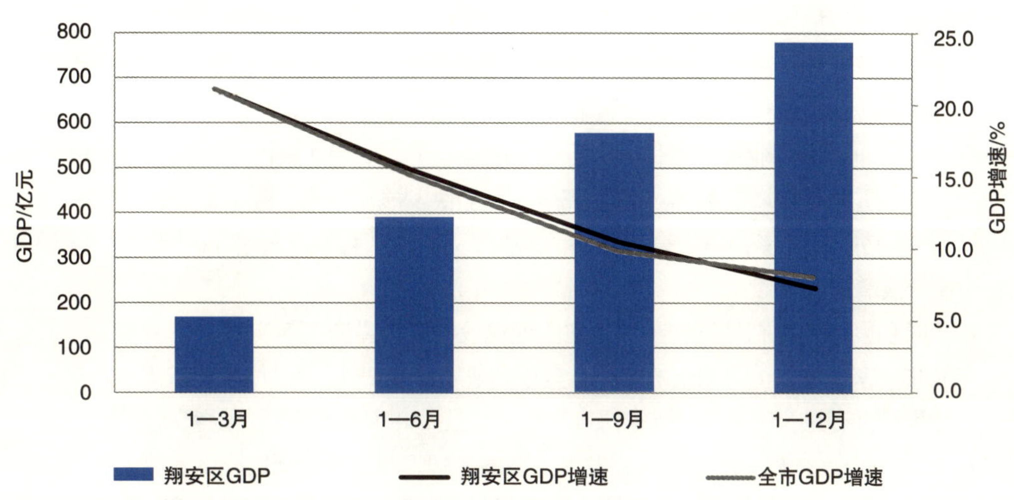

数据来源：厦门统计月报。

图 7-1　2021 年翔安区各季度 GDP 与全市比较

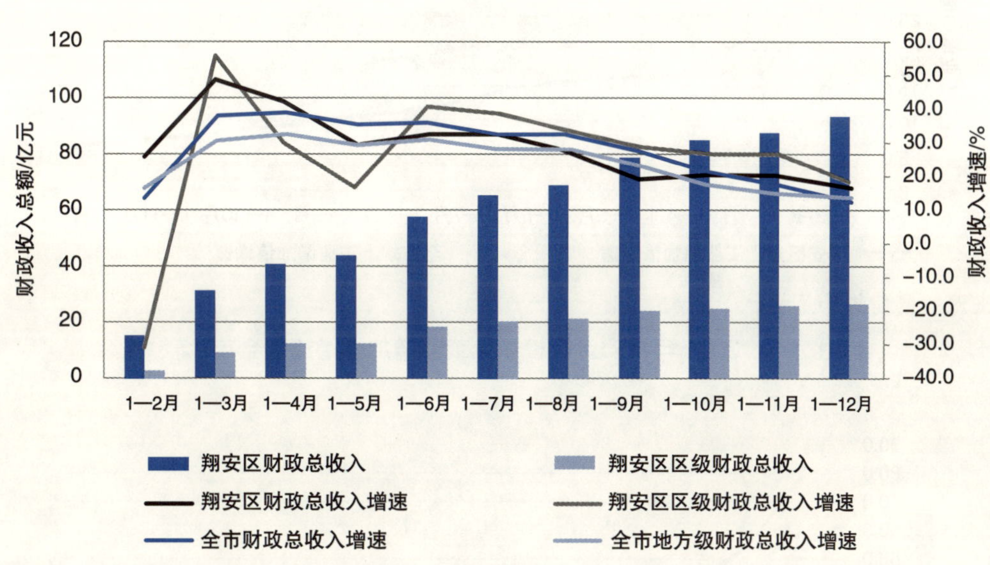

数据来源：厦门统计月报。

图 7-2　2021 年翔安区财政收入与全市比较

1. 产业发展提档升级

产业结构持续优化。加快打造“5+6+N”现代产业发展体系。先进制造业不断壮大。2021 年，翔安区规模以上工业增加值同比增长 6.2%。南京高光等 33 个项目开竣工，友达光电、冠捷显示等龙头企业稳定增长，天马六代设备安装，中航锂电投产，平板显示、集成电路等主导产业产值增长 8.3%，工业对经济增长贡献率保持在 60% 以上。服务业稳定增长。奥特莱斯项目竣工，新增 2 家市级总部企业、24 家大宗商品贸易公司，社会消费品零售总额增长 7.7%。现代都市农业加快发展。推出“红、蓝、绿”三大主题八条乡村旅游路线，打造“翔安旅图”新品牌，全年接待游客 371 万人次。百利龙程等 14 个现代农业项目落户，16 家农业龙头企业产值增长 70% 以上。

创新要素不断积聚。生物制品省创新实验室落地建设，厦大嘉庚创新实验室、南方海洋研究中心投入运营，2021 年新增 7 家省级以上企业技术中心。全社会研发投入 25 亿元，位居全市第二。专利授权量增长 7%，每万人有效发明拥有量全市第二。国家级高新技术企业 260 家，其中规上国家高新技术企业数增至 138 家。发布“人才强链·群英领翔”产学研人才发展生态圈品牌，与嘉庚创新实验室、厦大科技园、中技所海丝中心签订了战略合作协议，与中国技术交易所等建立人才培育战略合作，打造更高维度的人才工作平台。

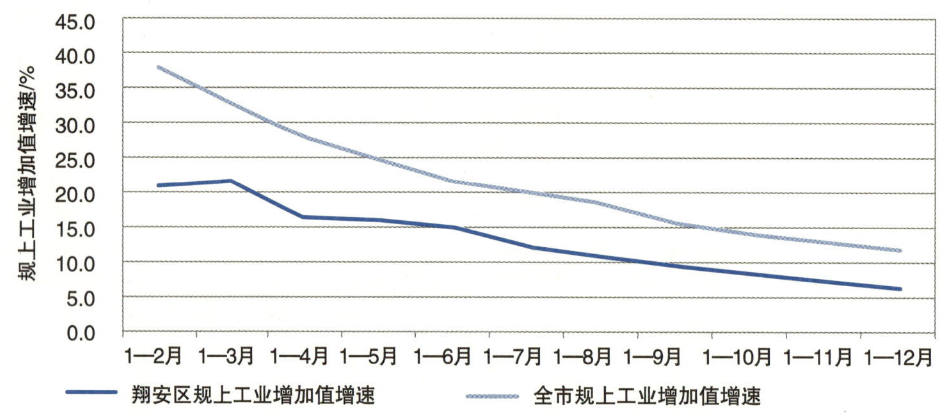

数据来源：厦门统计月报。

图 7-3 2021 年翔安区规模以上工业增加值增速与全市比较

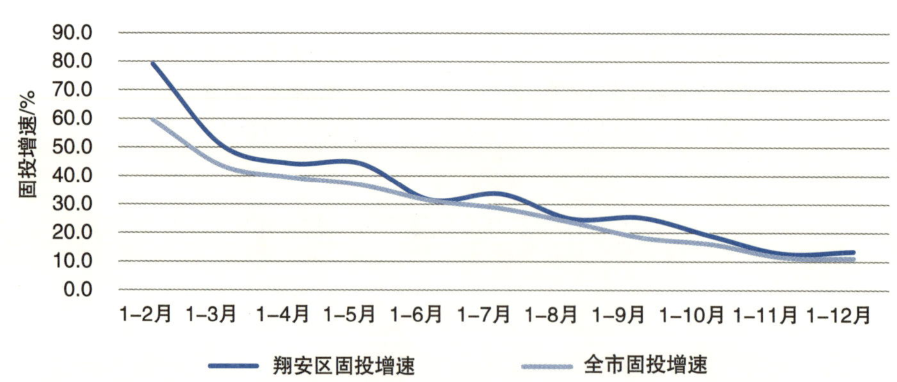

数据来源：厦门统计月报。

图 7-4 2021 年翔安区固定资产投资额增速与全市比较

2. 城市功能品质持续提升

新城建设加快推进。航空新城建设取得重大进展，新机场工可、用海等关键前期手续获批，太古维修基地、厦航启动区等产业项目落地。东部体育会展新城全面铺开，新体育中心、新会展中心主体框架成型，商务办公、酒店及配套设施加快建设。环东海域新城加快推进，海洋高新产业园选址落地，文化艺术中心等东山片区公建群陆续开展各项前期工作。同翔高新城有序建设，新能源新材料等新兴产业加速集聚，市政配套日臻完善。

农村人居环境持续改善。完成农房整治 1558 栋，农村生活污水治理实现 320 个自然村全覆盖，“户分类、村保洁、镇收集、区转运、市处理”的城乡一体的垃圾分类模式不断完善，污水治理及垃圾分类“翔安模式”获生态环境部高度肯定。

生态文明建设深入实施。开展以扬尘为重点的大气污染防治，PM2.5 下降 36%，空气质量优良率 99.7%。深化“河（湖）长制”，创新“三水”联治模式，新建 30 公里污水管道，完成 27 平方公里正本清源改造，建区以来监测断面平均水质首次实现 100% 达标。实施“湾（滩）长制”，推动入海排口常态化治理，近岸海域水质优良率 100%。严格落实耕地保护制度，依法整治农村乱占耕地建房 224 宗。

3. 社会民生事业全面发展

人民生活水平显著提高。2021 年，全体居民人均可支配收入增长 10.1%，城镇居民人均可支配收入 47730 元，增长 8.9%，农村居民人均可支配收入 27045 元，增长 11.7%，农村居民人均可支配收入增速继续快于城镇居民人均可支配收入增速，城乡居民收入差距进一步缩小。

公共服务持续优化。2021 年，翔安区新建 15 所中小学幼儿园、新增学位 1.4 万个，贯彻落实市委市政府“名校跨岛”战略。双十中学翔安校区高中部项目竣工，双十中学翔安校区初中部项目投入使用，切实落实“双减”政策，实现中小学课后延时服务全覆盖。引进市第一医院临床医学研究院，建成市第五医院医技科教综合楼，市第五医院在全国三级公立医院绩效考核中，位居厦门第四名、岛外第一名。原创作品《送枪》在“华东六省一市现代地方小戏大赛”上获得金奖。

民生保障水平稳步提升。全年民生支出 61.5 亿元，占全区财政支出的 73%。出台“转产就业帮扶 12 条”，新增就业 2.1 万人，被征地人员参保 2618 人。深化“爱心厦门”建设，新建 6 所农村幸福院、2 家省市级婴幼儿照护服务试点单位，为低保、特困等困难群众发放补助 8000 万元。全市最大安置房阳塘安居小区竣工验收，新店保障房地铁社区二期、林前综合体等建成交付。

4. 改革开放向纵深推进

营商环境持续优化。在市对区营商环境绩效考核中，翔安区位居全市第一名。聚焦企业群众办事创业的堵点痛点，持续深化“放管服”改革，相对集中行政许可权改革取得明显成效，首批 283 项审批服务事项实行“一枚印章管审批”。开辟 i 厦门“翔安智慧办”模块，17 项事项实现“秒批秒办”。大力保市场主体，出台“春节留厦 8 条”“助企纾困 10 条”等扶持政策，2021 年，翔安区为企业减负超 8000 万元，兑现财政补助近 1 亿元。

招商引资成效显著。2021 年，翔安区新增入库项目 1245 个、落地 1129 个，在民企招商绩效考核中位居全市第一、央企招商绩效考核中位居全市第二。华润（集团）有限公司等世界五百强、中国五百强高能级项目落户翔安，引进南京高光 OLED 金属掩膜板项目、隆利背光模组项目、宏盛科技项目等强链补链项目。引进太古飞机工程项目、厦航工业临空产业园等项目，积极培育新产业链群。

对外交流合作不断拓展。主动融入国内国际双循环新发展格局，合同利用外资95亿元。深化对台交流交往，新引进苏澳文维等一批台资企业，设立“台胞审批专窗”。积极与宁夏彭阳县开展协作工作对接，扎实完成产业合作、消费帮扶、劳务输转等任务，帮助彭阳县农村劳动力实现就业约1000人。积极融入闽西南协同发展区建设，推动区域合作互惠共赢，推进建设46个省内帮扶项目。

（二）存在问题

1. 工业发展不稳定因素增加

一是芯片稀缺。翔安区的工业结构以光电、电子为主导，对芯片需求较大，而受中美贸易战及疫情等多重因素影响，芯片市场供应不足，价格上涨，导致相关企业产能下降，对翔安区工业发展造成了不利影响。二是海运成本大涨。出口货柜不仅价格大幅上涨且供给严重不足，造成出口型企业库存不断积压，影响企业正常生产，也带来成本急剧增加。三是用工成本上升。厦门生活居住成本较高，而且外来务工人员医社保基数调整，导致企业用工每人每月成本上涨。四是工业用地紧张。部分制造型企业因扩大产能需求，不得不向土地空间更为充裕、成本更为低廉的地区转移。

2. 城区商气人气不旺

一是人口规模偏小。根据第七次全国人口普查公报显示，翔安区常住人口57.83万人，占全市常住人口比重为11.2%，居六区末位。二是居民消费能力偏低。翔安区居民可支配收入、人均消费支出分别为40062元、26774元，处于全市各区的最低水平，不及思明区的一半。全区近60万的常住人口中，工业园区产业工人、文教园区教职工和学生、原有的农村人口所占比重较高，这些人群的消费能力较低，抑制翔安消费提质扩量。三是商业设施供给不足。翔安区商业布局相对分散，大型购物中心仅汇景广场、泰禾天街两家，其余多数为沿街小型商店，存在商业设施规模小、业态单一、集聚度低、氛围较差、缺乏特色等问题。

3. 城区配套功能不完善

翔安南部新城的道路、供水、供电、治污等市政配套，以及义务教育、医疗卫生、社会保障、就业、交通等基本公共服务与厦门市其他新城的差距还比较大。以交通为例，区内交通“最后一公里”通达性较差，部分公交线路运营时间短、转频次低。

二、2022年发展展望

（一）影响因素

1. 有利因素

厦门数字经济创新发展示范市的建设将助推翔安区产业结构的优化提升。当前，随着人工智能、大数据、虚拟现实、5G 为代表的新一代信息技术蓬勃发展，全球经济进入数字经济时代，党中央、国务院高度重视数字经济发展，将其提升至国家战略高度，多次将“数字经济”写入《政府工作报告》，编制出台《“十四五”数字经济发展规划》，为“十四五”乃至更长一段时期的数字经济发展指明了方向。近年来，厦门积极创建国家数字经济创新发展示范市，出台了一系列政策，大力推动数字经济发展，这将有利于翔安平板显示、半导体和集成电路产业等信息产业的发展，并进一步推动传统产业的数字化转型升级，为翔安区产业赢得新优势。

“岛外大发展”加速推进将有利于翔安城市功能的提升。近年来，厦门全力推进“岛内大提升，岛外大发展”，翔安是厦门跨岛发展主战场之一，全市八大重大片区开发建设中五大片区与翔安密切相关，包括新机场片区、环东海域新城翔安片区、东部体育会展新城片区、同翔高新产业新城、轨道交通等，这些重大发展平台载体加快建设，将进一步拓展翔安区的发展空间。

一批重大项目的建成将为翔安的经济社会发展提供新支撑。厦门天马显示科技有限公司第 6 代柔性 AMOLED 生产线项目正式进入生产运营阶段，新体育中心项目即将竣工，地铁 4 号线、第二东通道陆续投用，将进一步增强翔安发展后劲。

2. 不利因素

从国际环境看，新冠疫情给全球产业链、供应链带来重大影响，芯片短缺、能源供应不足、航运不畅和运费暴涨成为全球供应链之痛的主要痛点。衡量集装箱费用的德鲁里航运指数 2021 年 9 月比一年前上涨 291%。煤价过去一年间上涨 2 倍，天然气价格上涨 4 倍。同时，随着全球主要经济体疫情形势得到较好控制，防疫限制措施进一步放松，工业生产逐步回归常态，会出现外贸订单回流的风险，我国外贸增速会相对下降，导致 2022 年出口增速在高基数基础上明显趋弱。翔安区的产业结构以制造业为主，且外向度较高，将面临较为严峻的风险与挑战。

从国内环境看，一是疫情的反复，使旅游、娱乐、餐饮、住宿等生活性服务业恢复缓慢。二是翔安区的产业发展面临周边城区的同质化竞争，翔安区的六大“主导产业链群”为电子信息、新能源新材料、临空产业、文旅会展、生物医药与健康、海洋高新等，而海沧的三大主导产业为集成电路、生物医药、新材料，产业同质化问题较突出。这些因素将使翔安区未来发展面临更大的竞争压力与不确定性。同时，翔安区自身还存在着城区建设滞后导致“有区无城”“有业无城”，公共服务供给的数量和质量无法满足居民日益增长的美好生活需要等问题。

（二）发展展望

综合考虑上述影响翔安区发展的各类因素，预计 2022 年地区生产总值增长 8.5% 左右，规上工业增加值增长 9%，固定资产投资增长 10%，财政总收入增长 6.2%，区级财政收入增长 8.5%，居民收入保持稳定增长。

产业转型升级有望取得突破。随着天马显示科技进入生产运营阶段，中航锂电、博泰车联网等项目投产达产，2022 年，翔安区的产业新动能和竞争力将显著增强。

新型城镇化进程将进一步加快。基础设施、民生事业加快建设，地铁 4 号线、第二东通道将竣工，将助推城市发展骨架形成。乡村振兴扎实推进，城乡环境更加宜居，城乡居民收入差距持续缩小，城区综合承载能力和功能品质将明显提升。

改革开放持续纵深推进。营商环境进一步优化提升，投融资体制机制和生态文明体制改革创新，对台融合发展迈出新步伐，高端发展要素不断集聚，区域竞争力将显著提升。

人民幸福感将持续增强。居民收入稳步提高，多层次社会保障体系更加完善，城乡公共服务均衡优质发展，城区文明风尚显著提高，群众获得感成色更足、幸福感更可持续、安全感更有保障。

三、2022年对策建议

2022年翔安区应深入贯彻落实习近平总书记致厦门经济特区建设40周年贺信重要精神，坚持稳字当头、稳中求进，扎实做好“六稳”“六保”工作，努力推动各项事业再上新台阶。

（一）着力创新赋能，推进实体经济发展

1. 全面激发创新活力

加强企业创新主体地位。发挥企业家在技术创新中的重要作用，鼓励企业加大研发投入，落实好企业投入基础研究实行税收优惠政策，促进各类创新要素向企业集聚。发挥大企业引领支撑作用，加强共性技术平台建设，推动产业链上中下游、大中小企业融通创新，支持天马、三安等建设未来显示技术研究院。发挥各类高等院校、科研院所创新引领作用，引导推动产学研协同攻关，集中力量打好关键核心技术攻坚战。配合推进厦门科学城建设，加快建设生物制品省创新实验室等重大创新平台，探索建设厦漳泉科技成果转移转化先导区，打造全国科研成果转化高地。加强与央企、省企和市头部国企合作，建设“专精特新”园区，培育“单项冠军”“专精特新”的小巨人企业、独角兽企业。积极打造各类创新主体协同互动、创新要素顺畅流动、创新资源高效配置的良好创新生态。

2. 提升主导产业能级

围绕重点产业补链强链，按照构建“5+6+N”现代产业体系这一蓝图，做强做优六大“主导产业链群”，保障天马六代、隆利科技建成投产，支持冠捷科技、电气硝子增资扩产。加快发展新能源新材料、智能制造及工业互联网，支持中航锂电达产扩产、尽快突破百亿规模，推动科华恒盛、延江新材料加快建设。建设数字经济产业园三期，大力发展健康大数据、人工智能、物联网等数字产业，促进传统产业数字化、智能化转型升级，提升数字经济规模。实施龙头企业做大做强和梯度培育行动，加快培育一批“小升规”企业、上市企业。推动区域内企业建立本地供需对接，鼓励在建本地项目优先选购本地原材料产品，打通区域内产业链供应链“内循环”。

3. 做大做强现代服务业

聚焦服务业重点领域和关键环节，促进企业深化业务关联、延伸链条、技术渗透，不断提升服务业发展质量。推动生产性服务业向专业化和价值链高端延伸，大力发展信息服务、研发设计、创意服务、商务服务、供应链服务、节能与环保服务、检验检测认证服务等新兴行业，进一步壮大生产性服务业产业规模，大力发展金融科技、智慧物流、数字贸易、平台经济等新型新业态，支持传统生产性服务业创新升级。加快发展总部经济、商务金融、文旅会展等现代服务业，推动总部企业、高星级酒店落地，支持刘五店码头

改造提升。借助东部体育会展中心建设契机，加快体育产业的发展，积极引进一批群众基础好、知名度高、商业开发充分、办赛成本适中的国际综合性赛事、国际单项运动项目顶级赛事和全国性赛事，引进马术、冰雪、攀岩等新兴运动项目培训机构和场馆运营机构。

（二）着力扩大内需，推动消费提档升级

1. 培育消费新热点

积极引进培育具有影响力和代表性的品牌首店和创新商业模式的全新旗舰店、概念店、体验店、融合店，提供国际化、品质化消费体验。建设夜间文旅消费集聚区，培育“夜游、夜娱、夜秀、夜购”等夜间旅游品牌，引进超级音乐嘉年华、灯光实景表演等夜间品牌节事活动。抓住金鸡电影节、文博会、旅博会等文旅节庆活动，提高乡村旅游、休闲农业、健康养老、民宿经济等服务品质，加大聚人气、促销费力度。依托翔安本地体育资源禀赋，发展竞赛表演，引导足球、水上、汽车摩托车、山地户外等运动消费项目合理布局。

2. 开展常态化促消费活动

深入开展“翔安旺城”系列活动，结合春节、五一、端午、中秋、国庆等节假日，开展形式多样的促销活动。结合节庆特点，推出更多定制化、智能化、绿色化商品，举办乡约翔安旅游季、火龙果文化旅游节等特色活动，重点推广翔安品牌农产品、地理标志产品、老字号等优质特色产品。同时，打造台湾特色进口商品集聚区，引领带动区域消费升级需求，吸引泉州、漳州等周边地区来翔消费，带动乡村旅游、商贸零售、住宿餐饮业发展。

3. 创新消费新模式

紧抓地铁 3 号线开通机遇，深入研究“地铁时代”消费升级和消费结构可能带来的影响，推动形成吸引人流的新消费载体。培育打造新兴商圈、特色商圈，推动汽车城品牌集聚，建设跨境电商基地、直播基地，挖掘平台消费、夜间消费等新型消费潜力。用好用活电子商务发展政策，培育壮大线上经济、直播经济。支持发展智慧零售、直播带货，拓展无接触式消费体验，有序推动无人配送、无人驾驶场景应用；推进“互联网＋流通”线上线下一体化发展，鼓励零售企业应用现代化信息技术建立智慧供应链，拓展服务消费“云体验”空间。扩大农村电商覆盖面，丰富村级商业网点快递收发、农产品经纪等服务，满足农村居民便利消费、就近销售需求。

4. 推动居民增收与消费需求增长相匹配

深化“5110”精准就业帮扶机制，加大创业政策扶持，着力促进居民增收，通过生活品质升级带动消费结构升级。深入实施乡村振兴战略，力促农村一二三产业深度融合发展，推动农渔民就业质量和社会保障水平稳步提升，逐步缩小城乡居民收入，激发农村居民消费潜力。

（三）着力功能提升，促进城乡协调发展

1. 大力推进产城融合发展

加快南部新城中心区建设，积极推动大型城市商业综合体落地，促进 CBD 功能提升，建设休闲步道、中心公园；加快推进新机场航站区主体工程、新体育中心、新会展中心场馆、滨海浪漫线三期重大片区建设；加快旧城区、老镇区提升，完成马巷片区排水系统、自来水管网改造；围绕工业园区服务保障，探索建设完整产业社区，加快完善新圩置街道功能配套。加快内垵大道等市政配套建设，推动翔安大桥、溪东路建成通车，启动新 324 国道提升改造工程，全力打通一批重要节点的“断头路”；加快地铁 4 号线、轨道机场站预留工程建设，完善换乘停车场等地铁接驳配套。

2. 推动乡村振兴全面提质

结合“一村一品”、农村人居环境整治提升、乡村文明治理等，打造一批典型示范村，争创省级乡村振兴重点特色镇。全面提升农村人居环境质量，持续补齐农村基础设施短板，全面完成农村生活污水治理提升，打造污水治理全国“样板”，建成一批生活环境自然优美、生态系统稳定健康、人与自然和谐共生的生态宜居乡村。稳步推进宅基地制度等改革，争取城乡空间规划调整、乡村振兴要素保障等支持，力促一批农村发展用地项目实质落地。

（四）着力改革开放，构筑翔安发展新优势

1. 着力推进更深层次改革

进一步完善要素市场化配置体制机制；深化投融资体制改革，推动大型基础设施、片区开发项目采用 PPP、REITs 等合规方式引入社会资本；深入推进生态文明体制改革，建立健全环境资源共享机制和生态产品价值实现机制，推进生态产品市场化改革试点。

2. 抓招商促引资

深入细致做好产业链条梳理，制定招商图谱，在全员招商、精准招商上下功夫。着力推动联合招商、基金招商、场景招商、委托招商，强化以企引企、以商引商，积极引进一批优质央企、民企、外企，实现项目数量、体量、质量新突破。加强专业化招商团队建设，建设专业招商队伍，增强招商服务“粘性”，力促项目早落地建设、早到资入统、早投产达产。

3. 持续提升营商环境水平

根据国家发改委评价体系，提出优化提升营商环境实施方案，探索营商环境创新试点举措，努力做到“服务最优、政策最好、兑现最快”，致力打造全国乃至国际一流的市场化法治化便利化的营商环境。加快推进社会信用体系建设，积极拓展信用报告应用，大力推进信用分级分类监管，营造诚信社会环境。

4. 打造开放交流新平台

积极探索新形势下两岸融合发展新模式、新途径、新领域，建设台胞台企登陆第一家园，着力打造两

岸融合发展示范区，推动翔台优势产业融合发展，支持在翔台企发展壮大。推动与金砖各国的产业合作和人才交流，争取自贸试验区扩区、空港综合保税区建设。主动参与闽西南协同发展，推动厦门翔安－泉州南安市际毗邻区融合发展，探索建设厦门翔安－泉州南翼科技创新走廊。

（五）着力补齐民生短板，回应人民美好向往

1. 促进优质资源均衡发展

要在高质量发展中促进共同富裕，更好地满足人民日益增长的美好生活需要。一是要坚持就业优先，完善重点群体就业支持体系，探索创新农渔民灵活就业模式，拓展高校毕业生等重点群体就业渠道。二是要加强困难群众基本生活保障，更大发挥民生保险兜底作用。三是要建设高质量的教育体系。对接“名校跨岛”“名师出岛”战略，新建 2 所高中和 32 所中小学幼儿园，开办 11 所学校，争创全国学前教育普及普惠区；推动北京十一学校等一批名校落地；深化校地、产教融合发展，支持筹建海洋职业大学。四是要健全卫生服务体系。深化医药卫生体制改革，推动市第五医院争创“三甲”、翔安医院提升做强，新建区妇幼保健院新院，健全养老服务和婴幼儿照护服务体系。五是要持续完善城乡文体设施。继续推动图书馆总分馆制“太阳系式”翔安模式建设，着力打造“两个图书馆”，建设片区联网分馆、邻里书屋、流动图书站，提升智慧图书馆数字阅读平台；打造“15 分钟健身区”。六是要完善住房保障体系。推动洋唐保障房三期、浯家公寓等建成交付，持续开展低收入群体住房精准帮扶工作。

2. 完善基层治理机制

深入推进社会治安防控体系建设，不断提升维护国家政治安全和社会稳定的能力。紧密结合“智慧翔安”建设，升级打造多级共享共用、数据互联互通业务协同联动的“一体化”区域社会治理信息化平台。创新基层治理体制，有序推行村（居）专兼职人员规范整合、全日制坐班制度，完善基层网格化管理体系，逐步改善社区工作者、网格员待遇，提升“大数据＋网格化”治理水平；健全社区共建共治共享机制，推动“近邻”党建全覆盖，提升“近邻”党建引领基层治理成效。坚持和发展新时代“枫桥经验”，完善社会矛盾多元预防调处机制，建设一站式多元解纷体系，引导社会调解力量发挥更大作用，主动从源头上化解信访矛盾纠纷。加强国防教育、国防动员和后备力量建设，完善退役军人服务保障体系，争创省级双拥模范区。

3. 健全风险防范体系

科学精准抓好常态化疫情防控，健全人物环境同防体系，完善平急指挥转化、“三公（工）”流调、核酸检测、社区防控等机制，严格隔离场所、医院院感规范管理，加快推进疫苗接种，加强疾控和卫生应急队伍建设。健全食品药品安全监管体系。深入开展安全生产专项整治三年行动，健全供电、供气、给排水、通信、轨道交通、各类废弃物回收利用处置等市政设施体系，完善城乡安全防灾设施，建设充足的一类应急避难场所，提升应急处置救援能力，确保城乡生命线系统安全运行，坚决防范遏制重特大事故。

（六）着力绿色发展，打造生态宜居环境

1. 强化生态环境治理

深入实施蓝天工程，强化大气污染精准防治，推动空气质量稳步提升。深入实施碧水工程，推进流域水环境系统治理。深入实施碧海工程，深化“排口长制”“湾（滩）长制”，创建海洋生态环境综合管理示范点。深入实施净土工程，建设东部垃圾焚烧厂三期，打造无废城区，加快创建国家生态文明建设示范区。持续提高城市森林和建成区绿化覆盖率。建设全覆盖生态廊道、城市慢行绿道系统和多层次公园体系，形成“山水林田湖草”有机衔接的高品质生态体系。

2. 推进绿色低碳发展

坚持系统观念有序推进碳达峰碳中和工作，制定碳达峰行动方案。加快调整优化产业结构、能源结构，大力发展新能源、新材料、新工艺，壮大节能环保产业，推进生产、流通、消费领域绿色低碳循环转型。调整优化环境治理模式，加快推动从末端治理向源头治理转变。

3. 深化生态文明体制改革创新

建立生态环境分区引导机制，积极探索推进生态产品价值实现方式、生态损害赔偿、环境污染第三方治理、信用评价、全链条监管体系以及医疗废物信息化监管体系等改革创新，着力率先构建现代环境治理体系，努力形成更多可复制、可推广的“翔安经验”。

【参考文献】

[1] 厦门市翔安区人民政府 . 厦门市翔安区 2022 年政府工作报告 [R/OL](2022-01-29)[2022-03-01].http://www.xiangan.gov.cn/zwgk/zfgzbg/202201/t20220129_830536.htm.

[2] 厦门市翔安区人民政府 . 翔安区国民经济和社会发展第十四个五年规划和二〇三五年远景目标纲要 [R/OL].(2021-04-9)[2022-03-01].http://xxgk.xiangan.gov.cn/XM06100/zfxxgkml/03/202104/t20210423_777480.htm.

[3] 厦门市统计局 . 厦门统计月报 [R/OL].[2022-03-01].http://www.xm.gov.cn/zwgk/tqjj/xmsj/xmhgyb/index.htm.

课 题 组 长：黄榆舒
课题组成员：彭朝明　彭梅芳　许　林
　　　　　　黄榆舒　欧阳元生
课 题 执 笔：黄榆舒　欧阳元生

第八章

15 个副省级城市 2021 年经济运行比较分析

一、2021 年副省级城市经济运行主要特点

（一）总体运行平稳增长

2021 年，副省级城市中有 8 个城市全年 GDP 增速高于全国平均增速（8.1%），15 个副省级城市的 GDP 总量占同期全国 GDP 总量的 18.9%，在国内经济发展中占据着重要地位，是带动全国经济增长的重要引擎。详见表 8-1。

表 8-1　2021 年副省级城市 GDP 及其增长情况

城市	GDP/ 亿元	GDP 排名	同比增速 /%	增速排名
深圳	30665	1	6.7	12
广州	28232	2	8.1	7
成都	19917	3	8.6	2
杭州	18109	4	8.5	3
武汉	17717	5	12.2	1
南京	16355	6	7.5	9
宁波	14595	7	8.2	5
青岛	14136	8	8.3	4
济南	11432	9	7.2	10
西安	10688	10	4.1	15
大连	7826	11	8.2	6
沈阳	7250	12	7	11
长春	7103	13	6.2	13

续表

城市	GDP/亿元	GDP 排名	同比增速/%	增速排名
厦门	7034	14	8.1	8
哈尔滨	5352	15	5.5	14

数据来源：各城市统计局网站。

（二）区域经济加快复苏

1. 中部地区武汉强劲复苏

2021 年武汉受益于低基数效应，加上原有经济发展基础较好，自第一季度以来就保持了强劲的复苏势头，全年 GDP 增速达 12.2%，不仅领跑中西部地区城市，还一跃成为 15 个副省级城市 GDP 增速第一名。

西安由于年底受疫情冲击较为严重，固定资产投资增速负增长 11.6%，三产增加值、社会消费品零售总额仅小幅增长 5.7% 和 0.8%，增速均居副省级城市末位；导致全市 GDP 增速仅为 4.1%，低于全国平均增速 4 个百分点，居副省级城市末位。

2. 东部地区出现分化

8 个东部地区副省级城市中，杭州、青岛、宁波、厦门、广州 5 个城市 GDP 增速跑赢或等于全国平均水平（8.1%），杭州增长最快为 8.5%，比全国水平快 0.4 个百分点；南京、济南、深圳 3 个城市受社会消费品零售总额、工业、出口增长滞后等因素影响，GDP 增长分别低于全国平均水平 0.6、0.9 和 1.4 个百分点。详见表 8-2。

表 8-2　2021 年副省级城市 GDP 同比增速

地　区	城　市	GDP 增速/%
东部沿海地区	杭州	8.5
	青岛	8.3
	宁波	8.2
	厦门	8.1
	广州	8.1
	南京	7.5
	济南	7.2
	深圳	6.7
中西部地区	武汉	12.2
	成都	8.5
	西安	4.1

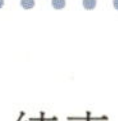

续表

地　区	城　市	GDP 增速 /%
东北地区	大连	8.2
	沈阳	7
	长春	6.2
	哈尔滨	5.5

数据来源：各城市统计局网站。

3. 东北地区大连加快复苏

2021 年大连 GDP 同比增长 8.2%，为东北地区 GDP 增长最快城市，2021 年增速比 2020 年提高 7.3 个百分点，主要得益于工业强劲复苏，大连规模以上工业增加值同比增长 15%，增速居副省级城市首位。沈阳与哈尔滨 GDP 增长延续低迷态势，仍落后于全国平均增速（8.1%）。长春由 2020 年东北地区 GDP 增长最快城市，变为 2021 年 GDP 增长滞后全国 1.9 个百分点，主要受规模以上工业增加值增速低于全国平均水平 7.1 个百分点拖累。

（三）工业经济增长较快

有 8 个副省级城市规模以上工业增加值增速高于全国 9.6% 的平均水平，其中，大连、武汉、厦门、宁波、成都、杭州、南京增速高于 10%，电子信息、装备制造、医药制造业等支柱行业实现两位数增长。详见图 8–1。

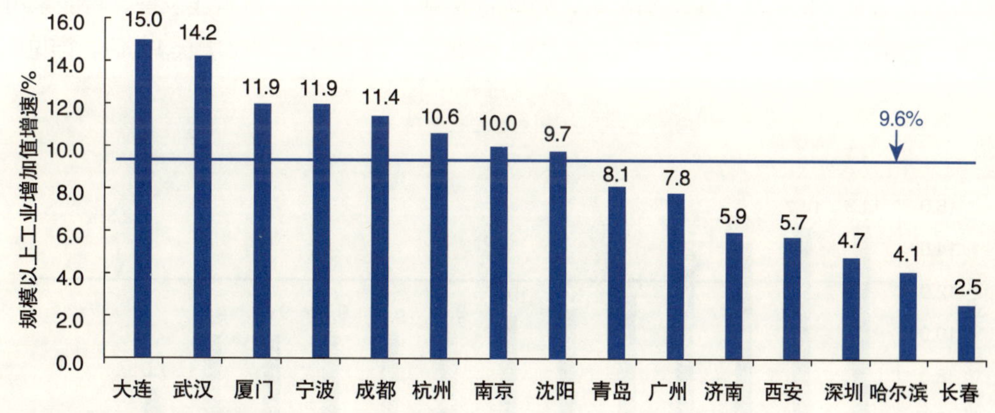

数据来源：各城市统计局网站。

图 8–1　2021 年副省级城市规模以上工业增长情况

（四）投资回暖潜力释放

9 个城市固定资产投资增速高于全国平均水平（4.9%），显示出副省级城市投资需求回暖明显，投资潜力持续释放。武汉、广州、长春、济南、厦门、宁波、成都、杭州投资增速达到或超过 9%，主要得益于制造业投资或民间投资的快速增长。如宁波制造业投资比全市投资增速快 16 个百分点，广州航空航天及设备制造业投资、电子及通信设备制造投资均同比增速超过 20% 以上；广州、济南、成都三地民间投资增速高于全市投资增速 1.4~13.4 个百分点，有力推动全市投资增速快速增长。详见图 8–2。

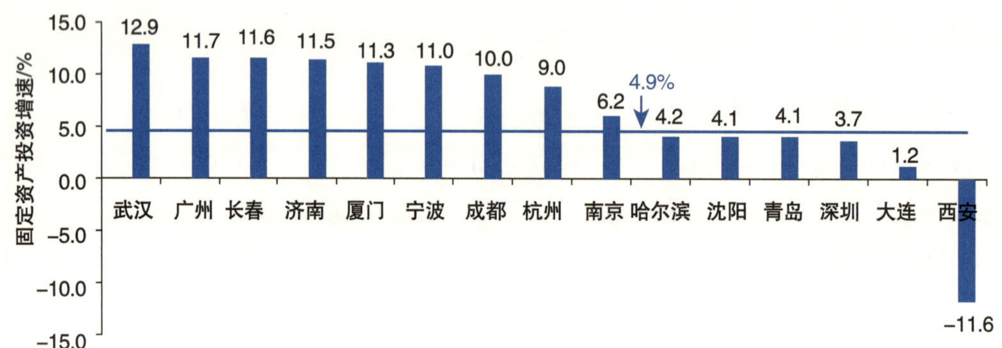

数据来源：各城市统计局网站。

图 8–2　2021 年副省级城市固定资产投资增长情况

（五）消费需求恢复滞后

15 个副省级城市中，仅青岛、济南、成都、厦门 4 个城市社会消费品零售总额增速超过全国平均水平（12.5%），显示副省级城市整体消费需求恢复较慢。青岛、济南、成都、厦门消费增长较快，主要得益于顺应居民消费升级趋势及疫情期间出现的新需求，如青岛限额以上单位可穿戴智能设备、智能家用电器和音像器材类商品零售额分别增长 56.2%、32.5%，济南限上新能源汽车零售额同比增长 1.5 倍。详见图 8–3。

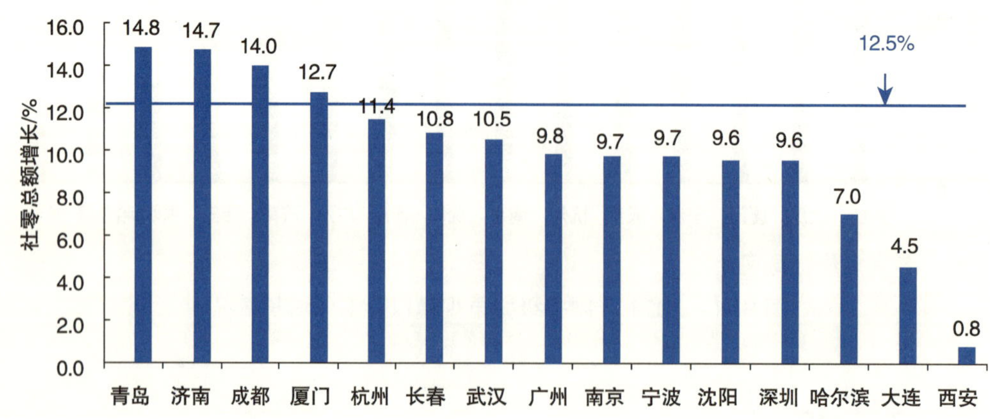

数据来源：各城市统计局网站。

图 8–3　2021 年副省级城市社会消费品零售（社零）总额增长情况

二、2021 年厦门发展的亮点与不足

（一）亮点

1. 规上工业增加值增速位居前三

2021 年厦门规模以上工业增加值同比增长 11.9%，居副省级城市第 3 名（并列）；与 2020 年同期相比，增速提高 5.9 个百分点，在副省级城市中排名提高 2 位。从季度数据看，厦门保持工业生产快速增长势头，工业命脉加速恢复。主要得益于计算机、平板市场需求持续增加，疫情反复形势下自主研发疫苗、新冠检测产品规模成倍增长，新能源汽车、储能需求提升带动等；1—11 月，厦门计算机、通信和其他电子设备制造业工业增加值增长约 10%，医药制造业增加值增长 1.4 倍，电气机械和器材制造业工业增加值增长近 15%。详见表 8-3。

表 8-3　副省级城市规模以上工业增加值增速比较

城市	2021 年同比增速 /%	2021 年增速排名	2020 年同比增速 /%	2020 年增速排名
大连	15.0	1	12.2	1
武汉	14.2	2	2.8	12
厦门	11.9	3	6.0	5
宁波	11.9	3	3.8	10
成都	11.4	5	3.8	11
杭州	10.6	6	7.0	3
南京	10.0	7	5.0	8
沈阳	9.7	8	5.5	6
青岛	8.1	9	2.0	14
广州	7.8	10	10.4	2
济南	5.9	11	2.5	13
西安	5.7	12	−6.9	15
深圳	4.7	13	4.2	9
哈尔滨	4.1	14	5.2	7
长春	2.5	15	6.5	4

数据来源：各城市统计局网站。

2. 服务业增加值增速位居第四

2021 年厦门服务业增加值同比增长 9.0%，居副省级城市第 4 位，增速比 2020 年同期提高 3.5 个百分点。主要得益于商务、科研等生产性服务业加快发展，平台经济、网络零售活跃度提高带动电信、物流等

服务需求增加。1—11 月，厦门限上网上零售额增长近 20 个百分点，电信、邮政业务总量分别快速增长超过 20% 和 40%。详见图 8-4。

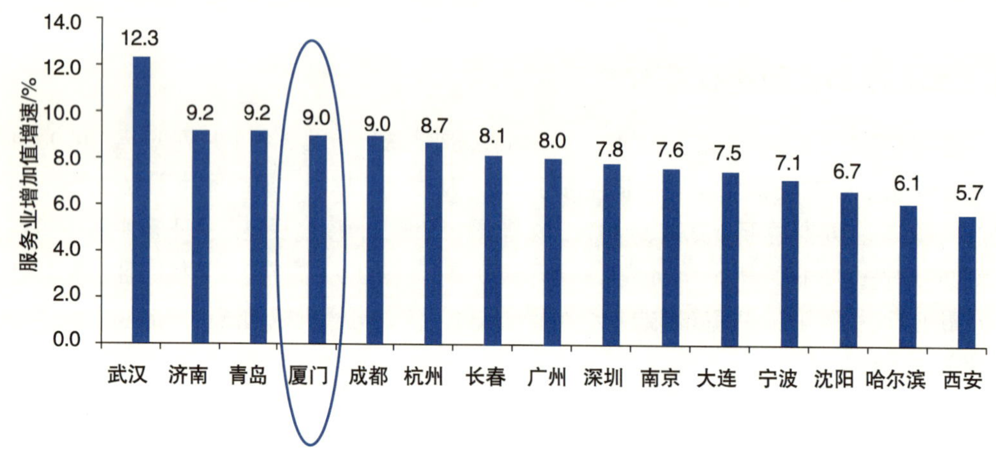

数据来源：各城市统计局网站。

图 8-4　2021 年副省级城市服务业增加值增速

3. 社会消费持续领跑

2021 年厦门社会消费品零售总额同比增长 12.7%，居副省级城市第 4 位，增速比 2020 年同期快 11.1 个百分点。主要得益于：一是批发、零售、住宿、餐饮均稳步回升，销售额（营业额）分别同比增长超过 40%、15%、15% 和 20%；二是汽车、衣着消费动力强劲，全年衣着类商品实现零售额约 420 多亿元，增长约 37%，二者合计对全市社零总额增长贡献率接近一半。详见图 8-5。

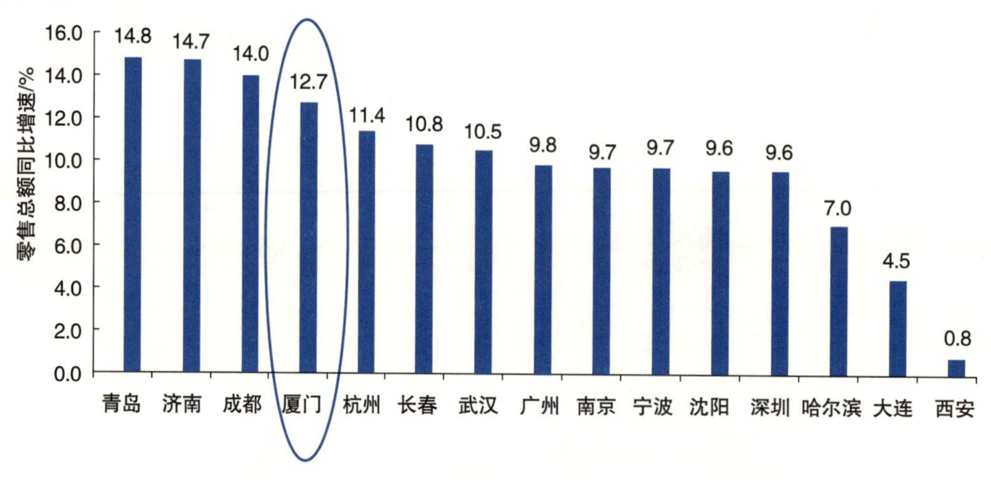

数据来源：各城市统计局网站。

图 8-5　2021 年副省级城市社会消费品零售总额同比增速

4. 固定资产投资增速名列前茅

2021年厦门固定资产投资增速11.3%，比2020年同期提高2.5个百分点，在副省级城市中居第5位。主要得益于，一是基础设施、公共设施投资快速增长，增速均超过20%以上；二是10亿元以上项目累计完成投资增速超过30%，对全市投资增长贡献率接近九成，天马六代生产线、第二东通道、新机场工程、新体育中心、新会展中心等重大项目“龙头”带动作用显著。

5. 外贸进口表现抢眼

2021年厦门外贸进口额及其增速实现双提升，在副省级城市中排名分别跃居第2位和第3位。从规模看，厦门进口额仅次于跨过万亿元大关的深圳，达到4569.2亿元；从增速看，与第1名哈尔滨、第2名青岛仅分别相差11个和5.4个百分点。2021年厦门外贸进口的优异表现，有力支撑全市进出口总额反超成都，在副省级城市中排名跃居第4位。详见表8-4。

表8-4 2021年副省级城市进出口及进口情况

城市	进出口总额/亿元	进出口总额排名	进出口总额同比增速/%	进出口总额同比增速排名	进口总额/亿元	进口总额排名	进口总额同比增速/%	进口总额同比增速排名
深圳	35435.6	1	16.2	11	16172.2	1	19.5	10
宁波	11926.1	2	21.6	9	4301.8	4	26.3	4
广州	10825.9	3	13.5	13	4513.7	3	9.6	12
厦门	8876.5	4	27.7	5	4569.2	2	35.3	3
青岛	8498.4	5	32.4	4	3577.1	5	40.7	2
成都	8222.0	6	14.8	12	3380.8	6	10.7	11
杭州	7369.0	7	23.7	8	2722.0	7	20	8
南京	6366.8	8	19.2	10	2376.9	8	22.3	6
西安	4400.0	9	26.5	6	2038.0	10	19.8	9
大连	4248.5	10	10.3	14	2316.8	9	6.2	13
武汉	3359.4	11	24.0	7	—	—	—	—
济南	1944.2	12	40.1	1	770.1	12	21.5	7
沈阳	1416.0	13	37.7	2	931.1	11	23.5	5
哈尔滨	344.6	14	35.0	3	173.3	13	46.3	1
长春	—	—	—	—	—	—	—	—

数据来源：各城市统计局网站。

（二）不足

1. 经济总量距离万亿目标仍有较大差距

2021 年厦门 GDP 总量实现 7034 亿元，居副省级城市第 14 位，与第 13 位长春差 69 亿元，与第 12 位沈阳、第 11 位大连分别相差 216 亿元和 792 亿元。与 2020 年相比，厦门与长春 GDP 总量差距缩小，但与沈阳和大连 GDP 总量差距拉大。详见表 8–5。

表 8–5　副省级城市 GDP 比较

城市	2021 年 GDP/ 亿元	2021 年排名	2020 年 GDP / 亿元	2020 年排名
深圳	30665	1	27670	1
广州	28232	2	25019	2
成都	19917	3	17717	3
杭州	18109	4	16106	4
武汉	17717	5	15616	5
南京	16355	6	14818	6
宁波	14595	7	12409	7
青岛	14136	8	12401	8
济南	11432	9	10141	9
西安	10688	10	10020	10
大连	7826	11	7030	11
沈阳	7250	12	6572	13
长春	7103	13	6638	12
厦门	7034	14	6384	14
哈尔滨	5352	15	5184	15

数据来源：各城市统计局网站。

2. 外贸出口相对滞后

2021 年厦门外贸出口总额 4307.3 亿元，同比增长 20.6%，出口额及增速在副省级城市中分别居第 7 位和第 8 位。与进口总额规模与增速的亮眼表现相比较，厦门外贸出口仍有较大进步空间，出口发展质量及水平仍有待进一步提升。

反观杭州与青岛，不仅出口规模比厦门大，出口额增速也比厦门高，实现了出口又好又快发展。其中，青岛外贸进出口规模实现了由 6000 亿元到 8000 亿元的跨越，出口额增加 1000 多亿元，主要得益于占全市进出口总值比重约 67% 的民营企业进出口高速增长，增速约 35%，外贸经营主体活力增强。

15 个副省级城市外贸出口总体情况见图 8–6。

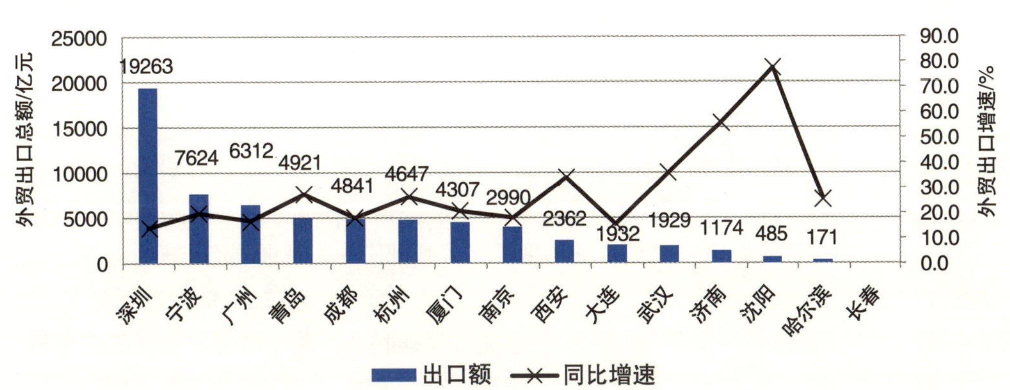

数据来源：各城市统计局网站。

图 8–6　2021 年副省级城市外贸出口情况

三、2022 年厦门加快发展的对策建议

2022 年是实施“十四五”规划承上启下的关键一年，厦门应立足新发展阶段，贯彻新发展理念，积极服务和深度融入新发展格局，坚持稳中求进的工作总基调，继续统筹推进疫情防控和经济社会发展，发扬特区精神，开拓创新、锐意进取，持续强弱项、补短板，夯实产业发展根基，提升经济发展后劲，力争在副省级城市中继续提质进位，为努力率先实现社会主义现代化，助推全面建设社会主义现代化国家做出新的更大贡献。

（一）强化产业发展主引擎

1. 大力建设高端制造示范基地

做大做强电子信息、机械装备两大支柱产业。聚焦万亿电子信息产业集群发展目标，大力发展平板显示、计算机与通信设备、半导体和集成电路等重点领域，加强全产业链强链补链延链招商引资，加快推进天马微电子第 6 代柔性 AMOLED 生产线、吉顺芯 6 英寸 IC 生产线扩产增效技术改造等项目，推动形成“芯—屏—端—软—智—网”于一体的完整产业链集群。推动机械产业数智化升级，围绕航空工业、汽车、电力电器、工程机械等重点领域，大力推动实施“上云用数赋智”，持续推进鲲鹏超算中心等重点项目，支持重要产品和关键核心技术攻关，提高产业发展基础支撑能力和市场竞争力。

2. 壮大现代服务业规模

紧抓国际航运中心、国际贸易中心、国际旅游会展中心、区域金融中心建设契机，做大做强现代物流、文旅会展、金融服务等优势产业集群，建好用好国家物流包装产品质量监督检验中心、国家智能视听产业基地、集美杏林湾基金集聚区、海峡黄金珠宝产业园等一批产业集聚区。把握疫情催生“宅经济”新业态新服务发展机遇，支持商贸、家政等传统服务业向数字化在线化方向转型发展，培育平台经济、在线经济、无人经济等新增长点。引导研发设计、科技信息、人力资源、法律、检验检测等生产型服务业提高服务品质和专业化程度，构建高品质、高质量、高水平的现代服务业体系。

3. 加快发展海洋经济

优化提升水产品加工、海洋水产种业、远洋渔业等海洋传统产业，大力发展海洋生物医药制品、海洋高端装备与材料、海洋环境信息、资源勘察等海洋新兴产业。推动高崎渔港、欧厝渔港提升改造，加快建设建设厦门国际水产品交易平台、海洋高新产业集聚园区等基础设施，发展“渔市游”等项目，打造集吃、住、游、购为一体的现代化渔业休闲产业，促进海洋一二三产融合发展。加快培育领军企业，加大力度吸引国内外知名海洋企业总部落户，支持海洋龙头企业通过强强联合、跨地区兼并重组等实现规模化发展。提升海洋科技创新水平，积极布局海洋通信卫星、水下机器人等前沿产业，壮大海洋高新产业领域。

4. 加快培育战略性新兴产业

深入实施战略性新兴产业集群发展工程，大力推动新一代信息技术、生物医药与健康、新材料与新能源、数字创意、海洋高新等战略性新兴产业，布局发展柔性电子、第三代半导体、航空航天等一批具有爆发式增长潜力的未来产业赛道。围绕产业链关键环节和核心技术，补齐短板弱项，推动生物医药、新型功能材料两大国家级战略性新兴产业集群整体规模和综合竞争力达到国内一流水平，加快发展新型显示器件、集成电路、信息技术服务等省级战略性新兴产业集群。着眼于提升产业链供应链自主可控水平、话语权和影响力，加快培育壮大厦钨、三安光电、天马微、联芯、ABB等龙头企业，鼓励产业链各环节中小企业在市场开拓、技术研发、创意设计、品牌创建等方面抱团发展，提高本地化配套率。提高厦门科学城、同翔高新城等新建战略性新兴产业集聚区配套功能和建设水平，提升产业发展集聚度。

5. 夯实创新新动能

加快建立健全以企业为主体、市场为导向、产学研深度融合的技术创新体系。深入落实企业研发费用加计扣除、高新技术企业所得税减免等优惠政策，加大数据信息、科研设施、研究平台、检验检测等创新资源与企业开放共享力度，不断提高企业创新能力。加大对基础学科、交叉学科、新兴学科和优势学科研究的支持力度，引导厦门大学、华侨大学、集美大学、厦门理工学院等高校结合厦门优势产业领域，选择若干重点学科布局基础研究。围绕电子信息、机械、新能源新材料等重点领域，大力引进和培育一批高水平新型研发机构，提高创新发展能级。

（二）全力扩大有效投资

1. 全力提振工业投资

强力推进工业招商引资，聚焦平板显示、集成电路、机械装备、新材料、生物医药等重点产业链，紧盯上下游配套、缺失关键环节深入实施补链强链延链工程，推行重大产业项目审批绿色通道制度，强化重大项目办事效能和跟踪服务，提升招商引资质量和水平。加快推动传统产业节能改造升级，以化工、化纤、纺织印染、造纸、食品发酵、有色金属等行业为重点，实施一批工业节水、节能技术改造项目，支持企业推广应用先进节材产品和工艺，推动工业绿色化节能降碳发展。深入推进传统制造业智能化改造升级，引导路达、建霖、银鹭等水暖厨卫、食品加工、纺织服装传统产业企业，在产业关键环节深度应用互联网、大数据、人工智能新技术，聚焦工艺、装备、产品和管理等重点方面，组织实施一批智能化技术改造项目，支持有实力的龙头企业开展关键零部件生产线智能化改造，大力推进“机器换人”“企业上云”，打造一批数字化车间和智能工厂样板示范。

2. 加速推进城市更新

深入推进老旧城区更新改造，拓展城市发展空间。加快岭兜片区、湖滨片区等重点更新改造项目建设，加快将军祠西片区等项目征收，深化深田完整社区建设，大力推动湖里老工业区、大唐中心等产业闲置空间盘活。以科创、金融和总部经济核心产业为重点，整合厦门本岛空间和产业资源，充分利用东部旧村改造 6.7 平方公里释放出的发展空间，加快推动东部系列科创园落地生成，做强观音山总部和两岸金融中心，加快滨北超级总部基地、开元创新社区等重点项目规划建设。实施交通、市政等配套设施优化提升工程，推动停车场、农贸市场、老旧小区排水管网等功能性配套短板不断补齐，促进岛内城市功能品质更加宜居舒适。

3. 加快拓展岛外新城

高质量推动马銮湾新城、环东海域新城、东部体育会展新城等岛外新城建设。加快完善新城基础设施建设布局，坚持公交优先发展、织牢织密交通路网，加快建设轨道交通 4 号线、6 号线，不断完善杏锦路、集美中心、海沧商务中心、马銮中心、翔安行政中心、浦边等轨道站点周边公交场站建设；强化航空、航运等枢纽地位，加快翔安新机场主体、飞行区及控制性工程等项目建设，加快道路、水、电、燃气、管廊等配套建设，完善海沧临港和刘五店等港区设施，构建便捷高效的现代交通网络。加强新型基础设施布局，实施一批智慧交通、智慧物流、智慧医疗、智慧教育、智慧市政等信息技术与城市公共设施融合类项目。推动优质教育、优质医疗等民生资源向岛外延伸，继续深入实施“名校跨岛”，加快厦门实验中学新校区、厦门六中同安校区等校区建设，加快市妇幼保健院集美院区等医院建设进度，建成投用四川大学华西厦门医院等高水平三甲医院，推动岛外新城居住和生活品质持续优化提升。

（三）推动消费提质扩容

1. 持续推动消费商圈提档升级

深入推进中山路等核心传统商圈提升改造，支持融合自然景观、传统建筑、名人故居等特色资源开展历史建筑活化利用，加强招商引资，布局体验式、互动式、沉浸式新兴业态。鼓励万象城、大悦城等高端综合体利用裸眼 3D 屏等硬件打造网红地标打卡点，提升街区商圈人气商气。推动顶沃仔猫街、高崎渔人码头等特色街区采用文商旅融合模式实施提升改造，打造文化休闲、旅游购物、游憩等功能于一体的特色休闲旅游街区。

2. 释放汽车消费潜力

加大新能源汽车消费推广，深入落实新能源汽车免征车辆购置税、购置补贴等优惠政策。加大公交、出租等公共领域燃油车置换为新能源汽车力度，加快新能源汽车充电桩等基础设施建设，优化公共充电站布局，提高充电服务智能化水平。壮大汽车平行进口规模，用好厦门汽车平行进口口岸资质优势，持续推动平行进口车产品线不断拓展丰富，完善进口汽车整车补助及在厦销售奖励相关政策，推动建设集仓储、检验、售前检测（PDI）、车辆整备（VPC）、分拨、维护保养等功能于一体的平行进口汽车综合物流服务中心。

3. 提振餐饮住宿消费

继续办好“寻味厦门”鹭岛美食节活动，指导企业做好常态化防控措施，大力推行分餐制，推广使用公筷公勺，鼓励餐饮企业加大力度提供分餐服务，倡导文明用餐、理性点餐、反对浪费的用餐新风尚。借助“全闽乐购·厦门全城欢动消费节”等活动，继续鼓励餐饮住宿企业联合电商平台开展线上线下促销活动，积极发展在线服务、网络预订、网上支付、自助订房订餐结算等网络营销方式，用好“网红探店”“商户吃播”等新模式向全国宣传厦门特色民宿及闽菜美食。

4. 大力培育新兴消费

培育时尚消费，依托厦门国际时尚周策划一批新品首发首秀项目活动，打响厦门国际时尚周知名度。谋划建设时尚消费展示发布中心，吸引培育一批品牌咨询、广告设计、营销推广等具有国际影响力的第三方专业服务机构入驻，健全新品发布专业服务体系。推动老字号创新发展，支持厦门老字号企业以国风文化、现代文化等开展产品创新，发布一批伴手礼、时尚款、定制款等新品，鼓励老字号品牌店、旗舰店采用人工智能、AR/VR 等技术设备升级改造，提升消费体验。推动传统购物中心、百货店、家居市场等传统购物场景向“文化＋艺术＋时尚＋社交＋多维度沉浸式体验”综合场景转型。拓展车展、家装、旅游等跨行业服务功能，打造商文旅体、吃住行娱跨界融合的消费场景。

5. 加快培育直播电商等新业态新模式

发挥厦门消费品工业、文化创意产业优势，集聚培养一批引领行业发展的工业品、农产品、日用消费品和生活服务等领域的直播电商平台。完善直播电商生态建设，推动 MCN 机构、直播电商平台和运营服务商、内容策划、广告营销、产品供应链等企业加强资源整合，建立长期合作关系。加快建设凸显厦门特色的直播场景，结合厦门旅游资源、商贸业资源集中优势，支持直播电商平台进驻中山路、鼓浪屿等重点商圈和景区，打造一批体现厦门休闲、舒适、高品质特色的旅游及消费直播场景。

（四）促进外贸出口高质量发展

1. 鼓励企业积极开拓国际市场

支持外贸企业积极利用新技术新渠道开拓市场，充分运用第五代移动通信（5G）、虚拟现实（VR）、增强现实（AR）、大数据等现代信息技术，开展线上推介、在线洽谈、“云营销”等活动。加大对重点市场宣传推介力度，紧抓 RCEP 关税减让、金砖创新基地建设发展创造的国际市场新机遇，面向俄罗斯、日韩、东盟、欧盟等主要出口市场举办“一国一展”“多国一展”等线上贸易促进活动，引导企业精准开拓市场。引导机电、纺织服装等传统出口优势领域进一步提升产品综合竞争力，在技术、标准、质量、品牌、销售、服务等方面加强全链条创新，全面提升产品技术含量和附加价值。

2. 加快培育一批外贸出口经营主体

支持外贸出口龙头企业做大做强，鼓励制造型出口企业拓展以技术创新、产品研发、关键零部件、成套设备为核心的价值链，与境外产业链上下游企业加强供需保障互利合作，提高出口经营能力。支持建发、国贸、嘉晟等流通型企业通过资源整合、重组兼并、强强联合等方式提升综合竞争力。瞄准对外贸易 500 强、民营外贸龙头，着力引进一批企业经营领域与厦门优势产业关联度大、科技含量高、带动辐射能力强的出口导向型企业，壮大出口企业数量规模。

3. 提高出口品牌竞争力

推动外贸生产企业由贴牌生产向委托设计制造、自有品牌方向转型，鼓励企业通过自主培育、境外收购等方式积极争创出口名牌，鼓励企业积极开展境外商标注册、专利申请和国际通行体系认证，加大对自主品牌知识产权保护和海外维权的支持力度。建设企业外贸品牌培育库，完善 AMOY BRAND（厦门品牌出海门户）网站建设，进一步细分产品品类，优化营销功能，持续对接红点设计等优质设计服务资源，为企业提供品牌设计赋能等价值提升服务，加快塑造品牌形象。

4. 助力出口企业降本增效

持续降低出口企业经营成本，适度延长阶段性免征和降低进出口货物港口建设费、货物港务费、港口设施保安费等举措实施期限，对年出口额达到一定金额的出口企业，适度给予海运集装箱物流费用补贴；不断优化外贸出口扶持政策，秉持“保存量”与“奖增量”并重理念，对于外贸出口维持原业务量达 80% 及以上的企业，给予“保存量”补贴或奖励。设置“稳外贸贡献奖”系列奖项，每年对全市外贸企业开展综合评比，将奖项颁发给当年稳存量、扩增量、建品牌、提质量等方面表现突出的企业及企业家，给予外贸稳存量及扩增量表现特别突出的企业一定的保障房、公租房自主分配名额，帮助外贸企业打造一支业务能力强、稳定性高的骨干人才队伍。

【参考文献】

[1] 国家统计局 .2021 年国民经济持续恢复 发展预期目标较好完成 [EB/OL].(2022-01-17)[2022-02-20].http://www.stats.gov.cn/xxgk/sjfb/zxfb2020/202201/t20220117_1826436.html.

[2] 半岛网 . 开放的青岛 充分释放发展动力潜力活力 [EB/OL].（2022-02-23）[2022-03-01].http://news.bandao.cn/a/597847.html.

[3]《经济研究》智库经济形势分析课题组 . 2021 年中国经济回顾与 2022 年经济展望 [EB/OL].(2022-02-07)[2022-02-10].https://baijiahao.baidu.com/s?id=1724340668839258460&wfr=spider&for=pc.

[4] 商务部 . 关于印发《“十四五”对外贸易高质量发展规划》的通知 [EB/OL]. (2021-11-23)[2022-02-10].http://www.mofcom.gov.cn/article/xwfb/xwrcxw/202111/20211103220185.shtml.

[5] 厦门市人民政府 . 厦门市人民政府关于印发厦门市国民经济和社会发展第十四个五年规划和二〇三五年远景目标纲要的通知 [EB/OL].(2021-03-23)[2021-03-26].http://www.xm.gov.cn/zwgk/flfg/sfwj/202103/t20210326_2527296.

htm?from=singlemessage.

[6] 上海市商务委 . 关于印发《全面推进上海数字商务高质量发展实施意见》的通知 [EB/OL].(2021-05-13)[2022-01-15]. https://sww.sh.gov.cn/zcjdgnmygl/20210512/cdb6e508b19b443483413329eb23f848.html.

课题组长：李　婷
课题组成员：谢　强　李　婷　陈菲妮
林　智
课题执笔：李　婷

第二篇 产业发展篇

第九章

促进厦门战略性新兴产业集群化发展研究

战略性新兴产业是以重大技术突破和重大发展需求为基础，对经济社会全局和长远发展具有重大引领带动作用，知识技术密集、物质资源消耗少、成长潜力大、综合效益好的产业。厦门提出到 2025 年实现“GDP 万亿”城市的战略目标，战略性新兴产业应当在壮大实体经济规模体量中持续发挥支撑引领作用。

一、发展基础

（一）产业总体规模

2021 年，厦门规上工业战略性新兴产业增加值比上年增长 19.4%，其中新一代信息技术、生物产业合计占比超八成。[①] 2020 年，规上企业中纳入战略性新兴产业企业名录共 767 家，其中工业企业 224 家，服务业企业 543 家，合计营业收入 3036.9 亿元。工业领域，规上工业战略性新兴产业实现工业总产值 2659.1 亿元，营业收入 2333.5 亿元。服务业领域，战略性新兴产业实现营业收入 703.4 亿元。详见表 9–1。

（二）细分行业分布

按照国家统计局《战略性新兴产业分类（2018）》，包括新一代信息技术产业、高端装备制造产业、新材料产业、生物产业、新能源汽车产业、新能源产业、节能环保产业、数字创意产业、相关服务业等 9 大领域。福建省根据国家战略性新兴产业分类，结合福建海洋经济特色优势，另增加一项海洋高新类别。厦门战略性新兴产业细分领域：工业领域以新一代信息技术、高端装备制造和新材料为主导，其中新能源汽车、生物产业和新能源产业增长相对较快；服务业领域以新一代信息技术和数字创意为主导。

① 因 2021 年战略性新兴产业数据披露有限，细项结构数据尚未披露，报告正文以 2020 年数据为主。

表 9-1 2020 年厦门战略性新兴产业细分领域（工业、服务业）基本情况

序号	细分领域	工业		服务业	工业 + 服务业
		工业总产值 / 亿元	营业收入 / 亿元	营业收入 / 亿元	总营业收入 / 亿元
1	新一代信息技术产业	1359.5	1119.0	372.3	1491.3
2	高端装备制造产业	566.9	556.2	0.6	556.8
3	新材料产业	493.4	446.4	—	446.4
4	数字创意产业	—	—	261.2	261.2
5	生物产业	108.4	103.7	12.6	116.3
6	节能环保产业	67.3	61.6	18.1	79.7
7	新能源产业	59.9	42.8	—	42.8
8	相关服务业	—	—	38.2	38.2
9	新能源汽车产业	3.8	3.8	0.3	4.1
总　计		2659.1	2333.5	703.4	3036.9

注：服务业营业收入数据为平台数据直接相加，但部分行业需采用加权方法计算，国家未公布加权数和具体计算方法。

资料来源：根据市统计局数据整理计算。

（三）空间集聚集群

生物医药、新型功能材料 2 个产业集群入选国家发改委首批 66 个战略性新兴产业集群。以海沧生物医药港为核心承载区，聚集生物医药企业 370 多家，产值约占全省 50%。生物医药港入选国家第三批大众创业万众创新示范基地，被科技部评为优秀（A 类）国家级科技企业孵化器。国务院办公厅对 2020 年落实有关重大政策措施真抓实干、取得明显成效的全国 216 个地方予以督查激励，其中海沧区因大力培育发展集成电路、生物医药、新材料等战略性新兴产业，产业特色优势明显、技术创新能力较强、产业基础雄厚，享受国家政策、资金等奖励支持。

（四）产业研发创新

战略性新兴产业是高新技术企业密集的领域。目前，规上战略性新兴产业企业目录 767 家中，拥有国家高新技术企业资格的企业数 356 家，高新技术企业覆盖面达到 46.4%，占全市现有资格有效国家高新技术企业总数 2282 家的 15.6%。2020 年，规上战略性新兴产业项目研发经费支出 112.1 亿元。其中，项目研发经费支出排名靠前的细分领域，新一代信息技术产业（63.3 亿元）、高端装备制造产业（11.6 亿元）、新材料产业（14.6 亿元）、数字创意产业（12.4 亿元）和高端装备制造产业（11.6 亿元）。

二、存在问题

（一）企业研发投入偏离度大

研发投入较大的主要集中在若干龙头企业，其他企业研发投入规模偏小。从规上战略性新兴产业企业研发项目经费看，没有经费投入的企业数 296 家，占 38.6%。研发项目经费投入亿元以上企业 25 家，企业数仅占 3.3%，项目经费投入占 46.1%。其中，新一代信息技术领域，总体投入规模 63.3 亿元，占全部投入规模的 56.5%，其他重点细分行业领域企业研发投入不足。

（二）园区集聚化特征不明显

战略性新兴产业细分领域，除生物医药具备较为明显的集聚集群特征，半导体和集成电路，尤其集成电路特色工艺和集成电路设计环节在海沧区加快园区化集聚外，新材料等其他领域集聚集群程度较低。高端装备产业园区化程度不高，传统机械装备产业以工业集中区为载体形态，缺乏园区化管理和公共服务平台，同时工业集中区内厦工、金龙等企业土地集约化程度偏低，受企业经济效益下滑影响，整体工业集中区开展高端装备产业升级和园区化集聚难度大。其他一些新兴产业领域，目前还处于项目落地布点，前期园区化规划和布局不充分。

（三）产业链创新链协作较弱

针对新一代信息技术等战略性产业，产业链基础相对较好，但以外向型企业为主导的产业链龙头企业创新聚合能力不足，围绕产业链部署创新链，产业链与创新链的协同性和根植性有待加强。计算机与通信设备、平板显示等发展多年的产业，产业链上下游在本地的关联配套仍然薄弱。针对生物产业等新兴产业，微观企业基础较好，以内资为主的企业自主创新意愿较强，但围绕创新链布局产业链的谋划有待加快。新兴领域的生物医药、集成电路，关联配套在加强，但尚未形成较为紧密的全链条协作关系。集成电路领域，三安集成电路只有少量封测在厦门，大部分供应芯片由下游客户自行选择封测工厂。本地高校院所与战略性新兴产业的相互促进和支撑体系不健全，产学研合作水平较低，成效不明显。

（四）产业发展资源要素保障待加强

一是公共创新及服务平台体系不完善。国家级产业创新平台数量少，产业创新中心、制造业创新中心缺乏。公共检验检测、注册认证等专业服务机构培育不足，产品检验检测能力有待提升。生物医药领域，缺乏有资质的产品检验检测机构。金融对战略性新兴产业创新支持的力度不够，战略性新兴产业创新的特定性要求金融产品和服务的多样化、多层次适配，以及全周期的资金需求匹配，科技金融体系的完备性仍有不足。二是产业创新人才支撑能力不足。高层次人才资源相对薄弱，如集成电路高层次人才培养周期长，短时间难于满足产业创新发展需求。软件信息服务业体量小，龙头少，且主要专注细分领域，人才上升的通道有限，对高端人才的吸引力不足，软硬兼备的复合型、交叉学科人才更是紧缺。

三、对策建议

（一）培育战略性新兴产业主体生态网络

要强化企业的创新主体地位，以招商引资、创新创业和孵化培育等多种手段，做大做强一批集群龙头企业群体，推动大中小企业关联协作和融通发展，积极培育和构建战略性新兴产业主体的创新生态网络，加快推动战略性新兴产业规模化发展。龙头企业作为集群“知识守门者”，扮演吸收集群外部异质性知识，进而促进集群内部知识更新和动态创新，要加快壮大一批创新型、链主型和平台型龙头企业群体，支持战略性新兴产业龙头企业对标行业一流，主动融入全球产业链供应链，参与行业国际国内标准制定，积极向全球价值链中高端水平攀升，形成吸引高端创新资源、参与国际国内分工合作的途径和能力。以龙头链主型企业为核心，推动重点产业链群加快引进产业链上下游企业，建立本地战略性新兴产业创新联盟或创新共同体，构建按产业集群垂直细分领域的“创新生态”。强化中小企业培育，面向战略性新兴产业领域，遴选“三高”企业中技术水平高、发展潜力大的中小企业，开展专项政策支持，加快形成一批主导产业突出、产业配套协作能力强的高成长性企业，培育一批专精特新的“小巨人”企业和“独角兽”企业。

（二）完善产业创新体系

产业集群本身内在的动态创新能力要求，产业集群是创新型集群，而不是简单的产业集聚集中。要建立健全产学研合作机制、平台等，积极构建网络化、开放协同的产业创新体系。支持厦门大学“双一流”高校建设，积极推动校地深入合作和推动战略性新兴产业孵化培育、重大科研项目和核心关键技术攻关。加快厦门科学城建设，依托厦门大学等重点高校，积极争取国家大科学装置和国家科技创新基地落地厦门，大力推动基础研究和重大科研成果及产业化进程。推动各重点战略性新兴产业按照产业门类，建设和完善公共创新服务平台，探索建立集创业孵化、研发设计、标准认证、检验检测、成果推广于一体的战略性新兴产业公共创新服务综合体。打造高水平国际化协同创新共同体，围绕碳达峰碳中和、能源革命、科技创新等新兴领域，以厦门金砖创新基地及“金砖 +”合作网络为载体，共同培育战略性新兴产业集群和创新高地。

（三）推动产业空间集聚优化

基于集群所体现的同类和关联企业地理临近性的特征，加快打造专业化空间载体和产业集聚平台。大力引导产业向园区化、专业化集聚，由市发改委牵头，工信、科技等部门和各区政府、管委会协同配合，定期发布战略性新兴产业发展导向和空间布局目录，严格引导战略性新兴产业涉及的资金、技术、人才等投入空间集聚和合理布局。强化战略性新兴产业用地空间保障，推动园区周边村庄等零散地块整合，形成更多集中连片的产业用地，积极推进产业功能及定位落实到具体地块上。建立专业化园区绩效考核机制，开展园区集约节约用地考核，逐步转移、淘汰落后产能，为战略性新兴产业项目腾出空间载体。加强招商项目管理，引导各指挥部和相关部门，围绕战略性新兴产业空间布局，形成专业化、差别化的招商方向，避免同质化竞争。

（四）优化产业发展要素环境

积极推进新型基础设施建设，大力培育技术和数据市场，激活各类创新要素潜能。加快建立健全战略性新兴产业人才、金融支撑体系。围绕战略性新兴产业发展需求，引进和培育一批产业领军人才、创新创业人才和重点产业紧缺人才，扩大产业技术工人队伍，强化多层次人才支撑和保障。充分发挥厦门火炬大学堂作用，积极开展产业人才联合培养培训，以精准人才激活企业创新活力和动能。实施战略性新兴产业重点领域专项人才计划和海外人才“回流”计划。研究实行更加开放便利的境外人才引进管理制度。完善人才激励政策，提高创新人才在薪资、股权激励方面的待遇。强化金融资本对战略性新兴产业发展的助推作用。加强资本运作，聚焦新一代信息技术、生物医药等战略新兴产业重点领域，积极通过投资和兼并收购等方式整合产业链上下游、价值链中高端环节资源。大力提升金圆集团、火炬集团及厦门创业投资公司、厦门火炬创业投资公司等国有平台对战略性新兴产业投融资的支持。

（五）完善产业发展政策环境

优化战略性新兴产业政策环境，加快完善对 5G、人工智能、大数据、工业互联网、线上线下融合服务等新技术、新产业、新业态和新模式的专项支持政策。借鉴生物医药、新型功能材料 2 个国家战略性新兴产业集群示范，积极推动集成电路、平板显示等条件成熟的集群纳入国家战略性新兴产业集群发展工程。加强产业政策集成和创新，将政策关注点从企业、产业支持更多转向集群的培育上。建立健全科技成果常态化路演机制和科技创新咨询机制，大力推动战略性新兴产品的应用场景机制创新和项目建设。构建包容审慎监管环境，建立跨年度、覆盖项目全周期的管理制度，针对战略性新兴产业领域科研项目实施滚动支持制度。

【参考文献】

[1] 郑准，张凡，王炳富 . 全球管道、知识守门者与战略性新兴产业集群发展——来自苏州高新区 IC 产业集群的案例 [J]. 企业经济，2021, 40(3).

[2] 宋大伟 . 新阶段我国战略性新兴产业发展思考 [J]. 中国科学院院刊，2021, 36(3).

[3] 厦门市人民政府办公厅 . 厦门市“十四五”战略性新兴产业发展专项规划 [EB/OL].(2021-10-22)[2022-02-21]. http://www.xm.gov.cn/zwgk/flfg/sfbwj/202110/t20211022_2593423.htm.

课题组长：林　智
课题组成员：戴松若　谢　强　陈菲妮
李　婷　林　智　黄彩霞
陈亚军
课题执笔：林　智

第十章

加快厦门产业发展的土地要素保障研究

当前，我市加快建设更高水平的高素质高颜值现代化国际化城市，提出到2025年厦门GDP要达到1万亿元，2035年达到2万亿元，为2019年GDP的3倍以上。现有的产业发展空间将无法满足经济大规模扩张的需要，因此在提高土地集约利用效率的同时，必须想方设法扩张产业发展用地，为构建高素质现代产业体系提供载体支撑。

一、用地情况

（一）发展现状

1. 产业用地规模不断扩大

厦门始终坚持高质量发展，大力推进“一岛一带多中心”建设，合理安排建设用地供应，引导各类项目投资，优化产业布局，为城乡居民住房建设、重点基础设施建设及重大工业项目用地需求提供了强有力保障。2021年，厦门市建设用地供应总量20.08平方公里，高于2020年的实际供应总量18.98平方公里，高于2016—2020年的平均供应总量14.55平方公里。随着我市经济规模不断扩大，产业用地规模稳步增加，2018年，全市产业用地总量达到1093.23平方公里，比2016年增加了16平方公里，占厦门土地总面积64%。

2. 产业用地结构不断优化

厦门通过优化土地资源供给结构，推进产业用地节约集约利用和高质量供给，加快推进产业结构转型升级。

厦门土地利用结构不断优化。2018年年末全市土地总面积1700.61平方公里，农用地864.79平方公里，占土地总面积的50.9%，是所占比例最高的一级地类，其中林地占29%，在全市土地利用中占主导地位。建设用地389.47平方公里，其中居住用地占比6.1%，商业服务业设施用地占比1.5%，工业用地占比5.3%，物流仓储用地占比0.6%。详见表10-1。

表 10-1　2018 年厦门市土地利用现状表

地　类		面积 / 平方公里	占总用地比例 /%
农用地	耕地	187.5	11
	园地	173.5	10
	林地	492.18	29
	草地	11.35	0.6
建设用地	居住用地	103.67	6.1
	公共管理及公共服务设施用地	33.02	1.9
	商业服务业设施用地	24.67	1.5
	工业用地	89.44	5.3
	物流仓储用地	9.65	0.6
	道路与交通设施用地	57.66	3.4
	公用设施用地	9.04	0.5
	绿地与广场用地	40.39	2.4
	已供未建用地	21.59	1.3

资料来源：厦门经济特区年鉴（2019）。

厦门建设用地结构不断优化。2016—2018 年，厦门建设用地从 365.12 平方公里增加到 389.47 平方公里，工业用地占比分别为 23.1%、23.3%、22.9%，工业用地占比保持相对稳定。居住用地占比分别为 24.8%、27%、27%，占比稳步增加。商业服务业设施用地占比分别为 6.4%、6.5%、6.3%，占比保持稳定。物流仓储用地占比分别为 2.7%、2.5%、2.5%，占比略有下降。详见表 10-2。

表 10-2　2016—2018 年厦门市建设用地结构表

地　类	2016 年用地 / 平方公里	占建设用地比例 /%	2017 年用地 / 平方公里	占建设用地比例 /%	2018 年用地 / 平方公里	占建设用地比例 /%
工业用地	84.39	23.1	89.04	23.3	89.44	22.9
居住用地	90.45	24.8	102.98	27	103.67	27
公共管理与公共服务设施用地	31.42	8.6	31.42	8.2	33.02	8.5
商业服务业设施用地	23.27	6.4	24.65	6.5	24.67	6.3
物流仓储用地	9.71	2.7	9.65	2.5	9.65	2.5
道路与交通设施用地	56.58	15.5	56.6	14.8	57.66	15
公用设施用地	7.55	2.1	9.35	24.5	9.40	2.4
绿地与广场用地	43.86	12	40.39	10.6	40.39	10.4
已供未建用地	17.89	4.9	17.89	4.7	21.59	5.5

资料来源：厦门经济特区年鉴（2017、2018、2019）。

厦门建设供地结构不断优化。近年来，厦门新增建设用地主要集中于岛外，岛内则以存量空间改造再利用为主。厦门通过补充重点区域配套设施不足的短板，聚焦服务业发展，推动商服用地供应规模稳步增长。2021 年，商服用地 2 平方公里；厦门加大工业项目引进，工矿仓储用地 2 平方公里；以新城建设为重点，适当调低住宅用地总量，住宅用地供应 1.95 平方公里。厦门持续推动公共服务跨岛发展，不断提升公共服务均等化水平，公共服务用地 7.69 平方公里。厦门推进重大基础设施周边及轨道车站周边道路网建设，引导交通设施与城市功能的协调发展、有机融合，交通运输用地 6.44 平方公里。详见表 10–3。

表 10–3　厦门市建设供地情况表

地　类	2020 年用地 / 平方公里	2021 年用地 / 平方公里
商服用地	1.78	2
工矿仓储用地	2	2
住宅用地	1.9	1.95
公共服务用地	4	7.69
交通运输用地	7.50	6.44
其他用地	0.5	0
合　计	17.68	20.08

资料来源：根据厦门自然资源和规划局资料整理。

3. 产业空间加快拓展

统筹产业空间规划布局，推进工业园区标准化改造升级，提升亩均综合效益，积极探索二三产业混合用地政策，推动盘活存量低效用地，积极拓展产业空间，推进产业集聚发展。

自贸试验区厦门片区，用地面积 43.78 平方公里，发展航空服务、国际贸易、航运物流、跨境电商、金融服务、文化贸易与服务、集成电路研发设计、高端制造产业。

同翔高新城（包括同安片区、翔安片区），用地面积 46.8 平方公里，发展电子信息、新能源、高端装备制造、新材料产业等。

环东海域新城暨现代服务业基地，用地面积 111 平方公里，发展新经济、光电信息制造、旅游度假、高端商务等。其中：现代服务业基地丙洲片区，用地面积 2.2 平方公里，发展软件信息、文化旅游、教育培训等；现代服务业基地美峰片区，用地面积 5.9 平方公里，发展高新技术研发、金融商务、度假酒店等；厦门新经济产业园（“云谷”），用地面积 0.17 平方公里，发展 5G、人工智能、区块链、金融科技等新经济产业；厦门银城“智谷”，规划用地面积 0.33 平方公里，引进总部经济、信息服务、研发设计、文化创意等。

两岸金融中心，用地面积 23 平方公里，建设以金融业、总部经济为核心功能的金融商务聚集区，配套商业、商务办公服务。

集美新城，用地面积 77.7 平方公里，发展软件信息、文化创意与旅游、机械装备制造、商务商贸等。其中：软件信息研发区，用地面积 10 平方公里，重点布局 5G、大数据、人工智能、物联网、智能制造等；机械装备制造区，用地面积 9.1 平方公里，重点发展汽车、工程机械和电子制造等。

马銮湾新城，用地面积 45 平方公里，发展智慧科技、生命健康、现代物流、商贸文化旅游等。

东部体育会展新城，用地面积 6.58 平方公里，发展体育文化、会展商务、总部经济、休闲旅游、康体娱乐等。

新机场临空产业区，用地面积 51.04 平方公里，发展空港核心产业、临空高技术产业、临空现代服务业。

岛内科技创新园区，重点发展以数字经济为核心的科技研发、软件和信息服务、科技服务、孵化器、创新人才培养等。其中：开元创新社区，用地面积 3.12 平方公里，发展人工智能、智慧产业、信创产业、数字文创等；东部科技创新园，用地面积 0.87 平方公里，发展与制造业相关的研发设计、高端软件和信息服务业（智慧城市、软 件研发、人工智能）等。

海沧生物医药港，用地面积 6.73 平方公里，发展药品、医疗器械等产品的研发、生产和相关服务。

海沧集成电路产业园，用地面积 3.22 平方公里，发展半导体和集成电路产业等。

同安凤南高端制造业基地，用地面积 6.15 平方公里，发展机械装备、新材料、生物医药与健康等。

前场物流园，用地面积 4 平方公里，发展多式联运、冷链物流、供应链物流、城市城际配送等。

4. 产业用地效率不断提升

厦门不断盘活存量、预留增量，不断提高产出效益，以用地的集中实现效果的集约。2021 年，厦门以占全省 1.4% 的土地面积，创造出全省 14.4% 的 GDP、26.6% 的财政收入和近 50% 的外贸进出口。

厦门土地产出率由 2016 年的 2.23 亿元 / 平方公里提升至 2021 年的 4.14 亿元 / 平方公里土地产出率。在 5 个计划单列市中排第二，仅次于深圳的 13.8 亿元 / 平方公里，厦门土地利用效益较高。大连最低，仅为 0.56 亿元 / 平方公里。详见表 10-4。

表 10-4　2021 年 5 个计划单列市土地产出率比较

指　标	厦门	大连	青岛	宁波	深圳
地区生产总值 / 亿元	7033.89	7825.9	14136.46	14594.92	30664.85
土地总面积 / 平方公里	1700	12574	11282	9816	1998
土地产出率 /（亿元 / 平方公里）	4.14	0.61	1.25	1.49	15.35

资料来源：各计划单列市统计公报。

厦门岛内开发已近饱和，岛外开发加快推进，土地产出率在空间分布上不平衡。2021 年，岛内土地产出率显著高于岛外各区的土地产出率，思明区的土地产出率最高，达到 26.94 亿元 / 平方公里，湖里区的土地产出率达到 20.8 亿元 / 平方公里。岛外各区土地产出率呈现差异化发展，海沧区土地产出率 5.0 亿元 / 平方公里，集美区土地产出率 3.2 亿元 / 平方公里，翔安区土地产出率 1.9 亿元 / 平方公里，同安区土地产出率最低，只有 0.96 亿元 / 平方公里。详见表 10-5。

表 10-5　2021 年厦门市各区土地产出率比较

指　标	思明区	湖里区	海沧区	集美区	翔安区	同安区
GDP/ 亿元	2258.1	1539.41	938.24	876	781.79	640.36
土地面积 / 平方公里	84	74	187	274	412	669
土地产出率 /（亿元 / 平方公里）	26.9	20.8	5.0	3.2	1.9	0.96

资料来源：厦门市发展研究中心整理。

（二）主要问题

1. 产业用地供需矛盾突出

厦门处于新型城镇化、工业化快速发展阶段，随着跨岛发展战略的加速推进，新增产业项目增多，产业用地刚性需求显著增加，用地节奏将明显加快，用地规模将不断扩大。但随着耕地保护力度的加大和生态空间的加强，厦门新增建设用地的空间十分有限，各项建设用地供需矛盾尤其突出，保障产业发展用地的难度不断加大。

2. 产业用地结构有待优化

快速上升的要素成本阻碍了厦门产业转型升级，厦门工业不强、服务业不优、农业效益不佳，岛外还需加快工业化进程，整个产业缺乏功能分区，产业能级不高，产业用地结构不合理，农业用地占比高达 79%，工业用地占比只有 8%，占比偏小，服务业占比 13%。厦门建设用地供给总量小，建设用地供给质量和效率有待进一步提升，在建设用地供给结构中，商服用地占比只有 10%，工矿仓储用地占比只有 11%，建设用地供给结构亟待优化。

3. 可供成片开发的产业用地供给不足

除翔安、同安区以外，其他四个区都没有成片开发的产业用地，严重制约了大项目、大企业等引进落地。产业用地逼近红线，政府掌控的产业用地较少，不利于总部经济、战略新兴型产业、未来产业的引进与布局。同时，企业对产业空间的需求日益增多，产业空间紧张在一定程度上影响了企业在本地扩大生产规模的积极性，制约了产业规模的快速扩张。

4. 产业空间产出率偏低

厦门存量用地深度开发不够，岛外的工业和仓储用地存在用地粗放利用现象。商务楼宇空置现象较多。地上空间利用总量高，但地下空间利用率较低。同时，产业低效用地 40 多平方公里。产业用地平均容积率偏低，提升空间大。岛外各区土地产出率位于 0.9 亿元 ~4.4 亿元 / 平方公里之间，产业空间产出率有待提升。农用地产出效率只有 0.03%，产出效度低，功能弱，有待提升。

二、用地预测

根据厦门市统计年鉴的历年数据可得情况，本课题在预测厦门产业发展用地过程中，分别建立回归模型，预测城市建设用地面积、工业用地面积。

（一）到 2025 年产业发展用地预测

1. 建设用地预测

采用一元线性回归模型测算经济发展对建设用地的需求量，预测模型为：

$$y_t=\alpha+\beta \times x_t$$

实证样本采用厦门市 2002—2018 年的地区生产总值（GDP）和建设用地的对数序列，回归结果为：

$$y_t=-0.065+0.715 \times \mathrm{GDP}_t$$

（0.6779）（0.0000）

R^2=0.9881，显示回归结果较好。将 2025 年 GDP 将达到 1 万亿元目标值代入模型，一元线性回归模型的测算结果为：厦门市建设用地规模在 2025 年将达到 679 平方公里。

2. 工业用地预测

采用一元线性回归模型测算经济发展对工业用地的需求量，预测模型为：

$$y_t=\alpha+\beta \times x_t$$

实证样本采用厦门市 2002—2018 年的地区生产总值（GDP）和工业用地的对数序列，回归结果为：

$$y_t=-3.157+0.938 \times \mathrm{GDP}_t$$

（0.0004）（0.0000）

R^2=0.8741，显示回归结果较好。将 2025 年 GDP 将达到 1 万亿元代入模型，一元线性回归模型的测算结果为：厦门市工业用地规模在 2025 年将达到 240 平方公里。

综上，根据模型预测，2025 年厦门建设用地、工业用地将分别达到 679 平方公里、240 平方公里。同时，在该模型预测基础上，考虑土地集约利用带来的产出效益提升等因素，假定土地效益提升 20%，则到 2025 年，厦门建设用地、工业用地需求分别为 543 平方公里、192 平方公里。

（二）到 2035 年产业发展用地预测

作为厦门对标的样板，深圳市 2020 年实现 GDP27670 亿元，建设用地 1000 平方公里，每平方公里建设用地实现产出 27.67 亿元，厦门市 2020 年每平方公里建设用地实现产出 16.05 亿元。考虑经济发展、技术进步等因素，假定到 2035 年，厦门市在 GDP 增长到 2 万亿元时，每平方公里建设用地实现产出比深圳市 2020 年稍高，达到 29 亿元 / 平方公里，则建设用地需求为 690 平方公里。

根据厦门市统计年鉴数据，2013—2018 年，厦门市工业用地占建设用地占比均超过 20%（详见表 10-6），但整体占比呈下降趋势。假定到 2035 年，厦门工业用地占建设用地占比下降为 20%，则在 2035 年建设用地需求为 690 平方公里时，工业用地需求为 138 平方公里。

表 10-6 厦门市土地利用情况表

年 份	GDP/ 亿元	建设用地 / 平方公里	工业用地 / 平方公里	工业用地占建设用地占比 /%
2013	3065	281.6	93.97	33
2014	3337	296.73	97.13	33
2015	3534	317.1	82.02	26
2016	3862	351.32	84.39	23
2017	4352	381.97	89.04	23
2018	4791	389.47	89.44	23

数据来源：厦门市统计年鉴。

综上，根据预测，2035 年厦门建设用地、工业用地将分别达到 690 平方公里、138 平方公里。上述预测结果详见表 10-7。

表 10 7 厦门市土地需求预测表

年 度	建设用地 / 平方公里	工业用地 / 平方公里
2025 年	543	192
2035 年	690	138

三、总体思路

（一）指导思想

坚持以习近平新时代中国特色社会主义思想为指导，全面贯彻党的十九大和十九届二中、三中、四中、五中全会精神，贯彻落实习近平总书记对福建、厦门工作的重要讲话和指示批示精神，紧扣全面建设社会主义现代化国家新征程，坚持新发展理念，坚持全方位推动高质量发展超越，推动产业用地有序扩张，优化产业用地空间布局，确保工业发展用地，提高土地集约利用水平，构建高素质现代产业体系，加快建设更高水平高素质高颜值现代化国际化城市。

（二）发展目标

产业发展用地有序扩张。到 2035 年，厦门市建设用地总规模控制在 700 平方公里以内，常住人口总量控制在 700 万人左右，人均建设用地面积控制在 1 万平方米左右。其中，工业用地规模控制在 120 平方公里以上，占建设用地总规模的 18%。

产业发展用地布局优化。“一岛、两带、多中心”的城镇用地格局基本形成，岛外用地以工矿用地为主，岛内以服务业为主，产业用地更加集中集聚，岛内外和城乡土地利用统筹协调水平显著提升。

土地节约集约利用水平显著提升。土地配置的政府与市场协同机制更加完善，各类用地标准得到严格执行，存量建设用地潜力得到充分挖掘，土地利用方式进一步向内涵提升转变，全市建设用地产出率不断提高。到 2035 年，每平方公里建设用地实现产出达到 29 亿元 / 平方公里。

四、对策建议

（一）有序加大供给

围绕更高水平建设高素质高颜值现代化国际化城市重大决策部署，聚焦保障产业发展的工作主线，有序推动用地规模扩张，满足经济总量扩大需要，为产业发展提供空间支撑。

1. 扩大建设用地供应

加强规划引导，以“5+3+1”为循环周期，编制五年近期规划、三年行动计划和年度实施计划，摸清全市可利用空间底数，从策划具体项目、落实用地空间角度，统筹各类要素配置，将项目用地需求与城市发展导向、存量用地消化、低效用地盘活、新增用地报批等有机结合，科学有序加大土地供应。围绕产业链群建设、新城片区开发、乡村振兴战略、旧村改造和轨道交通建设等重点，精准投放增量，加大盘活存量，着力服务保障重大、重点项目，确保用地需求应保尽保。加快农用地转用和土地征收的报批，提高建设用地的供应能力。推进全市征地制度改革，全面落实和谐征拆，积极探索有效破解土地房屋征收难问题，保障建设用地供给。

2. 确保工业用地规模

加强工业用地统筹管理，划定工业用地发展控制线，稳定工业用地总规模，确保中长期内全市工业用地总规模不低于 120 平方公里。加大符合产业发展土地资源的收储和供应力度，确保满足产业招商和项目建设需要，“三旧”改造土地及新增建设用地指标优先保障重点工业用地需求。根据国家鼓励发展的新产业、新业态政策要求，优先安排用地供应，对重大战略性新兴工业项目由市级统筹予以重点保障。推进工业项目进园进区发展，对新增产业项目根据项目产业类型结合园区特色，积极引导企业向火炬高新区、同翔高新城集中布局，进一步完善园区上下游产业链，形成产业集群。推动功能融合和产城融合，推动单一生产功能的产业园区，在符合城乡规划前提下，适当安排建设用地用于商品零售、住宿餐饮、商务金融、城镇住宅等建设，推动相关区域从单一生产功能向城市综合功能转型。加快盘活利用存量工业用地，鼓励工业用地原址升级改造，支持原建设用地使用权人利用既有工业厂房及原有土地增资扩产、产业升级、生产工艺流程优化等。优化工业用地收储补偿运行机制，实施协议收储补偿 + 再投资奖励制度，引导工业控制线外工业项目“退城入园”，为产业转型腾出新空间。

3. 扩大服务业用地规模

加大服务业发展用地供给保障，对服务业建设项目用地优先安排新增建设用地指标，对重点服务业项目用地确保应保尽保。确保生产性服务业、旅游会展、文化创意、体育健康等各类服务业设施用地在土地利用年度计划和土地供应计划中得到落实。开辟服务业项目建设用地审批“绿色通道 ”，对服务业项目提前介入，加快审批进度。支持“退二进三”、旧城区改造、城区老工业区搬迁、关停淘汰落后产能腾出的土地用于服务业发展。鼓励利用存量房产、土地兴办研发设计、文化创意等生产性服务业和现代服务业项目。支持复垦利用工矿废弃地、垃圾场等历史遗留损毁土地建设旅游项目，按照“谁投资、谁受益”的原则，鼓励土地权利人自行复垦，各地国土资源部门结合实际制定优惠政策吸引社会投资开展矿山环境治理，发展旅游服务业。

（二）推进结构优化

根据高质量发展要求，进一步优化岛内、岛外产业空间规划和布局，合理调整建设用地比例结构，促进人口集中、产业集聚、用地集约。

1. 优化空间布局

围绕实现本岛提升、岛外拓展，推动空间结构优化，形成更加合理的城镇空间结构。

一岛：厦门岛。持续优化提升厦门岛，适度推动减量发展，降低开发强度和建设密度，加快城市更新。结合高崎机场、东渡港部分货运功能搬迁，逐步退出一般性制造业，承载金融商务、科技创新、文化旅游、休闲娱乐、行政办公、公共服务等高端服务功能。

一带：环厦门湾区城镇发展带。加快海沧、集美、同安、翔安城镇组团建设，并向东西两翼延伸，串联泉州、漳州沿湾城镇群。立足海湾型城市特色，统筹发展环湾海陆空间，促进环湾地区高价值空间的高效利用。统筹开发滨海岸线、滩涂、海岛、近海海域和海岸带资源，退出环湾地区的一般制造业，承载面向区域及全市的高端综合服务职能。

多中心：即厦门岛和厦门东部中心两个市级中心；马銮湾、集美、翔安航空新城三个城市副中心；海沧、同安、翔安等三个区级中心。优化本岛的城市中心，在岛外建设服务区域和全市的高等级的中心和服务各区的区级中心，构建多层次、专业化的多中心体系，促进岛内外一体化发展。

2. 优化工业用地结构

加快整治低产低效用地，积极鼓励工业企业利用现有的旧工业园区进行产业更新和替代，逐步清退占地大、产出低、高污染、高耗能的低水平产业用地。完善全市工业园区规划布局，从西向东形成临港产业、生物医药、机械装备、软件和信息服务业、轻工食品、电子信息、临空产业的产业用地新格局，重点支持产业园区功能提升及与周边地区整合发展用地需求，引导“产业 + 生活”融合互动发展，注重完善公共服务设施配套，推进产业新城建设，新建工业建设项目必须进入各专业化工业园区。针对电子制造、纺织轻工、食品加工等劳动密集型产业，注重提高工业用地产出效率。针对机械装备、临港临空等土地密集型产业，宜远离城市中心区单独设置。

3. 优化服务业用地结构

围绕建设“五中心一基地”的功能定位，保障各区域 / 城市中心和区级中心的商业商务用地，促进高价值土地资源的高效利用。大力疏解岛内非核心功能，降低工业用地比重，优先保障国际航运中心、区域金融中心、滨北超级总部等重大片区用地。优化提升国际航运中心，集中发展与航运相关的商务服务、信息服务、金融服务等生产服务功能。依托翔安国际机场建设国际航空港，发展商务办公、商业服务和旅游服务职能。促进岛外新城的功能培育，配置服务商业服务、商务办公设施。将商业、办公、酒店、住宅等多项功能综合进行开发，进一步缩短城市各功能空间的距离，减少功能链接的土地需求。

（三）加强集约利用

转变土地利用方式，通过增量控制与存量疏解，加快土地存量挖潜和综合整治，以城市更新盘活存量空间，以区域合作拓展发展腹地，最大限度拓宽产业发展空间。

1. 强化产业用地管理

加快岛内产业转型和置换。本岛控制新增容量、开发强度，降低工业用地比重，重点保障金融、商务、软件信息、人工智能、旅游会展、文化创意等现代服务业用地需求。优化西部，继续强化公共服务、文化旅游、商业服务、商务办公等综合服务功能；整合东部，完善会展片区综合配套与空间环境，加快推进两岸金融中心建设，发展金融服务、商务办公、高端会展等功能；提升北部，推进高崎机场和东渡港区外迁，腾挪约 10 平方公里存量用地，持续推进邮轮母港建设，高崎机场搬迁后转型发展科创研发功能，打造国际商务中心和创新中心，承载总部办公、科技创新、高端会展、商业服务等功能。

优化岛外产业层级。岛外四区以发展现代服务业和高新技术产业为主，统筹推进各区产业布局和专业化园区建设，形成产业分工明确、定位合理、特色鲜明的产业基地，重点保障新兴产业和现代服务业发展用地需求。海沧区重点发展电子信息、生物医药、临港经济、航运物流等产业，重点建设海沧集成电路产业园、生物医药港和临港新城。集美区重点发展教育科研、智能机械制造、软件信息、文化演艺等产业，重点建设集美新城、软件园三期。同安区重点发展生态旅游、现代服务业、轻工食品产业，重点建设环东海域新城暨现代服务业基地和同翔高新城。翔安区重点发展光电产业、高端服务、金融商务、文化创意、旅游会展和临空产业等产业，重点建设火炬翔安区产业区、同翔高新城、东部体育会展新城和翔安航空新城，加快创新资源集聚。

提高产业用地门槛。建立适应新发展理念的产业用地管理政策体系，通过超前预留产业发展用地和产业用地置换政策，满足现代服务业和新兴产业发展合理用地需求。以“先存量、后增量”的原则，推进工业项目在现有基地、产业园区集中布局，促进产业区块向低碳、高效、集约型产业倾斜。完善产业用地的地均产出、地均税收、投资强度等准入评价标准和指标体系。加强产业用地科学化、规范化管理，严格产业项目准入，按照用地标准核准产业用地规模，在产业项目选址时优先采用占地少的方案，提高项目用地效率，促进产业转型升级和土地资源节约集约高效利用。严格分期实施的建设项目，按照建设进度，分期供地。

2. 积极推进土地整理

推进城市更新。推进以“集中连片更新+微更新”模式实现用地整理储备与更新开发，岛内城市更新用地优先保障公益类项目、民生类项目建设，增加绿地和公共空间；岛外城中村改造用地优先保障安置房和公租房建设。加快推进本岛东部和北部，岛外新城等重大核心功能区的集中连片更新，确保城市更新中公建配套和市政基础设施同步规划、优先建设、同步使用。本岛东部两岸金融中心和五缘湾片区加快城中村集中连片改造。高崎机场和东渡港区结合机场和港口功能外迁，植入高端功能，建设国际商务中心。岛外新城核心区加快推进村庄搬迁改造，建设空间完整、功能完善的新城核心。加大力度推进机场、港口、铁路、地铁、快速干道和重大市政设施建设片区的城市更新。推进厦港（沙坡尾）片区、中山路片区、集美老城等老城区微更新，注重以公房盘活为抓手带动私房自主改造，通过存量空间功能转换，发展符合老城区功能定位、适应老城整体保护要求的文创旅游产业。

盘活低效工业用地。加强工业土地利用绩效评估，实施工业用地全周期管理，建立存量工业用地的退出机制。本岛提升工业用地保留门槛、释放城市结构优化空间，鼓励工改研、工改商、工改保，针对不改变用地性质和主体结构的产业升级转型项目放宽自行改造通道。岛外实施量质并重的工业用地更新，最大限度保留重点工业区、重点企业集聚区以及工业主导地块内的工业用地，并结合城市发展、公共服务需求，对转性用地进行合理更新，完善城市功能。对工业园区内的低效工业用地，严格控制功能转变，鼓励进行产业升级，利用腾退空间建设产业协同创新平台，吸引和配置高精尖产业项目。对于工业园区外的低效工业用地，通过收储、置换、功能变更等形式，为重大功能区和重大设施建设提供空间保障。

提升土地立体综合开发水平。有序拓展建设发展空间，加大城镇地下空间开发利用力度，推进建设用地的多功能立体开发和复合利用，鼓励土地兼容使用，促进建设用地从单宗地、单用途的单一模式转向多宗地、多功能、多用途的综合模式。继续落实轨道交通导向型土地综合开发模式，推进建设用地的多功能立体综合开发，重点推进两岸金融中心、邮轮母港、翔安航空新城、马銮湾新城、环东海域新城、集美新城、东部体育会展新城、同翔高新城等城市公共功能集聚片区的地下空间开发，建立由地下交通设施、地下人防设施、地下市政设施和地下商业设施等组成的城市地下空间综合利用体系。

（四）推动区域土地协作

推动与周边地区的国土规划衔接，加快建设跨区域产业合作园区，建立耕地占补平衡机制，拓展产业发展空间，推动闽西南产业协同发展。

1. 加强厦漳泉三地市交界地区的国土规划衔接

共同合作开发建设，节约土地资源，统筹规划交界地区产业结构和布局，加强跨界交通和市政基础设施建设协同对接。围绕泉州南翼与翔安、安溪与同安、探索与泉州在空港新城、临空临海产业的规划对接。与泉州共建翔安—围头湾跨界区，加强东部综合中心和翔安国际机场对泉州南翼的辐射和带动，共同培育机场枢纽区和空港新城区建设，加强航空限高及填海造地统一审批，重点加强对南安石井镇和晋江围头湾填海造地工程的协调控制。与泉州共建同安—安溪南翼片区，联合保护同安北部和安溪交界区域生态环境，推动联合开发产业观光、生态农业等项目。与漳州共建厦门湾南岸片区，打造厦漳半小时生活圈；围绕集美与长泰、海沧与龙海，探索与漳州在物流产业、港口建设等基础设施方面的规划衔接。加强交界地区规划的统筹协调，加强交界地区土地利用年度计划管控，探索建立交界地区规划联合审查机制。

2. 加强重点领域产业协作园区建设

创新跨行政区域共建产业园区模式，建立财税、产值、投资分成的利益共享机制，加快推进厦门泉州（安溪）经济合作区、厦门泉州空港协作经济区、厦门漳州（龙海）经济合作区、厦门漳州（长泰）海投科技创业园和厦门龙岩山海协作经济区建设。在共建产业园区用地上，积极争取省委省政府支持，根据园区实际建设推进的需要，单列土地利用计划指标下达到飞入地，专项用于共建园区开发建设。支持园区利用城乡建设用地增减挂钩等政策，挖掘用地潜力；对用地集约水平较高的园区给予倾斜，在用地方面给予重点支持。结合当前推进湖里工业区、杏林工业区、新阳工业区等老工业区改造，制定鼓励传统工业企业外迁的优惠政策，有序引导传统工业向山海协作共建产业园区实现梯度转移。引导留厦企业专注于设计研发、营销策划等价值链高端环节，提高土地利用效率。

3. 建立耕地占补平衡机制

加强与厦门与龙岩、三明等内陆城市的合作，以资金换土地，拓展发展空间。推进跨市异地占补平衡，实施区域间补充耕地指标有偿调剂，促进区域发展各有侧重、利益相互平衡。逐步拓展补充耕地途径，统筹实施土地整治、高标准农田建设、城乡增减挂钩和历史遗留工矿废弃地复垦，探索实行耕作层土地剥离再利用。规范补充耕地指标供给，统筹安排全市新增建设用地土地有偿使用费，完善跨市异地补充耕地指标交易机制，发挥市场在指标供给中的决定性作用。

【参考文献】

[1] 厦门市人民政府 . 厦门市国民经济和社会发展第十四个五年规划和二〇三五年远景目标纲要 [R/OL].(2021-03-23)[2022-03-01].http://www.xm.gov.cn/zwgk/flfg/sfwj/202103/t20210326_2527296.htm.

[2] 厦门市人民政府 .2022 年厦门市人民政府工作报告 [R/OL].(2022-01-07)[2022-03-01].https://news.xmnn.cn/xmnn/2022/01/25/100998354.shtml.

[3] 厦门市发展研究中心课题组 .《厦门土地利用战略研究（2018—2035 年）》[Z].(2019-09)[2021-06-07].

课 题 组 长：林汝辉
课题组成员：陈国清　刘飞龙　董世钦
林永杰　林　敏
课 题 执 笔：林汝辉　陈国清　刘飞龙
董世钦

第十一章

厦门加大力度引进科研院所的对策建议

加大力度引进科研院所，是贯彻落实国家实施创新驱动战略，实现将厦门打造成“具有国际影响力的区域创新中心”的必然要求和现实路径。厦门科技资源基础良好，高新技术产业蓬勃发展，但仍存在科研机构匮乏、科技人才紧缺、创新实力不强等问题，进一步加强引进科研院所等优质科技资源，有利于深化开展产学研合作，团队式引进科技人才，捆绑式引进高新技术项目，对增强厦门科技创新能力、促进厦门产业转型升级、实现高质量发展赶超目标具有重要意义。

一、发展情况

（一）科研院所加速布局

厦门加大力度引进科技研发机构，着力提升自主创新能力，推动产业实现高质量发展。目前，引进的科研院所行业分布涵盖生物医药、新材料、新能源、半导体集成电路等领域，主要有中科院城市环境研究所、中国船舶重工集团公司第七二五研究所厦门材料研究院、中科院海西研究院厦门稀土材料研究所、清华海峡研究院（厦门）等。2019 年以来，科研机构呈现加速落户趋势，先后引入新松机器人智能研究院、中科院计算所厦门数据研究院、中科院苏州医工所、广州呼研所钟南山院士团队、中国技术交易所等 11 个项目，同时布局建设了半导体工研院、柔性电子研究院等研发机构，总投资超 20 亿元，预计将带动产值超 100 亿元，引进人才近 1000 人，目标孵化企业超 100 家。详见表 11–1。

表 11–1　厦门引进主要科研院所概况

序号	机构名称	引进时间	合作方	主要研究方向
1	中科院城市环境研究所	2006	中科院	城市生态、环境、循环经济等
2	中国船舶重工集团公司第七二五研究所厦门材料研究院	2012	中国船舶重工集团公司第七二五研究所	新材料、涂料材料、生物材料技术研发与制造等
3	中科院海西研究院厦门稀土材料研究所	2012	中科院海西研究院	稀土功能材料开发应用等

续表

序号	机构名称	引进时间	合作方	主要研究方向
4	中科院海西研究院厦门市新能源材料工程技术研究中心	2012	中科院海西研究院	新能源材料开发应用等
5	清华海峡研究院（厦门）	2015	清华大学、新竹清华大学校友会	大数据、新能源、半导体等
6	厦门半导体工业技术研究院	2018	清华大学微电子研究所	半导体等
7	新松机器人智能研究院	2019	沈阳新松机器人自动化股份有限公司	自动化装备、技术及智能制造解决方案等
8	中科院苏州医工所厦门工程技术研究院	2019	中科院苏州生物医学工程技术研究所	生物医学仪器、试剂和生物材料等
9	中科院计算所厦门数据智能研究院	2019	中科院计算技术研究所	大数据、人工智能等

资料来源：通过互联网搜集整理。

（二）产学研成效初显

中科院城市环境研究所、中科院海西研究院厦门稀土材料研究所等机构在科研项目和推动科技成果转化方面取得了一定成效。

中科院城市环境研究所近 4 年（2017—2020 年）每年获得科研项目经费 1 亿元以上。截至 2020 年，研究所设立全资资产管理公司 1 家，以无形资产作价或技术支撑孵化方式参股、设立环保科技企业 24 家，其中参股 18 家，研究所参股企业利润总额进入中科院前十名。

中科院海西研究院厦门稀土材料研究所已引进 8 个研发团队，拥有科技人员 130 多人。目前已承担国际、国家、省市相关科技项目 100 余项，项目经费 1 亿元以上，建有厦门市稀土光电功能材料重大研发平台、厦门市稀土生物医学材料研发与转化重大研发平台，引进中科院深圳育成中心专业企业孵化管理团队，培育和引进高新技术企业 30 多家。

（三）扶持力度不断加大

1. 加大引进项目资助

厦门针对设立研发机构给予的政策支持逐年加大，为提高自主创新能力，推进厦门国家创新型城市建设，早于 2010 年厦门出台了《厦门市人民政府鼓励在厦设立科技研发机构的办法》，通过给予投资额补助，给予申报高新技术企业、产学研合作、申请国内外专利经费资助和对人才提供生活便利等举措，吸引科研院所入驻。此后，出台《厦门市新型研发机构管理办法》《厦门市高校科研院所产学研项目管理暂行办法》《厦门市重点实验室建设与运行管理办法》等政策，对符合条件的科研院所分档给予最高不超过 6500 万元（不含符合企业奖励）的经费补助，用于初创期建设经费、创办企业、新购科研设备和绩效考核补助等。同时，采取“一事一议”政策，吸引省部属知名高校、国家级科研院所与地方共建学院。详见表 11–2。

表 11-2 主要研究机构“一事一议”政策情况表

序号	机构名称	支持政策
1	中科院城市环境研究所	提供 200 亩建设用地；提供 2 亿元开办经费；提供 1700 万元引进博士以上引才资金。
2	中科院海西研究院厦门稀土材料研究所	提供 97 亩建设用地；提供 2 亿元开办经费。
3	清华海峡研究院（厦门）	提供每年不超过 3000 万元的运营经费资助。
4	厦门半导体工业技术研究院	提供 3.5 亿元开办经费。

资料来源：各单位提供相关资料。

2. 加大人才支持力度

出台《厦门市引进海外高层次人才暂行办法》《关于加快建设海西人才创业港，大力引进领军型创业人才的实施意见》《关于深化人才发展体制机制改革加快推进人才强市战略的意见》《关于进一步激励人才创新创业的若干措施》等，对引进海外高层次人才、领军型创业人才、重点团队给予相关优惠支持政策。详见 11-3。

表 11-3 研发机构人才引进可享受的支持政策

序号	文件名称	优惠政策
1	《关于深化人才发展体制机制改革加快推进人才强市战略的意见》	对引进符合条件的重点创业团队，给予 1000 万元至 1 亿元项目资助。
2	《厦门市引进海外高层次人才暂行办法》	引进的海外高层次人才，可获得最高 150 万元人民币补助，主要用于改善引进人才的工作生活条件。
3	《关于加快建设海西人才创业港，大力引进领军型创业人才的实施意见》	对引进领军型创业人才的创业企业，可获得最高 500 万元的创业启动资金；可申请获得最高 1000 万元的创业投资资金；可申请获得年贴息额在 200 万元以内科技创新贷款贴息，贴息额度为以基准利率计算的贷款年利率的 50%，单个项目的贴息年限一般为 2 年；可申请获得不超过 300 万元科技创新贷款担保支持；可申请获得最高 300 万元的科技创新研发资金。

资料来源：厦门市政府网网站。

二、存在问题

总体而言，厦门在引进科研院所方面取得了一定成效，但也存在院地合作体制机制尚未完善、成果转化难、人才团队引留难等问题。

（一）运行机制尚需完善

1. 缺乏顶层设计

尚未建立强有力的领导挂钩推进机制，以及相对完善的引进、建设、监管、淘汰等科学评价体系。例如，对引进的科研院所项目仍等同于一般招商项目来考核其投资效益比，而此类项目往往具有政府投资大、短期效益比较低的特点，但对全市未来产业发展则有重大支撑作用，造成许多好项目、大项目被拒之门外。

2. 缺乏可持续运营能力

目前大部分研究院（所）主要依靠科研项目经费维持运营，通过产业化获得收益的能力还不足，科研项目较少的研究院（所）运行较为困难。另一部分依靠政府出资金、场地运营的院所，政府扶持一旦停止，引进载体生存能力堪忧。

3. 科技招商队伍力量薄弱

科技招商有别于传统招商项目，更注重企业研发能力、技术前景和成长性指标，要求具备专业技术知识、长期稳定的招商队伍，目前市里主要依托市科技局等职能部门的力量，人员编制和招商精力有限，无法形成稳定、专业的招商队伍引进项目。

（二）成果转化成效不明显

1. 成果转化落地项目少

引进的科研院所成果转化能力亟待提升，加上缺乏与市场、产业、企业对接的资源和渠道，信息不对称导致难以找到潜在的应用对象，整体转化效益不明显。中科院城市环境研究所主业偏于基础研究，加上厦门本地产业容量小、市场有限，该所产业化项目大多在外地开展，本地孵化企业仅 3 家，占比仅为 1/8；清华海峡研究院反映厦门政府提供应用场景的项目和机会较少，且缺乏相应的配套资金支持，使得科研团队在厦进行技术成果转化意愿不高。

2. 服务当地产业能力还不强

科研院所在服务厦门发展方面联系还不够紧密，对产业带动作用相对不明显，与苏州、深圳等先进城市相比仍有差距。如苏州工业园区聚焦发展生物医药、纳米技术应用和人工智能三大新兴产业，有针对性地引进中国科学院纳米研究所、苏州医工所等科研院所，有力地支撑了苏州纳米相关产业的快速发展。

3. 相关扶持政策难以落地

离岗创新创业等政策难以在厦门高校及科研机构中推行，由于科研成果往往依托单位科研团队平台，涉及团队及单位利益，而厦门尚没有制定可操作性强的管理细则，理顺相关利益归属，致使科技人员离岗创业的积极性不高，成果转化速度较慢。

（三）人才团队引留较难

1. 引才难度越来越大

近年来随着各地在引进人才方面力度不断加大，厦门的科研院（所）在引进人才方面缺乏优势，科研团队建设面临较大困难。如中科院城市环境研究所反映厦门对中直科研机构享受“双百人才”政策人员的资金补助，按照减半执行，而宁波则是全额补助，此外厦门缺乏对博士后进站的科研补助，加上本地房价、生活成本高企，人才引进难度较大，科研实力受到影响。中科院海西研究院厦门稀土材料研究所计划建设团队规模 800 人，但目前仅有 100 多人的规模。

2. 引才留才政策有待进一步完善

“人才夹心层”问题较为突出，目前政策重领军、轻团队，领军人才背后的科研团队往往享受不到实质性的政策待遇，住房保障、子女入学等方面均存在一定困难，使得研发机构难以顺利引进人才、组建团队，影响到项目落地和后续发展。此外，中直、省直科研机构在厦无法与本市同类机构享受“同等待遇”。

三、对策建议

（一）明确引进方向与重点

1. 引进原则

一是引进的科研院所要与全市经济社会发展需求、产业发展需求及市场需求匹配；二是应与科技、产业园区融为一体，强化科技资源、教育资源、人才资源的融合集聚效应。

2. 引进方向

考虑当前复杂多变的外部环境，优先选择国内科研院所为合作方。结合厦门重点支持新一代信息技术、新材料、生物与新医药、海洋高新等战略性新兴产业的发展需要，着力在国内寻找相关专业领域综合实力强、学科优势明显、产业化能力突出的科研院所。大力引进前瞻性基础研究、引领性原创能力突出的科研院所。

3. 引进重点

重点围绕“四系”（中科系、高校系、央企系和国际系）科研院所开展引进工作，具体建议名单见表 11-4。

表 11-4 主要科研院所选择

类型	新一代信息技术	新材料	生物与新医药	海洋高新
中科系	数学与系统科学研究院、计算技术研究所、软件研究所；半导体研究所、上海微系统与信息技术研究所、空天信息创新研究院	材料技术与工程研究所、金属研究所、国家纳米科学中心、声学研究所	生物物理研究所、广州生物医药与健康研究院、遗传与发育生物学研究所	海洋研究所、生态环境研究中心
高校系	东南大学、华中科技大学、哈尔滨工业大学、北京理工大学等相关院所	清华大学、哈尔滨工业大学、华南理工大学等相关院所	复旦大学、中山大学、中国科学技术大学等相关院所	中国海洋大学等相关院所
央企系	中国电子科技集团公司下设研究所、中国航天科工集团下设研究所	中国兵器工业集团下设研究所	中国医药集团下设研究所、中国生物技术股份有限公司	中国船舶重工集团公司下设研究所、国家海洋局海洋环境保护研究所
国际系	新加坡国立大学、南洋理工大学（新加坡）、爱丁堡大学（英国）、谢菲尔德大学（英国）、代尔夫特理工大学（荷兰）、阿姆斯特丹大学（荷兰）等计算机和信息科学院所	南洋理工大学、新加坡国立大学、曼彻斯特大学（英国）等材料科学院所	苏黎世联邦理工学院（瑞士）、墨尔本大学、昆士兰大学（澳大利亚）、新加坡国立大学等生物科学院所	爱丁堡大学、曼彻斯特大学、苏黎世联邦理工学院、新加坡国立大学、南洋理工大学等地球和海洋科学院所

注：高校系、国际系机构推荐来源于丝路国家战略（厦门）研究中心 2019 年完成的《厦门市引进国际科教资源的研究报告》研究成果。

（二）优化引进模式

结合厦门经济社会发展现状以及人才、产业等资源条件，建议采取整体迁建或外设分支机构、成果转化、合作共建等引进模式，加快吸引科研院所落户厦门。

1. 整体迁建模式

整体搬迁是各大科研院所因国家建设或自身发展的需要，将院所的研发机构和人员等全部资源整体搬迁至另一方的模式。例如中船重工第七研究院 725 所，石化工程公司，机械工业部第四、第十设计院等 10 多家院所相继迁入河南各地，与当地工业形成完整配套体系，成为推动地方发展不可替代的重要力量之一。建议厦门发挥资源环境的吸引力，依托地方区位条件、创新载体、交通便利、优惠政策和科研经费充足等优势，重点吸引因自身发展需要受限的各大科研院所整体迁建落户或采取更为灵活、高效的方式在厦设立分支机构等。

2. 成果转化模式

成果转化模式主要是指科研院所对其科学研究与技术开发所产生的具有实用价值的科技成果进行后续试验、开发、应用、推广直至形成新产品、新材料、新工业。科研院所在选择成果转化地区时，将重点考虑有无衔接配套企业、相关产业基地和广阔的市场需求等条件。建议厦门依托现有产业基础条件，发挥各产业基地、创新园区和龙头企业的优势，主动对接科研院所的科技成果，将科技成果迅速转化为新产品，实现产业化生产，从而形成研发、生产、销售为一体的完整产业链。

3. 合作共建模式

合作共建模式主要是指科研院所与地方政府、企业、高校等组织通过合作形式共同建立科研中心或研发机构等，或围绕重大项目开展联合共建，以充分利用各自资源，优势互补，实现多方共赢。采取合作共建的模式是共同发展的有利方式，能在提升科研院所自身能力的同时服务地方经济发展。厦门当前引进科研院所所采取的主要就是合作共建模式。

（三）创新管理运营机制

1. 加强项目引进精细化管理

一是优化项目引进工作机制。将引进大院大所列入“一把手工程”，提高全市对此项工作重要性和紧迫性的认识。建议成立由市长担任组长、常务副市长担任副组长的厦门大院大所引进项目领导小组，负责项目引进过程中重大事项的协调与决策。领导小组下设办公室负责具体工作，制定科学、统一的对外招商政策，统筹协调各部门制定相应文件和预算，组织落实相关工作，稳步推进项目落地。二是出台引进项目分级分类扶持办法。对引进的科研院所项目按照投资额度、建设规模等分级，按照项目类型进行分类，分级分类有针对性地提供政策扶持。三是帮助科研院所扩大融资渠道。通过贷款担保、贷款贴息、种子资金介入等方式放大财政资金的杠杆作用，鼓励社会资本参与运营，提升落地科研院所的生存能力。四是完善市区两级联动工作机制。进一步畅通市、区两级联动招商机制，通过建立和完善常态化联系机制、项目风险评估机制、项目引进决策机制、项目政策叠加机制、项目绩效考核机制等，统筹推进市、区科研院所项目引进相关工作。

2. 创新科研院所管理模式

借鉴深圳“四不像”体制机制经验，对拟引进的科研院所引导其建立以市场为导向的管理机制、决策机制、收益分配机制、用人机制、风险分担机制等，增强科研机构自主性，激发和提升研发机构的内生动力、活力，构建“多方共建、多元投入、混合所有、团队为主”的新型研发机构建设运行新体制。

对主要从事应用基础研究和社会公益性科学研究的，可根据共建协议约定，经市或区机构编制管理部门批准设立科研事业单位，按照去行政化要求，不定规格，经费形式根据其工作职责或业务范围确定。对主要从事应用型技术开发的，原则上注册为企业，按照市场化运作管理，构建“科研＋产业＋资本”相结合的创新生态体系。

3. 提升科研院所自身造血能力

引导科研院所着力向市场化运营机制转型，建立合同制服务、技术或服务费折算入股、产业基金投资等形式的创收渠道，同时推动政府扶持由“成本投入”向“成果奖励”转变。

引导科研机构全面对接资本市场，通过“投资公司＋孵化器”方式推动研发项目可持续发展，形成自身造血能力。鼓励研发机构聘请懂市场经营的董事长或 CEO，懂资本市场的 CFO（首席财务官），研发具有市场竞争力的质优、价优产品。

4. 促进科研院所成果就地转化

按照《厦门市人民政府办公厅关于印发促进科技成果转移转化若干规定的通知》的要求，切实发挥政府引导作用，鼓励科研院所积极向市场靠拢。引导科研院所设立成果转化中心，建立以科技成果转化为重要指标的考核评价体系，制定完善科技成果转化的激励分配机制，引导和激励科研人员多科研、真创新、可转化、出效益。继续加大市级科技部门在科技成果转化工作方面的财政资金投入，提高创新载体的自主创新能力和科技成果转化能力。推动 R&D 经费投入，全力构建更有利于创新的体制机制环境，形成以科技创新为核心的全面创新态势。

（四）加大政策支持力度

1. 强化用地支持

鼓励引进的科研机构使用存量用地，对确需自行置地的项目，给予用地价格优惠。对非营利性机构，可按照划拨、协议出让方式供地或其他合作方式设立，协议出让土地价格参照工业用地出让价格确定；对营利性机构，按照协议或招拍挂出让方式供地，土地出让价格参照商务金融用地价格的 30% 确定起拍价。

2. 加强建设支持

对于自行置地建设的科研机构，市财政按照其投资额的 50% 给予最高 5000 万元的建设经费支持。

对利用闲置厂房和总部楼宇作为办公、科研场地的，最高免费提供 5000 平方米的场所，免费使用期限为 10 年。

对全市经济社会有重大影响，且不办理土地转移手续的科研机构，可按照“政府建设、产权保留、无偿使用、保值增值”的原则，实施“交钥匙工程”。若项目流产或终止，厦门市政府仍可收回土地资源和基建资产以作他用。

3. 加强运行补助

加大财政科技投入并形成合理增长机制，对主要开展公益性研究、提供公益性服务的公益一类科研院所，应保障科研院所基本运行经费和人员经费。

对引进的高端科研机构，除享受厦门市科技、教育、人才等方面的专项补助政策外，给予不高于 1000 万元的补助资金。主要支持科研机构仪器设备购置、项目科研和人才团队引进等科研条件建设。

鼓励科研机构建设专业技术服务平台、公共科研平台和科技企业孵化器、加速器，符合资助条件的，优先给予扶持。

4. 加强服务配套

对促进全市科技进步、经济建设和产业发展具有特别重大意义的科研机构，在用地、财政等方面可实行“一事一议”予以特别支持。充分利用各种资源支持高端科研机构落户，对科研机构的科研活动、建设用地、人才公寓、房屋租赁、税收减免、机构设置等执行优惠政策。

完善人才政策，将优惠政策覆盖到人才团队，整合部门资源形成政策合力，合理解决团队骨干成员的住房、落户、购房、购车、社保、医疗、子女入学等困难问题，进一步提高全市人才政策的精准度，赋予外资科研机构、企业和外籍专家“国民待遇”。

（五）完善科研人员激励政策

1. 改革考核评价制度

建立健全以科研诚信为基础，以创新能力、质量、贡献、绩效为导向的科技人才评价体系。对主要从事基础研究的人才，着重评价其提出和解决重大科学问题的原创能力，成果的科学价值、学术水平和影响等。对主要从事应用研究和技术开发的人才，着重评价其技术创新与集成能力、取得的自主知识产权和重大技术突破、成果转化、对产业发展的实际贡献等。

2. 提高科研人员薪酬待遇

逐步提高科研人员收入水平，建立绩效工资稳定增长机制。建立健全有利于提高竞争力的薪酬分配制度，绩效工资向关键岗位、业务骨干和做出突出贡献的人员倾斜。加大科研院所人员科技成果转化为股权期权激励的力度，推进科研人员成果转移转化贡献奖励。深化科研经费使用“包干制”，扩大科研经费管理使用自主权。统筹考虑引进人才与现有人才薪酬待遇，形成符合实际、水平适当、发展均衡的薪酬分配体系。

落实国家有关科研人员离岗创业的政策，鼓励科研人员创新创业，对科研人员离岗创业制定详细政策规定，明确政府、机构和科研人员的权利和义务，为科研院所支持离岗创业工作指明方向。

落实科技成果转化收益分配比例规定。科研人员（包括担任领导职务的科研人员）职务科技成果转化收益（入股股权），按不低于 70% 的比例划归成果完成人及其团队所有，其余部分统筹用于科研、知识产权管理及相关技术转移工作。

3. 建立创新尽职免责机制

鼓励先行先试，对科技体制改革和科技创新过程中出现的偏差失误，只要不违反党的纪律和国家法律法规，符合国家大政方针政策和决策程序，勤勉尽责、未谋私利的，不作负面评价，并免除相关责任，或从轻、减轻处理。

（六）加强引进服务保障力度

1. 组建专职招商队伍

每年安排一定数额的招商工作经费，专门开展应用型研发机构（团队）引进服务工作。引进招商骨干，以选派或招聘的方式组建有较强招商能力和科研院所引进建设经验的专业化队伍，提升项目甄别、谈判、签约落地能力。

2. 加大科技中介机构培育引进力度

出台吸引科技中介机构的政策，吸引境内外行业影响力强的中介机构来厦门设立总部或分支机构。学习借鉴美国波士顿教育孵化器、GSV 实验室和麻省理工学院媒体实验室成功的创新运作模式，着力引进产业资本进入创新链，引进和培育市场化、专业化运作的科技中介服务机构或平台，为研发机构科技成果转化提供服务，完善创业创新生态体系。

3. 建立绩效评价制度

建立分类指导的科研机构绩效评价与考核机制，进行分类分层考核，根据不同类型与层级特点建立个性化的绩效评价与考核机制，将研发经费投入、创新服务能力、服务企业成效、成果转移转化等作为评价与考核的重点。建立财政资金支持、政策扶持与绩效考核结果挂钩制度，完善科研院所引进从前期投入、事中监管和后期退出的全生命周期管理体系，促进科研机构健康发展。

【参考文献】

[1] 厦门市人民政府 .2022 年厦门市人民政府工作报告 [R/OL].(2022-01-07)[2022-03-01].https://news.xmnn.cn/xmnn/2022/01/25/100998354.shtml.

[2] 厦门市人民政府 . 厦门市国民经济和社会发展第十四个五年规划和二〇三五年远景目标纲要 [R/OL].（2021-03-23）[2022-03-01].http://www.xm.gov.cn/zwgk/flfg/sfwj/202103/t20210326_2527296.htm.

[3] 丝路国家战略（厦门）研究中心 . 厦门市引进国际科教资源研究报告 [R].2019-02.

课 题 组 长：陈国清
课题组成员：林　智　林汝辉　刘飞龙
林永杰　林　敏　孙　博
课 题 执 笔：陈国清

第十二章

顺应人口新形势
优化厦门产业人才政策的对策建议

一、发展情况

自2016年全国主要城市掀起一波人才政策出台浪潮以来，厦门紧紧围绕产业发展所需，把培育壮大千亿产业链群作为产业人才政策的主攻方向，先后出台了《关于深化人才发展体制改革加快推进人才强市战略的意见》《厦门市新引进人才生活补贴实施办法》《厦门市优化人才服务保障方案举措》等一系列政策，积极引进并留住符合厦门产业发展方向的人才，整体上形成以产聚人、以人促产的良性循环，实现重点产业与人才集聚同频共振。其主要成效体现在以下几个方面：

（一）中高端产业人才加快集聚

围绕产业链布局人才链，“双百计划”和“海纳百川人才计划”基本实现了对厦门市重点产业链群的全覆盖，目前已累计引进中高端产业人才近1.2万名，80%以上集中在软件信息、半导体和集成电路、生物医药等战略性新兴产业领域，并培育出盈趣科技、大博医疗、艾德生物、罗普特等20家上市企业，以及一批细分领域“隐形冠军”企业，有力推动厦门市加快产业转型升级步伐。注重“双招双引”，人才工作与重大产业项目招商齐头并进，“双百计划”在评审机制上对招商项目优先倾斜，2020年全市各部门推荐的招商项目有超过70%成功入选，2021年第14批“双百计划”又有海辰锂电等6个重点招商项目不经过网络评审直接推荐进入答辩。截至目前，厦门市“双百计划”共有1186名高层次创新创业人才入选，90%以上分布在重点招商项目。

（二）重点产业紧缺人才加快引进

重点产业紧缺人才计划作为全市“海纳百川人才计划”的子计划之一，自2013年实施以来，已分批次认定了1215名人才（包括2021年新认定269人），补助资金超亿元，有效对接和促进厦门市千亿产业链群发展。一是助力引进战略性新兴产业人才。半导体和集成电路产业是人才需求大户，其中厦门联芯在所有企业中认定紧缺人才数量最多，达到288名，近期投产的厦门士兰新引进紧缺人才59名。生物医药产业认定紧缺人才近百名，其中大博医疗作为植介入医疗器械重点企业引进紧缺人才19名。二是助力引进在境外知名企业和研究机构担任中高级职务的专业人才，至2020年年底共完成252名港澳台人才、68名外国人才的薪酬津贴兑现。三是获得企业和人才的普遍认可。根据2020年开展的问卷调查，人才对重点产业紧缺人才政策的实施成效满意度达87.9%。四是提升全市人才层次。截至2020年年底，共推荐833名人才申请办理白鹭英才卡，其中在全市第七批白鹭英才卡人选中，重点产业紧缺人才占比达90%。

（三）高校毕业生等基础人才加快引留

聚焦高校毕业生等基础人才和后备人才，推进“线上”和“线下”联合招才，促进企业需求与人才需求精准对接，近三年接收毕业生就业人数分别突破4万、5万和6万，2021年有望实现7万的目标。重点是持续开展“百城千校万人”招聘行动，2020年9月份以来，密集对接北京、上海、南京、长沙等25座城市66所高校，举办129场专场招聘会。创新采取“云招聘”“直播带岗”等新模式，邀请重点企业人力资源部门线上推介招聘岗位，累计吸引观看人次突破千万。同时，精心策划厦门本地高校巡回招聘，力促国贸、象屿、美亚柏科等龙头企业为毕业生提供优质岗位，2021年前四个月，市区两级联合举办本地高校招聘对接会38场，3700多家本地企业共提供2.2万多个就业岗位。厦大百年校庆之际，举办近年来规模最大的“留厦来·更精彩”专场推介招聘会，近百家企业提供3200多个岗位。

（四）产业人才净流入趋势明显

根据市委组织部、智联招聘《厦门市重点产业人才调研报告（2021）》，2021年1—9月厦门产业人才意向流动总人数188908人，其中意向流入123772人，意向流出65136人，净意向流入58636人。厦门正逐步成为全省产业人才集聚的高地，与福州、泉州、漳州等省内城市人才对流活跃，厦门整体上处于净流入的优势地位，2021年1—9月漳州净意向流入厦门人数最多，达5367人，泉州、福州则分别为3169人和1783人。厦门籍人才回乡发展的意愿也越来越强，据智联大数据统计，近36个月（截至2021年9月），外地厦门籍人才向厦门企业投递简历求职人数虽略有起伏，但总体呈现稳步增长态势，并于2021年9月达到峰值（1345人）。

（五）激发人才创新活力的体制机制不断完善

近年来，厦门积极推行市场导向的人才评价认定机制改革，把薪酬、岗位、贡献作为人才评价认定的核心要素，年薪达社平工资6倍以上或重点企业研发负责人等均可直接认定为高层次人才。厦门在全省率先开展生物医药、航空维修、物联网、智能输配电以及大数据等领域的职称评审改革，突出“能力 + 业绩”的评审标准，授权行业协会、领军企业和科研机构等承接职称评审，目前已有1000多名产业人才成为改革受益者，有效激发了人才创新活力。在全省率先出台柔性引才政策，鼓励企业以飞地引才、短期聘用、项目合作等方式柔性引进使用人才，近两年共引进柔性人才1.3万余人，为破除人才流动机制障碍进行了有益探索。

（六）带动人口结构和布局逐步优化

厦门产业人才集聚度的持续提升，有效带动了青壮年劳动年龄人口规模的快速扩张，促进了厦门人口总体结构和布局的优化，增强了城市发展活力。主要反映在：一是人口年龄较为年轻，仍具人口红利。根据第七次全国人口普查相关统计，2020年厦门全市人口平均年龄36.8岁，比全省年轻0.5岁。15~59岁劳动年龄人口占比虽较2010年下降6.94个百分点，但高于全省、全国8.58个和9.93个百分点；60岁及以上人口占比虽上升 2.63 个百分点，但低于全省、全国 6.42 个和 9.14 个百分点，仍未跨过 10% 的老龄化社会门槛。二是受教育水平明显提高，人口素质显著提升。与 2010 年相比，2020 年厦门每 10 万人中具有大学文化程度的人口从 17799 人上升为 26940 人，15 岁及以上人口的人均受教育年限由 10.29 年提高到 11.17 年。三是岛外人口占比提高，人口布局更加均衡。2020 年厦门岛外人口占比为 59.13%，比 2010 年提高了 11.84 个百分点。其中集美常住人口 103.7 万人，超过湖里跃居全市第二，十年间增长 78.53%，成为人口增长最快的区。跨岛发展战略实施，岛外新城建设成效显著，岛外工业化城市化加快推进，基础设施和公共服务体系持续改善，促进岛外人口集聚规模和创新活力明显提升，也为下一步引进更多高素质创新创业人才提供了广阔空间。

二、存在问题

根据第七次全国人口普查数据，2020 年中国人口 14.1 亿，“十四五”时期将出现负增长，呈现三大趋势性变化：一是老龄化加剧，从人口红利期转入人口负担期；二是劳动年龄人口大幅下降，经济潜在增长率下降；三是少子化加剧，新出生人口大幅下降。人口特别是有创新能力的人才是经济社会发展的源动力，可以预见，今后一段时期，“抢人大战”将更趋白热化。如何有效通过降低落户门槛、提高人才待遇和改善居住环境，更有针对性地做好产业人才引进、留住、用好的工作，将成为各地政府工作的重中之重。

（一）直面一线和新一线城市人才竞争压力

根据智联招聘和泽平宏观联合发布的《中国城市人才吸引力排名：2021》，中国城市人才吸引力，杭州（第 2）、深圳（第 4）、成都（第 8）、青岛（第 13）排名均高于厦门（第 17）。根据智联招聘大数据统计结果，2021 年 1—9 月，厦门产业人才意向流出到深圳的人数为 6788 人，自深圳意向流入厦门的人数为 3060 人，两相比较，净流出到深圳的产业人才为 3728 人。

根据梧桐果发布的《2020 届中国校园招聘报告》，深圳、成都、杭州高校毕业生留存率位居前列，均超过 70%，厦门未进入全国前 15 位（见图 12-1）。长三角、粤港澳大湾区对厦门本地高校毕业生的吸引力较强，厦门对本地青年人才的黏性需要进一步增强，厦门大学发布的毕业生就业数据显示，2020 年厦门大学毕业生在厦门本地的求职留存率仅 25.7%，与复旦大学（66.2%）、华南理工大学（39%）、南京大学（34%）等高校均存在明显差距。以厦门大学经济学科为例，近五年应届毕业生留厦比率一路下滑，从 2016 年的 25% 降至 2020 年的 15.9%。

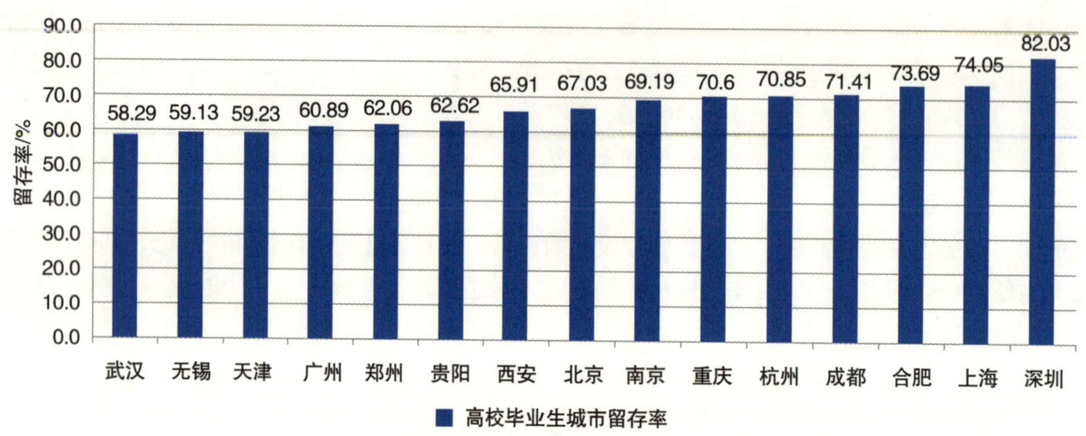

图 12-1　2020 届中国高校毕业生城市留存率排名

数据来源：梧桐果 .2020 届中国校园招聘报告 [EB/OL].(2021-10-08)[2022-01-05].http//:www.199it.com/archives/1321755.html.

（二）部分行业和类别的人才供给存在缺口

从主要产业看，数字经济是厦门产业人才需求大户，占整体需求总量比重超过 40%，人才供需比仅 0.46，人才供给明显不足。从工作经历看，1~2 年和 1 年以下工作经验人才的供需比分别为 0.6 和 0.42，供不应求的问题相对较为突出（见图 12-2）。从管理、专技、技能和市场等人才类别看，研发设计等专技人才、产品销售等市场人才的供需比相对较低，分别为 0.63 和 0.4（见图 12-3）。

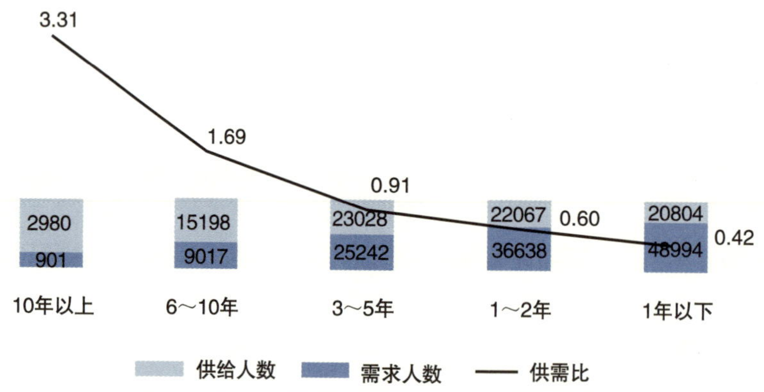

图 12-2　2021 年 1—9 月厦门产业人才供需情况（按工作经历）

数据来源：智联大数据相关统计。

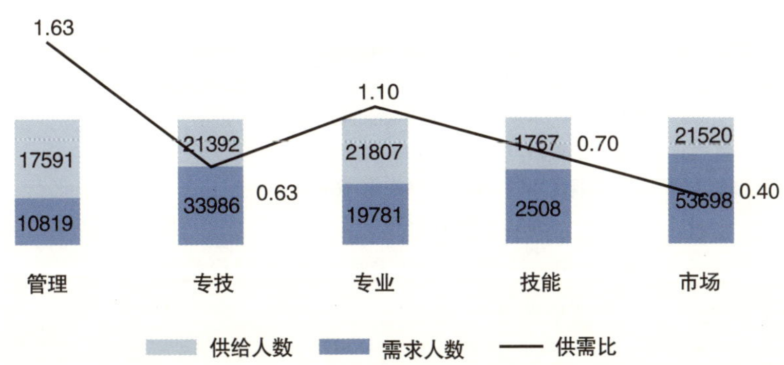

图 12-3 2021 年 1—9 月厦门产业人才供需情况（按人才类别）

数据来源：智联大数据相关统计。

（三）人才政策存在交叉重合、界定困难等短板

人才政策间一定程度上存在交叉重合。目前全市人才政策较多，分散在多个部门，企业人才申报时容易发生多头申报或少报漏报，如集成电路、软件信息产业人才政策与重点产业紧缺人才政策存在产业重合、叠加奖励情况，台湾特聘专家政策与重点产业紧缺人才政策也存在重复，增加了各部门资金查重的工作量。

对政策边界界定存在一定困难。重点产业紧缺人才政策在执行过程中，中层以上专业技术人才、专业管理人才、团队人才、管理人才、柔性人才等政策主要适用对象内涵较为复杂，在实际操作中多以请示通过补充说明或联席会议讨论等方式来明确，在操作规范性上有所欠缺。

政策实施流程有待改进。按照认定从宽、兑现从严的原则，近年来在申报认定阶段通融采用协议、意向代替劳动合同，按承诺年薪标准进行人才认定，在兑现薪酬津贴阶段再进行劳动合同、年薪等必要条件审查，虽然起到了吸引更多人才申报认定紧缺人才的作用，但实质上也造成企业二次申报、受理单位二次审查等问题。

（四）人才评定标准与产业发展实际需求仍存在偏差

不同产业和行业对人才的学历、知识技能有着不同需求。据智联招聘从企业调研中了解，数字经济和金融、物流、文创、旅游等现代服务业因其行业特性，骨干人才多数学历不高，以本科技和专科为主，这些行业举办赛事和设置奖别相对较少，受限于我市现有产业人才政策门槛，受益面相对较低。

（五）对企业人才培养体系的支持力度不足

随着新经济业态的迅速发展，对新型专业技术人才的需求与日俱增，在高校无法在短期内开设对应专业的情况下，多数企业只能依靠内部培养解决这一问题。据智联招聘从企业调研中了解，多达 44% 的企业反映人才培训培养缺乏连续性系统性，37% 的企业建立了针对部门关键人才的培养体系，仅有 19% 的企业建立了比较全面系统的人才培养体系。企业在人才培养中面临资金不足（52.8%）、人才管理体系不健全（47.4%）、缺乏有效人才培养办法（38.4%）等突出困难（详见图 12-4）。

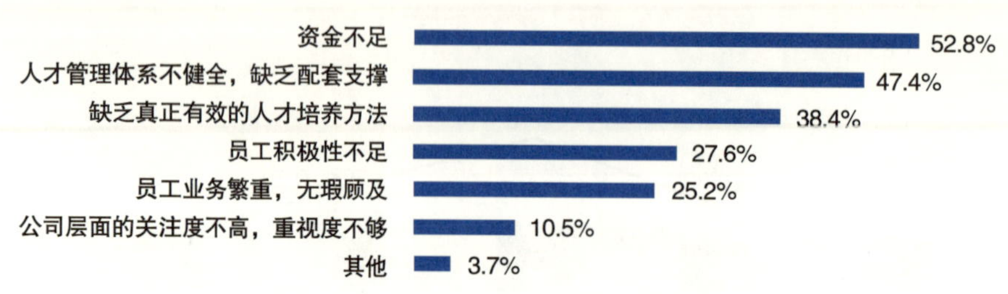

图 12-4　企业人才培养中面临的突出困难

资料来源：厦门市重点产业人才调研报告（2021）。

（六）人才全要素服务保障需要进一步提升

人才安居成本高。根据贝壳研究院发布的《2021 新一线城市居住报告》，厦门房价收入比在全国 114 个城市中排名第 4，仅次于深圳、北京、上海。据智联招聘从企业调研中了解的情况，住房问题（51.8%）、薪酬待遇（47.7%）是厦门产业人才流失的两个主因。

人才配套服务不够精细化。通过企业调研，我们发现高层次产业人才较为关注配套服务、生活环境是否更加优质，而骨干人才、基础人才较为关注配套服务有无等基本保障。这就要求我们针对不同层次人才的差异化需求，提升人才配套服务的精细化、个性化水平，最大程度解决各类人才工作和生活的后顾之忧，为厦门千方百计引进和留住产业人才创造更有吸引力、更具黏性的服务保障环境。

岛外新城作为引留新落户人才最主要的空间载体，需要加快提升城市功能。岛外新城在商业生活配套水平、教文卫体等公共资源和服务保障能力等方面，与岛内相比还有明显差距。公共交通方面，站点建设滞后、候车设施简陋，轨道交通、常规公交出行客流比例远低于全市平均水平，新城公交线路占全市 46%，客流仅占 9%。医疗资源方面，岛外新城目前仅有市二院、长庚医院、厦门大学附属翔安医院三家三甲医院，“十三五”期间新增三甲医院床位也仅为 1000 个，高端医疗资源较为缺乏。

三、对策建议

（一）提升产业人才政策系统性精准性

构建有梯度广覆盖的人才政策体系。面对人才工作的新形势，需要加快建立人才政策和制度框架体系，增强政策的集成性协同性，提升人才政策集中度显示度。建立形成四个层次的政策框架：一是顶层综合文件，包括一系列带有法规性质的人才政策文件，这方面要具有稳定性、长期性；二是综合政策措施，聚焦人才引进、培养、激励、服务和体制机制改革的人才政策方案；三是配套实施办法，比如加强柔性引才用才、人才平台建设、促进紧缺人才优先发展等政策措施；四是具体操作规程，每项人才政策需要相应的可操作实施办法。建议将人才政策梳理归类之后，通过网络等媒体多渠道发布，提升人才政策的知晓率，便利获取政策，增强人才政策亲和力。

建立开放灵活的人才体制机制。一是持续优化“群鹭兴厦”人才政策矩阵，放大软件园、生物医药港、两岸集成电路自贸区产业基地等平台引才效应，通过高层次人才引进、柔性引才、科研合作等多种方式向外部引才。二是持续加大对台引才力度，为台胞提供更多就业、实习岗位，探索建立台湾专才晋升机制。鼓励用人单位、人才中介组织通过多种方式，加大对台湾科技、卫生、教育、电子等领域专业人才和高技能人才的引进力度。三是探索建设国际化人才特区，结合金砖创新基地建设，向上争取政策支持，探索优化外籍人士来厦工作许可和工作类居留许可审批流程，对标粤港澳大湾区，探索实施技术移民，建立技术移民职业清单和积分评估制度。

加快完善重点产业紧缺人才政策。由市发改委牵头修订完善政策，编制人才引进产业目录，加强办事指南统筹，各重点产业链主管部门切块负责产业链相关企业申报组织、评审认定、津贴兑现，尽可能避免与其他已实施的产业人才政策发生横向交叉的现象。加快修订《关于进一步实施厦门市重点产业紧缺人才计划的暂行办法的通知》，对主要适用对象的标准范围以正式文件形式予以明确，增强政策操作的规范性。推动完善申报流程，加强部门间数据共享，优化认定程序，争取一次性进行申报、认定并完成政策兑现。

集中力量优化现有人才评定标准。厦门重点产业链群行业跨度大，不同产业对人才学历、知识技能的需求各有不同，建议相关部门更加突出市场导向，根据不同产业对人才界定的实际情况对人才评价标准进行适当调整，特别是对数字经济可适当降低人才学历要求，对金融、物流、文创、旅游等现代服务业可适当降低赛事奖项要求，避免简单“一刀切”，使更多的企业骨干人才从产业人才政策中受益。

（二）提高本地高校毕业生留厦率

鼓励企业为大学生提供更多的工作和实习机会。组织在厦企事业单位建设厦门本地大学生实习见习基地、实习见习统一管理平台，根据接收安排大学生实习的数量和质量，每年给予大学生实习见习基地一定的奖励和补贴，对实习时间持续 30 天以上且实习期满考核合格的大学生发放生活补贴。

鼓励用人单位吸纳就业。借鉴南京的做法，在我市登记注册的中小微企业新招用毕业 1 年内的高校毕业生，签订 1 年以上劳动合同并参保的，按 2000 元 / 人给予一次性吸纳就业补贴，且小微企业可按企业实际缴费金额给予 1 年的社会保险补贴。

加大对毕业生的创业支持。鼓励国有众创空间提供免费创业工位。设立大学生创业贷款担保基金，为在校或毕业 5 年内的大学生创业企业提供无抵押担保贷款。各区设立天使投资基金或种子基金，专门用于扶持大学生创新创业。对在校或毕业 5 年内的大学生在厦门初次创办小微企业，可给予实缴社保费和税费等额资助扶持。

开展就业创业宣讲团进高校活动。开展“创业明星进校园”等活动，向厦门大学、华侨大学等在校大学生宣传厦门发展成就以及鼓励大学生留厦就业创业的政策举措等，增进大学生对厦门的认识和情感认同，促使他们留在厦门扎根发展。

（三）加大企业人才培养体系支持力度

建议由政府部门牵头搭建高校院所与企业之间的交流平台，就校企合作项目内容、出资比例、成果转化和利益分配等进行商谈，高校教师参与企业人才培养项目的数量及项目完成质量，可作为其进行职称评定的参考依据。商讨企业人才进行再教育的现实路径，如 MiniMBA 等，其再教育成果可在全市范围内获得政府部门、行业组织的认可。通过校企产学研合作和丰富人才再教育等方式，依托高校资源提升企业人才所需的专业技术和实操技能，使厦门本地企业人才需求能在相对较短时间内得到满足，为企业快速成长夯实人力资源支撑，同时有效避免优质企业因为人才供给不足导致外迁。

（四）加强人才全要素服务保障

突出抓好人才安居工作。一是在地段相对较好的房地产项目开发前期，要求开发商预留一部分人才公寓，待开发完成后交付人才使用或是购买。二是政府对企业人才公寓需求进行全面摸底，在此基础上与房地产开发商进行合作，选择在位置较好地段新建小户型人才公寓，出租或出售给有需求的企业人才，并按事先约定进行利益分成。三是对交通相对不便利的人才公寓，由政府出面与相关交通运营单位协商新增和优化公交线路，增加共享单车停车点，适当减免公寓租金。

提升人才个性化服务保障水平。高层次人才，把服务保障重点放在人才子女就学所需的优质公共学位和国际学校，品质生活所需的国际一流湾区生态环境、高品位生活商业综合体配套、通达便捷的国际交通枢纽，以及高水平医疗资源和高标准文体设施等。骨干人才，侧重做好医疗、教育的基本保障，着力解决“有”的问题。青年人才，更多关注其个人感受，比如给予指定商家消费打折优惠，定期举办青年联谊活动等。外籍人才，着重给予平等待遇，提供便捷高效的工作和居住证明办理服务等，邀请其参与所在社区的公共事务管理等。

（五）提升岛外新城对新落户人才的吸引力

适度放宽落户门槛。注重优化新城人口结构，从学历、技能、职称、工种等因素进一步完善人才落户政策，加强向高层次、高学历、高素质人才的落户倾斜，积极吸引相关高层次人才落户。对在新城工作一定年限并承诺落户后继续工作的人才，可参考上海自贸区临港新片区的特殊政策，缩短“居转户”年限。

精准补齐公共服务和商业配套短板。借鉴上海黄浦江两岸综合开发经验，发挥岛外新城湾区优势，高标准推进海域整治、公共管廊、生态廊道等规划建设，打造国际一流的滨海公共空间。在环东海域滨海旅游浪漫线建设中，有机植入体育健身、文创展示、旅游休闲、创意办公等潮流业态，以公共空间提升为先导带动新城建设。推进“名校跨岛”，加快国家区域医疗中心建设，建成投用四川大学华西厦门医院、环东海域医院、马銮湾医院等高水平三甲医院。推动大型公共文体设施布局向岛外倾斜，加快休闲度假酒店群、爱琴海购物公园等商业生活配套建设，引进一批国内外名品厦门首店、福建首店，加大体验型商业布局比重。

【参考文献】

[1] 中共厦门市委组织部，智联招聘 . 厦门市重点产业人才调研报告 [Z].(2021-11)[2021-12-08].

课题组长：谢　强
课题组成员：戴松若　谢　强　陈菲妮
林　智　陈国清　彭梅芳
陈亚军
课题执笔：谢　强

第十三章

进一步推进厦门服务业改革开放发展的对策建议

加快服务业改革开放发展，是构建国内国际双循环发展格局、实现经济高质量发展的重要途径。当前，国内外形势复杂多变，以服务业为核心的国际竞争、规则谈判趋势愈加明显。因此，学习借鉴北京、上海等先进城市的经验做法，进一步推动服务业向更大范围、更宽领域、更深层次开放发展，有利于支持我市在全方位高质量发展超越中掌握主动、赢得优势，对厦门特区改革开放全局具有重要意义。

一、基本情况

厦门经济特区建设 40 年来，始终坚持以改革促开放、以开放促改革，切实履行国家赋予经济特区在改革开放中的“窗口”、“试验田”和“排头兵”使命，在经济体制、行政管理、社会治理等重点领域和关键环节率先先行先试，创造了诸多“全国第一”，探索了一大批“厦门样本”。其中，服务业领域改革开放也走在全国前列。

（一）服务业重点领域改革开放稳步推进

1. 商贸流通服务领域

1984 年，厦门在全省率先将 93 家国有中心商业企业实行全面放开经营。1992 年全国第二家保税市场——厦门经济特区保税生产资料市场正式营业，共设 9 个专业市场。1993 年撤销商业局，精简粮食机构，恢复供销社经济实体的性质；组建商业、粮食、供销集团公司，不再行使政府行业管理职能。“十一五”期间，率先对转变外经贸发展方式进行了一些探索和实践，如：大力推动流通型外贸企业延伸价值链，向供应链企业发展；积极做大出口产业集群，建成了汽车及零部件出口基地以及新材料、电子信息科技兴贸创新基地等 2 个国家级出口基地；大力发展服务外包，获国务院批准成为“中国服务外包示范城市”。2015 年厦门推行国内贸易流通体制改革，构建流通开放创新促进机制，促进内外联通的内贸流通发展。2018 年“9·8”投洽会荣获改革开放 40 周年“福建影响力”重大改革试验类优秀案例。“9·8”投洽会以“引进来”和“走出去”为主题，是中国目前唯一以促进双向投资为目的的国际投资促进活动，已成为具有影响力的国际投资促进盛会。

2. 教育服务领域

1985 年开始实施九年义务教育制度，大力发展职业技术教育，扩大高等学校办学自主权。1996 年厦门率先实现高水平高质量普及九年义务教育。2000 年后，大力推进教育公平化、均衡化改革，2005 年率先实现百分百普及高中教育；取消进城务工人员子女借读费，已有 10 多万进城务工人员子女在公办学校就学；2011 年厦门率先实现义务教育完全免费。厦门已成为全国义务教育均衡发展示范市和全国推进义务教育均衡发展先进地区。

3. 健康医疗服务领域

厦门作为全国第二批医改试点城市，1997 年开始探索医疗保险制度，将公费医疗和劳保医疗统一并轨为城镇职工基本医疗保险。经过 20 多年的探索，逐步构建了一个“保障基本、覆盖全民、统筹城乡、持续发展、管理服务一体化”的全民医保体系。全民医保，医疗费即时结算，建立补充医疗保险、健康账户和智慧医保信息管理平台，分级诊疗等做法走在全省乃至全国前列。推行公立医院改革，鼓励社会资本办医，形成了多元化办医格局。

4. 商务服务领域

“十三五”期间，厦门率先全国开展住所经营场所分离登记、“多证合一”改革试点，行政许可平均承诺时限达到全国领先水平；在全省率先上线“大审批”信息化平台，覆盖食品、药品、医疗器械、食品相关产品等 23 类许可审批事项；登记审批时限大幅压缩，162 个审批事项即来即办；推行“不见面审批”及证照联办“一件事”集成套餐服务，4 大类 32 个事项实现“一份清单、一窗送件、一次领取”；商事登记全程电子化率居全省首位；在全省率先出台《市场监管领域轻微违法行为不予处罚实施办法》，对首批 15 个领域的 78 项轻微违法行为依法免罚；建设市行政审批信息共享平台、“多规合一”建设项目审批信息管理系统、“一照一码”审批信息共享平台等，逐步实现审批信息互联互通、实时共享、业务协同和网上审批，让群众“多走网路、少走马路”。厦门“多规合一”模式成为全国样板。2020 年厦门被确定为全国营商环境标杆城市。

5. 金融服务领域

多年来，厦门金融业不断先行先试，在服务经济特区发展和经济转型过程中发挥了重要的支持作用。在这一过程中，厦门金融业也经历了从小到大、从弱到强、从单一到多元、从区域走向国际的华丽蜕变，在更高水平上推动金融对外开放。1985 年 8 月，新中国第一家中外合资银行厦门国际银行成立；1986 年，厦门被确定为金融体制改革试点城市；1986—1989 年期间，先后成立全省第一家票据交换所——中国人民银行厦门分行票据交换所，全省第一个外汇交易市场——厦门外汇调剂中心；1992 年 6 月，厦门汽车股份有限公司、国贸泰达股份有限公司、厦门海洋渔业开发有限公司和厦门龙舟实业股份有限公司 4 家企业公开发行股票，正式揭开厦门企业改制上市融资的大幕；2008 年 12 月，君龙人寿保险有限公司在厦成立，成为首家总部设在福建的保险公司；2010 年 6 月，扩大金融改革试点，厦门获国务院批准建设唯一冠以“两岸”的区域性金融服务中心；2010 年 10 月，富邦财产保险有限公司在厦成立，成为两岸经济合作框架协议（ECFA）生效后，第一家进入大陆取得开业许可的台资保险公司；2012 年 6 月，首届“海峡金融论坛”在厦举办，在全国率先提出并组织实施跨海峡人民币结算代理清算群；2014 年 2 月，圆信永丰证券投资基金管理公司在厦成立，成为海西首家两岸合资证券投资基金管理公司;2015 年 12 月，金融服务业率先成为厦门三条产值（收入）突破千亿的产业链群之一;2016 年 2 月，厦门市人民政府与上海黄金交易所签订战略合作协议，共同在厦打造面向“一带一路”区域的黄金业务中心;2018 年 9 月，厦门金美信消费金融公司在厦成立，成为首家两岸合资消费金融公司;2019 年，为了更好地服务金融体制改革与政策创新，原市金融工作办公室调整设置为市地方金融监督管理局，进一步夯实了金融强监管、防风险、促发展、优服务工作。目前，厦门的金融特色产业日趋明显，重点打造并形成了绿色金融、金融科技、财富金融、黄金产业等四大品牌。

（二）服务业改革开放取得显著成效

近年来，厦门的许多改革开放措施得到了中央的认可和推广。2018 年厦门获批国家跨境电子商务综合试验区，建设线上跨境电商公共服务平台，支持企业对接海关等系统开展业务，已覆盖 9610、1210、9710、9810 业务模式；建设线下产业园区，集聚产业要素为跨境电商企业提供一站式服务，已形成寨上、海沧、机场、象屿等跨境电商产业园区，2020 年 8 月象屿跨境电商产业园被商务部授予“国家电子商务示范基地”称号。2020 年厦门跨境电商零售进出口（9610、1210）25.56 亿元，同比增长 4.8 倍。2020 年 7 月，国务院印发向全国及特定区域范围第七批复制推广 37 项自贸试验区改革试点经验。厦门自贸片区的航空维修产业职称评审、海关公证电子送达系统和直接采认台湾地区部分职能人员职业资格 三 项改革试点经验获全国推广。融资租赁产业稳步发展，截至 2021 年 3 月，在自贸片区注册的融资租赁企业有 445 家，有 16 家全国性大型租赁公司在厦开展飞机租赁业务。

（三）服务业改革开放持续深入推进

服务领域改革开放是厦门新一轮对外开放的重中之重，近年来通过加大开放力度，丰富开放内涵，提高服务领域开放水平，厦门服务业进一步融入全球经济，在开放竞争中拓展了空间，增强了动能。

一是口岸营商环境进一步优化。组织实施降本增效“组合拳”，在全国沿海主要港口中实行最低政府性收费。压缩进出口整体通关时间连续创出历史最好水平，截至 2020 年 12 月，厦门口岸进口整体通关时间同比压缩 19.15%，出口整体通关时间同比压缩 56.57%，均位于十大沿海口岸前列。跨境贸易指标进入国家发改委营商环境评估全国标杆行列，在“中国十大海运集装箱口岸营商环境评测”中厦门口岸蝉联全国第一。全面建成“单一窗口”平台 3.0 版。全国首创区块链应用场景的海运费境内外汇划转支付；全国首创口岸限定区域人员管控和旅客通关智能计时应用；全国首创“单一窗口 + 空运物流”模式的厦门出口航空电子货运平台，在全国率先实现空运出口“一单多报”和“安检验讫放行电子化”；实现与信易贷、电子函证、LEI 码等第三方平台对接，金融服务功能得到进一步丰富。

二是跨境电商取得新突破。2021 年厦门跨境电商进出口约 85.5 亿元，增长 207%。其中，跨境出口 77.3 亿元，增长 203%；跨境进口 8.2 亿元，增长 256%。完善线上公共服务平台，上线 9710、9810 出口业务申报功能，首创通过公共服务平台自主结汇。不断推进寨上、象屿、机场、海沧等产业园区建设，象屿跨境电商产业园入选国家电子商务示范基地。新落地跨境电商 9710 及 9810 出口业务试点，拓展直播电商新业务，打造空港、象屿等直播电商基地。畅通跨境电商物流通道，开通厦门至纽约、洛杉矶、马斯特、俄罗斯等定期航空货运航线及厦门第一条跨境电商海运快线以星货轮；建成智慧物流网络，物流综合服务能力持续提升。成立首个跨境电商知识产权基层服务站，拓展电商直播，支持高校开设专业课程，支持亚马逊与高校联合开展在校教育培训，引进一批优秀的产业链服务企业，形成了物流服务、人才培养、品牌孵化、社交直播、知识产权、信息软件、营销推广等全要素聚集的一站式服务生态圈。

三是服务业吸引台资能力持续增强。2020 年，厦门自贸片区围绕打造台胞、台企登陆第一家园这一目标，不断优化创新创业环境，促进两岸交流交融。青创基地累计注册企业 2048 家，全年新增注册企业 232 家。其中，海峡两岸“三创”基地累计注册企业 1409 家，现有实际入驻企业 149 家，全年新增注册企业 165 家；云创智谷基地累计注册企业 639 家，累计孵化服务 16 家众创空间，现有实际入驻企业 337 家，全年新增注册企业 67 家。首家两岸合资证券公司金圆统一证券获批开业。有 22 台湾银行机构在厦门开立了 41 个人民币代理清算账户。设立全国首家大陆与台湾地区律师事务所联营办公室，率先全国试点聘请台湾律所为自贸委涉台改革创新法律顾问；率先全国开展台胞大陆居住证注册内资企业试点。

二、存在问题

（一）服务业开放领域和范围仍需进一步拓宽

目前，厦门市不少服务行业开放度仍有较大提升空间。如，文化服务出口占比低；金融市场开放领域与范围偏窄，现有的金融业务开放度尚不具备支撑金融业向更高水平跨越发展的能力。与上海、北京等先进城市相比，厦门市服务业开放度的差距进一步拉大。

（二）对标国际先进规则尚需加强，改革措施亟待精准

一是部分规则设计与国际先进水平存在差距。如，在商业存在模式以外的跨境交付、自然人移动、境外消费模式的跨境服务贸易市场准入方面，仍缺少类似的负面清单制度。二是不同类型服务行业以开放促改革的关键点有待进一步理清。如与国际航运中心匹配的航运要素发展滞后，船舶融资、船员个人所得税、航运企业所得税等相关税收政策有待进一步探索研究以与国际航运通行惯例接轨；厦门与国际自由港“一线放开、二线高效安全管住”更为便捷的通关环境对标仍存在差距。三是不同类型服务行业深化改革的关键措施有待精准化。如 9710、9810 税务政策有待突破；融资租赁政策相对于天津等地，在经营租赁收取外币租金等方面仍有待突破。

（三）适应服务业高水平开放的管理制度有待完善

一是服务业准入后的管理制度改革还需深化。目前，厦门一些服务行业开放中仍存在“准入不准营”问题，对外资的经营模式、牌照、业务范围、经营条件、业务许可等边境内措施方面有待进一步开放。自贸片区知识产权综合管理服务体系尚需完善，全市还缺乏成熟完善的知识产权综合性服务平台，企业和高校院所知识产权管理水平仍需提高。二是提升贸易便利化水平仍有较大空间和潜力。目前，厦门将服务贸易相关事项纳入国际贸易“单一窗口”，实现了地点和前台的统一，而海关、检验检疫、海事、税务等部门的数据和监管后台仍是独立运行，限制了“单一窗口”对促进通关和口岸便利化作用的发挥。三是境外投资管理制度的备案制改革有待进一步落实。目前来看，有关部门的备案仍存在一定的审批意义。例如，根据现行的《企业境外投资管理办法》，除非境外投资涉及敏感国家和地区或敏感行业，都不再需要核准，只需备案。但在实际操作时，商业银行依据《资本项目直接投资外汇业务操作指引》要求非金融企业境外投资要向银行提交的审核材料中，仍需提交商务主管部门颁发的《企业境外投资证书》。

三、发展思路

（一）总体思路

以习近平新时代中国特色社会主义思想为指导，深入贯彻党的十九大和十九届二中、三中、四中、五中、六中全会精神，全面落实习近平总书记来闽考察重要讲话精神和致厦门经济特区建设40周年贺信重要精神，立足新发展阶段，贯彻新发展理念，构建新发展格局，充分发挥市场配置资源的决定性作用，更好地发挥政府的作用，加快转变服务业发展思路，大幅放宽市场准入，破除隐性壁垒，全面提升监管能力，积极构建多层次多元化的服务业管理服务体系，大幅增加优质市场主体，提升服务业供给质量和效率，优化服务业发展结构，强化制度供给，优化制度环境，推动航运物流、金融商务、国际贸易、文化旅游、会议展览、新兴服务业等重点领域开放发展，促进我市产业转型与服务业高质量发展，力争到“十四五”末期，厦门服务业改革开放发展再上一个新台阶。

（二）基本思路

根据《厦门市产业空间布局指引（2021年本）》，推动现代服务业产业区发挥开放创新高地作用，进一步消除制约服务业发展的各种壁垒，有序加大服务业市场改革开放力度。

一是深化服务业领域“放管服”改革。建立平等规范、公开透明的市场准入标准，凡是法律法规及国家规定没有明令禁入的服务领域，均向社会资本开放。分类推进公共服务供给市场化改革，全面放开非基本公共服务领域市场准入。以国资国企改革推动国有资本在重要服务行业和关键服务领域布局，在一般竞争性行业和领域为各类社会资本进入提供条件。鼓励和引导社会力量通过资本联合、模式创新等参与文化教育、健康医疗、社会保障、知识产权、检验检测等公共服务领域建设。进一步放宽服务业外资市场准入限制，降低投资准入门槛，增强对外商设立投资性公司的吸引力。

二是强化交通物流服务业对外辐射能力。以推动国家物流枢纽建设为契机，逐步建成设施一体衔接、信息互联互通、市场公平有序、产业要素聚集、运行安全高效的交通流通发展新体系。加快港口型物流枢纽建设，力争申请商贸型国家物流枢纽。争取设立翔安新机场空港综合保税区，鼓励和引导国外航空公司参与厦门机场的运营和建设。建设国际航空货运体系，制定促进厦门航空货运发展政策，鼓励发展航空货运包机业务，拓展航空货物航线，逐步增加货运第五航权。拓展“丝路海运”航线，打造“丝路飞翔”品牌，加强与“海丝”沿线国家的互联互通。

三是推进更高水平的金融商务服务对外开放。围绕打造区域金融中心，推动金融创新先行先试。落实放宽金融业外资准入政策，重点引进世界500强金融机构以及“一带一路”沿线金融机构，探索具有自由港特征的金融创新，开发与货物和服务贸易相适应的离岸金融产品，完善适应离岸业务发展的金融税收政策。

四是加大特色服务贸易对外开放力度。发挥服务贸易创新发展试点优势，推动特色服务贸易加大对外开放力度，提升国际贸易中心建设能级。围绕厦门特色，着力推进旅游会展服务、航空维修服务、数字服务、文化创意等特色服务贸易对外开放。优化跨境贸易营商环境，提升厦门贸易便利化水平，发挥自贸区国家文化出口基地政策红利，创新文化贸易监管服务模式，积极扩大图书出版、文化衍生品、影视演艺等领域的产品和服务输出。积极发展跨境电子商务、保税展示交易等新业态，完善跨境电商公共服务平台建设，加快线下跨境电商园区建设。

四、对策建议

服务业改革开放是对外与对内相结合的，不仅要拓宽对外改革开放领域，也要提升对内改革开放水平。厦门应学习借鉴先进城市的经验做法，围绕航运物流、旅游会展、国际贸易、金融服务、科技创新等领域，以服务业改革开放发展为引擎推动产业间融合创新，加强制度供给，优化制度环境，抓好服务业改革开放政策落地实施，强化监管措施的包容审慎，助推厦门服务业高质量发展。

（一）加强顶层设计，稳步提升改革开放水平

1. 健全高效的服务业管理体制机制

围绕我国改革开放大局和当前国家重大关切，进一步加强服务业扩大开放顶层设计工作，建立适应服务业新业态新模式发展的体制机制，为全面提升我市服务业开放水平谋篇布局。着力解决当前服务业管理服务缺位、越位以及政出多门等问题。开展政策联动创新，在自由贸易试验区施行的服务业领域的开放政策，凡符合厦门发展定位的，我市均可按程序报批后在进一步深化服务业扩大开放工作中进行试点。优化开放包容的监管服务，变“事前设限”为“事中划线”“事后监管”。全面压缩通关时间，实现跨境贸易便利化。推动关检业务融合，创新大通关协作机制和模式，实行预约通关制度，全面推行“一站式”作业。完善国际贸易“单一窗口”和跨境电商公共服务平台建设。开展以信用为基础的分级分类监管，推进“互联网＋监管”，开展信息监测、在线证据保全、在线识别、源头追溯，增强对风险和违法行为的识别能力，实现以网管网、线上线下一体化监管，最大限度激发服务业市场活力，加快形成优质高效、结构优化、竞争力强的服务产业新体系。同时，建立健全统筹协调机制，加强各个服务业管理部门协调联动，建立适应服务业新业态新模式发展的部门协同、区域协同、市区协同机制，协同推进各项开放措施落实落地。各区、各产业园区要结合区域条件，在重点领域深化开放，优化营商环境，做好配套服务，强化监管措施的包容审慎，放大改革开放的辐射效应。

2. 推进服务业新兴行业扩大改革开放

着眼有利于推动经济高质量发展、破除垄断释放活力、制造业转型升级、满足内需市场、引领服务业国际规则的服务业新兴行业，加大改革开放力度。一是推进数字经济和数字贸易改革开放。加快推动公共数据开放，推动政务数据与社会化数据平台对接；立足厦门软件园，在数字经济新业态准入、数字服务、国际资源引进等领域开展试点，探索数据审计等新型业务；研究境内外数字贸易统计方法和模式，打造统计数据和企业案例相结合的数字贸易统计体系；探索开展数字贸易统计监测；引导数字化背景下服务贸易模式创新，探索区块链技术在数字贸易中的应用，打造服务贸易新型网络平台，推动厦门参与全球数字经济交流合作；研究建立完善数字贸易知识产权相关制度。二是推动互联网信息服务领域扩大开放。向外资开放国内互联网虚拟专用网业务（外资股比不超过 50%），吸引海外电信运营商通过设立合资公司，为在厦外商投资企业提供国内互联网虚拟专用网业务；进一步开放增值电信业务；探索建立适应海外客户需求的网站备案制度。

3. 推动岛外服务业特色化开放发展

岛外要以提升区域综合服务功能和推动产业转型升级为重点促进服务业特色化开放发展。依托岛外自然人文资源，强化岛外特色元素，提升商务环境，完善服务配套，重点推动商贸、文化、旅游、体育、养老等生活性服务业扩大开放，注重营造绿色低碳的人居环境和生态环境，满足居民的生活性服务消费需求。同时，把握制造业与服务业融合发展趋势，推进生产性服务业融入并服务先进制造业，重点发展与制造业相配套的生产性服务业，促进马銮湾智慧产业组团、软件园三期、现代服务业基地美峰片区（创谷）、翔安数字经济产业园等扩大开放示范发展，着力打造智能制造、人工智能、研发设计、金融服务、数字经济、软件和信息服务等公共服务平台，加快促进工业园区转型升级，形成产业共生、资源共享的互动开放发展格局。

4. 保障服务业开放发展要素供给

为服务业发展保障供给资金、数据、人才、土地、技术等关键要素，稳步提升我市服务业开放水平。一是加快推动资本项目开放，在全市范围开展资本项目收入支付便利化试点。探索开展本外币合一跨境资金池试点，对跨境资金流动实行双向宏观审慎管理，提升资金跨境流动便利化水平。二是建立数据保护能力认证等数据安全管理机制，规范数据跨境安全有序流动，在数据流通、数据安全监管等方面加快形成开放环境下有创新的监管体系。三是对境外高端人才给予入出境便利，便利其境内经常项目项下合法收入办理个人赡家款项下购汇汇出，便利其在便利化额度外结汇缴纳随行子女在境内就读国际学校学费。优化外国人工作许可、居留许可证件审批流程，逐步实现外籍人才工作许可、工作类居留许可“一窗受理、同时取证”。探索“推荐制”人才引进模式，集聚国内外高端服务人才。四是完善土地支持和技术保障，在符合国土空间规划和用途管制要求前提下，推动不同产业用地类型合理转换。探索实施综合用地模式，在用途、功能不冲突前提下，明确可兼容的用地类型和比例，实现一宗地块具有多种土地用途、建筑复合使用（住宅用途除外），按照不同用途建筑面积计算土地出让金，不得分割转让。保障产业链用地，开展创新要素跨境便利流动试点，支持离岸创新创业，支持外籍科学家领衔承担政府支持科技项目。

（二）推动治理变革，完善负面清单管理制度

1. 进一步转变政府治理方式

将扩大服务业制度型开放与稳外资、扩大内需、推动产业结构优化调整结合起来，分类放宽服务业准入限制。特别是对互联网、教育、文化等敏感行业，要稳妥处理好产业属性、商品属性与意识形态属性关系，既守牢安全底线，又防止开放中的安全概念泛化倾向。对我国电子商务等具备一定领先优势的领域，要坚持在高水平开放中拓展更大发展空间和提高国际竞争力。

2. 完善负面清单修订动态调整机制

对服务业领域条目内容和有关表述做到只减不增，增强权威性和严肃性，真正让市场主体“法无禁止即可为”，让政府部门“法无授权不可为”。对暂时不能取消审批，也不适合告知承诺制的事项，简化办事流程、公开办事程序，明确审批标准和办理时限，以最大程度减少审批的自由裁量权，实现办理过程公开透明、办理结果有明确预期，提高审批透明度和可预期性。对部分行业可探索公布未来几年的开放措施，

给予行业发展一定过渡期，增强开放的可预期性。

3. 建立健全跨境服务贸易负面清单管理制度

借鉴上海“证照分离”的改革经验，以完善负面清单制度为牵引，加快“证照分离”改革。重点推进“照后减证”，将中央和地方层面设定的涉企经营许可事项全部纳入改革范围，通过直接取消审批、审批改为备案、实行告知承诺、优化审批服务等方式分类推进改革。逐步完善跨境交付、自然人移动、境外消费等模式下服务贸易市场准入制度，有序推进商业存在模式之外的服务贸易领域对外开放。

（三）推进改革创新，有序扩大开放领域

1. 航运物流领域

积极向上争取船舶登记、航运税收等政策，推进符合条件的外国船级社对自贸试验区内登记的国际航行船舶实施法定检验和单一船级检验，促进外国船级社与中国船级社实施有条件的法定船用产品检验互认；筹建厦门基地货运航空公司，建设国家物流枢纽；探索打造金砖国家示范电子口岸；推进金砖国家互联互通，进一步丰富集装箱业务结构，着力发展“整船换载”“沿海捎带”，做大水中转；增加直航快速船舶挂靠高雄港航线，优化两岸物流通道建设，吸引跨境电商海运专线挂靠厦门港；争取设立翔安新机场空港综合保税区，推动航空枢纽港建设，强化厦门“空港型国家物流枢纽承载城市”职能；鼓励发展航空货运包机业务，争取增开对金砖国家等重点地区的货运包机航线；优化完善货运基础设施设备，鼓励航空公司在厦投放货运机队；依托象屿保税区等海关特殊监管区域，探索开展“两头在外”航空器材包修转包区域流转试点，支持飞机维修企业承揽境外航空器材包修转包修理业务，支持厦门企业扩大国际航空器材维修市场份额；进一步优化厦门空域资源，加强对“一带一路”国家和地区航权对等开放，提高机场航班密度，合理释放有利于航空货运枢纽建设的货机航班时刻。

2. 旅游会展领域

充分发挥展览业在厦门国际贸易中心建设和开放型经济发展中的重要平台作用，依托“投洽会”等国际大型展会打造若干服务贸易交流合作平台和大宗商品展示交易中心，设立参展货物专用窗口，开辟展会优先专用通道；允许展会展品在展后结转进入保税监管场所或海关特殊监管区域予以核销；简化参展食品、化妆品申报手续。推动邮轮旅游经济发展，深化厦门邮轮旅游发展建设，支持厦门邮轮口岸出境和进境免税店增加销售商品品类；争取实施外国旅游团乘坐邮轮入境 15 天免签政策；推进邮轮物供、维修通关便利化，解决邮轮自用危化品供应和船舶维修配件通关问题，促进邮轮物供快速恢复发展；不断完善境外旅客购物离境退税政策，加大对境外旅客购物离境退税支持力度，探索扩大离境退税标的物范围；允许在厦门市设立的外商独资旅行社试点经营中国公民出境旅游业务（赴台湾地区除外）。

3. 国际贸易领域

支持在自贸试验区内试行跨境服务贸易负面清单管理模式，放宽跨境交付、境外消费、自然人移动等模式下的服务贸易市场准入限制；推动数字证书、电子签名等的国际互认，试点数据跨境流动，建设国际信息产业和数字贸易港，探索建立以软件实名认证、数据产地标签识别为基础的监管体系；规范数据跨境

安全有序流动；探索建立数据保护能力认证等数据安全管理机制，推动数据出境安全管理和评估试点；系统研究对接《区域全面经济伙伴关系协定》有关规则和便利化举措，积极拓展国际贸易合作新空间；积极发展国际中转、离岸贸易等新业态，巩固传统市场，拓展新兴市场；做强做优跨境电商综合试验区，壮大进出口规模。积极发展跨境电子商务、保税展示交易等新业态，完善跨境电商公共服务平台建设，加快线下跨境电商园区建设；打造“丝路海运”“丝路飞翔”品牌，扩大中欧（厦门）班列辐射功能。打造全球一站式航空维修基地，吸引部件及新材料研发制造、航材保障及供应链管理、深度维修等外资项目落地；支持航空维修国际服务外包业务和海关特殊监管区域外“两头在外”航空维修业态实行保税监管。

4. 金融服务领域

加快落实国家金融对外开放政策，扩大外资金融机构经营范围；支持符合条件的外资机构在厦门设立或参股证券公司、基金管理公司、期货公司、人身险公司、养老金管理公司等；争取对台金融合作的重大改革创新试点，推进厦台机构互设和股权合作，探索拓宽两岸金融同业跨境融资渠道；支持金融机构按照国际通行规则为大宗商品现货离岸交易和保税交割提供基于自由贸易账户的跨境金融服务；推动现货市场与期货市场联动发展，允许商业银行在风险可控前提下，自主开展大宗商品质押融资业务、大宗商品现货和衍生品交易项下结售汇业务；支持设立人民币跨境贸易融资和再融资服务体系，为跨境贸易提供人民币融资服务；支持内外资金融机构开展同业合作，享受同等待遇，全面接入各类清算、登记、托管等金融基础设施平台；打造面向“海丝”的金融服务基地，争取银行、保险等机构总部支持，授权在厦分支机构作为“一带一路”业务管理总部，扩大与沿线的跨境人民币结算业务规模，发展跨境金融区块链服务平台；积极发展碳现货交易和环境权益融资，开发绿色融资工具，支持符合条件的地方法人银行和企业在境外发行绿色债券。

5. 科技创新领域

发挥自主创新示范区优势，推动科技创新赋能；利用大数据、人工智能、区块链、云计算等先进技术，推动服务业新业态新模式发展，进一步释放服务业创新活力和创造潜能，提高服务供给的质量和水平；深化高等院校和科研机构科技成果使用权、处置权和收益权改革，赋予科研人员职务科技成果所有权或长期使用权，探索形成市场化赋权、成果评价、收益分配等制度；推动服务业与制造业融合发展，发展工业互联网平台，促进工业生产流程再造，促进定制生产等模式创新；引导大型工业企业加强工业设计中心建设，支持工业设计企业和公共技术服务平台发展；发展研发设计服务，鼓励发展网络协同设计、众包设计、虚拟仿真等互联网工业设计新模式、新技术；支持厦门企业建立国际（离岸）外包接包中心和研发中心、海外科技创新平台、离岸创新基地，鼓励技术转移转化机构创新服务模式；探索建立公允的知识产权评估机制，完善知识产权质押登记制度、知识产权质押融资风险分担机制以及质物处置机制；加强知识产权审判领域改革创新，完善知识产权司法保护制度。

（四）强化国际合作，拓展开放发展空间

1. 创新服务业国际合作方式

深度参与国际分工合作，鼓励服务业企业在全球范围内配置资源、开拓市场，为全面提升服务业开放

水平拓展空间；密切与有关国际组织的交流合作，深入研究理解标杆国家在推动服务业开放和规制改革方面的实践，为我市以高水平开放促进服务业体制机制改革提供经验借鉴。着力促进国际产能合作，带动我市技术、标准等服务走出去。大力发展离岸贸易、离岸金融等服务业，将高附加值服务环节留在国内，增强对全球服务资源优化配置能力。

2. 提升与“一带一路”沿线国家服务领域合作水平

全面推进与“一带一路”沿线国家和地区的互利合作平台建设，在运输服务、旅游服务、通信服务、金融服务、电子商务、人文交流等相关服务领域开展全方位的国际服务贸易和服务外包，优化提升区域供应链、产业链和价值链，以服务业开放为共建“一带一路”增添新动力。

3. 在构建自由贸易区网络中逐步提升服务领域国际规则话语权

争取同大部分新兴经济体、发展中大国、主要区域经济集团建立自由贸易区。不断深化服务领域合作，围绕跨境电商、移动支付、共享经济等领域，在自由贸易协定谈判中为相关规则提供“中国厦门方案”，逐步制定甚至引领国际经贸规则制定。同时，加强对厦门扩大服务业开放最新改革举措的对外解读和宣传，推动国际社会更及时、客观地了解厦门服务业改革和开放发展的动态。

（五）聚力平台建设，发挥示范引领作用

1. 立足服务业扩大开放综合试点、自贸片区港等平台探索服务业开放经验

学习借鉴天津、上海、海南、重庆开展服务业扩大开放综合试点的经验做法，立足新发展阶段、贯彻新发展理念、构建新发展格局，以推动高质量发展为主题，以深化供给侧结构性改革为主线，以改革创新为根本动力，以满足人民日益增长的美好生活需要为根本目的，加快发展现代服务业，努力塑造国际合作和竞争新优势。依托试点、自贸片区港等各类高水平开放平台，在金融、科技、文化、教育、医疗等领域加快开放步伐，在新产业、新业态、新模式方面率先总结形成一批开放经验。加强各类开放平台联动，在服务业开放方面形成对比试验、互补试验格局，为提升厦门服务业开放水平提供示范引领。

2. 探索建设有利于提升服务业改革开放水平的新平台

依托软件园国家数字服务出口基地，积极向中央争取厦门游戏版号审批下放新型试点，打造游戏产业出口基地，大力发展软件信息、动漫游戏等数字服务出口。针对服务业开放风险监管难的问题，探索设立“服务贸易特殊监管区”，例如，在音像制品、电子出版物、电影电视节目制作等领域，推动在厦门智能视听产业基地、影视产业园区及自贸试验区保税区内允许外商投资音像制品制作业务（限中外合作，中方掌握经营主导权和内容终审权），开展类似货物“两头在外”出口加工形式，允许在区内制作，然后再出口到国外，待监管制度和手段逐渐成熟丰富后，逐步放开国内市场。

3. 推动金砖国家新工业革命伙伴关系创新基地扩大服务业开放示范发展

坚持服务国家战略，按照“部市共建、项目引领、机制联动、跨境发展”的模式，积极开展服务外包、国际贸易、航运物流、旅游会展、金融服务、科技创新以及政策协调、人才培养、项目开发等领域交流合

作。着力探索创新金砖国家数据融通和安全治理机制，融通商流、物流、资金流、信息流，构建与金砖创新基地建设相适配的贸易投资服务体系。畅通高效联动的国际物流通道，推进金砖国家间海关合作，提升与金砖国家口岸间通关便利化水平。做大做强金砖国家大宗商品贸易，大力发展跨境电商和供应链服务。鼓励金砖国家金融机构在厦门设立经营机构，加强金砖国家金融合作。加强金砖国际科技创新合作，推动建立人才交流基金，拓展人才交流渠道，促进金砖国家乃至全球科创人才流动，努力把厦门建设成金砖和“金砖 +”国家服务业扩大开放的重要桥梁和纽带、金砖国家新工业革命伙伴关系高质量发展引领示范区。

【参考文献】

[1] 北京市人民政府 . 深化北京市新一轮服务业扩大开放综合试点建设国家服务业扩大开放综合示范区工作方案 [EB/OL].(2020-09-07)[2022-03-01].http://www.beijing.gov.cn/zhengce/zhengcefagui/202009/t20200908-1999520.html.

[2] 上海市人民政府 . 上海市服务业扩大开放综合试点总体方案 [EB/OL].(2021-04-23)[2022-01-20].http://www.shanghai.gov.cn/nw12344/20210423/oc992a728e4940ea857c29a2e6b8140.html.

[3] 国务院发展研究中心市场经济研究所课题组 . 以制度型开放促进服务业改革深化的思路和建议 [J]. 中国经济报告，2020(5).

课 题 组 长：欧阳元生
课题组成员：彭朝明　彭梅芳　许　林
黄榆舒　王成龙　黄彩霞
课 题 执 笔：欧阳元生

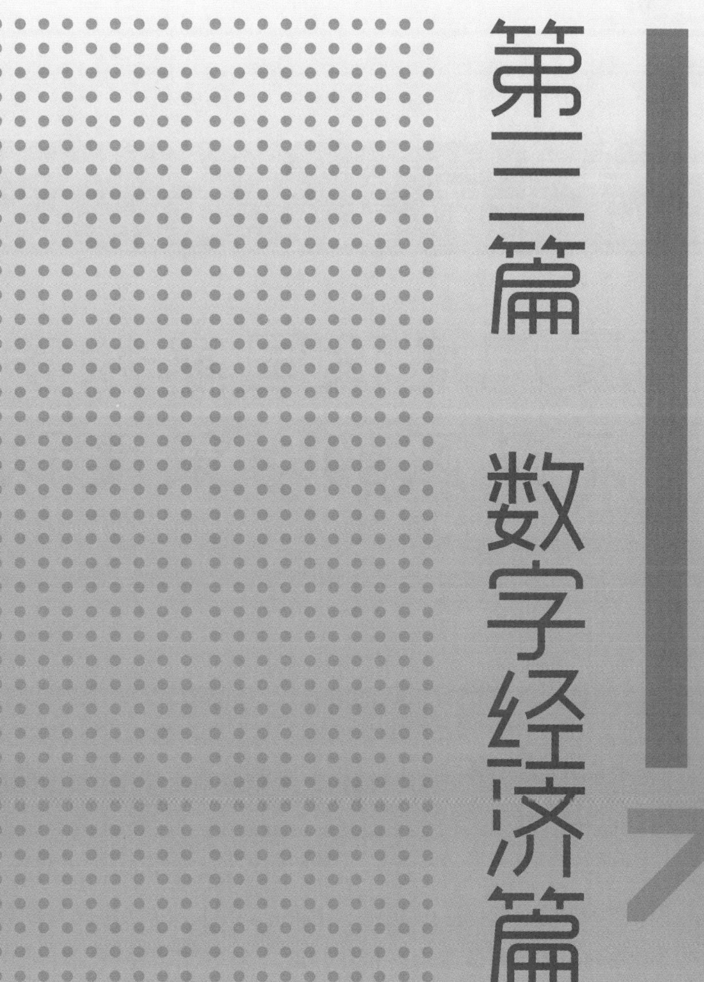

第三篇 数字经济篇

第十四章

厦门建设国家数字经济示范区的对策建议

当今世界，伴随着互联网信息技术的高速发展，物联网、大数据、区块链、人工智能等高新技术不断出现，正经历着一场由网络数字技术、脑科学与智能技术为核心内容的新技术革命，数字化越来越成为推动经济社会发展的核心驱动力，深刻变革全球生产组织和贸易结构，重新定义生产力和生产关系，全面重塑城市治理模式和生活方式。正是在这一崭新背景下，高度重视数字经济，深度开发利用城市数据价值，创造并发挥“数字化红利”，努力建设技术驱动、数据驱动的“数字城市”“智慧城市”，成为诸多城市政府的共同战略选择。以北京、上海、深圳、杭州为代表的数字经济策源地将持续涌现原创新兴产业，诞生世界级企业与更多独角兽企业，成为全球数字经济尖峰城市。以南京、武汉、成都等为代表的数字经济地理要素丰富区域，持续加强数字经济制度与政策创新、前沿科技创业与场景创新，实现以人为核心的技术、资本的快速流动，将推动新技术、新业态、新模式的蓬勃发展，成为发展数字经济培育新动能的高地。2019 年 10 月，国家发展改革委、中央网信办将河北省（雄安新区）、浙江省、福建省、广东省、重庆市、四川省等 6 个省市纳入国家数字经济创新发展试验布局，赋予这 6 个省市探索数字产业集聚发展模式、完善新型基础设施、开展超大城市智慧治理、加强数字经济国际合作等创新试验任务。

未来几年是厦门实现跨越赶超、能级跃升的重要“窗口期”和“机遇期”，大力发展土地占有资源小、附加值高、成长性好、对产业带动力突破性强、发展不受限于传统地理空间制约等的数字经济，是地域空间有限和经济规模较小的厦门实现加速发展和换道超车的必然选择，是厦门推动产业转型升级、实现动能转换和经济高质量发展的重要途径，也是支撑高素质高颜值现代化国际化城市建设的战略举措。厦门要牢牢抓住国家数字经济创新发展试验区创建的历史机遇，高标准建设国家数字经济示范区。

一、发展情况

（一）产业规模日益壮大

2021 年，厦门市数字经济规模突破 4000 亿元，数字经济发展成效显著。一是打造“芯—屏—端—软—智—网”集聚的新一代信息技术产业体系。平板显示、计算机与通信设备、软件和信息服务业三大产业产值超千亿元。集成电路高速增长，联芯、天马六代、中航锂电等高能级项目落地。二是新业态、新模式不断涌现。新零售等新业态快速发展，获批设立福建省首个跨境电子商务综合试验区，已形成寨上、象屿、机场、海沧四个重点跨境电商产业园区。元初、天虹、新华都等传统门店实现数字化升级。金融科技等新金融业态加快形成，以打造金融科技之城为目标，厦门金融科技园建设加快推进，吸引了趣店等中国金融科技百强企业来厦布局业务板块。动漫网游、网络视听与新媒体等文化和科技融合型新兴业态呈现聚集发展的态势，移动游戏产业年度高峰会、DCC 中国数字产业峰会落地厦门，国家级网络视听产业基地建设加速推进。

（二）数字经济企业集聚效应渐显

厦门集聚了大批规模以上数字经济核心产业企业。本地数字经济龙头企业实力显著增强，美图公司、四三九九、吉比特、美柚、点触科技等 5 家企业入选“2021 年中国互联网百强榜”。信息集团、四三九九、吉比特等 3 家企业获评“2021 年全国软件竞争力百强”。招商引资成效显著，引进字节跳动、浪潮信创南方总部制造基地、华为鲲鹏生态基地及超算中心等企业。

（三）数字赋能城市治理成效凸显

政务数据融合共享，在全国率先引入“安全屋”技术，成功实现数据所有权和使用权分离，做到开放数据“可用不可见”。智慧医疗加快发展，终身电子健康档案覆盖 95% 的全市常住人口，率先推行医保电子凭证全程“刷脸”就医服务。智能交通一张网加快构建，“城市公交综合智慧系统”是国内唯一城市内交通示范项目。政务服务高效便捷，打造便民服务“15 分钟生活圈”，“e 政务”便民服务站获评国务院办公厅典型经典案例，2020 数字生活满意度全国第三。

（四）数字基础设施不断升级

5G 网络加快部署和应用。厦门市现已建成 5G 基站超 8000 个，实现岛内密集城区、岛外核心城区和重要园区 5G 信号基本连续覆盖，计划到 2022 年年底，全市 5G 基站将超过 1.5 万个。远海码头的 5G 应用试点项目获评国家发改委 2020 年新型基础设施建设示范工程项目。华为首个鲲鹏生态基地及超算中心落户厦门，国产化算力资源超 80%。嘉庚创新实验室加快建设，中国信通院东南分中心落地建设，行业数字化转型支撑能力进一步提升。

（五）数字经济发展生态不断优化

近年来，厦门市政府高度重视数字经济的发展，陆续出台了《关于印发加快数字经济融合发展若干措施》《关于加快推进软件和信息技术服务业发展的意见》等一系列政策及规划，分层分级对数字经济企业给予人才、融资、技术创新、上市、品牌宣传等方面的差异化支持，为数字经济长足发展营造了良好的政策环境。

二、存在问题

（一）能在全国形成示范效应的领域较少

在中国信息通信研究院发布的“2019 年中国数字经济竞争力指数排名”中，厦门位列第 14 位，在数字创新要素、数字基础设施、核心数字产业、数字融合应用、数字经济需求、数字政策环境等分项指标的评比上，厦门都未进入全国前五名，远落后于北京、上海、深圳、广州、南京等城市，数字经济发展竞争力不强，能在全国形成示范效应的领域较少。以数字融合应用为例，厦门“互联网 + 现代制造”、智能制造和智慧生产等还处于起步阶段，尚未形成“互联网 + 现代制造”为主导的产业体系，制造业服务化转型也面临技术、资金和制度瓶颈制约，产业的融合有待向纵深发展。

（二）适应示范区建设的数字基础设施仍有欠缺

厦门的数字基础设施虽然不断升级，但仍存在短板，厦门目前还不是全国互联网骨干直联点，网络带宽质量受限，缺少一流的数据中心、超算中心等产业基础平台，数据资源共享开放程度还不够高，尚未建立全市统一的政务数据开放接口平台，政府各部门及公共服务单位的数据相对封闭，未实现全市范围数据的汇聚和互通共享，“城市大脑”建设尚处于起步阶段，与杭州、上海等先进城市相比差距较明显。

（三）关键核心技术创新能力与示范区建设的要求仍有差距

关键核心技术创新能力不足。厦门的平板显示产业以代工业务为主，产业链不完整，本地创新能力不足；集成电路产业链虽相对完整，但在设计工具、设计语言、知识产权模块等领域，以及关键原材料和核心设备等环节仍有缺失。高附加值的存储器芯片项目较为短缺，制约了集成电路产业迈向高端化和规模化的速度。高端工业软件自主核心技术能力欠缺，5G、区块链、云计算、人工智能等关键核心技术研发水平落后于北京、上海、广东、浙江等省市。

（四）企业和人才规模无法支撑示范区的建设

厦门虽然集聚了一批优秀的数字经济企业，但企业规模相对较小，引领带动作用不强。美亚柏科、易联众、吉比特、亿联网络、咪咕动漫等企业在大数据、动漫游戏、信息安全等细分领域具有较强的代表性和引领性，但规模和影响力与腾讯、网易、字节跳动等数字经济头部企业相比差距较大。复合型人才缺乏，产业数字化需要大量复合型人才，但目前全国高端人才和复合人才主要流向“北上广深”，厦门人才吸引力相对不足。

（五）数字经济发展的制度创新力度不够

从数字化发展较快的部分领域已看到，传统的管理制度已经难以适应数字化引发的生产力和生产关系的变革。比如，互联网对实体医疗管理制度产生冲击，包括医保报销难、互联网诊疗监管难、手术管理制度问题等。电子商务对商业信用等制度产生冲击，在权利保护、法制和监管方面仍存在诸多不明晰的灰色地带，政府要进一步加大适应数字经济发展的政策供给力度。

三、重点示范领域

以发展数字经济核心产业、推动产业数字化转型、建设数字政府和智慧社会为重点，不断推进数字技术和制度创新，在数字核心产业发展、产业数字化转型、城市数字治理、数字经济开放合作等领域形成示范效应，为全国数字经济发展发挥积极的带动作用。力争到 2025 年，数字经济增加值占 GDP 比重超过

60%，关键环节全面数字化的规上制造业企业比例达到 70% 以上，规上工业企业上云达到 80%，成为全国数字经济发展示范区。

（一）数字产业化领域

1. 建设电子信息基础产业集聚区

一是做大做强平板显示产业。以火炬（翔安）产业区、同翔产业基地为载体，加快产业技术创新，重点发展上游 OLED 面板以及彩色滤光片、偏光片等配套材料项目。以天马六代 AMOLED、电气硝子三期等项目为核心，发展与新型显示屏制造配套的新型电子元器件、核心材料和关键元组件，加速形成 OLED、Mini-LED、Micro-LED 等新型显示产业链，建设国内领先、国际一流的新型平板显示产业基地，形成世界级平板显示产业集群。二是要加快计算机与通信设备产业高端集聚。以火炬湖里园为载体，以戴尔、浪潮等龙头企业为核心，完善国产服务器组件、配套件制造，推动核心部件和元器件形成集聚，建设服务器制造基地。引进和发展 5G 相关的无线设备、小基站、光通信器件等制造项目，推动形成面向 5G 通信的新型终端产业制造体系，打造成为具有全国影响力的“服务器之都”。三是要优化半导体与集成电路全产业链生态。以人工智能、物联网等特种芯片设计制造为主攻方向，打造具有国内龙头地位的应用型芯片集聚地。重点引导发展核心芯片设计、关键元器件、电子基础材料、高端软件等领域，鼓励封装工艺技术升级和产能扩充，构建系统（整机）、方案（软件）、芯片设计、制造、封测、装备和材料的完整产业生态。依托 LED 产业优势，重点推动砷化镓、氮化镓等二三代半导体领域发展，加快发展光电器件、射频器件和电力电子器件等领域，延伸 SiC（碳化硅）第三代半导体产业链。力争 IC 设计水平、集成电路制造能力领先全国，产业整体规模、综合实力进入全国前列，成为具有国际竞争力的产业集群。四是做精做细软件与信息服务业。重点支持软件产品、软件服务和嵌入式系统等产业方向，打造成为在国内有影响力、国际知名的软件和信息技术服务业集聚区。

2. 打造大数据产业发展示范区

加快推进大数据产业集聚区和产业园建设。依托软件园、同安银城智谷、新经济产业园、翔安数字经济产业园等园区发展大数据流通交易、技术服务、科研“双创”等公共平台。加强数据采集、存储管理、挖掘分析、安全保护等领域关键技术攻关，形成一批自主创新、技术先进、满足重大应用需求的产品、解决方案和服务应用。打造大数据应用场景，推进政务服务、普惠民生、公共服务、产业创新领域大数据应用，加快数字经济与实体经济融合发展。努力建成全国重要的大数据生态建设高地、大数据研发创新高地、大数据示范应用高地和大数据人才集聚高地。

3. 建设人工智能产业应用示范区

积极建设创新平台，加强人工智能领域基础理论研究与关键共性技术攻关，培育智能机器人、无人机等人工智能重点产品和人工智能企业。加快建设湖里人工智能创新产业园、智能制造产业园，积极申建国家级人工智能创新试验区和产业示范园区，加快培育建设人工智能产业创新集群。打造人工智能深度应用场景，推动人工智能在智能制造、智能金融、智能物流、新文娱等重点领域开展人工智能应用试点示范，加快推进人工智能在医疗、教育、零售等领域创新应用。支持清华海峡研究院搭建国内首个完整的人工智能产业创新体系，完善人工智能产业发展生态，努力建成全国人工智能产业应用示范区。

（二）产业数字化转型领域

1. 打造传统制造业数字化转型示范区

深入实施“上云用数赋智”行动，分行业、分区域建设一批中小企业数字化转型促进中心，促进中小微企业“上云上平台”，支持龙头企业和平台企业为上下游及中小微企业提供数字化转型技术服务，打造行业级和集群式数字化转型解决方案，树立一批具有行业代表性的数字化转型标杆企业。构建数字供应链，协同推进供应链要素数据化和数据要素供应链化，打通产业链上下游企业数据通道，支持产业以数字供应链打造数字生态圈，支撑产业链现代化。实施“5G+ 工业互联网”创新工程，加快培育一批面向重点行业重点领域的工业互联网平台，搭建面向工业设计和智能制造的公共服务平台以及工业软件测试验证平台。实施“机器换工”，推广传感器、工业软件、网络通信系统、新型人机交互等应用，推动友达光电、路达卫浴、建霖卫浴、金龙客车、金旅客车等制造企业的生产方式向柔性、智能、精细转变，实现传统企业智能化改造，打造一批智能制造标杆工厂。推动传统产业供应链数字化重构，发展 C2M 数字工厂等新业态新模式。

2. 打造“数字生活新服务”标杆示范区

大力培育数字金融、智能零售、智慧旅游、供应链物流、无接触配送等新模式新业态。一是大力发展数字金融。发展智慧移动支付、证券智能投顾、保险科技、金融客户画像及大数据风控等业务，实现流程再造、产品服务创新和内部风险控制等方面的优化升级，积极争取参与国家数字货币研发与投放试点工作。二是全面推广新零售。鼓励大型超市、电商平台、社区生鲜连锁店开拓线上销售渠道，推广“线上下单、肉菜到家”模式，线上建设网上超市、智慧微菜场，鼓励开展直播电商、社交电商、社群电商、“小程序”电商等智能营销新业态。加快发展跨境电子商务，加快服务贸易数字化进程，推动厦门产品和服务“走出去”。三是发展智慧旅游。拓展旅游大数据应用，推出精品文旅 IP，激活文旅体验经济，形成新的消费增长点，开启智慧景区、智慧酒店、智能导览系统、AI 客服、大数据监控与指挥平台、生物识别电子门票等 5G 应用场景，构成智慧旅游产业生态体系。四是发展供应链物流和“无接触”配送。建立面向企业用户的一体化智慧供应链管理服务体系，为生产企业提供采购物流、入厂物流、交付物流、回收物流等精细物流服务，探索仓储融资、订单融资、物流保险等供应链金融服务，推动无人配送在零售、医疗、餐饮、酒店、制造等行业应用，推进社区储物设施共享，保障“最后一公里”送达。

（三）城市数字治理领域

1. 打造城市“数治”新范式

打造科学化、精细化、智能化的超大城市“数治”新范式，融合应用数字孪生城市、大数据与人工智能等技术，推动城市“规建管用”一体化闭环运转，实现城市决策“一张图”、城市治理“一盘棋”。一是要一体化建设城市运行体系。依托电子政务云，加强各类城市运行系统的互联互通，全网统一管理模式、数据格式、系统标准，形成统一的城市运行视图，推动硬件设施共建共用，加快形成跨部门、跨层级、跨区域的协同运行体系。二是深化建设“智慧公安”。高标准推进平安城市建设，实施科技强警，再造现代警务流程，切实提高数据利用能力，推动信息新技术在大人流监测预警、城市安防、打击犯罪等领域深度应用，打造国内智慧警务标杆。三是建设运行应急安全智能应用体系。在消防、防灾减灾、安全生产、危险化学品管理等城市安全重点领域，实现全环节全过程预警监管处置。推动物联传感、智能预测在给排水、燃气、城市建设领域的应用，全面提升城市运行安全保障能力。加强公共卫生安全信息化保障，建设食品药品信息追溯体系和公共卫生预警体系。推动实时数据分析、计算机视觉等在智能交通领域的应用。四是以党建为引领，加强数字赋能多元化社会治理，充分利用数字化广泛覆盖的信息网络，借助先进的科学技术，建立风险模型进行分析、精准预测，增强对重大安全事故、烈性流行病、网络安全等问题的防范能力，推动隐患治理超前化。

2. 打造智慧民生示范区

加强政府、企业、社会等各类信息系统的业务协同、数据联动，打造智能便捷的数字化公共服务体系，持续提升城市生活品质。一是结合新技术和新制度的供给，以数字化推动公共卫生、健康、教育、养老、就业、社保等基本民生保障更均衡、更精准、更充分，建设优质数字教育资源库，打造“空中课堂”等线上教育品牌，提升互联网医院、远程医疗、智慧养老等服务能力，加快推进厦门市健康医疗大数据中心建设。二是要发挥社会和市场活力，推进商业、文娱、体育、出行、旅游等质量民生服务数字化新模式、新业态健康发展。三是加快城市公共设施的数字化转型，构建数字商圈平台、社区智慧物流网络、新能源设施终端等生活“新基建”。四是加快新闻出版、广播影视等行业融入数字化进程，不断丰富数字文创、数字内容等相关服务供给。五是要着力解决“数字鸿沟”问题，倡导各类公共服务“数字无障碍”，面向老年人和残障人士推进相关服务的适应性改造，创造无处不在、优质普惠的数字生活新图景。

3. 打造数字化营商环境试验区

充分利用云计算、大数据、移动互联网等新兴技术，重点推进涵盖网络、资源、平台等内容的政务一体化，实现政府资源整合、流程优化和业务协同，提升政府管理和公共服务的水平和效率。推动政务流程革命性再造，从以政府部门管理为中心向以用户服务为中心转变，梳理优化部门内部操作流程、办事及处置流程，简化优化办事环节，实现高效办成“一件事”，提升“i 厦门”一站式公共服务信息平台功能，实现各类公共服务的一站式受理。

（四）数字经济开放合作领域

1. 打造数字贸易先行示范区

培育推广数字展览、数字营销、数字文化、跨境电商等数字贸易新业态新模式，加快推进厦门软件园国家数字服务出口基地建设，打造数字贸易的重要载体和数字服务出口的集聚区，建设数字贸易交易促进平台，促进境内外数字经济资源、内容、产品、服务和项目的展示、交流和对接，提供数字版权确权、估价和交易流程服务。推进“丝路海运”信息化平台建设，促进港口、航商、物流企业与口岸单位信息资源融合，为“丝路海运”联盟成员提供高质量商业数据服务。提升厦门跨境电商综合试验区建设水平，拓展与“一带一路”沿线国家和地区跨境电商合作，打造“丝路电商”核心区。打造跨境电商海外仓大数据服务平台、海上丝绸之路产业互联网创新合作平台，建设“数字丝路”经济合作试验区。

2. 打造面向金砖国家的数据合作试验区

加快建设厦门金砖国家新工业革命伙伴关系创新基地，深入推进政策协调、人才培养、项目开发等领域合作，推动中俄数字经济研究中心建设，探索建立交叉学科发展特区。探索创新金砖国家数据融通和安全治理机制，以离岸数据中心、国际互联网交换中心、国际互联网转接等核心业态，带动发展数字贸易、国际金融、离岸数据服务外包、互联网创新孵化等关联业态。加快工业互联网标识解析二级节点等新型基础设施项目建设，加快建设国际互联网数据专用通道，分类分步放开通信行业。

3. 打造厦台数字融合示范区

推进海峡两岸集成电路产业合作试验区、两岸数字经济融合发展示范区建设，吸引台湾集成电路相关企业来厦投资配套产业，有序推动集成电路设计、封装、测试和智能终端等上下游产业集聚发展。建设数字“第一家园”对台一体化服务平台，打造台胞台企登陆第一家园。

四、对策建议

牢牢把握数字技术发展方向，深入实施数字经济创新发展工程，进一步激活新要素、培育新动能、探索新治理、建设新设施，推进数字产业化、产业数字化和数字化治理，打造全国数字经济示范区。

（一）夯实新基建，牢筑示范区建设基础

1. 打造信息高速公路升级版

超前布局新一代网络基础设施，建设移动网、固网“双千兆城市”。全面推进互联网协议第 6 版（IPv6）部署应用，以教育科研、智能制造、政务外网、智慧金融等领域为重点，加快专用网络、应用、终端升级改造，提升端到端贯通能力。强化基于 IPv6 的特色应用创新，推动用户规模和业务流量双增长。推进 5G 网络实现全市域连续覆盖，推动 5G 网络应用场景示范，确保全市 5G 网络发展水平走在全国前列。加快建设北斗卫星导航定位基准站等配套设施，谋划建设卫星互联网基础设施，推进空天一体化通信网络发展。加快下一代互联网新型体系结构和前沿技术应用研究，推动成果转化和示范推广，提升网络信息技术自主创新能力。

2. 部署建设工业互联网基础设施

积极推动建设工业互联网标识解析二级节点，并规模开展标识解析集成创新应用，培育健康有序的工业互联网标识解析产业生态。推动基础电信企业与工业企业运用 5G、窄带物联网（NB-IoT）、工业 PON、时间敏感网络（TSN）、边缘计算、区块链等技术，推进工业互联网企业内、外网络改造升级。积极培育跨行业、跨领域的工业互联网平台，建设一批面向特定行业、特定区域、特定场景的企业级平台。引导工业企业设备和业务系统上云。

3. 推进超算中心和大数据中心建设

全面推动全市大数据中心建设，打造数据中心载体，深化云服务模式，完成政务数据中心整合，建设统一云监管平台，加强对全市各领域的信息化支撑。加快推进中国电信海峡枢纽数据中心、中国移动（厦门）数据中心、厦门联通骨干云池数据中心、厦门健康医疗数据中心等建设。大力发展云计算中心、边缘计算中心和智能计算中心，积极谋划市级超算中心，建立多层次算力供给体系。加快推进厦门鲲鹏超算中心建设，持续引入专业云服务机构，为用户提供海量存储、海量计算、大数据集群、云搜索等多样化的新型超算服务，促进鲲鹏生态的形成，推动厦门成为全球人工智能基础设施领先城市。

4. 高标准推进“城市大脑”建设

加快构建“1 个智慧总平台 +N 个功能分平台 +3 个保障体系”的城市大脑平台框架，加快城市大脑建设的系统集成。建设城市大脑基础平台，以城市数据资源融合共享为主线，打造感知、联结、计算、运用“四位一体”的城市大脑，赋能经济社会高质量可持续发展。建设数据中枢，形成汇聚、治理、共享、分析、开放的数据支撑体系，构建统一对外数据服务能力。建设应用支撑中枢，提供公共业务支撑和技术支撑，形成便捷部署能力。建设人工智能中枢，构建 AI 算法模型库，支撑城市各类智能化场景应用，提供人工智能算力。建设区块链中枢，构建平台化、标准化、组件化的区块链基础设施，为电子证照、信用监管等各类应用提供统一的区块链基础能力。深化城市大脑的场景运用，重点推进政务服务“一网通办、一掌通办”，公共服务“一码通行、一脸通行”，城市治理“一屏通览、一网通管”，提升政府依托大数据的分析决策能力。

（二）聚焦新技术，激活示范区发展不竭动力

1. 构建高水平创新体系

支持建设数字经济与实体经济融合的国家重点实验室、国家工程实验室、国家技术创新中心等国家级重大创新载体。联合公安部三所、杭州安恒、厦门瑞为、医渡云等单位，建设产学研用结合的高水平开放式协同创新平台。围绕重点产业布局，引入大院大所，着力引进工信部电子五所、中国信通院、清华大学、哈尔滨工业大学、西安交通大学、电子科大等来厦设立分支研究机构。支持厦门大学、华侨大学、集美大学、厦门理工等省内高校院所联合国内外一流科研机构和龙头企业，建立数字经济领域的新型研发机构、创新实验室，建设产学研用结合的高水平开放式协同创新平台。加快新松机器人厦门研究院、柔性电子研究院、未来显示研究院等研发机构建设。加快促进跨境研发活动便利化，探索与国际接轨的创新要素流动制度。推进数字经济企业对内外开放，加快融入区域乃至全球产业链分工体系，积极参与新生产模式下的全球协同制造体系。

2. 加强重点领域核心技术攻关

持续推进实施重点领域研发计划，着力突破集成电路制造相关设备和材料、基础软件、工业软件等面临“卡脖子”风险的重点领域。在人工智能、区块链等新技术领域实施“强核”行动，重点开展人工智能和区块链技术基础理论、核心算法及关键共性技术研究，扩大区块链技术在供应链管理、移动支付、电子存证等领域应用。在新一代通信网络、8K、量子信息、类脑计算等前沿技术领域启动一批基础性、前瞻性

重大专项。

（三）培引新企业，汇聚示范区建设磅礴力量

1. 强化头部企业引进

编制全球数字经济产业重点招商项目库，重点引进和壮大一批世界级龙头企业项目，支持全球知名企业来厦设立企业总部、研发中心。面向北京、上海、深圳、杭州等数字经济较为发展的城市，紧盯数字经济领域核心优势突出、市场前景广阔、带动效应明显的重点行业，强化项目合作洽谈、资源要素招引，大力引进领军型、平台型、创新型企业。依托落户企业开展以商招商、补链招商和配套招商，引进其核心配套企业、产业链上下游企业、关联企业来厦共同发展，共同分析价值链，促进产业链裂变重构，加速萌发新产业、新业态、新模式。

2. 实施梯度培育计划

建立数字经济企业库，推动落实国家关于加大对创新产品和服务的政府采购政策，试行对创新产品与服务的远期约定政府购买制度，支持企业做精、做优、做强。选取发展速度快、竞争力强、发展前景好的“瞪羚企业”，通过提供稀缺资源、纳入采购目录、给予跟进投资、优先纳入特许经营招标范畴等方式，加快培育一批潜在独角兽企业。在潜在独角兽企业中发现挖掘一批国内外细分行业“隐形冠军”，通过实行“一企一策”，助推其成长为独角兽企业或行业领军企业。

（四）集聚新人才，加码示范区建设智力支撑

1. 大力培育引进创新型企业家

加快建设创新型企业家队伍，培养和引进一批具有全球战略眼光、市场开拓精神、管理创新能力和社会责任感的优秀企业家。厚植企业家生根发展的土壤，尊重企业家社会贡献和社会地位，为企业家提供良好的生活工作环境和公平竞争机会，不断激发企业家创新活力和创造潜能。搭建数字经济领域综合平台，链接相关联盟、园区、协会、风投机构等，跟踪发现、合作引进国内外高水平的数字经济产业链上下游企业、机构、领军人物和团队，集聚一批高水平、具有全球影响力的领军人物。加大政策激励，吸引更多的优秀闽籍企业家返乡“二次创业”。

3. 加强数字经济基础人才储备

大力引进“双一流”大学毕业生，在新一轮的人才争夺战中确立厦门优势。进一步扩大和落实高校专业设置自主权，支持高校设置数字经济类跨学科的专业、课程或研究方向。鼓励厦门大学、华侨大学、集美大学等高校以及职业院校、科研院所与企业、园区采取多元化形式合作培养数字经济应用型、技能型、复合型人才。与清华大学、哈尔滨工业大学、电子科技大学等双一流高校开展密切合作，逐步推动数字经济人才培养计划，大批量培养数字经济的适用人才。制定数字人才评测标准，开展大数据专业职称改革试点。

（五）发展新金融，拓宽数字经济企业融资渠道

1. 汇聚数字经济创投资源

依托两岸金融中心、自贸试验区，吸引全国乃至全球知名风投在厦设立法人机构。鼓励创投、产业基金投资在厦数字经济项目，将创投、产业基金及数字经济企业纳入厦门市线下、线上政银企对接范围。

2. 加大信贷支持力度

鼓励银行机构做大创新型企业信用贷款、知识产权抵押贷款、应收账款质押贷款等业务规模，以数字经济企业信用评价为核心为数字经济企业提供信用贷款，支持金融机构通过信易贷平台为数字经济企业提供融资，提供全方位融资增信服务。引导各类信用评级机构面向数字经济企业创新评价方式，改进单纯以规模、收益为指标的企业信用评级体系。探索根据云服务使用量、智能化设备和数字化改造的投入，认定为可抵押资产和研发投入，对经营稳定、信誉良好的中小微企业提供低息或贴息贷款。

3. 发挥产业引导基金带动作用

发挥市区两级产业引导基金杠杆和引导作用，设立厦门数字经济天使基金和数字经济发展基金，通过政府信用吸引民间资本等各领域资金进入创业投资领域，采取直投、引投和跟投方式支持处于初创期、种子期、爆发期的新经济企业发展，为企业发展提供全过程的融资服务。

（六）开发新要素，打造示范区建设新引擎

1. 培育建立数据要素市场

建立公共数据资源目录发布机制和数据供给服务保障机制，强化公共数据供需对接，快速响应企业需求。探索制定数据资源开发和交易制度，依法依规开展数据交易。探索构建涵盖产权界定、价格评估、流转交易、担保、保险等业务的综合服务体系。培育数据开发市场主体，积极拓展数据资源应用场景，为推动企业技术创新应用提供更多“高含金量”场景条件。

2. 推动公共数据资源共享和开放

全面推进政务数据在政务服务事项中共享应用，促进“数据多跑路、群众少跑腿”。聚焦教育、就业、医保社保、卫生健康、便民服务等民生服务领域的堵点难点问题，扩大数据资源共享应用范围，加强行政审批、公共服务、现场执法领域电子证照推广应用。制定公共数据资源开放目录清单，依法有序向社会开放与民生紧密相关、社会迫切需要、产业发展急需的重点领域公共数据资源。建立完善自然人“一人一档”和法人“一企一档”对象库，通过“i 厦门”等平台面向自然人和法人开放。

3. 推进公共数据资源开发利用

在保障公共数据资源公益属性的前提下，成立市场化、公司化运作的市级公共数据资源一级开发机构，推进全市公共数据资源一级开发和授权开放。建设市公共数据资源开发服务平台，提供面向企业、科研院所、社会机构的场景化公共数据建模、分析、挖掘等基础服务和应用环境支撑。建立公共数据资源开发应

用场景库，创新推出一批便民利企数据产品和数据服务。依托数字中国创新大赛，开展系列数据开发竞赛，推进数字技术、产品创新应用。探索建立公共数据资源开发技术相关标准体系。

（七）探索新治理，破除示范区建设体制障碍

1. 推进公共服务协同供给的制度创新

加强顶层设计与统筹协调，推动硬件设施共建共用，以强化系统集成、业务协同为出发点和落脚点，推动各类城市运行系统的互联互通。与腾讯、华为等头部企业开展合作，统筹规划城市大脑架构，打造成为城市治理体系和治理能力现代化的重要平台。探索建立政府、互联网平台企业、行业协会等共同参与、有效协同的治理机制，加快形成跨部门、跨层级、跨区域的协同运行体系。

2. 建立动态包容性的审慎监管制度

深入落实“管行业也要管数字化转型”的新理念新要求，推动管理手段、管理模式、管理理念变革。针对监管碎片化、监管滞后、监管缺失并存的现状，尽快梳理政策法规，进一步细化和具体化包容审慎、鼓励创新的监管原则，探索建立试错容错机制。深化互联网医疗、在线教育等领域“放管服”改革，搭建互联网医院监管平台，确保事前提醒、事中监控、事后追溯，确保线上诊疗的安全性。探索适用于新业态新模式“沙盒”监管措施，在严守安全底线的前提下为新业态发展留足空间。

3. 完善灵活用工制度

进一步放宽灵活就业人员参保条件，开展新就业形态人员职业伤害保障试点，对不适用现行劳动保障法律法规的新就业形态人员，指导用工需求方与其协商签订协议，合理确定劳动报酬、休息休假、安全保护等基本权益。发挥行业主管部门和行业协会的作用，对灵活就业人员的工作时间、职业伤害等问题制定行业规范，积极鼓励社会力量投入，为企业提供高效便捷的市场化服务。适应共享经济用工模式快速增长的需求，支持发展共享用工，为灵活就业者打造线上管理服务平台，如探讨“互联网＋税筹”平台，集合共享用工众包＋资金结算＋委托代征＋个税核定等功能，完善行业运营模式和健全税务监管服务机制。

4. 完善知识产权保护制度

发挥厦门特区立法权的优势，重点完善创新激励、知识产权保护等方面的法规规章。进一步发挥厦门知识产权法庭的作用，充分利用先进技术加强知识产权审判能力建设。探索建立电子诉讼平台，实现立案申请线上提交，案件审理网上进行。探索利用区块链和人工智能技术解决网络侵权的取证、存证和认证难题，推动区块链智能合约技术落地应用，实现链上数据与链下司法信息系统深度融合利用。

【参考文献】

[1] 黄榆舒 . 厦门培育消费新业态新模式研究 [J]. 厦门特区党校学报，2021(1).

[2] 江小涓 .“十四五”时期数字经济发展趋势与治理重点 [N]. 光明日报，2020-09-21（16）.

[3] 高太山，马源 . 中国数字经济发展的问题、机遇和建议 [J]. 中国经济报告，2020（2）.

[4] 杜悦英 . 优化营商环境 添翼数字经济 [J]. 中国发展观察 ,2020(Z6).

[5] 王志辉，王玉安，徐鹏 . 以国家自创区为引领探索全球领先的新经济制度 [J]. 新经济导刊 ,2020(1).

[6] 尧戈 . 人工智能重新定义生产力和生产关系 [J]. 上海企业 ,2021(8).

[7] 冯娟 . 基于价值规律的我国供给侧结构性改革研究 [J]. 当代经济管理 , 2021，43（3）.

[8] 岳振欢，高峰 . 国内先进省市新经济产业发展综述及经验启示 [J]. 科技中国 ,2021(7).

课 题 组 长：黄榆舒
课题组成员：彭朝明　彭梅芳　许　林
　　　　　　欧阳元生　林　敏　王成龙
课 题 执 笔：黄榆舒

第十五章

厦门产业数字化转型的思路与对策研究

产业数字化是指在新一代数字技术支撑和引领下，以数据为关键要素，以价值释放为核心，以数据赋能为主线，对产业链上下游的全要素数字化升级、转型和再造的过程。推动产业数字化转型是厦门构建现代产业体系、提升产业核心竞争力、实现高质量发展的必由之路。

一、发展情况

（一）行业数字化转型步伐加快

一是制造业数字化转型成效显著。截至 2021 年，厦门有超 3000 家中小企业上云，建成 16 个数字化样板工厂（车间），运动器材、卫浴橱柜等传统制造业“机器换工”趋势明显，平均提高工效约 4 倍。二是服务业新业态新模式不断涌现。跨境电商、直播经济、社区新零售等新商业模式蓬勃发展，设立福建省首个跨境电子商务综合试验区，形成寨上、象屿、机场、海沧四个重点跨境电商产业园区，元初、天虹等传统门店数字化转型升级步伐加快。远海码头建成全球首个 5G 全场景应用智慧港口，物流效率提升约 20%。

（二）各类支撑平台加快建设

一是工业互联网建设稳步推进。工业互联网平台逐步成为企业数字化转型探索的关键抓手，已培育引进华为、摩尔元数等一批跨行业跨领域云服务平台，建设奥普拓、链石等一批优秀行业应用云平台，共培育工业互联网平台 3 个、各类优秀工业 App53 个，有力支撑产业数字化转型。二是各类创新平台加快集聚。引进 IBM、微软、SAP 等创新赋能中心，发布 82 个制造业创新发展赋能平台，培育 67 个产业创新与服务公共平台。

（三）新基建支撑产业数字化转型能力持续提升

一是信息网络基础设施建设加快推进，“千兆厦门”建设成效明显。厦门市固定宽带家庭普及率 165.84%，为全省第一位。全市 4G 基站数 2.4 万个，5G 基站数超 8000 个。5G 基站已基本实现重点产业园区、重要行业区域、市政服务区域、城市交通枢纽以及高校区域 5G 覆盖，支撑智慧港口、智慧公交、智慧医疗等 5G 典型应用率先开展。二是算力基础设施加快建设，全市 6 个数据中心提供机架 7500 个，规划在建机架 1.6 万个。鲲鹏超算中心一期工程已投入使用，算力达 3000 万亿次每秒。三是"城市大脑"启动建设，将逐步汇集整合城市运行的全时空、全方位、全要素的大数据资源，强化城市数据响应、汇集和实时分析能力。

（四）产业数字化生态建设不断优化

近年来，国家高度重视产业数字化转型发展，陆续出台了《关于推动工业互联网加快发展的通知》《中小企业数字化赋能专项行动方案》《关于推进"上云用数赋智"行动培育新经济发展实施方案》等，鼓励企业进行数字化转型。厦门市也高度重视数字经济的发展。一是加强"数字厦门"顶层设计和统筹协调，成立"数字厦门"建设领导小组，组建了厦门大数据局，筹划组建"数字厦门"专家委员会。二是加大资金扶持力度。出台《厦门市"企业上云"行动计划（2018—2020 年）》，从市和区两个层面对新使用云服务的本市企业给予补贴，大大降低了企业上云的成本。陆续出台了 5 个专项政策，覆盖集成电路、工业软件、人工智能、信创等信息通信技术关键核心领域，每年兑现资金近 2 亿元。设立产业投资基金 22 只，总规模 2000 亿元，重点扶持孵化新业态新模式新技术。

二、存在问题

（一）补贴政策范围较窄

厦门对企业数字化转型的补贴方式和补贴范围还存在着诸多问题，概括来说就是对硬件补贴多，对软件补贴少；对数字化方案提供者补贴多，对数字化方案的使用者补贴少。目前厦门对工业企业数字化转型的补贴方式主要是技改补贴，即按年度给予不超过设备投入 10% 的补贴，单个项目累计最高 1000 万元补贴。而对于企业购买数字化咨询服务或购买软件对业务流程、客户服务、营销体系等进行数字化改造没有补贴，这在一定程度上影响了企业整体数字化转型的积极性。

（二）支撑产业数字化转型的平台较少

一是缺少跨行业、跨领域的综合性工业互联网平台，缺少大的平台服务商，目前完成软件开发云和智能制造云服务企业备案的平台服务商数量较少。二是缺乏工业互联网龙头项目引领，虽然天马微、金龙等重点企业在各自领域具有较强竞争优势，但数量偏少，且这些纳入智能制造试点示范的企业，以企业内部智能化改造为主，多数不具备向外输出技术和同行业解决方案的能力。

（三）企业数字化改造成本偏高

数字化转型是一项庞大、复杂的工程，从工业基础软件到数字化生产线和智能化生产设备的购买再到系统运营和维护，从基础设备更新到组织人力的培训，覆盖企业生产、运营、营销、人力资源等各个方面，需要持续不断的资金投入，且很多投入是无形的，回报周期长，无法预知成效。中小企业普遍存在数字化基础弱、改造资金不足等问题，大多企业难以承受一套数百万元的智能化生产线投入及后续的运维服务成本。近年来，厦门虽加快推广低成本、快部署、易维护的数字化转型产品和服务，市区两级给予上云企业不超过实际上云费用 80%~100% 的补贴，但是由于企业内部网络带宽改造升级成本依然偏高，数字化转型步伐还比较缓慢。

（四）适应数字化转型的复合型人才匮乏

一是高端人才缺口较大。受产业规模小、薪酬与房价差距过大、高校专业设置与本地制造业智能化的需求不匹配以及国内各城市“抢人”力度加大等因素影响，厦门在培育、引进和留住人才方面面临较大挑战，互联网、人工智能、大数据等高端人才缺口较大。二是复合型人才匮乏。产业数字化需要大量既懂信息化又懂具体产业发展的复合人才，但具有“数字 +”行业应用经验的跨界复合型人才不多，且大部分信息技术人才求职偏好倾向于软件企业，而不愿意到制造业企业就业。高端人才和复合型人才的结构性短缺已成为制约厦门产业数字化创新发展的重要瓶颈。

（五）核心数字技术及第三方服务供给不足

一是工业基础软件严重依赖国外。当前工业企业使用的绝大部分工业软件和计算软件都是国外的，包括二维制图软件 AutoCAD，三维制图软件 Solidwork、UG，数学计算软件 Mathematica，有限元分析软件 ANSYS 等，正版高端软件价格昂贵，且在新的国际环境下，一旦对我国实施禁用，整个产业链将会遭受重大打击，这使制造企业面临着巨大的潜在风险。二是中小企业核心数字技术供给不足，数据采集利用水平较低。由于技术水平低，厦门大多数企业对大数据的开发应用还处于起步阶段，主要集中在精准营销等有限场景，未能从业务转型角度开展预测性和决策性分析，没有更深层次挖掘数据资产的潜在价值。三是第三方服务供给不足。目前市场上的方案多是通用型解决方案，无法满足企业、行业的个性化、一体化需求。厦门在工业互联网、大数据、云计算、人工智能等领域的企业普遍规模不大，大多数软件信息企业所提供的服务仅能满足中小企业的数字化转型发展的需求，而无法满足规模较大、数字化发展程度较高企业的需求。

三、重点领域

抢抓新一轮科技革命和产业变革重大机遇，以“产业数字化”为主线，从供给侧和需求侧双向发力，大力培育数字经济产业新技术新业态新模式。

（一）以数字化转型重塑制造新优势

深化制造业数字化转型。推进互联网、大数据、云计算、人工智能、区块链等数字技术在制造业领域的全面渗透和深度融合应用，推动智能制造装备和生产服务质量的全面提升，提升制造业供给水平。一是深入实施“上云用数赋智”行动。按照不同行业打造一批数字化转型标杆企业，建立不同行业企业数字化转型公共服务平台和服务商名录库。推动制造企业开展工厂内网络升级改造，加快工业互联网创新应用，推进网络协同制造、大力发展个性化定制，促进制造业产业链、供应链、价值链的融会贯通，提升制造业运行水平。二是推动“机器换人”。以国家首台（套）重大技术装备与智能制造装备认定等项目为牵引，推动高端装备研制、推广，逐步提升高端装备使用比重。研发智能制造相关的核心支撑软件，推动技术变革，提升制造业创新水平。

（二）以数字化推动服务业高端化发展

加大服务业创新投入，创新数字化服务模式。大力发展数字金融，鼓励金融机构发展智慧移动支付、证券智能投顾、保险科技、金融客户画像及大数据风控等业务，实现流程再造、产品服务创新和内部风险控制等方面的优化升级，持续推动数字人民币落地推广。全面推广新零售，鼓励大型超市、电商平台、社区生鲜连锁店开拓线上销售渠道，推广“线上下单、肉菜到家”模式，鼓励开展直播电商、社交电商、社群电商、“小程序”电商等智能营销新业态。推进贸易数字化转型，不断完善跨境电子商务公共服务平台通关、跨境支付、退缴税、结售汇、物流仓储等功能，加快建立外贸数字化营销新模式，助力贸易型企业在内部管理、组织架构、运营模式等方面的数字化、智能化水平进一步提高。加快服务贸易在数字领域的发展，依托厦门软件园国家数字服务出口基地，加快数字贸易发展和数字技术应用，推动数字技术与服务贸易、实体经济深度融合，培育一批具有较强市场竞争能力和国际影响力的服务贸易行业和龙头企业。发展智慧旅游，拓展旅游大数据应用，激活文旅体验经济，形成新的消费增长点，开启智慧景区、智慧酒店、智能导览系统、AI 客服、大数据监控与指挥平台、生物识别电子门票等 5G 应用场景，构成智慧旅游产业生态体系。发展供应链物流，建立面向企业用户的一体化智慧供应链管理服务体系，为生产企业提供采购物流、入厂物流、交付物流、回收物流等精细物流服务，探索仓储融资、订单融资、物流保险等供应链金融服务。

四、对策建议

牢牢把握数字技术发展方向和经济发展趋势，大力推进产业数字化转型，进一步培育产业数字化赋能载体，夯实产业数字化发展基础，深化产业数字化应用，推动产业数字化创新，培育数字化专业人才队伍，构建产业数字化转型的新生态。

（一）培育产业数字化赋能载体

1. 开展“产业大脑”建设

借助“城市大脑”建设，建设厦门“产业大脑”综合支撑系统，实现产业数据标准化、智能化和业务服务化。分行业开展“产业大脑”建设，在集成电路、机械装备、文化创意、旅游会展等优势产业和厨具、卫浴等传统产业率先形成产业大脑示范应用，探索细分行业“产业大脑”数字化标准、制度、技术规范和建设运营机制，建成一批具有厦门特色和代表性的应用场景。

2. 持续完善产业互联网平台体系

大力推动跨行业和跨领域的综合型工业互联网平台、面向重点行业和区域的特色型工业互联网平台、面向特定技术领域的专业型工业互联网平台的建设与发展。大力发展厦门优势制造行业的工业核心软件，支持高端工业软件、新型工业 App 的研发和应用，支持研发设计类、生产调度和过程控制类、业务管理类等工业软件产品和解决方案研发应用，支持开展产业集群工业互联数字化转型试点。以打造活跃完善的工业互联网产业生态为主线，着力推进工业互联网网络建设改造与优化，加快发展工业互联网平台，提升产业关键支撑能力与综合集成水平，促进工业互联网融合应用。鼓励龙头制造企业整合行业资源，开发和推广行业工业互联网平台，打造国家级工业互联网平台。支持火炬（翔安）产业区、同翔高新城创建“互联网＋先进制造业”特色基地。

（二）夯实产业数字化发展基础

1. 加快新网络基础设施建设

大力推进5G、NB-IOT、IPV6等新一代网络基础设施建设，持续推进“双千兆”（千兆光网和5G）光网城市建设。持续推动电信运营商的提速降费，进一步提高中小企业的宽带速率，畅通企业到云端的主干道。加快建设国际互联网数据专用通道，开展数据跨境传输安全管理试点。推进厦门工业互联网标识解析综合型二级节点建设，加快形成面向各行业的规模化标识解析服务能力，实现跨区域、跨行业的产业信息共享和信息互通。构建城市物联感知体系，依托城市大脑中枢平台，推动公共安全、交通、市政设施等领域智能传感设备优化升级和互联互通，实现城市治理、公共服务和社会管理等运行数据的全面感知和预警预测。

2. 加快新算力基础设施建设

加快中国电信海峡枢纽数据中心、中国移动（厦门）数据中心、厦门联通骨干云池数据中心等提质扩容。推进厦门鲲鹏超算中心、百度智能云、腾讯厦门云等项目建设，持续引入专业云服务机构在厦布局区域云计算中心、行业数据中心，建立多层次算力供给体系。

3. 加快新融合基础设施建设

高站位、高标准、高水平推进“城市大脑”、数字孪生城市建设，优化提升“i厦门”一站式公共服务信息平台功能，构建全市统一的电子政务网络、政务云数据中心、政务办公平台，拓展各类数字服务应用场景，为“数字厦门”提供基础支撑。推动数字化建设与数字产业发展融合发展。围绕“城市大脑”项目建设和智能制造、智能交通、智慧物流、数字金融、数字商贸等产业数字化核心领域，策划生成各类应用场景，发布需求清单，开展“数据招商”“场景招商”，吸引行业龙头企业和本地优势企业积极参与，打造最佳应用实践，帮助本地企业发展，吸引外地企业落户，打造产业协同创新基地及生态联盟。

（三）深化产业数字化应用程度

1. 实施企业数字化改造

继续深入实施“上云用数赋智”行动，按照不同行业打造一批数字化转型标杆企业，建立不同行业企业数字化转型公共服务平台和服务商名录库。推动行业龙头企业“采购”“生产”“销售”等核心业务系统云化改造，打造工业互联网标杆工厂和C2M数字工厂，带动产业链上下游企业业务系统云端迁移。支持重点工业互联网平台云服务商研发针对不同行业中小企业的需求场景，开发成本较低、部署较快、使用便捷的企业数字化解决方案，提升数字化转型服务能力。鼓励通过“定向云券”等方式进一步降低企业上云门槛和成本，推动补贴申请实现“免申即享”，减轻企业负担，推动中小企业加快数字化转型。

2. 推进数字化园区建设

大力推进数字园区建设，加快出台厦门产业园区数字化建设提升标准，将5G、云计算、大数据、人工智能等新一代信息技术纳入新产业园区建设内容，建设一批数字化、网络化、智能化的未来智慧园区。鼓励火炬、软件园、翔安数字经济产业园等已建产业园区按照园区数字化建设标准升级改造，建成一批数字化科技园示范点。引导行业数字化转型服务商、第三方机构、行业协会等，会同园区骨干企业组建联合体，为园区企业提供数字化转型解决方案，大力发展"中央工厂"、协同制造、共享制造、众包众创、集采集销等新模式，加快园区内各企业之间、企业与园区管理平台之间的数字链接。利用腾讯云的"星·园计划"，以园区管理运营方为纽带和服务平台，从数字资源补贴、生态资源助力、技术护航等维度，打造园区"云上新基建"，为园区内的企业提供支持。

（四）推动产业数字化创新发展

1. 加强重点领域核心技术攻关

开展共性关键核心技术攻关。建立5G、工业互联网等企业数字化转型关键技术研发攻关发展路线图，加强关键技术产业和垂直领域关联产业的龙头企业培育和相关企业的分类引导，定期对工业互联网关键技术进行征集和分析，梳理攻关项目，组织重点企业、科研院所联合攻关，推进人工智能、区块链、数字孪生、电子元器件、基础软件等融合发展关键技术产业补短板、锻长板。建设核心技术产业创新发展载体。支持重点企业、高校、科研院所开展协同创新，建设产学研用一体化平台和共性技术公共服务平台；培育国产工业软件创新中心、工业互联网创新中心（平台）、数字化转型双创平台，打造厦门工业App汇聚平台，培育第三方工业App应用商店品牌。

2. 加快新技术与产业的融合

加快推进5G、大数据、人工智能、区块链等技术与制造业深度融合，实施"5G+工业互联网"工程，支持工业企业联合大数据技术企业，开展数据采集及建模分析，提升经营水平和生产效率。加快推动区块链技术在网络化协同制造中的应用，支持设备数据共享、跨界多方协作、事前事中监管等。推动产业互联网和消费互联网贯通发展，推进智慧口岸建设，大力发展数字贸易，助力提升产业链供应链的安全性、稳定性。

（五）培育数字化专业人才队伍

1. 引进培育数字专业技术人才

大力引进国内外数字经济产业高层次人才来厦门工作，加快制定并落实配套保障政策，努力做好子女入学、住房保障、税收优惠等公共服务。充分发挥本地高校、职业院校、科研院所的带动牵引作用，加快开设数字经济产业相关的专业或课程，使高校专业设置与本地制造业智能化的需求进一步匹配。鼓励高校与企业共建联合学院、联合实验室、联合项目、假期集训营、实习基地等，将本地高校培养的数字经济人才留在厦门发展。与华为等龙头企业共建产业转型升级人才培养基地，多元化多形式合作培养数字经济应用型、技能型、复合型人才。探索建立数字经济产业链劳模工作室联动机制，在企业生产一线大力推进劳模、工匠人才创新工作室建设。推荐数字人才创新发明项目参加大赛，对优秀项目给予资金扶持，培养数字技术发明人成长为“数字工匠”。

2. 引进培育数字化干部人才

善于获取数据、分析数据、运用数据，是领导干部做好工作的基本功，要用数字技术为领导干部赋能。鼓励市委党校开设数字化转型的相关课程，提高各级领导干部的专业化能力，促进他们不断学习数字化新知识新本领，掌握和遵循城市发展规律，培养运用数字化思维解决实际问题的能力。拓宽公务员队伍来源渠道，围绕数字经济领域面向社会招聘一批专业技术人才，进一步畅通国有企事业单位、研究院所的优秀人才进入公务员队伍渠道，提高数字化专业人才比重，优化公务员人才结构。

3. 提升企业管理人员数字素养

以“城市大脑”平台、“产业大脑”平台为依托，帮助中小企业构建自己的内部培训平台，通过长效的教育培训管理，提高企业管理人员数字素养，逐步消除数字化转型的认知瓶颈。定期举办数字化转型高峰论坛和沙龙，为政产学研用多方搭建数字化转型发展交流平台。实施数字化转型与智能经济领导力高级人才研修培训计划，进一步提升企业管理人员的数字化思维和数字化转型能力。

（六）构建产业数字化转型生态

1. 加大应用场景供给

进一步开放数字经济应用场景，聚焦人工智能、区块链、5G、工业互联网、北斗与卫星互联网等技术应用领域，面向全市企业公开征集数字经济应用场景，定期发布数字经济应用场景。构建与厦门数字经济发展重点高度契合的多元化应用场景，建设符合厦门“两高两化”城市特色，有未来爆发潜力的城市大脑、产业大脑、智慧港口、科技秀场等超级场景。拓展为人们衣、食、住、行、游、购、医、娱带来颠覆性体验的无人零售、无人支付、无人物流、共享出行、智能教育、智能安防、智能医疗、智能家居等无人场景、在线场景、共享场景。以翔安机场、东部体育会展新城、国际航运中心等重大项目为契机，以“9·8”投洽会、海峡论坛、金鸡百花奖等重要活动为依托，嫁接新技术新模式，探索设立数字经济应用场景实践区，打造新的场景地标。

2. 加大财税扶持力度

统筹科技创新、工业互联网、电子商务、金融、文化等领域财政专项资金，设立数字化转型专项资金，优化调整重点支持领域和方向，加大对重点企业和重大项目的支持力度。将符合条件的数字化转型领域重大装备和新材料，纳入“首台套”重大技术装备和新材料“首批次”保险政策予以支持。落实好高新技术企业所得税减免、研发费用加计扣除、股权激励等各项税收优惠政策，全面保障数字经济企业特别是中小微企业的发展。对企业购买中介咨询机构提供的数字化转型等服务，按当年购买服务实际支付金额给予一定比例的补助。对通用工业软件实行政府集中采购，进一步降低企业的成本。

3. 完善金融支持政策

充分发挥市级战略性新兴产业引导基金及区级各类产业基金作用，整合现有投资平台，积极联合国际国内数字经济的龙头企业、数字经济领域的顶尖投资机构，共同设立面向数字经济各细分领域的产业基金，放大投资引导效应。支持银行、担保、小额贷款等机构创新融资方式，通过信贷风险补偿、应收账款抵押、融资担保等方式，优先支持数字经济企业发展。鼓励工业互联网、大数据、区块链技术与金融行业相互协作，搭建具有产业引领性的市场化产融对接服务平台，通过开展智能匹配、智能征信、智能风险评估、资金追踪等服务，缓解企业融资难题。

4. 强化数字经济发展空间保障

引导各区发挥比较优势，形成前沿创新、应用融合、新兴领域拓展等数字产业差异化发展路径，推动建设人工智能产业园、区块链产业园、数字经济产业园、金融科技园、国家级网络视听产业基地等一批数字经济发展载体，加大环东海域新经济产业园、软件园三期、科技创新园基础设施投入，集聚企业、项目、人才等优势资源，进一步提升产业平台载体功效。鼓励骨干企业依托产业链加强上下游延伸，打造若干大中小企业协同发展的特色产业园。

【参考文献】

[1] 黄榆舒 . 厦门培育消费新业态新模式研究 [J]. 厦门特区党校学报，2021(1).

[2] 尧戈 . 人工智能重新定义生产力和生产关系 [J]. 上海企业 ,2021(8).

[3] 岳振欢，高峰 . 国内先进省市新经济产业发展综述及经验启示 [J]. 科技中国 , 2021(7).

[4] 杨光 . 青岛构建产业数字化转型普惠服务体系 [N]. 青岛日报，2021-10-24 (001).

[5] 上海市经济和信息化委员会 . 强化高端产业引领 上海全面推进数字化转型 [N]. 中国电子报，2021-12-17 (006).

课 题 组 长：黄榆舒
课题组成员：彭朝明　彭梅芳　许　林
　　　　　　欧阳元生　黄彩霞　王成龙
课 题 执 笔：黄榆舒

第十六章

加快厦门城市大脑建设的对策研究

城市大脑建设已成为构建推动经济高质量发展的体制机制、再创营商环境新优势、引领数字时代政府改革与治理能力建设的着力点和突破口。建设城市大脑是建设“数字厦门”的重要内容，是提升我市未来核心竞争力的重要途径，厦门加快打造城市大脑，能让城市运转更聪明更智慧。

一、发展情况

厦门的城市大脑虽然正处在谋划启动阶段，但厦门信息化建设起步早，在社保服务、就业服务、交通服务、公共安全、宽带网络设施及网络安全等领域具有较高建设水平，走在全国前列，建设城市大脑基础良好。

（一）信息基础设施逐步完善

1. 网络基础设施

厦门固定宽带家庭普及率 101.2%、移动宽带用户普及率 110.4%；企业宽带和专线平均速率 42Mbps，比增 20%；持续推进宽带网络提速降费，取消移动流量漫游费，降低移动流量资费超过 60%；启动了国内首个“宽带地图”建设，建立全市宽带基础网络图形数据库。全市累计建设窄带物联网（NB-IoT）基站 3193 个，实现全城覆盖。建成 5G 基站超 5600 个，实现岛内室外区域基本覆盖和岛外中心城区及重要室外核心区域覆盖。厦门建成工业互联网标识解析综合型二级节点和工业互联网展厅。

2. 数据中心

中国电信海峡通信枢纽中心是按中国电信五星 IDC 标准设计建造的，打造 T3 国际标准，拥有 4000G 主干链路；2020 年鲲鹏超算中心落地厦门电信海峡通信枢纽数据中心，可满足人工智能、基因测序、气象环境等多个高性能计算场景需求。闽西南地区最大的数据中心中国移动（福建厦门）数据中心于 2021 年竣工，加上软件园三期动漫基地、马巷数据中心两座数据中心，共同构成厦门移动同城三大数据中心，成功引入阿里、腾讯、字节跳动、哔哩哔哩、金山云、独创、图纪等互联网企业。

3. 市场主体

厦门着力打造“芯—屏—端—软—智—网”新一代信息技术产业体系，2020 年电子信息产业产值 5000 亿元、2021 年数字经济规模约 4250 亿元，平板显示、计算机与通信设备、软件和信息服务业三大产业产值超千亿元，集成电路高速增长。三五互联、易联众、亿联网络、美亚柏科、罗普特等本土高技术龙头企业相继在 A 股上市；美图、四三九九、吉比特等 5 家企业入选“2021 年中国互联网综合企业百强榜”，获评企业数全国并列第 5；信息集团等 3 家企业获评“2021 年全国软件竞争力百强”。

（二）智慧政府建设加快推动

1. 政务数据库建设加快

厦门市各部门政务信息系统应用不断深化，“多规合一”“公共信用信息平台”“城市公共安全管理平台”“社区网格化平台”等信息化平台建成使用。建成了人口、法人、空间、视频、信用等基础资源库，加上医保、执法、资规等业务数据，共汇聚了 37.4 亿条数据。通过政务云平台，采用虚拟机技术，部署了超过 200 个应用系统，挂接各类服务资源 600 多个。建设厦门市大数据开放平台，第一批开放数据集超过 700 个，服务接口超过 300 个。

2. 政务协同步伐加快

厦门着力打造城市信息资源协同共享的信息枢纽中心，整合各类“掌上办”事项，构建跨部门、跨层级、跨区域的一体化自助终端体系。全面推行“一窗通办，集成服务”，在福建省网上办事大厅可以提供 598 项“一件事集成套餐”服务。113 个审批服务事项实现“秒批秒办”。“全流程网”成为疫情期间办理政务服务的主要模式，“全流程网办”事项达到 1107 项，位居全省第一。在全国首创厦门“e 政务”便民服务站，此项目荣获“2020 政府信息化管理创新奖”。

（三）民生服务数字化显著提升

1. 智慧健康

建立了全市通用的电子健康档案，统一了全市预约挂号平台、医疗云，推进数字化医院建设，建立了全市统一的预交费通用共享服务平台、分级诊疗协作平台，仅“个人健康档案”一项就可以为患者每年节省超过 2000 万的诊疗费用。厦门在乳腺、肺结节、儿科智能辅助诊疗等方面正进行着人工智能的实践，搭建大数据 +AI 科研应用平台。

2. 智慧交通

建成移动支付暨用户资源管理平台、综合出行平台，深化智能公交系统应用，建设智能诱导系统等。对重点路段开展了红绿灯联网联控改造，道路通行效率提高 1.5 倍，交通事故远程定责定损服务定责定损发现率达到 76%，快处率达到 61%，交通大数据分析提高了进出岛和节点要道的通行量及效率，为处置拥堵问题提供了可能性。

3. 智慧教育

"三通两平台"实现全覆盖，2020年升级厦门数字学校平台，建设网络微课程9094门，平台总访问量超1亿次。启动教师信息技术应用能力提升工程2.0，评选43所智慧校园达标学校，遴选100所中小学建设186个人工智能实验室，完成对信息化预算项目评审36个场次。充分利用"i厦门"教育综合服务平台，强化政务信息整合共享，积分入学、小学报名、学费缴交、学生资助等事项均实现网上办理。

4. 智慧社保

在全国首创基于医保电子凭证的全流程刷脸诊疗服务和新生儿医保参保报销秒批服务；在全省率先实现医保服务协议线上网签和线上代开药功能；通过部门间信息共享，优化社保业务流程，实现生育保险待遇和外来人员失业保险待遇的自助办理；通过就业失业登记全程网上经办，实现足不出户就可以完成就业失业登记；厦门被列为首批国家医保智能监控示范点，中期评估名列全国前茅。

5. 其他民生应用

厦门市民卡App是"i厦门"服务体系重要组成部分，集成了16个部门、28类事项、90种应用服务，实现社保卡、医保卡等15张卡的虚拟化业务接入和扫码乘公交、BRT、地铁、轮渡、旅游景区等十大民生高频应用场景，用户数已超过200万人。孵化厦门个人白鹭信用分，注册用户超200万人，推出信用就医、停车、借书、"e鹭安"等66项应用场景，信用免压等惠民金额超4亿元。

二、存在问题

厦门信息化建设起步早，但在城市大脑建设方面步伐较慢，和先进城市上海、杭州等相比较，差距较大。根据综合性评价，厦门比较落后的领域有信息资源开放共享和开发利用、城市管理、城市服务等。城市大脑是建设新型智慧城市的核心和前提，厦门城市大脑建设需努力提升以上领域。

（一）体制机制有待理顺

厦门目前还尚未正式成立城市大脑建设领导小组，数据治理小组力量单薄；大数据局因级别及人员配备等因素，"拳脚施展不开"；大数据局、信息中心及大数据公司在数据管理职权上的划分有待进一步明晰；城市大脑建设的投入机制尚未明确。和信息化、智慧化相关的一些工作，厦门市级和省、国家一级牵头的部门不一致，部门之间的沟通协调机制尚未明确。科技与体制机制创新不匹配，往往认为技术可以解决一切问题，对技术的依赖远远大于对体制机制方面的创新驱动。

（二）信息孤岛仍较突出[①]

公共信息资源社会开放率、信息资源部门间共享率、政企合作对基础信息资源的开发率不高。厦门信

① 新型智慧城市、下一代互联网示范城市、国家信息惠民试点城市，以及正在开展的"互联网＋政务服务"、政务信息系统整合共享等推进工作主要由国家发改委牵头，省里也由省发改委（省数字办）牵头，我市这些领域的职能由市工信局承担。

息开放全国排名已从 20 多名下降到 50 多名。主要因为：一是厦门 2021 年才成立专门管理数据的机构，二级机构的推动力非常有限；二是厦门早期信息化程度高，部门自建系统多，现在反而成为打通数据的桎梏；三是“条条”的部门数据很难共享，往往要先立法才可能进行开放。加上部门及企业利益问题，数据开放意愿不高。

（三）精准治理有待提升

比如厦门市政管网管线智能化监测管理率低、综合管廊覆盖率低、重点用能单位在线监测率低、园林绿化信息化和精细化管理水平不高。主要因为，一是政府、企业、民间组织职能边界不清晰，政府职能部门有权但是避责，非政府组织无权但要担责；二是治理的条链长、层级多，相应机制不明朗，治理效率不高；三是治理的精细化程度不够，比如就人口数量，公安、卫健、民政等部门的统计结果大不相同。

（四）市民智能体验不足

国家委托第三方对厦门市民开展了智慧城市体验调查，厦门仅得 69.85 分（满分为 100 分）。主要因为：一是缺乏秉承以人为本的理念的顶层设计，顶层设计的重要任务是为城市建设规划可以大幅提升市民获得感的服务链；二是智能化体验不均衡发展，厦门在医疗及城市安全方面做得不错，但在其他领域群众的获得感和满意度不如医疗方面高；三是重视软硬件投入，市民沟通参与不够。

（五）数据标准有待加强

厦门先行一步领域未能及时与国家标准进行衔接，导致先行领域的建设标准未能更多上升为国家标准、规范。厦门城市大脑建设起步晚，而城市大脑建设标准涉及面广，包含顶层设计标准，神经元分类、功能、编码、空间位置、权限关系标准，技术框架标准，云反射弧技术建设标准，运行安全标准等，厦门城市大脑建设标准尚未制定。

三、发展展望

（一）城市大脑技术演进

数字孪生技术作为城市大脑的重要技术方向，纳入国家和地方发展战略体系。《国民经济和社会发展第十四个五年规划和 2035 年远景目标纲要》明确提出要“探索建设数字孪生城市”。国家发改委、科技部、工信部等部委密集出台政策文件，推动城市信息模型（CIM）及建筑信息模型（BIM）相关技术、产业与应用快速发展，助力数字孪生城市建设。随着数字孪生城市在雄安新区先行先试，数字孪生建设理念已深入各地城市规划中：上海市提出“探索建设数字孪生城市”；海南省提出“到 2025 年底基本建成数字孪生第一省”；浙江省提出建设数字孪生社区。

（二）城市大脑未来畅想

城市大脑的出现本质上是解决网络应用层的孤岛问题。首先从一个城市开始，将各种服务于人类社会的应用打通，使得城市作为一个整体为城市各阶层民众服务。然后扩展到国家，扩展到世界范围，当世界各国的城市都开始建设城市大脑并能够互联互通时，一个应用层的大统一架构——世界神经系统将逐步形成。

（三）城市大脑未来发展

城市大脑的未来发展还有很多工作需要完成，譬如世界范围统一的城市神经元标准还未真正建立；人、设备和系统在城市大脑和世界神经系统中的角色和权限如何分配还没有解决；一个既能在一栋大楼也能在世界范围内自由实现的云反射弧机制还未形成。应该说到 2021 年，城市大脑依然还处于萌芽阶段（见表 16-1），需要不同领域的专家、企业家、政府决策者不断实践和创新，共同推动城市大脑的发展。

表 16-1　城市大脑发展阶段

时间	阶段	主要建设内容
2015—2021 年	城市大脑萌芽阶段	学术、产业和城市提出城市概念，这个时期重点发育城市 AI 巨型神经元
2021—2045 年	城市大脑连接阶段	城市大脑开始形成统一的神经元标准，实现对城市内和城市之间的人、设备、物和系统的连接
2023—2045 年	城市大脑分权阶段	城市大脑开始围绕人和人，人和机器（系统），机器和机器（系统），进行权限和责任的划分
2025—2045 年	城市大脑反射弧阶段	城市大脑的城市云反射弧开始大规模梳理和验证，不断满足城市各类需求
2045 年以后	城市大脑的世界脑阶段	世界范围的城市大脑通过互联网类脑架构最终联合形成世界脑，高效的解决人类社会面临的各领域问题

来源：城市大脑全球标准研究组 . 城市大脑全球标准研究报告（2020 版）[EB/OL].（2020-11-02）[2021-05-08].http://wwwns-r.org/.

四、对策建议

运用现代信息技术，加强各类市政设施智慧化管理，建立综合性城市运行管理数据库，实现多源信息整合和共享应用，构建城市管理“超级大脑”，打造全市城市综合管理服务平台，构建全方位、全覆盖、无缝隙管理体系，全面提升城市管理精细化、智能化水平，增强城市综合承载能力和居民获得感。

（一）创新体制机制，形成城市大脑建设的强大合力

1. 组织领导体制

一是组织领导机制。把城市大脑建设纳入“一把手”工程，尽快成立厦门城市大脑建设工作领导小组，研究部署、统筹推进城市大脑建设。厦门市城市大脑建设工作领导办公室设在市大数据局，成员单位包括工信、发改等部门，提高市大数据局行政级别，增加编制补充人员，采用聘任制方式广纳大数据专才。同时成立工作专班，包括综合支撑组和业务应用组，明确相关责任部门和工作完成时限。

二是规划引领机制。按照“1+M+N”的总体框架，即 1 个智慧总平台、M 个功能分平台、N 个运用

场景，加快制定出台城市大脑总体规划和三年建设行动方案。将规划的落地实施纳入市政府重点督查考核内容，建立考核评价体系，发挥专家评价、媒体监督和第三方评估的作用，加强结果运用，督导激励各级各部门各单位落实责任分工，分步推进规划项目落地实施。

三是项目统筹机制。实行城市大脑建设项目全口径审核备案制度，全市通用硬件、视频会议、跨部门信息共享和应用系统不准独立搭建。任何信息平台的经费拨付以信息开放为前提，城市大脑领导小组统筹协调，共同严格把关，从源头上杜绝“信息孤岛”产生。

2. 管理运营机制

一是大数据管理运营体系。按照“政企合作、管运分离”的模式，让负责厦门公共数据资源的一级开发的厦门大数据有限公司，真正作为大数据新基建基础设施建设运营机构。厦门大数据公司应最大限度开发数据价值，推动国有资产保值增值，开展全市公共数据资源融通更新、共享应用、开放开发、安全管控、服务管理等工作。

二是城市大脑建设运营体系。城市大脑公司依托大数据，提供城市大脑中台建设运营服务，赋能智慧城市典型应用，包括一网通办、智慧交通、信用社会等。政府定期提出应用场景需求，采用政府购买服务的方式鼓励社会力量参与N个场景开发，加强招商引资，引进国内头部企业，像基础设施与华为、浪潮等的合作，平台服务与阿里、腾讯的合作，业务应用与美团、携程的合作，推动城市大脑周边产业的应用和发展。

三是区域合作机制。预留厦漳泉都市圈、闽西南协同发展区、海峡西岸等省内合作的端口，谋划厦漳泉都市圈、闽西南协同发展区等城市大脑发展规划，优化营商环境、实现数据共享，助推区域一体化发展。待时机成熟之时，再考虑与北边的长江经济带、南边的粤港澳大湾区合作的可能性。

3. 政策保障机制

一是政策法规。利用特区立法权，推进大数据融通采集、共享开发、权属交易、安全管理、隐私保护等相关立法工作。研究制定支持城市大脑建设的人才、财税、土地等政策措施。成立行业联盟、企业互助会等，形成城市大脑良好的成长氛围。相关职能部门加强衔接国家部际推进工作组和国家部委的工作部署，积极参与国家标准的制订工作，在更多领域争取国家的试点、示范，争取更多的厦门经验成为示范，在全国推广。

二是资金保障。大数据主管部门每年将城市大脑建设运营服务的有关费用纳入其部门预算，给予城市大脑示范试点专项资金补助，积极推动领导驾驶舱、疫情防控、交通、营商环境等基础条件好、应用需求突出的领域的深度应用推广。

三是人才保障。创新城市大脑人才的引进、培养和使用机制，把急需的复合型、高技能人才纳入厦门紧缺人才目录，拿出专项的行政和事业编制，吸引国内外一流人才。鼓励引导高校院所、社会力量联合成立城市大脑研究院，成立城市大脑专家咨询委员会，培育城市大脑研发基地。

（二）整合数据资源，优化城市大脑建设的要素配置

1. 加强公共数据资源汇聚

优化完善政务数据资源目录，编制事业单位和公用企业数据资源目录。加强数据质量管控，健全完善问题数据全流程网上处理纠错机制，做到“一数一源、一源多用”，保障数据准确性、完整性、可用性和实

效性。完善人口、法人、自然资源和空间地理、电子证照、社会信用等基础数据资源库，分期分批建设涉及基本公共服务众多领域的行业数据库。

2. 推动数据资源共享开放

全面推进政务数据在政务服务事项中共享应用，减少数据重复采集，有效支撑政务服务“一网通办”。聚焦教育就业、医保社保、卫生健康、便民服务等民生服务领域的堵点难点问题，扩大数据共享应用范围，加强行政审批、公共服务、现场执法领域电子证照推广应用。制定公共数据资源开放目录清单，依法有序向社会开放与民生紧密相关、社会迫切需要、产业发展急需的重要领域公共数据资源。建立完善自然人“一人一档”和法人“一企一档”对象库，通过闽政通App面向本人和本单位开放。

3. 推进数据资源开发利用

探索包括政务数据、社会数据、产业数据在内的数据共享与交易制度，探索建设区域性数据交易中心。开发上线市公共数据资源开发服务平台，提供面向企业、科研院所、社会机构的场景化公共数据建模、分析、挖掘等基础服务和应用环境支撑。做好民意调查，开发老百姓期盼的应用场景。依托数字中国创新大赛开展系列数据应用竞赛，推进数字技术、产品创新应用。探索建立公共数据开发技术相关标准和指标体系。

（三）搭建平台框架，加快城市大脑建设的系统集成

1. 1个智慧总平台

1个智慧总平台包括“一中枢”“四中台”“一视频”。“一中枢”即中枢系统，建设全市一体化数据中心，为全市“数字产业化、产业数字化、城市数字化”提供算力、存储等服务，负责为“一批场景”联通各区和行业的实时数据，从而完成场景及驾驶舱的功能。“四中台”即全市统一感知中台、管用一体数据中台、AI赋能支撑中台和敏捷开发业务中台；中台与前台、后台相对应，在系统中被共用的中间件的集合；中台的一个核心就是共享性。“一视频”即城市视频平台，负责采集分析视频信息，并传输给“一批应用场景”和“领导数字驾驶舱”，厦门先期运用公安部门的公共安全平台实现视频功能。

2. M个功能分平台

M个功能分平台包括综合平台、决策平台、安全平台等。一是综合平台。通过物联设施收集各类数据，在数据标准体系下，智能交换各类数据。二是决策平台。利用人工智能技术，打破数据壁垒，挖掘数据内在关联，特别是对应急事件的快速预警与处理，为政府提供智能化的决策支持，为民为企提供智能化的高效服务。三是安全平台。安全是底线，为综合平台和决策平台提供基本保障，在存储、云、个人隐私保护、业务系统等方面采取有效的安全策略。

（四）深化场景运用，推动城市大脑建设的惠企利民

1. 城市大脑政府管理应用

一是城市大脑的经济应用。利用城市大脑比对政务数据和社会数据，进行月度、季度、半年、年度经

济运行分析。运用产业地图、产业画像，对厦门重点发展的产业链群进行业态、需求、项目等产业分析。运用企业画像和风险模型，审查商事主体背景，做好项目的风险评估及在线审批。对政策扶持进行全生命周期监控，进行优势产业分析，适时做好产业结构调整及招商引资方向评估。运行效能监察、解决就业情况、产业贡献评估，对项目结果进行智慧化考核，开展精准招商，促进智慧园区建设。

二是城市大脑的政务应用。深化“放管服”改革，全面开展电子证照应用，探索电子证照与实体证照融合、管理统一、并轨运行的新模式。依托 5G 网络通信技术，打造综合性政务服务板块，建成覆盖厦门的整体联动、部门协同、一网办理的数字政府服务“一网通办”平台，逐步实现在审批、监管、服务等场景下的智能化应用。运用互联网、大数据等技术，优化税收系统，打造智慧税务。

2. 城市大脑公共服务应用

一是城市大脑的教育应用。建设厦门教育云平台，建成教育资源库，促进教育资源共享，为市民和全体师生提供数据互联互通服务。继续夯实“三通两平台”，宽带网络校校通实现提速增智，优质资源班班通和网络学习人人通实现提质增效，教育资源公共服务平台和教育管理公共服务平台实现融合发展。全面推进智慧校园建设，培育新时代教育信息化应用示范学校，开展创客、人工智能、虚拟仿真实验室、STEAM 教学等智能化教学融合应用研究。

二是城市大脑的健康应用。改造提升区域全民健康信息平台，实现医疗业务应用协同和大健康数据互通互享目标。加快健康系统特色应用，推动区域医疗健康数据整合和共享，实现资源的集约化管理。完善全人群、全生命周期的市民电子健康档案，打通保险、药品、卫生等数据，提供智能诊断和个性医疗服务。加大对重大疫情、重大疾病、康复、中医、护理、健康管理等重点领域大数据研究，构建全面健康应用，推动居家养老助残全覆盖。

三是城市大脑的交通应用。加强涉及交通的多部门信息归集共享，建设集感知、传输、管理、服务和充电为一体的新一代智能交通管理系统。构建出行即服务（MaaS）的交通体系，以地铁接驳、枢纽集散、交旅融合等服务场景为试点，建设智慧出行服务平台，实现旅客“一站购票”与无缝出行服务。推动智能试点 BRT-5G 车路协同系统，深度应用 5G、AI、智能网联等前沿技术，打造统一的公交大脑。

四是城市大脑的文旅应用。加强有关旅游的各政府部门信息汇集，加快吃、住、行、游、购、娱等旅游六要素数据共享，整合成文旅信息服务平台，开发“一张地图游”和“一部手机游厦门”。用新一代信息技术为文旅融合发展提供强大动力，激发文旅业在生产方式、产品形态、消费模式、营销模式等领域全方位革新，推动文旅业加速向数字化、网络化、智能化转型升级。

五是城市大脑的环保应用。政府通过城市大脑，集成环评、污染源、排污、投诉等数据，智慧监测空气、水、固废、化学品、噪声、核辐射等污染。企业通过城市大脑准确掌握自身的“三废”数量，公众则通过城市大脑了解对环境状况。城市大脑让环境监管更精准化、环境决策更科学化。

六是城市大脑的市政应用。加强道路、排水、防洪、照明、生活垃圾、公共娱乐、文明建设等市政基础设施的数字化、信息化建档建模，强化市政领域的数据归集，推进业务平台协同共治，实现监测、养护、预警、评价、监管的精细化和智能化。

3. 城市大脑社会治理应用

一是数字孪生治理运用。初步建立全局视野、精准映射、虚实交互、模拟仿真、智能干预的数字孪生治理体系，让 GIS、BIM、CIM、IoT 平行发展、相互作用，模拟物理世界的对象和运转流程，实现城市数字的可视化，全面提升社会管理和治理水平。

二是城市大脑的平安应用。深化推动“雪亮工程”建设，建成一批物联网识别管控、多卡融合、位置信息服务、视频能力服务等物联网支撑与运营公共平台，构建多级共享共用、数据互联互通，精心打造家安工程、路安工程、食安工程、业安工程、心安工程。

三是城市大脑的城管应用。建设完善厦门城市综合管理服务平台，努力实现公安、生态环境、建设、交通、市政园林、城管执法等部门的数据融合、业务协同、治理联动。打造智能巡检机器人户外巡查管理平台，在鼓浪屿旅游景区试点机器人自动巡检。

四是城市大脑的未来社区应用。完善社区网格化服务管理平台，实现“前台一口受理、后台分工办理”服务。围绕居民社区服务需求，搭建数字未来社区，在社区应用场景下提供便民利民的公共服务及社会服务。

五是城市大脑的文明创建应用。建设文明创建指挥调度系统，打造线上文明创建应用场景，把精细化、法治化融入信息化中。通过城市大脑，实现 365 天 ×24 小时文明监控，联动督办至责任部门，问题处理由系统实时监督及核实。

（五）强化设施建设，确保城市大脑建设的高效稳定

1. 优化提升网络基础设施

构建高速智能的新一代信息网络。加快推进 5G 网络规划建设，优化互联网骨干网网络架构，实施千兆管网建设，实现 5G 网络全覆盖；IPv6 活跃用户在互联网用户中占比超过 75%，NB-IoT 站址达 3300 个。提升通信网络能级，增加固定互联网宽带接入端口，扩大固定宽带用户规模。推广工业互联网标识解析二级节点使用，加快工业互联网基础设施和云平台建设，形成工业互联网赋能体系。

2. 统筹布局算力基础设施

鼓励国产自主可控的超算中心和大数据中心建设。加快推进厦门鲲鹏超算中心建设，扩容 200 个机柜，提供超过 6000 核高性能、24T 内存的计算能力，3000Tflop 人工智能算力，以及 2000TB 以上的海量存储能力。加快推进中国电信海峡枢纽数据中心、中国移动（厦门）数据中心等提质扩容。持续引入专业云服务机构在厦布局区域云计算中心、行业数据中心。

3. 加快建设融合基础设施

运用新一代信息技术，推动传统基础设施转型升级和融合创新，建设全国新型基础设施融合应用示范城市，实现融合基础设施全市共建共享。推进新一代网络与制造业、服务业等领域深度融合应用，落地更多具有示范效应的 5G 应用场景。整合利用路灯杆、信号杆、监控杆、道路指示牌等杆塔资源，加快建设集照明、视频监控、5G 通信、车联网等功能于一体的“一杆多用”智慧杆。

【参考文献】

[1] 徐振强，刘禹圻 . 基于“城市大脑”思维的智慧城市发展研究 [J]. 区域经济评论 .2017(1).

[2] 城市大脑全球标准研究组 . 城市大脑全球标准化研究报告（2020 摘要）[R/OL].(2020-12-27)[2022-03-01]. http://www.echinagov.com/report/289571.htm.

[3] 中共杭州市委关于做强做优城市大脑 打造全国新型智慧城市建设“重要窗口”的决定 [J]. 杭州 ,2020（12）.

[4] 浙江省“城市大脑”建设应用行动方案 [DB/OL].(2019-06-04)[2022-03-01].https://www.sohu.com/a/328674969_178670,2019-07-23.

[5] 图解浙江“城市大脑”建设应用行动方案 [J]. 信息化建设，2019(7).

[6] 中国信通院 . 数字孪生城市研究报告（2019 年）[N]. 新京报 ,2019-10-14.

课 题 组 长：兰剑琴
课题组成员：姚厚忠　黄光增　龚小玮
　　　　　　黄彩霞　姜耘时
课 题 执 笔：兰剑琴

第十七章

厦门加快培育数据要素市场的对策建议

2020年4月9日，中共中央、国务院发布了《关于构建更加完善的要素市场化配置体制机制的意见》，明确数据是一种新型生产要素，提出要加快培育数据要素市场。数据要素作为数字经济最核心的资源，具有可共享、可复制、可无限供给等特点，对推动经济增长具有倍增效应。厦门数字经济发展初步呈现高质量、高增速的双高特性，未来将加快打造电子信息万亿产业集群和高标准建设国家数字经济创新发展示范区。厦门要充分发挥数据要素的基础性作用和创新引擎功能，推动数据资源建设，加快数据开放共享，强化数据应用推广，培育数据市场主体，加快推动数据要素市场规范发展。

一、发展情况

（一）数据资源建设成效初显

1. 数据规模不断扩大

厦门先后出台《厦门市大数据应用与产业发展规划（2015—2020年）》《厦门市促进大数据发展工作实施方案》等政策，通过政策支持推动数据产业蓬勃发展。数据基础设施加快升级，建成5G基站6100个，实现对厦门岛内密集城区、岛外核心城区和重要园区的基本连续覆盖，5G个人用户已达到119万户，厦门城市数字基础设施指数位列全国第8名。数据资源规模加快增长，厦门数据产业规模达到850亿元。厦门通过深入推进电子政务、智慧城市、两化融合、信息消费，政府部门、市场主体和公民个人在交互过程中积淀了丰富的数据资源。

2. 政务数据加快整合

厦门通过对不同专题、不同领域业务数据的分析和展示，为行政办公、辅助决策、社会管理和公共服务等提供数据支撑。建成市民、法人、交通、信用、证照、空间、视频等7个基础资源数据库，汇聚来自76个部门超10亿条数据，为数据的跨行业、跨部门流转提供基础支撑；其中市民基础数据库覆盖厦门100%人口，电子证照库大大提升行政审批效率。“e政务”便民服务站功能不断丰富，汇聚12部门114项业务，“e 政务”便民服务站获评国务院办公厅典型经典案例；“i 厦门”平台整合 50 多个政府公共服务系统，集成 348 项应用及服务，成为让数据多跑路、群众少跑腿的智慧政务窗口，“i 厦门”服务体系建设实践获全国惠民服务项目第一名。市民卡 App 已对接 16 个部门，提供 32 类事项、60 种功能，实现 12 张卡的虚拟化接入，不断深化“一码多用”“多卡合一”“虚卡实用”的服务模式。建成厦门市公共信用信息平台，汇聚 69 个部门、近 7 亿条信用数据。

3. 企业数据加快增长

企业大数据中心加快建设，全市数据中心已投入使用机柜数达 1 万个，浪潮数据中心、公安部第一研究所南方技术基地、中国移动（厦门）数据中心、中国电信海峡云谷通信枢纽数据中心、国家信息中心大数据开放应用（厦门）基地、全省算力第一的云知声人工智能超算平台纷纷落户厦门，鲲鹏超算中心（一期工程）正式建成上线，目前算力达 3000 万亿次每秒，国产化算力资源超过 80%。

（二）数据开放流通加快提升

1. 政府数据扩大开放

厦门加快推进公共数据资源向社会开放，重点在防疫复工、卫生健康、交通出行、文化教育、信用服务、普惠金融、商业服务等领域深入推进。完善数据共享标准和规范，出台《厦门市政务信息资源共享管理暂行办法》，配套制定数据开放的标志编码、技术、管理等规范制度，推动各部门数据有序开放。制定《厦门市政务信息共享协同平台技术规范系列标准》，提升部门间数据共享协同能力。2019 年上线全国首个大数据安全开放平台，率先引入“安全屋”技术，成功实现数据所有权和使用权分离，做到开放数据“可用不可见”，开放数据总量超过 970 万条，已有政府、高校、企事业单位、科研机构等超百家大数据生态合作伙伴入驻，荣获“2019 绿色智慧城市优秀案例”。依托政务信息共享协同平台，接入 70 个单位的 1613 项政务资源，建立 73 个数据交换通道，实现交换数据量超 15TB，打通城市公共安全平台、“多规合一”平台、电子口岸“单一窗口”、12345 便民服务平台等 37 个跨部门业务应用，实现跨部门、跨层级的信息共享、数据同步和业务协同，基本建成“数据共享无障碍”模式。建成网上政务服务平台，全面推行便民服务公众号和移动端 App，实现服务事项“应上尽上、全程在线”、“最多跑一次”甚至“一次不用跑”。

2. 企业数据加速开发和利用

厦门零售、制造、交通等领域沉淀了大量的数据资源，厦门零售、金融、制造、交通类企业已经成为大数据分析使用的主力，如在制造业方面，建成 16 座数字化样板工厂（车间），建设各类工业 App53 个。在交通出行方面，如腾讯乘车码在厦门的用户数已经突破 400 万，覆盖厦门地铁、公交、BRT 等多个公共交通场景。如厦门滴滴出行为 250 万人提供出行服务。在零售业方面，如国际知名连锁企业沃尔玛为顾客提供“即时配”“全城配”等多种 O2O 服务，将门店的万余种高品质商品“搬到”线上。金融业方面，如厦门银行建设同城双活数据中心，自建私有云平台，加快构建大数据平台实现精细化管理；腾讯云与厦门国际银行共同打造基于云计算、区块链、分布式业务系统的金融新基建，推动客户、场景、产品、服务的全面数字化。厦门互联网企业积极引入外部数据支撑金融、生活、语音、旅游、健康和教育等多种服务，如美图拥有 2.8 亿用户总数，美柚拥有 2 亿多用户数据。

（三）数据开发利用不断深化

1. 大数据产业加快推进

大数据产业链加快提升，厦门引进龙头企业与培育本土企业并举，培育了很多细分领域上的知名企业：大数据基础设施主要有厦门移动、厦门电信等企业；大数据服务商主要有浪潮软件、信息集团、神州数码等企业；大数据中心主要有科华数据等企业；大数据交通出行主要有科技谷（厦门）、科拓等企业；大数据安全主要有美亚柏科、公安部一所、罗普特等企业；大数据民生应用主要有亿力科技、美亚商鼎、路桥信息、易联众和智业软件等企业。大数据产业生态更加完善，厦门率先与华为签订鲲鹏生态合作协议，市公安局首家入驻鲲鹏超算中心，厦门建设的数据中心和政务云平台、在厦举办的全国人工智能大赛平台架构、全国首个大数据安全开放平台都基于鲲鹏架构。国网亿力、美亚商鼎、路桥信息、亿联网络、南讯股份五家厦门企业入围工信部 2020 年大数据试点示范项目，项目覆盖电力、食品安全、智慧停车、企业通信和电商等大数据应用领域。科华恒盛聚焦发展数据中心业务，在全国 10 多个城市运营 20 多个数据中心，形成华北、华东、华南、西南四大数据中心集群。

2. 智慧城市加快推进

厦门加快数据赋能，大力推进智慧城市建设，智慧城市建设成效显著，2018 年荣获中国城市治理智慧化综合奖，2019 年入围中国智慧城市十强，并获得 2019 中国智慧城市创新示范奖，2020 年数字生活满意度全国第三。智慧平台加快投入使用，建成“多规合一”“市民健康”“公共安全”等优质信息化平台，启动“城市大脑”建设。智慧医疗成为全国典范，终身电子健康档案已覆盖 95% 的全市常住人口。智慧交通方面，打造智能交通一张网，“城市公交综合智慧系统”成为 2020 年全国唯一的公共交通类示范工程，建成全国首个 5G 全场景应用智慧港口。智慧社保、智慧社区、智慧电力等多个领域的“厦门经验”也推广到全国。智慧海洋、智慧景区正在稳步推进。

3. 民生应用场景不断丰富

“厦门市口罩预约登记服务系统”入选工信部“支撑疫情防控和复工复产复课优秀大数据产品和解决方案”。投资项目在线审批监管平台、信用信息共享平台、人口健康信息化、公共就业信息网络平台、公安警务云、旅游产业运行监测与应急指挥平台、中小企业大数据应用平台、医疗健康大数据等大数据应用不断深化，丰富了民生应用场景。厦门信息集团能够提供政务数据和市场化数据的汇聚、整合、清洗加工及增值服务，推出数据产品“白鹭分”，用大数据助力信用厦门建设。

二、存在问题

（一）数据基础设施存在短板

厦门缺少一流的数据中心、超算中心等产业基础平台，数据基础设施与区域中心城市需求不相匹配。5G 网络基站、工业互联网等新型基础设施建设有待加快。大数据采集、存储、分析、应用、安全等所需的基础研究能力较弱，制约数据基础设施建设。“城市大脑”建设处于起步阶段，与杭州、上海等城市差距加大。

（二）数据开放和流动不够畅通

政府数据开放质量不高，数据总量规模小，数据质量较差，可利用率不高，用户参与度低，存在“数据孤岛”现象。大量政务数据资源沉淀，无法供社会力量进行增值开发利用，不能充分有效利用与供给，难以满足公众需求。企业之间数据共享和再利用较少，普遍以企业内部数据为主，企业数据共享和交易没有成为市场的主流形态。同时数据跨境流动限制较为严格。

（三）数据挖掘和利用不够深入

数据要素的流转机制不健全，存在数据开放、共享和交易“不愿、不敢、不易、不能”等问题，造成数据要素交易机制和交易技术链条不完善，难以形成合理的市场价格，制约了数据要素收益权利的实现。交易事前阶段，缺乏针对数据产品和交易商的评估体系，数据质量难保障。在交易事中阶段，缺乏统一的交易撮合定价体系。交易事后阶段，缺乏统一的数据可信流通体系，区块链等新技术应用不足，进一步阻碍了数据要素的顺畅交易流通。厦门大数据产权交易还处于探索阶段，缺乏全国性的大数据产权交易所，数据交易流通的定价、结算、质量认证等服务体系不完善，行业协会、中介机构等市场主体发育不足。大数据产业聚集度较低，缺乏贯穿数据采集、加工、服务产业链的大数据龙头企业，拥有数据挖掘与分析方面核心技术的重点企业较少。大数据企业创新能力及创新应用滞后。厦门“数据仓库”存储的“冷数据”多、“热数据”少，数据潜在价值尚未有效释放。厦门“数据市场”较小较弱，还在起步阶段，厦门数据优势没有能够很好地转化为产业优势，对经济增长的直接拉动作用不强。

（四）数据管理体系不够完善

厦门缺乏统筹整合的管理服务机构，缺乏促进数据产业建设的财税激励机制。数据产权界定存在空白，数据交易法律风险高。数据要素资产估值和定价困难，数据资产化难。数据要素治理效能不高，在数据的流动、交易和配置过程中，面临数据泄露、个人隐私侵犯、不正当竞争等诸多安全风险，造成数据要素收益损失和数据要素收益分配不公平等问题。条块分割的监管体制与数据要素市场的协同联动性不相适应。在条块化的数据管理机制下，单个部门的监管力量已不足以应对“数据+”驱动的跨地区、跨行业、跨层级的数据监管需求，存在监管盲区和监管缺位。传统线下监管手段与数据要素市场线上线下一体化特性不相适应，比如教育、出行、医疗、金融等领域的数据型企业，难以完全参照线下经营实体资格条件取得相应牌照和资质。

三、对策建议

坚持“看得见的手”和“看不见的手”相结合，在多方面协同发力，强化市场培育，确立新的数据要素政策，推动构建权属清晰合理、流动自主有序、配置高效公平的数据要素市场，发挥数据对市场经济生产力的提升作用，推动产业联动，优化经济发展结构，塑造数字经济时代新的竞争优势。为此，要充分发挥厦门市公共数据整合共享基础扎实、数据资源丰富，以及大数据、人工智能、工业互联网等应用场景开放的优势，将开放公共数据作为突破口，率先打造开放融合的数据生态体系，通过公共数据的开发利用，引导社会数据、商业数据、行业数据的共享流通，逐步探索数据要素市场培育路径，不断释放数据红利，激发数据创新活力。

（一）完善数据基础设施

1. 推动 5G 创新应用

鼓励企业推进融合 AI、VR、超高清等新技术的多形态、多功能 5G 终端研发，加速推进 5G 行业级终端在工业互联网、医疗、教育、超高清制播、车联网等领域落地，支持在水务、电力、燃气、教育医疗、公共交通、文化传媒等领域开展 5G+ 智慧水务、5G+ 智慧电网、5G+ 智慧燃气、5G+ 智慧教育、5G+ 智慧医疗、5G+ 智慧公交、5G+ 融媒体等应用示范项目建设。加大政府投资力度，在消防、安防、生产安全、应急、警务、城市治理等领域建设基于 5G 网络的数字化、智能化系统。利用 5G 技术对现有产业园区进行智慧化改造，在园区范围内开展 5G+ 物流、5G+ 智能工厂、5G+ 智慧园区、5G+ 自动驾驶等场景应用。

2. 加快布局新型数据中心

进一步完善人口、法人单位、电子证照、空间地理、公共信用等基础数据资源库。推动生态环境、交通出行、社会保障、市场监管等重点领域主题库建设。全面推进专题库建设，补齐部门数据短板，促进业务闭环管理。加快老旧数据中心升级改造，进一步整合存量数据中心，聚焦智慧城市未来发展，支持建设满足不同发展阶段与业务需求的产业价值高、产业聚集效应强的新型云数据中心。加快推动数据仓库、数据车间和数据市场建设。

3. 完善算力基础设施

依托鲲鹏超算中心，打造智能计算和通用超算高地。加快培育人工智能、自动驾驶等新兴产业的计算应用高地。支持政企合作，打造集成基础算力资源和公共数据开发利用环境的公共算力服务，面向政府、企业和公众提供低成本、广覆盖、可靠安全的算力服务。支持企业发挥市场化主体作用，创新技术模式和服务体验，打造集成专业算力资源和行业数据开发利用环境的行业算力服务，支撑行业数字化转型和新业态新模式培育。聚焦数据应用共性需求，鼓励构建集成自然语言处理、视频图像解析、数据可视化、语音智能问答、多语言机器翻译、数据挖掘分析等功能的数据通用算法模型和控件库，提供规范统一的数据服务支持。

（二）推动数据开放共享

1. 推进公共数据交换与共享

全面梳理数据家底，推进公共数据开放共享清单化管理，着力构建公共数据开放共享负面清单。建立覆盖全市、统筹利用、统一接入的公共数据共享交换平台，形成数据存储、交换共享、使用、开放的核心枢纽，推动重点数据接入平台，推动跨层级、跨部门政务数据共享交换和应用。整合厦门市市民卡信息库、企业信息库、农情基础数据库、行政审批数据库、政策法规等数据资源，实现数据资源采集、管理、开发和利用的集成。建设厦门市数据资源中心，推进数据资源的跨部门共享和协同应用，为厦门市大数据应用提供数据平台支撑。优先开放企业登记、交通运输、气象等，与民生紧密相关、社会迫切需要、行业增值潜力显著和战略意义重大的高价值公共数据，促进数据资源有效流动。聚焦水、电、气、热、通信等公用事业属性数据，推动教育、医疗、养老、环保、农业、交通、安防、城市管理等领域应用场景开放。

2. 推动社会数据整合与汇聚

培育公益性数据服务机构，鼓励企业创新数据共享机制，探索政府机构、企事业单位、科研院所、社会公众等在确保数据所有权的基础上建立数据融合增值利用的商业新模式。引导企业、行业协会、科研机构、社会组织等主动采集并开放数据。支持企业之间通过数据交易、数据服务等形式开展数据开发和增值利用。政府主导建立专业性的大型数据聚合平台，使中小企业数据在平台汇聚，通过以数据服务方式，为中小企业提供一对多的交易服务。鼓励大型互联网平台企业建立符合中小企业需求的数字化平台，为中小企业提供数据接口，提供数据分析服务。鼓励互联网企业针对不同业务场景对数据产品进行“包装”售卖。

（三）推动数据增值和利用

1. 推动关键技术攻关

鼓励龙头企业、运营商、设备商、行业用户围绕具备大规模5G行业应用前景的智能网联、编解码、边缘计算、边云调度、网络遥测等技术，开展技术研发和应用创新。针对数据要素采集存储流转开发、安全保护硬件与软件的卡脖子技术，探索改革科技创新投入机制，加大研发支持力度，围绕服务器芯片、云操作系统、云数据库、中间件、分布式计算与存储、数据流通模型等环节，加强对关键技术产品的研发支持。鼓励IT设备制造商、数据中心和云服务提供商、数字化转型企业等产业力量联合攻关，加快科技创新突破和安全可靠产品应用。

2. 培育数据产业链条

积极探索在线数据服务、数据平台服务等模式，重点发展数据分析挖掘、数据存储、容灾备份、数据预处理、数据清洗、数据管理、数据交易、数据可视化、数据安全等大数据服务业务。面向全市政府治理、医疗健康、能源交通、商贸物流、金融保险、工业制造、现代农业等行业和领域，鼓励发展数据分析挖掘、数据安全、技术和业务流程外包等第三方服务，打造重点行业数据应用解决方案，提升数据对其他行业和领域的服务效能。

3. 培育和引进数据企业

依托鲲鹏超算中心、美亚柏科等企业，加大政策扶持力度，进一步做大做强存量企业。大力培育和引进数据领域专业化企业，开展互联网、物联网、政务网等各类数据资源的采集、清洗、脱敏、挖掘、分析、可视化等大数据技术研发与应用。大力引进国内外有实力的数据服务商，培育形成一批社会化大数据中介服务机构，代理公共数据和社会数据的采集、整理、加工、分析等业务。培育壮大与重点行业领域应用需求深度融合的数据解决方案服务商。支持大数据企业和传统企业的跨界合作和投资并购，实现混合经营和业态创新。

4. 推动行业数据创新应用

加快组建大数据集团，建立数据要素创新应用中心，规划建设数据产业园，推动数据在工业制造、金融、商务、航运、物流等领域的创新应用，引导传统产业转型升级和新兴服务业态的发展。发挥数据在城市运行、公共安全、应急管理、市场监管、质量发展与安全、节能降耗、环境保护、食品安全、安全生产、检验检测、社会信用体系等领域的综合分析、预测预警、辅助决策等功能，提高监管和服务的针对性、有效性，提升政府决策、风险防范能力和城市科学化管理水平。推动交通、医疗、养老、教育、体育、旅游、就业等与市民生活密切相关领域的大数据应用，鼓励提供基于数据的专业化、个性化服务。推动数据在金融、商务、航运、制造、农业等领域的创新应用，全面增强企业基于数据的发展决策、市场洞察和流程优化能力。推动数据与物联网、云计算、人工智能、虚拟现实等关联产业的融合创新，加速新技术、新产品、新应用、新业务、新模式的形成。

5. 推动数据挖掘与价值提升

充分利用数据仓库、数据挖掘、机器学习、语音数据分析、视频数据分析、人工智能等技术，结合基于对象的数据连接、相似性连接等数据融合技术和基于用户兴趣分析、网络行为分析、情感语义分析等领域的数据挖掘技术，构建城市现代化治理、公共服务创新、宏观经济管理、精益制造、风险防控等方面的分析模型，提高对数据隐藏价值的挖掘，为政府管理、公共服务、企业经营提供重要支撑。

（四）培育数据要素市场

1. 推进数据采集

搭建数据采集平台，结合政务数据、公共资源数据、企业数据、个人数据等不同数据源的特点，构建行政收集、网络搜取、文本挖掘、自愿上传、传感采集等多渠道、实时性的数据采集体系。支持企业、行业协会、科研机构、社会组织等单位对互联网公开的电商数据、市场数据、企业经营生产数据等数据资源进行采集，对数据进行结构化处理。鼓励制造业企业和商业机构在生产运营过程中采集数据，完善管理。

2. 推进数据存储

加快发展大容量存储设备及存储器芯片的研发制造，引进相关研发制造类企业。引导数据企业对存储核心关键技术进行攻关、应用示范及商业模式的探索。依托厦门制造业优势，加快研发制造数据存储产品。

3. 推进数据处理

鼓励企业针对数据处理环节开展数据清洗、脱敏、分析、建模、可视化等技术研发。引进具备数据清洗能力的数据企业，从各个渠道采集到的质量不一的数据进行“脱敏”以及“包装”，转化为易于分析的格式。鼓励和推动企业、第三方机构、个人对政府公共数据以及各类购买数据等运用各类挖掘、统计、深度学习等方法，进行深入的分析和应用，转变为具有市场竞争力的资源。支持企业将数据通过可视化的方法呈现给用户。

4. 推进数据交易

完善覆盖原始数据、脱敏处理数据、模型化数据和人工智能化数据等不同数据开发层级的新型数据综合交易机制，明确数据登记、评估、定价、交易跟踪和安全审计机制，加快建立数据交易中心，培育“数据中间商”。鼓励产业链各环节的市场主体进行数据交换和交易，鼓励和引导企事业单位在数据交易市场购买经过清洗、分析、建模、可视化后的数据。积极对接社会需求，推动数据开放，丰富数据交易的种类，推动金融、交通、电商等行业数据交易。探索开展数据衍生产品交易，在数据定价、数据标准等方面积极开展探索研究。探索建立“数据银行”“数据空间”等数据流通、共享的新模式、新业态，推动将数据纳入参与分配的生产要素，通过“以数换数”“数据分红”等方法提升数据资源流通效率，加速释放数据的乘数效应。探索开展数据资产质押融资、数据资产保险、数据资产担保、数据资产证券化等数据金融创新服务。

5. 推动数据跨区域互联共享

充分发挥厦门市的区位优势、海洋经济优势、产业基础优势和智慧城市建设优势，在大力实施城市数据化的基础上汇聚区域数据资源，加快建设区域性大数据集散服务中心。建立闽西南数据服务综合试验区，挖掘区域数据资源与算力资源，加强与泉州、漳州、龙岩、三明等城市政企数据交流合作，加快形成以数据为纽带的区域协同新格局。

6. 有序推动数据跨境汇聚流通

加强跨境数据流动清单化管理，建设数据跨境流通自由港。围绕“一带一路”和金砖创新基地建设，加大数据要素市场对外开放力度，探索建立数据跨境流通管理体系，在安全可控的前提下，开展国际数据资源服务交易。鼓励跨境企业数据的融通，通过跨境企业数据跨境融通促进厦门与“一带一路”和金砖国家的数据开发和数据技术发展。探索跨境数据流动分类监管模式，探索开展离岸数据外包服务。

（五）强化数据管理

1. 培育数据产业公共服务平台

引进和培育数据产业咨询、服务、运维平台型企业。建立行业发展大数据知识公共服务平台，整合各行业产业知识资源，形成地区经济和产业发展的大数据知识和技术公共服务体系。扶持建立和引进一批大数据技术攻关平台、共性基础平台、工程技术研究平台、标准检测平台和公共技术支持平台，鼓励龙头企业和科研院所创建大数据领域国家级重点实验室、工程实验室、工程（技术）研究中心和企业技术中心。

2. 建立健全数据标准体系

完善覆盖元数据格式、数据编目、数据交换、数据接口、数据采集、访问方式的基础数据采集、管理、共享、交易的标准规范和管理制度。建立基于数据链的数据导入接口规范、元数据管理、主数据管理、数据质量评价、敏感数据使用等标准。建立政府部门、事业单位等公共机构的数据标准和统计标准体系，鼓励企业和相关机构参与国际标准、国家标准和行业标准的研究和制定。建立数据市场交易行业规范和标准体系。

3. 构建完善数据监管体系

完善厦门大数据管理机构，充实人员编制，加强专项管理。系统梳理数据要素市场监管环节和线上线下监管需求，强化落实数据脱敏、信息定密、风险评估、数据流控、事态预警和应急处置等“事中、事后”监管措施，建立健全大数据保护的考核评估机制，将数据采集、存储、分析、挖掘、使用、传输、开放等全生命周期的关键环节纳入监管范围。在数据确权、数据流动、新业态监管及知识产权运用和保护等领域先行先试，抢占数据管理体制机制新高地。结合商事制度改革要求，采用正面引导白名单、负面清单和第三方机构认证评级相结合的方式，规范、简化数据业务市场准入备案制度。探索“数据财政”模式，盘活政府沉淀数据资源，探索开放共享数据贡献与税收返还和转移支付挂钩的管理体制改革模式。

4. 加强数据安全

成立市数据监督委员会，实施数据等级保护制度，按照行业领域、数据价值、数据特征等属性进行分类管理。明确数据采集、数据传输、存储处理、分析应用、共享开放等各环节的责任边界，建立数据提供和使用方的责任追责体系。围绕信息系统安全、基础设施安全、云平台安全、网络通信安全、数据安全、身份认证与管理等，建立数据安全保障体系。组建数据安全功能性机构，开展数据应用安全风险评估，重点加强个人隐私、商业秘密、跨境数据等的风险评估和综合防范。加强数据交换和交易过程中的数据来源追溯和安全保护，支持数据资产和数据产品的知识产权的研究和保护，强化企业和社会对数据安全与知识产权保护的意识和责任。积极开展数据安全的立法工作，推动出台《厦门经济特区数据条例》。

5. 促进数据市场良性竞争

推动厦门开展数据生产要素统计核算试点，出台数据产权界定、数据开放共享、市场体系建设、个人信息保护、数据安全和跨境流动等方面的政策措施，为数据要素高效配置提供政策支持。对于数据资产的评估、交易定价、流通管理、安全保障、绩效评估等环节，加快出台相应的配套政策。探索建立成本定价和收益定价、一次定价与长期定价相结合的数据流通定价机制。在数据的生产领域，加大扶持力度，运用财政、金融等政策工具，加强对相关企业的扶持。在数据的应用场景开发方面，制定相应的准入和退出机制。倡导有偿购买、授权和协同合作等数据交易方式，营造活跃、有序的数据市场环境。

（六）强化专项支持

1. 出台专项支持政策

集成国家和省、市针对大数据产业在土地、税收、资金、人才、投融资、研发、知识产权、招商等方面的优惠政策，向在厦门落地的数据企业倾斜，对属于数据产业发展重点领域且为产业链缺失环节的重点产业化项目予以重点支持。积极引进国内外知名的云计算、大数据和数据应用服务企业落户，支持本地企业抢占国内数据产业发展制高点。

加大政府专项资金支持力度。将数据产业发展资金纳入财政年度预算，积极争取信息产业发展、战略性新兴产业、重大科技等专项资金支持，鼓励金融资本、风险投资及民间资本投向数据产业。

2. 加快建设大数据产业基地

优化数据产业布局，鼓励企业投资建设数据特色产业园，吸引数据存储、数据清洗、数据分析、数据应用等行业龙头企业入驻，完善数据开发、应用、服务、分析、安全等数据产业链。

3. 加大电力支持力度

数据企业机房用电纳入大工业用电进行统筹。对从事数据中心建设的企业，优先列入大用户直供电范围，享受优惠电价政策。对于数据中心大项目优先保障电力供应，对相关配套电力设施建设给予支持。

（七）强化数据人才支撑

1. 加大科研机构培育和引进力度

进一步加强与国内外高水平大学、科研机构和领军企业合作，加快引进共建一批数据挖掘、数据分析的研究机构。扶持一批数据领域的重点实验室、工程（技术）研究中心、企业技术中心。扶持数据领域新型研发机构发展壮大，在科研设备进口、人才引进、项目申报、财政资助、政府采购等方面，加大支持力度。

2. 加大人才培育和引进力度

引进一批活跃在数据产业发展前沿、具有国际领先水平的高端专业人才和团队。大力加强政府、企业、高校、社会之间的合作，构筑合理的人才培养体系，建立面向数据产业的人才培养机制。鼓励企业与高校建立订单式人才培养模式，支持有条件的企业建立大数据工程中心、企业研发中心、培训和实习基地。通过举办证书班、岗位培训、短期培训等形式，培养满足大数据产业发展需要的各类实用技术人才。

【参考文献】

[1] 汤春蕾 . 数据产业 [M]. 上海 : 复旦大学出版社 ,2013.

[2] 张莉 . 数据治理与数据安全 [M]. 北京 : 人民邮电出版社 ,2019.

[3] 刘翔峰 . 数据资产要素市场化配置改革研究 [J]. 全球化 ,2020(1).

[4] 于施洋 , 王建冬 , 郭巧敏 . 我国构建数据新型要素市场体系面临的挑战与对策 [J]. 电子政务 ,2020(3).

课 题 组 长：刘飞龙

课题组成员：林汝辉　刘飞龙　陈国清

孙　博　林　敏　林永杰

课 题 执 笔：刘飞龙　黄　英

第十八章

创新监管体制 推动厦门数字经济发展研究

“数字经济”是指以数字化的知识和信息作为关键生产要素，以现代信息网络作为载体、以信息通信技术（ICT）的有效使用作为效率提升和经济结构优化的重要推动力的一系列经济活动。数字经济有三大特征：一是平台化——平台是数字经济的基础；二是数据化——数字经济需要高度数据化；三是惠普化——数字经济能提供新价值。数字经济新特点导致数字经济监管出现新变化：不同于传统属地化管理模式，数字经济需要建立异地协同监管机制；不同于行业管理的传统监管方式，数字经济需要推动跨部门联合监管；不同于事前管理的传统监管手段，数字经济要求监管的重点从事前管理向事中、事后管理转变。

一、监管新要求

国家出台《关于平台经济领域的反垄断指南》《关于强化反垄断深入推进公平竞争实施政策的意见》《网络交易监督管理办法》《禁止滥用市场支配地位暂行规定》，加强对数字经济反垄断监管，规制数字经济各类滥用市场支配地位的行为，防止数字经济资本任性、无序扩张。反垄断、数据安全以及教育行业是国家目前互联网监管的三个重点，游戏和视频等行业也面临着不同程度的内容监管。在新时期，国家对数字经济监管提出新要求：一是线上线下监管趋于一致，二是持牌经营成为新常态，三是内容监管升级到意识形态，四是超级平台反垄断监管是监管重点，五是数据监管进一步强化。

二、监管情况

2021 年，厦门市数字经济规模突破 4000 亿元。在数字治理方面，厦门数字治理水平在全省位列第一梯队；在数字技术创新方面，厦门数字研发指标全省第一；在数字社会应用方面，厦门在全省位列第一梯队，厦门市的电子商务水平远超福建省其他地市；在数字产业发展方面，厦门的数字产业化全省第一。

（一）数字经济监管主体多元化体系不断完善

市级层面统筹协调机制不断完善。厦门市委、市政府成立了市委主要领导担任组长的数字厦门建设领导小组，组建了大数据局和大数据发展公司，明确领导小组办公室设在市工业和信息化局，并及时调整市工信局职责，由其承担领导小组办公室日常工作，负责数字经济监管考核，强化对全市数字经济协调引领作用。为更好地适应从传统制造向数字经济转型的监管要求，市机构编制部门支持市工信局对业务处室进行大幅度调整，归并了原有的传统行业管理处室，调整和新设了电子信息处、数字化发展处、信息化推进处、软件和数字产业处、数据资源管理处等相关处室，推动工信部门把职责重心转移到数字经济发展战略和规划制定，把监管重点聚焦到促进电子信息产业、云计算和大数据、人工智能、工业互联网等产业发展上来。

相关部门监管协同机制不断完善。市级层面进一步细化相关部门监管职责分工，协同推进信息基础前沿技术突破、数字基础设施建设、数字经济政策环境优化等，加快形成数字经济良好的监管生态。市网络安全主管部门负责统筹全市数字经济安全，对相关工作进行指导、协调和监督管理。市工业和信息化主管部门负责统筹数字经济产业发展，协调推动社会经济领域数据资源管理和信息化基础设施建设。市公安部门负责依照有关法律、法规和本条例的规定依法查处数字化相关违法行为。市市场监管部门负责统筹协调数字经济商事主体市场活动涉及的监督管理工作。市国有资产监督管理部门负责统筹国有企业数字化管理工作，协同推动公共数据资源管理。

（二）数字经济安全监管加快推进

信息基础设施保护不断强化。全面落实信息基础设施等级保护制度，深入开展定级备案、测评整改工作，依法依规开展相应等级的安全建设和管理。落实涉密信息系统分级保护制度，健全安全保密监测、测评审查和联合检查常态化工作机制，构建全面覆盖的安全保密防护监管体系。落实商用密码应用和安全性评估制度，确保密码安全保障合法合规管用。提高重要数字经济基础设施和信息系统防攻击、防篡改、防病毒、防瘫痪、防窃密水平。

互联网安全不断强化。加强了视频类、教育类、游戏类等互联网企业的互联网信息服务安全防护。建立与教育、金融监管、通信管理等涉网工作部门的信息共享渠道，形成网络治理合力。建立与电信、移动、联通等基础电信运营商和易名、三五互联、商务中国等域名注册商直联工作机制，快速处置网上违法违规信息。加强重点网站和新媒体平台的专项巡查监测。针对人民群众反映强烈的 App 非法获取、超范围收集、过度索权等侵害个人信息的现象，进行了专项整改。

数据安全监管不断强化。加大对技术专利、数字版权、数字内容产品、个人隐私等的保护力度，明确不同数据安全级别的技术和管理防护措施，完善数据安全监测发现和应急处置体系。建立健全与智慧城市发展相匹配的数据安全治理体系，探索构建数据访问安全机制。强化对数据的安全管控，在深化数据融合应用的同时保障数据安全。

（三）数字经济监管手段不断优化

智慧监管加快推进。推动厦门监管数据汇聚和数据共享，推进联合监管、投诉举报、风险预警及监管方式创新。聚焦企业设立、不动产交易登记、工程建设项目并联审批等重点领域，不断拓展关联事项，优化办理流程，“不见面审批”提升至 58%。

精准监管加快推进。积极利用全量数据、实时数据如实反映厦门数字经济行业运行和数字经济企业经营现状，推进数字经济治理精准化、智能化、数字化，精准应对厦门数字经济可能存在的风险。完善厦门“互联网 +”监管平台，赋能厦门综合行政执法改革，推进厦门“掌上执法、掌上办案”常态化运行，支撑厦门“进一次门、查多项事”的联合执法检查。

信用监管加快推进。厦门整合有关行业和部门记录的社会成员信用信息，建立政府、企业、事业单位、社会组织和个人信用信息公共数据库。建设覆盖市级各部门和各区的社会信用信息共享平台，对全市信用数据进行全面归集、管理和应用。规范信用信息的公开和使用，加强信用记录、风险预警、违法失信行为等信息资源在线披露和共享。依托信用厦门，建立工程建设项目审批信息信用模块，对接国家工程建设审批信用信息平台，形成以信息公示为基础、信用监管为核心的建设项目审批事中事后监管新体系。

（四）数字经济监管政策不断完善

厦门出台《厦门推进包容审慎监管的意见》，运用信息披露、社会监督、标准化、监管科技等手段，统筹好监管和服务的关系，变“事前设限”为“事中划线”“事后监管”，通过包容、审慎、柔性的监管，降低厦门数字经济新业态企业设立门槛，着力消除阻碍新业态发展的各种行业性、地区性、经营性壁垒，为厦门数字经济发展创造了更大的发展空间。出台《厦门市网络预约出租汽车经营服务管理办法》，加强对网约车的规范管理。出台《关于规范互联网租赁自行车管理的若干意见》，提升共享单车的管理水平。出台《促进共享经济健康发展实施方案》，推动了共享经济健康发展。出台《厦门市推进平台经济加快发展三年行动方案》，强化平台经济监管，引导平台经济健康发展。

三、存在问题

（一）数字经济监管法律法规尚不完备

厦门信用体系、数据共享、隐私保护等方面的法律法规尚不完善，数字经济的法规政策跟不上数字经济新技术、新产业、新业态的发展步伐。数字经济的海量数据确权缺乏操作办法。数据主体责权的边界不够明确，数据采集应用范围和方式界定不够清晰，个人隐私安全保护意识不够，数据安全技术的研发与应用能力不足。因此需要从全市数字经济的整体布局出发，从数据采集、数据确权、数据交易、数据流动、数据垄断、数据保护、数据开放等方面加快完善立法成为迫切事项。

（二）监管体制明显不适应数字经济发展要求

厦门数字经济由于监管数量增加，传统的“以批代管”“重审批轻监管”的管理方式已跟不上数字经济时代创新发展的节奏和步伐。朴朴、滴滴等互联网平台涉及商务、交通运输、卫生、市场监督、金融、信息通信等多个监管部门。网络商品交易市场不仅涉及买卖、售后服务等线上环节，还涉及快递物流等线下环节，对其监管涉及多个政府职能部门，如商务部门、交通运输部门、质量监管部门等，厦门现有条块化和属地化的管理体制已不能满足厦门数字经济跨界融合发展的需要。厦门数字经济监管对象从线下转向线上，加大了线上和线下管理部门划分职责和实现协同监管的难度。目前，厦门对股权众筹、网约车等，其监管处于空白地带；在送餐行业，存在食品安全风险；在跨境电商行业，存在明显的税收不公平问题。

（三）数字经济监管手段缺乏问题仍十分突出

生鲜食品、医药用品、科技产品等一旦进入网络交易空间，网络交易监管就不仅限于市场监管范畴，还与食品安全、药品监督、知识产权保护、个人信息保护等管理领域出现交叉，但厦门监管手段有限。平台经济利用大数据进行价格歧视，监管部门很难通过常规监管工具发现和及时制止。平台经济频发的违规违法行为如何取证，数据及隐私安全问题如何治理，质量问题、诚信问题如何系统治理和预防，对厦门监管手段提出了新要求。

四、对策建议

（一）推动监管方式创新

推动跨部门联合监管。建立联合监管清单，积极推进数字经济的跨部门联合监管，矫正传统监管中存在的多头执法、重复检查、标准不一等监管痼疾。全周期记录联合监管过程，实现联合监管任务执行全过程“看得见”、可追溯。加强监管资源的整合，包括横向整合部门间的监管资源，减少权责不清、重复监管、多头监管，如针对网络业务融合的特点，对网络内容的分行业监管进行合并；纵向整合分散的监管资源，提高监管的效能，如针对网络活动跨地域的特点，适度增加监管力量和统筹能力。建立厦门大数据监管中心，对网络商品交易、网络传销、互联网金融、互联网广告、主流电商平台、App 应用市场、微信公众号进行全方位、多维度监测。

推动跨区域联合监管。开展厦门数字经济跨区域信息数据共享，形成负面清单，实施联合惩戒，在线索排查、立案调查、取证固证、案情通报等方面推动跨区域合作，积极拓展跨区域联合监管的深度和广度。深化厦门与其他地市间日常沟通协调机制，推动厦门与其他地市间数字经济企业信息交换和共享，对厦门数字经济跨区域经营实施联合随机抽查行动，组织开展反垄断和反不正当竞争联合执法行动，共同协商制定工作方案、统一时间、集中整治违法行为，重点查办跨区域的数字经济垄断、不公平竞争、商业贿赂等重大案件，加快形成高效有力、互联互通、共管共治的数字经济跨区域联合监管体制。

推动数据跨境流动监管。以数据分级分类明确界定需评估数据和无需评估数据，优先解决无需评估数据的流动问题，逐步解决需评估数据流动，重点推进价值大安全级别低的数据先行对外开放。对外资参与数字经济的市场主体制定分级分类标准，不断完善事前事中事后监管体系。采用监管沙箱的模式，分阶段推动跨境数据流动的有序监管，允许自贸区和火炬高新区企业与国外特定范围内实现数据流动合规，允许国外相关企业在厦门拓展数字业务。支持机场临空经济区特定区域，在数字经济新业态准入、数字服务、国际资源引进等领域开展试点，探索数据审计等新型业务。针对厦门数字贸易中商业存在、跨境交付、境外消费、自然人移动等形态涉及的数据跨境流动，推进数据跨境流动安全管理。

加强事中事后监管。建立事中事后综合监管平台，坚持放管结合、并重，把更多行政资源从事前审批转到加强事中事后监管上来，落实监管责任，健全监管规则，创新监管方式，建立健全以新型信用监管为核心，与负面清单管理方式相适应的事中事后监管体系。依法对数字经济市场主体进行监管，做到监管全覆盖，杜绝监管盲区和真空。根据不同领域特点和风险程度，区分一般领域和可能造成严重不良后果、涉及安全的重要领域，分别确定监管内容、方式和频次，提升事中事后监管精准化水平。

实行审慎包容监管。厦门数字经济实施行业准入负面清单制度，对尚未纳入负面清单的行业一律实行无门槛准入，对于纳入负面清单的行业一律采用先照后证管理。坚持底线监管，包容处于发展初期且未纳入负面清单管理的行业、领域、业务形态等发展，率先探索形成与数字经济、5G 技术相匹配的监管制度体系。尽快梳理厦门数字经济各项相关政策，及时审查新政策的创新包容性，严格废止有违创新规律、阻碍新业态发展的政策条款。改进金融、环保、医疗卫生、文化、教育等领域数字经济发展的治理方式，建立快速响应的数字经济监管反馈机制，加快推进传统行业转型升级和数字经济新兴业态培育壮大。针对数字产业化和产业数字化的融合型产品和服务，推进跨部门协同监管，推进信息互换、监管互认和执法互助。在平台经济等发展较快且存在较高风险点的领域探索设立“安全空间”，允许厦门数字经济企业在许可范围内试错，以最灵活的体制、最包容的监管、最高效的服务，最大限度赋予数字经济新业态新模式容错试错机会，引导优质数字经济企业在厦发展。探索建立面向轻微违法违规行为的清单式容错免责、减责机制，探索建立不予实施行政强制措施清单，对采取非强制手段能够达到行政管理目的的，不实施行政强制措施。

推动政府监管与平台自律相结合。加强对垄断平台和企业策略性滥用大数据行为的监管，重点加强对大数据相关垄断协议、滥用市场支配地位以及经营者集中等行为的监管。加强政府与互联网平台之间的协同，对用户涉嫌违法等情况及时介入进行直接管理，鼓励平台积极完善内部规则，积极依靠规则对平台与用户等多主体的行为进行指引。

强化反垄断监管。高度警惕平台垄断风险和数据垄断风险，不断强化反垄断监管。严厉查处社区团购领域低价倾销、价格欺诈等违法行为，加强对虚假促销、大数据杀熟等不正当竞争行为的监管执法，坚决防止资本无序扩张，保护消费者利益。依法严格审查平台企业并购案件，禁止网络游戏直播领域头部平台企业损害竞争的并购行为。

防范政府部门过度监管。适时完善监管规则，政府部门不可过度替代数字经济主体责任，防止政府对数字经济过度介入侵害公民和企业权利，监管机构必须结合不同数字经济企业的风险特点，分门别类地提出针对性的治理要求，以保证各类数字经济切实承担起风险管理责任。

（二）推动监管政策创新

加强数据产权保护。率先在全国建立科学的数据产权制度，从立法、标准、市场准则等方面推进数据的确权定价，强化数据及与之相伴生的视频、语音、图形等知识产权保护。强调数据主体对于数据的控制权、同意权、获利权。对于违规收集用户信息的企业应该及时公布，警告或责令其整改。数字经济企业明确员工对数字资产的处置权限，强化内部网络监管系统，避免数字信息被无端泄露。将数据采集、存储、分析、挖掘、使用、传输、开放等全生命周期的关键环节纳入监管范围，进一步明确数据监管的标准和红线，加快将数据生产要素纳入 GDP 核算。

促进数据安全监管。推动数据防窃密、防篡改、防泄露、数据脱敏、数据审计、数据备份、加密认证、流动追溯等安全技术研发和部署，加强数据采集、传输、存储、使用和开放等环节的安全保护。针对不同类型的数据，建立基于数据全生命周期基础上的动态监管机制，明确收集、流通、使用数据的主体，明细数据采集、流通、交易、使用等各个环节的标准、流程和规则规范，建立负面清单制度，强化在数据上的隐私保护、安全审查、资质审核。对数据提供方、数据购买方、交易标的以及交易行为进行事前审查、事中监管、事后跟踪管理，在数据交易环节中加强安全监管。通过大数据、区块链技术对数据提供方、数据购买方、交易代理进行信用查询，核实交易参与方的信用信息，根据实时数据分析交易参与方经营状况，实时控制风险。针对跨境流动的不同类型数据，分类指导、分级施策，建立跨境数据流动风险评估机制以及行业性跨境数据流动自律机制，完善数据在跨境流动中的隐私保护和安全审查制度，同时要将数据的境内监管与跨境监管结合起来。依托第三方机构开展数据应用的安全监管和审计，完善全市数据应用标准和安全体系。

平台企业监管创新。根据规模和业务范围划分平台的类型和等级，对大型平台与中小型平台分类监管，增强监管措施的靶向性，使对平台的监管有的放矢、精准发力。根据平台信用等级和风险类型，实施差异化监管，对风险较低、信用较好的适当减少检查频次，对风险较高、信用较差的加大检查频次和力度。推动监管平台与企业平台联通，加强交易、支付、物流、出行等第三方数据分析比对，开展信息监测、在线证据保全、在线识别、源头追溯，增强对行业风险和违法违规线索的发现识别能力，实现以网管网、线上线下一体化监管。强化对平台型企业发展过程中跨国兼并重组的审查，加强对技术敏感领域外资收购的及时介入和全面审查，准确识别和科学处置潜在的风险隐患。

加强数字企业税收监管。率先将数字经济价值创造活动纳入现行税制，积极参与数字税等规则制定，塑造新的竞争优势。选取税收、法律、经贸、互联网等领域的专家组建厦门数字税专家工作小组，对数字税问题开展跟踪监测、风险评估和应对研究。结合市场竞争、税负公平、社会福利等多方面考量，加快对电商、网红、网约车、自媒体、网络直播等数字经济活动收入征税。完善多方联动、平台监管和数字企业税务登记制度三合一的征缴机制，加强与信息科技、市场监督、银行等部门的沟通协调，从多维度、全方位加强数字企业税收信息共享与反馈，切实加强数字企业税收监管。

营造宽松的技术创新制度环境。政府要为企业营造宽松、包容、有利技术创新的制度环境，理解数字经济市场主体，完善数字经济知识产权保护、技术转让转化、科技成果收益分配等体制机制，坚持“零障碍、低成本”原则，确保数字经济在公平和效率前提下，其监管变得有温度、有弹性。

（三）推动精准监管

加强分级分类精准监管。建立数字经济分级分类监管制度，加强互联网平台治理，推动构建基于信用积分的多元协同治理体系和触发式监管机制，探索共享经济、平台经济等新业态新模式的分类监管制度。探索构建算法评估、监管、治理制度。在利用数据创新管理和服务模式时，对看得准、已经形成较好发展势头的数字经济企业，分类量身定制适当的监管模式；对一时看不准的，设置一定的“观察期”，防止一上来就管死；对潜在风险大、可能造成严重不良后果的，严格监管；对非法经营的，坚决依法予以取缔。

新科技赋能监管。充分运用大数据，把大数据作为提升政府对数字经济监管能力和水平的重要工具和新途径，建立起“用数据说话、用数据决策、用数据管理、用数据创新”的监管新机制。对数字经济的监管应实现基于计算机数据的自动流程化管理，做到身份数据化、行为数据化、数据关联化、思维数据化和预测数据化，在数据汇集的基础上发现规律、风险点和薄弱环节，进而增强监管的针对性和有效性。充分利用新科技手段将网络社交、直播带货、自动续费等纳入监管范畴。针对传统监管手段下违法行为发现难、取证难、定性难等问题，建立网络交易监管系统、监测平台，将大数据、人工智能、云计算、区块链等技术应用于市场监管前沿领域，在线实现风险筛查、取证存证、线索移交、信用管理等多种功能。

强化信用监管创新。对数字经济市场主体进行信用分级分类，形成事前提供查询、事中分类监管、事后形成信用记录的全流程闭环监管机制。在开展行政执法监管时，健全落实信用红、黑名单监管机制，根据执法监管对象的公共信用状况，实施分层分类、差异化监管。完善网约车、共享单车、汽车分时租赁等领域信用体系。推动电子证照、电子印章、电子文本应用。充分运用区块链、互联网、大数据、人工智能等新一代信息技术，有效整合利用公共信用信息、投诉举报信息、互联网信息及第三方相关信息，为信用监管模式创新提供有力支撑。

完善数字经济核算体系。从数字基础设施、数据资产价值量、数据交易能力、数字经济规模与结构、数字技术融合与应用等维度，探索数字经济统计监测方法，建立数字经济增长核算方法，建立数字经济核心指标的定期发布机制，开展符合数字厦门特点的数字经济统计监测和评估评价体系研究，定期发布数字经济运行监测分析及对经济社会发展贡献评估报告。

（四）完善数字经济监管的法治体系

加强数字经济重点领域地方立法。加快推动《厦门市数字经济促进条例》出台，开展数据资源利用与保护、平台经济发展与监管等立法研究。针对数字经济及其重点领域发展特点和发展需求，重点围绕数据所有权、数据使用权、大数据知识产权等内容，加快制定出台一批地方性法规或部门规章。对现有法规进行全面的梳理，及时修订完善不适应数字经济发展的相关条款，增加支持数字经济业态创新的相关内容。对新涌现的数字经济新业态，立法时机尚未成熟的，及时制定行业管理规章制度，或是对已有行业管理规章制度进行调整。

完善数字经济知识产权保护。完善厦门数据、算法、商业模式等数字经济新领域新业态相关的知识产权保护机制。进一步提高厦门数字经济知识产权司法、仲裁、调解、公证和维权援助治理能力，健全知识产权侵权惩罚性赔偿制度，加大厦门数字经济新领域新业态下知识产权的保护与救济力度。推进知识产权综合执法，加强对名誉权、知识产权的保护，严厉打击各类侵犯数字经济名誉权和知识产权，以及制售假冒伪劣产品、非法集资、信贷欺诈、电信诈骗等侵害数字经济权益和声誉的行为。

保障数字经济从业人员权益。厦门数字经济的迅速发展催生了在线劳动力市场，应加强数字经济新业态从业人员在工作时间、报酬支付、保险保障等方面监管，保障数字经济新业态从业人员的合法权益。数字经济新业态从业人员通过互联网平台注册并接单，提供网约车、外卖或者快递等劳务的，平台经营者应为从业人员提供工伤保险待遇。深入推进“放管服”改革，消除数字经济行政审批、职业资格改革等方面的隐形壁垒，充分保障数字经济从业人员权益。

加强数字经济执法。深化互联网司法、公证、仲裁建设，构建一站式网上诉讼服务和司法公开体系。完善数据应用违规惩戒机制，加强对数据滥用、侵犯个人隐私等行为的管理和惩戒力度。应用区块链技术赋能数字经济跨区域异地执法协调机制，应用区块链技术实现跨区域、跨部门的执法数据共享交换，并将跨区域执法、监管数据在链上存证，统一、可信的执法监管证据库，帮助执法部门实现高效行政、可信执法。对平台垄断和不正当竞争等行为进行智能监测，加强网络违法防范和处置。

【参考文献】

[1] 李佳颖 . 创新我国共享经济监管的战略建议 [J]. 经济研究参考，2017(71).

[2] 马骏 , 马源 . “互联网 +” 新模式监管制度创新的建议 [J]. 行政管理改革，2019(3).

[3] 刘建义 . 大数据驱动政府监管方式创新的向度 [J]. 行政论坛 .2019(5).

[4] 唐要家 . 数字经济监管体制创新的导向与路径 [J]. 长白学刊，2021(1).

[5] 盘和林 . 探寻数字经济监管与发展的平衡 [J]. 产城，2021(11).

[6] 李卫东 . “政府 + 平台” 双主体实现数字经济有效监管 [J]. 国家治理，2021(23).

课 题 组 长：刘飞龙
课题组成员：林汝辉　刘飞龙　陈国清
孙　博　林　敏　林永杰
课 题 执 笔：刘飞龙

第四篇 绿色经济篇

第十九章

加快厦门绿色经济发展的对策研究

一、绿色经济内涵

在党的百年华诞之际，福建深入学习贯彻习近平总书记重要讲话精神，秉承习近平总书记在闽工作时的重要理念、重大实践，提出要着力在数字经济、海洋经济、绿色经济、文旅经济等方面下功夫，加快构建现代产业体系，加快转变发展方式，不断优化经济结构，全方位推进高质量发展超越，奋力谱写全面建设社会主义现代化国家的福建篇章。

加快发展绿色经济，是福建省和厦门市深入践行习近平总书记生态文明思想，贯彻落实绿色发展、循环发展、低碳发展的必然要求；就是要在“绿水青山就是金山银山”理念指导下，建立健全绿色低碳循环发展的经济体系，实现生态环境高颜值和经济发展高素质协同并进。

（一）绿色经济的内涵和外延

“绿色经济”一词首次出现在1989年英国环境经济学家戴维·皮尔斯等的著作《绿色经济的蓝图》中，书中将绿色经济等同为可持续发展经济。

自首次提出以后，国内外有关组织陆续开展了绿色经济相关研究。概括而言，绿色经济与可持续发展理念一脉相承，在发展模式创新过程中出现的新的经济学概念——绿色经济是以市场为导向，以生态、环境、资源为要素，以产业经济为基础，以科技创新为支撑，以经济、社会、生态协调发展为目的，以维护人类生存环境，科学开发利用资源和协调人与自然关系为主要特征的一种新的经济形态。绿色经济企业与传统经济企业的区别，详见表19-1。

表19-1　绿色经济企业与传统经济企业的区别

比较项目	传统经济企业	绿色经济企业
经营责任	经济责任	经济、社会、生态责任
经营目标	经济效益最大化	经济、社会、生态效益总和最大化及比例均衡
发展理念	努力提高经济竞争力	通过增强绿色竞争力获得市场优势
资源耗费	较高	较低

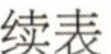

续表

比较项目	传统经济企业	绿色经济企业
资源综合利用率	较低，浪费较严重	较高，浪费较少或无浪费
废弃物	较多，污染环境	较少，尽可能循环利用废弃物
生产过程的污染	可能较高	较低
产品的污染	可能高	较低
对环境的影响	可能产生严重破坏	保护与改善环境
经济效益	着重于短期，较高	着重于长期，更高
社会效益	可能产生负外部性影响为主	正外部性影响为主
生态效益	可能负效益	正效益
与自然关系	可能产生难以协调的矛盾	和谐，逐步协调，持续发展

注：根据张春霞所著《绿色经济发展研究》(中国林业出版社 2008 年第 2 版）相关内容整理而得。

2016 年 11 月 4 日《巴黎协定》正式生效，将世界所有国家都纳入了呵护地球生态确保人类发展的命运共同体当中，推动各国以“自主贡献”的方式参与到全球应对气候变化行动、积极向绿色可持续增长方式转型的行动中，助推了全球绿色经济发展。从世界各国的发展实践看，发展绿色经济主要需把握以下几点：一是把生态、环境、资源作为绿色经济系统运行的基本要素；二是把实现经济效益、社会效益和生态效益的综合效益最大化作为发展绿色经济的根本目标；三是把推动传统经济转型、构建经济全过程的生态化作为发展绿色经济的主要途径；四是把绿色科技创新作为发展绿色经济的关键手段和重要支撑。

（二）绿色经济与循环经济、低碳经济之间的关系

循环经济。当前，社会上普遍推行的是国家发改委对循环经济的定义，即以资源高效利用和循环利用为核心，以“减量化、再利用、资源化”为原则，以低消耗、低排放、高效率为基本特征，符合可持续发展理念的经济增长模式，是对“大量生产、大量消费、大量废弃”的传统增长模式的根本变革。

低碳经济。指在可持续发展理念指导下，通过技术创新、制度创新、产业转型、新能源开发等手段，尽可能地减少煤炭、石油等高碳能源消耗，减少温室气体排放，达到经济社会发展与生态环境保护“双赢”的一种经济发展模式。

生态经济。指在生态系统承载能力范围内，运用生态经济学原理和系统工程方法改变生产和消费方式，挖掘一切可以利用的资源潜力，发展生态高效的产业，包括产业生态化和生态产业化。

著名经济学家成思危曾指出，绿色经济是我国非常重要的发展方向，主要包括低碳经济、循环经济、生态经济三个方面，低碳经济的重点是提高能源利用效率，减少以二氧化碳为主的温室气体排放量来应对气候变化；循环经济的重点是提高资源利用效率，提高资源的投入产出比；生态经济的重点是保护和改善生态环境。上述三者构成绿色经济的重要组成部分。

二、发展情况

（一）生态文明加快推进

生态环境质量较优。2021 年厦门空气质量继续保持全国前列，空气质量综合指数 2.62，在全国 168 个重点城市排名第六；饮用水水源地、主要流域国考断面、主要流域省考断面、小流域省控断面水质实现“四个 100% 达标”；公众生态环境质量满意度位居全省第一，荣获联合国人居奖、国际花园城市、中国十大低碳城市、国家环境保护模范市等荣誉称号。

生态文明改革加快推进。2016 年以来，厦门充分发挥生态省建设“排头兵”作用，不断完善自然资源确权登记制度、自然资源资产用途管制制度，推进资源性产品价格改革，完善土地有偿使用制度，在全省率先开展生态环境损害赔偿试点，完善生态补偿机制，推行用能权、碳排放权、排污权交易制度，推行环境污染强制责任保险制度，推行环境污染第三方治理等。

生态法制保障不断加强。近年来，厦门不断织密生态法律法规，为全市优美的生态环境筑牢安全防护屏障。在全国副省级城市中率先推行《厦门经济特区生态文明建设条例》首部生态文明建设地方法规，所制定的《厦门经济特区生活垃圾分类管理办法》成为全国第一部全流程管控的人大立法，《厦门经济特区水资源保护条例》是全国第二部关于生态文明建设的地方法规，《厦门市环境保护条例》于“十四五”开局之年重修出台，此外还有《厦门市海洋环境保护若干规定》等共计 30 余部与生态环境建设和资源保护有关的法规规章落地生根，为持续推进生态环境高水平保护、持续打造高颜值的生态花园之城保驾护航。

（二）能源消费结构不断优化升级

能源利用效率显著提升。“十三五”期间，厦门保持能源消费量增速低于 GDP 增速，以年均 3.9% 左右的能源消费增长支撑 7.4% 左右的 GDP 增速。单位 GDP 能耗逐年下降，从 2016 年的 0.33 吨标准煤 / 万元下降至“十三五”期末的 0.24 吨标准煤 / 万元，节能降耗成效显著，能源利用效率提升较快。

清洁能源发展初显成效。垃圾焚烧发电厂（厦门市环境能源投资发展有限公司）日处理垃圾量超过 1200 万吨，2021 全年垃圾焚烧发电量约 6 亿千瓦时。东部生活垃圾焚烧发电厂三期项目加快推进，预计 2022 年年底可建成投用，更有力促进垃圾减量和资源化利用。

（三）产业加快绿色化低碳化

生态农业逐渐兴起。大力发展种子种苗等重点领域，全市种子企业销售额占全省 35% 以上，百利种苗、鹰君、康力威等一批生态农业龙头企业发展喜人。实施生猪退养、养殖场标准化改造提升、畜禽养殖废弃物资源化利用等行动，推动生猪养殖业现代化和集约化；大力发展乡村生态休闲游，青礁村、金柄村、顶村村、小嶝村位列“中国最美休闲乡村”榜单；推广病虫害绿色防控技术，开展药肥双减、认证登记“三品一标”农产品等，实现农业种植少用药、用对肥，切实改善田间和水源生态环境，推动农业向高效益、低污染、可持续的方向发展。

工业愈加绿色化低碳化。一方面，加强源头治理，有效化解过剩产能，坚决遏制高耗能、高排放的“两高”项目；另一方面，注重推广低碳新工艺、节能新技术，引导工业企业加强能源和碳排放管理体系建设。截至 2021 年，华联电子、金龙、天马微等 33 家企业先后获批国家绿色工厂，正新橡胶、宏发开关等

33家企业共40种产品被认定为国家级绿色设计产品，火炬高新区被认定为国家绿色园区，盈趣、戴尔等5家企业被认定为国家绿色供应链管理示范企业。

绿色物流加快发展。引导中通、申通等快递企业用绿色循环袋代替传统编织袋，持续推动绿色海港和绿色空港建设，建成国内第一个全智能、零排放、安全、环保的全自动化集装箱码头，推动集装箱起重机完成“油改电”技术升级，推进厦门机场“油改电”试点。交通领域加快应用清洁能源，截至2021年，厦门出租车、网约车、公交车电动化比例位居全国前列；公共充电站数量（595座）远多于加油站（144座），充电设施密度全国第一，城市核心区已形成0.9公里充电服务圈。

节能环保、新能源等核心领域加快培育。近年来，厦门节能环保、新能源及新能源汽车等绿色产业核心领域加快发展。节能环保方面，形成了LED节能灯、水处理膜材料装备、废气处理纤维滤料装备、新能源客车、高效输配电及控制设备等优势领域，拥有省级循环经济示范试点企业22家。新能源及新能源汽车方面，海辰新能源、中航锂电、宁德时代等龙头项目纷纷落户，充电、储能、梯次利用及能源管控等配套完善的新能源汽车产业链（群）初步形成。

绿色金融助推实体经济低碳化。积极发展绿色信贷，设立“绿色低碳发展增信子基金”，为节能环保、清洁生产、清洁能源、生态环境、基础设施绿色升级等产业领域中小微企业提供融资增信服务，实现了较好的节能减排和污染防治成效。绿色资本市场服务逐渐加强，厦门市产业引导基金参股投资绿色产业相关领域子基金20只，涉及如中航锂电、宁德时代、理想汽车、特来电、星宸科技、圣元环保等30多个绿色相关项目，投资金额超过25亿元；获批厦门首只30亿元的绿色低碳发展基金，重点投向可再生能源及资源循环利用的绿色环境、绿色能源等绿色制造、绿色生活相关产业。绿色保险逐渐拓展，2019年开始在环境高风险领域推行环境污染强制责任保险制度，对投保企业开展“环保体检”[①]，目前公布的名录内企业[②]投保覆盖率已达100%。

（四）绿色消费观念初步形成

一是垃圾分类积极推进。厦门自2016年开始探索垃圾分类管理，目前垃圾分类向2.0版推进，在住建部对全国46个重点城市垃圾分类工作情况考核评分中，总分排名与上海并列蝉联第一档，垃圾“减量化、资源化、无害化”水平明显提高。

二是启动“绿色商场”示范创建，出台厦门市绿色商场创建工作实施方案（2020—2022年度），鼓励流通企业以资源高效循环利用为方向，在全市范围推广行业标准，鼓励流通企业按照标准要求树立绿色经营理念，绿化屋顶，开展节能改造，推广使用节能环保技术和产品等，孵化湖里万达全市首家“绿色商场”。

---

① 主要指投保企业联系专业机构，从投保第一年开始开展每年不少于一次的“环保体检”，主要包含环境风险管理指导、排查企业环境安全隐患、提出环境安全隐患整改措施等工作。

② 主要指《厦门市人民政府关于在环境高风险领域推行环境污染强制责任保险制度的意见》中提及的“实施范围”内企业。

三、存在问题

（一）鼓励绿色生产的体制机制有待完善

由于绿色生产具有一定的外部性，企业因绿色生产额外产生的成本往往不能全部通过产品价格实现全部补偿，导致企业开展绿色生产、持续开展绿色转型缺乏动力，因此完善的制度设计对于引导和鼓励企业持续进行绿色生产尤为必要。目前我市鼓励绿色生产的体制机制不完善主要体现在两方面。一是鼓励绿色生产的配套政策不够完善。2018 年我市出台“市级节约能源和发展循环经济专项资金”（以下简称“专项资金”）管理办法，支持循环经济发展，推动企业加快节能改造升级，但该专项资金于 2021 年变更为“市级发展循环经济专项资金”，意味着节约能源工程项目、能源管理体系建设及相关服务不再作为该专项资金支持范围。政策转向较快，未设置过渡缓冲期，一定程度削弱了厦门 70 余家节能服务业企业的市场竞争力。二是绿色收费价格机制不够健全。部分污水处理企业因污水处理价格长期未调整，缺乏对污水处理达到更优标准的动力。

（二）绿色产业核心领域有待壮大

绿色产业是绿色经济的重要载体，发展绿色经济的重点就是推进绿色产业发展，但目前，厦门绿色产业中核心产业规模尚小，有待进一步发展壮大。如新能源产业虽已引进中航锂电、海辰新能源这两个百亿项目，但仍处于项目建设期，需要加快推进项目投产见效；规模以上节能环保产业企业占规模以上工业企业数不到 15%。绿色金融仍需要加快发展，尤其是绿色信贷，当前主要以服务大中型绿色企业融资为主，其业务覆盖面仍有待进一步拓展至中小企业，绿色债券品种和数量有待增加。

（三）绿色消费有待进一步拓展推广

公众虽然广泛认可购买绿色产品对于保护生态环境具有重要作用，但由于食品监管体系不够健全完善，市场上还存在部分质次价高、以次充好的“绿色产品”等因素，绿色消费产品推广普及程度仍不够深入，绿色消费理念有待深入践行。国家生态环境部《公民生态环境行为调查报告（2021 年）》显示，2021 年“经常做到选购绿色食品”的受访者人数占比虽比 2020 年增加了近二成，但占比仍达不到 50%；此外，在食品、服装、电子产品等方面，适度消费观念仍有待进一步深化，“家中食品常因为过期而被丢弃”“常购买很多衣服、鞋子却不经常穿”“旧电子产品还能正常使用却更换新款”的受访者比例分别达 17.3%、12.6% 和 8.2%。

四、对策建议

（一）发展绿色产业体系

1. 大力发展生态农业

积极发展绿色有机种植和生态健康养殖业，打造一批绿色有机蔬菜产业化基地，落实开展水产绿色健康养殖“五大行动”，加大绿色食品和有机农产品推广力度。推行农业清洁生产，继续开展农药使用量零增长减量化、农膜污染治理等专项行动，鼓励和支持使用全生物降解农用薄膜。大力实施农业节水，推动同安区、翔安区、海沧区等乡村深入开展高标准农田、高效节水灌溉建设，因地制宜发展喷灌、微灌、滴灌、低压管道输水灌溉、集雨补灌、水肥一体化、覆盖保墒等先进适用技术。加强农业废弃物综合利用，推动秸秆、废旧农膜、畜禽粪污等废弃物资源化、高值化利用，实施畜禽粪污源头减量工程，扎实推进同安区和翔安区畜禽粪污资源化利用基础设施建设，因地制宜发展农村沼气和生物天然气工程。

2. 加快发展绿色制造业

以智能化、绿色化为方向，鼓励企业开展开展全生命周期绿色设计，开展智能工厂、数字车间升级改造，实施一批绿色制造示范、绿色制造系统集成、系统解决方案供应商等工程项目，打造一批具有示范带动作用的绿色工厂。实施一批绿色制造重点项目，鼓励企业推广应用先进节能、节水、节材产品和工艺，以化工、化纤、纺织印染等行业为重点，每年实施一批节能减排技术改造项目，推进关键节能减排技术示范推广和改造升级；以纺织印染、造纸、食品发酵、化工、有色金属等重点用水行业为重点，每年组织实施一批工业节水技术改造项目；结合无废城市创建，每年组织实施一批工业“三废”综合利用技术改造项目，推动工业企业主动开展工业固体废物综合利用。实施绿色新兴产业培育工程，围绕节能环保、生物医药、新能源汽车、光伏发电、生物能源、智能电网等绿色新兴产业领域，完善厦门产业投资机会清单，大力引进产业链核心环节和关键配套项目，大力培育本地领军企业和龙头企业，加快壮大绿色新兴产业规模。

3. 全力推进绿色服务业

加快发展绿色物流。推广绿色低碳运输工具，加大力度淘汰更新或改造老旧车船，完善补贴政策，鼓励和支持港口和机场服务、城市物流配送、邮政快递等领域优先使用新能源或清洁能源汽车，支持翔安机场开展飞机辅助动力装置替代设备（APU）建设和应用，加快港口岸电设施建设，推动邮轮及集装箱码头岸电应用全覆盖。鼓励东渡、海沧、前场、同安、翔安等物流园区采用新型绿色节能建材、光伏发电、墙体隔热保温、雨水回收利用等设计建设绿色物流园，支持快递企业持续加大免胶带拉链式纸箱、全降解快递袋等新型环保包材的研发与替换。

大力发展绿色金融。鼓励商业银行开发绿色金融产品，完善环保项目贷款风险分担机制和绿色信贷风险监测评估机制，争取政策性银行绿色信贷；结合普惠金融相关政策，支持商业银行推出“抵押快贷”“小微快贷”等一系列面向绿色小微企业的快速融资的产品。引导金融机构加大对企业节水减排、污染治理技术改造的信贷支持，依法落实对生产和使用先进环保设备的企业实施减免税、低息贷款、折旧优惠等鼓励政策。实施绿色债券贴息、绿色产业企业发行上市奖励、绿色担保奖补等政策，继续实施绿色债券投资奖励、创投机构绿色投资损失风险补偿、环境污染责任保险保费补贴等政策。依托厦门国际金融资产交易中心、两岸股权交易中心等交易市场开展绿色金融服务，支持长期专注于绿色产业的成熟企业、在绿色产业领域具有领先技术或独特优势的潜力企业发行绿色企业债券。积极发展绿色担保，探索建立中小企业绿色集合债担保风险补偿机制。

加快发展节能环保服务业。节能服务方面，大力发展能源托管、电力需求侧管理、能耗在线监测、节能咨询、节能诊断、合同节水管理等重点领域，完善市节约能源和循环经济专项资金管理办法，继续支持公共机构、大型公共建筑及重点用能单位优先采用合同能源管理方式实施节能改造。环保服务方面，在城镇污水处理、生活垃圾处理、烟气脱硫脱硝、工业污染治理等重点领域，积极推进包括系统设计、设备成套、工程施工、调试运行、维护管理的环保服务总承包和环境治理特许经营模式，加快培育发展生态环境修复、环境风险与损害评价、排污权交易、环境污染责任保险等新兴环保服务业。

4. 建设绿色产业示范基地

从产业空间布局优化、产业结构调整、企业清洁生产、公共基础设施建设、环境保护、组织管理创新等方面，推进势拓稀土永磁电机产业园、火炬高新区、集美工业集中区等产业园进一步提高绿色产业集聚度，培育绿色主导产业和龙头企业，实施产业园区循环化改造提升工程，推进园区土地集约利用、资源循环利用、能源梯级利用、污染物集中处理处置，开发应用园区大脑、绿色联盟、第三方环保管家等新型管理模式，创建若干个绿色产业示范基地。制定实施激励政策，以创建“绿色工厂”“绿色设计产品”“绿色供应链示范企业”为抓手，大力推广和扩大厦门市绿色技术和产品目录，引导和支持企业加强绿色技术研发创新，实施先进适用节能、节水等绿色技术改造，加强绿色产品设计生产，助推产业绿色升级。

（二）大力提升绿色技术创新能力

1. 加大绿色技术攻关力度

设立绿色技术创新及推广应用专项资金，用于加大对绿色加工、节能节水、清洁生产、资源综合利用等绿色低碳领域共性技术研发支持。依托厦门大学化学化工学院、环境与生态学院，中科院城环所等高校院所，开展大气污染治理、清洁能源替代等领域基础性研究，研发一批前瞻性、战略性、颠覆性关键技术。制定发布厦门市绿色技术与装备推广目录，聚焦清洁能源、生态保护与修复、城乡绿色基础设施、绿色建筑、生态农业等领域，积极参与国家重大科技专项、国家重点研发计划和重大科学基础设施建设，实施一批绿色技术创新重大研发项目。

2. 增强企业绿色创新能力

开展绿色技术创新企业培育行动，鼓励企业加大研发投入，投资开发节能、节水、节材、综合利用等清洁生产技术和产品，培育一批绿色技术创新企业、绿色企业技术中心，创建一批绿色技术创新示范企业，支持绿色经济龙头企业整合创新资源建立一批绿色技术创新联合体、绿色技术创新联盟。加大对从事绿色技术研发和产业化的企业政策支持力度，采取适度提高免征所得税额、研发费用加计扣除比例和加大财政补助力度等举措，推动企业深度参与绿色技术研发和应用项目的组织实施，提高企业牵头承担国家重大科技专项、国家重点研发计划支持的绿色技术研发项目比例，支持企业参与财政资金支持的非基础性绿色技术研发项目和市场导向明确的绿色技术创新项目。完善引进高层次人才“海纳百川”和“双百计划”，加大绿色技术创新领军人物、拔尖人才和企业家培养引进力度，鼓励和支持绿色经济领域企业联合厦门大学、集美大学、华侨大学等高校设立绿色技术创新人才培养基地。

3. 加快建设绿色创新载体平台

依托厦门科学城、福厦泉国家自主创新示范区厦门片区和等战略平台，聚焦绿色技术创新前沿，采取“政府支持、企业参与、市场运作”的方式，构建以新型研发机构为代表的技术产业融合的各类绿色技术创新平台，鼓励高等院校、科研院所和企业积极创建一批国家级、省级工程（技术）研究中心，国家科技资源共享服务平台，制造业创新中心和企业技术中心等载体。加大力度引进国内外知名研发机构，打造国际领先的绿色技术创新基地。聚焦绿色技术创新前沿及厦门绿色经济发展中的重大技术需求，依托 21 世纪海上丝绸之路国际科技创新与成果转化合作联盟（简称“海丝科转联盟”），加强与德国、以色列、日本等“一带一路”沿线国家及国内高校、科研院所、企业、技术转移服务机构沟通合作，积极开展绿色技术研发、绿色技术转移、绿色科技成果孵化转化和工程化示范推广。

（三）发展绿色消费体系

1. 倡导绿色健康消费新理念

大力推广绿色消费理念，开展绿色消费常态化宣传，倡导简约适度、绿色低碳的生活方式和消费方式，深入开展反过度包装、反食品浪费、反过度消费行动，营造节约光荣、浪费可耻的舆论氛围。引导人们节水节电，节约粮食，鼓励饮食行业企业推出“小份菜”，持续开展“光盘”行动。开展绿色出行创建活动，鼓励公众降低私家车使用强度，提高城市公共交通、步行、自行车等绿色出行水平。倡导绿色包装，贯彻落实《厦门市关于进一步加强塑料污染治理实施办法》，分阶段、分领域有序禁止、限制不可降解塑料袋、一次性塑料餐具、宾馆酒店一次性塑料用品、快递塑料包装等塑料制品的生产、销售和使用。

2. 壮大绿色消费产品体系

扩大绿色消费产品供给，鼓励企业围绕无害化、节能、环保、高可靠性、易回收等特点开展绿色设计、绿色改造和绿色采购，发展智能节能家电、节水器具、无公害有机农产品等一批绿色消费产品。加快绿色产品认证制度建设，健全绿色产品认证有效性评估与监督机制，培育一批绿色产品标准、认证、检测专业服务机构。建设及打造特色鲜明的厦门绿色产品生产企业集聚区，引导企业开展绿色产品、有机产品等品质认证，鼓励厦门市制造业企业积极参加工信部绿色设计产品遴选，完善厦门市农产品质量安全“一品一码”可追溯体系，规范农产品质量安全监管，培育一批具有较强竞争力的特色优质农产品品牌，积极发展绿色有机农产品。

3. 完善促进绿色消费政策体系

建立完善政府节能产品、环境标志产品优先采购和强制采购制度，引导国有企业逐步执行绿色采购制度。完善消费激励政策，加强对企业和居民采购绿色产品的引导，支持采取补贴、白鹭积分奖励等方式促进绿色消费。抓住绿色电力消费试点推广契机，积极向国家发改委、国家能源局争取试点实施，加快制定完善引导和鼓励绿色电力消费的配套政策。构建完善绿色产品市场准入和追溯制度，深入推行生产者责任延伸制度，加快形成安全、便利、诚信的绿色消费环境。

（四）发展绿色能源体系

1. 实施可再生能源替代行动

落实控制煤炭消费总量要求，遏制煤炭消费量增长，实施清洁能源产业化行动，积极开展光伏建筑一体化建设，充分利用工业建筑、公共建筑屋顶等资源实施分布式光伏发电工程，扩大光伏发电供给。加强对长源电力、九洲集团、联合动力、雄韬股份等清洁能源龙头企业招商引资，加快发展风能、生物质能、海洋能、氢能等绿色能源项目，稳步提升可再生能源利用比例。增加农村清洁能源供应，推动农村发展生物质能，尽快制定出台农村生物质能发展规划，支持厦门市环境能源投资发展有限公司发展生物质资源再生项目。积极开展二氧化碳捕集、驱油封存和利用试验示范。加快清洁能源项目建设，加快推进中航锂电、海辰新能源、时代新能源等一批清洁能源重点项目建设进度，加强重点项目跟踪服务，统筹协调和及时跟踪解决项目建设过程中遇到的用工、土地、用水、用电等要素保障问题。

2. 高效利用传统能源

实施能源系统提效工程，推动电力（热电）行业加快热电联产的技术改造，推广分布式热、电、冷联产示范。大力推动重点行业提高能源利用效率，以纺织、印染、造纸、化学纤维、橡胶和塑料制品、金属制品等高耗能行业为重点，建立重点行业能效领跑者制度，组织能效对标活动，鼓励实施低碳节能技术改造，推广中低品位余热余压制冷、供热和循环利用。推动市级节约能源和发展循环经济专项资金支持范围继续覆盖节约能源工程及服务项目，继续支持商场、办公楼、学校、医院等公共建筑开展合同能源管理，提高建筑能源利用效率。

（五）完善绿色经济发展的体制机制

1. 继续强化招商引资绿色门槛

完善招商引资“绿色门槛”，参照欧盟环境标准，借鉴美国、日本、瑞士等国家统筹推进环境保护与产业发展先进经验和做法，遵循习近平总书记“绿水青山就是金山银山”理念，以最顶格的标准制定选商引资产业（项目）准入门槛，坚持将重污染项目拒之门外；紧跟生态环境保护与建设的新形势、新任务和新要求，动态更新重点行业绿色招商导向清单，侧重引进对绿色经济发展有引领作用的高新技术项目和战略性新兴产业龙头项目。

2. 加强绿色经济发展考核

借鉴浙江、深圳等先进地区的经验，探索试行 GDP（国内生产总值）与 GEP（生态系统生产总值）[①] 双核算、双运行、双提升，推动 GEP 核算成果进规划、进考核、进政策、进项目等多元化运用，一是探索将 GEP 目标纳入中长期经济社会发展规划，并以 GEP 核算结果为依据，指导各区编制“十四五”区域绿色发展战略规划；二是推动 GEP 核算成果在绿色发展财政奖补、国土空间管控、环境治理评估等领域的广泛应用；三是建立完善以 GEP 核算为基础的生态产品市场交易机制；四是探索开展项目级的生态产品市场化交易，更好地发挥标准的引领作用；五是增加绿色发展在高质量发展目标考核体系中的比重，加强绿色产业发展综合分析，强化评价考核结果运用，形成促进绿色经济发展的激励约束机制。

---

① 指生态系统生产和服务的总和，是生态系统为人类福祉提供的产品和服务的经济价值总量。

3. 完善绿色发展价格机制

完善污水处理收费政策，建立市场化的污水处理及再生水利用价格机制，按照覆盖污水处理设施运营和污泥处理处置成本并合理盈利的原则，合理制定和调整污水处理收费标准；建立与污水处理标准相协调的收费机制。支持提高污水处理标准，污水处理排放标准提高至一级 A 或更严格标准的城镇和工业园区，可相应提高污水处理费征收标准。健全污水处理价格标准动态调整机制。以污水处理和污泥处置成本、污水总量、污染物去除量、经营期限等为主要参数，通过招投标等市场竞争方式，加快形成城镇污水处理服务费市场化标准。建立健全城镇生活垃圾减量化激励收费制度，按照“产生者付费”原则，循序渐进推行非居民餐厨垃圾计量收费。建立有利于节约用水的价格机制，完善城镇供水价格形成机制。建立充分反映供水成本、激励提升供水质量的价格形成和动态调整机制，全面推行城镇非居民用水超定额累进加价制度。

【参考文献】

[1] 成思危 . 中国绿色经济发展方向——低碳经济 循环经济 生态经济 [J]. 资源节约与环保 ,2014，4(2).

[2] 解振华 . 绿色转型必须有绿色产业作为支撑 [EB/OL]（2012-08-23）[2022-03-01]. http://intl.ce.cn/specials/zxxx/201208/23/t20120823_23613164.shtml.

[3] 张洪梅 . 绿色经济发展机制与政策 [M]. 北京：中国环境出版社 , 2017.

[4] 张春霞 . 绿色经济发展研究 [M]. 北京：中国林业出版社 , 2005.

[5] 陈旻 . 福建生态环境质量持续领先全国 [EB/OL].(2022-02-14)[2022-03-01]. http://fjnews.fjsen.com/2022-02/14/content_30959197.htm.

[6] 厦门市人民政府 .2022 年厦门市人民政府工作报告 [R/OL].(2022-01-07)[2022-03-01].https://news.xmnn.cn/xmnn/2022/01/25/100998354.shtml.

[7] 中国经济网 .《公民生态环境行为调查报告（2021 年）》发布 [EB/OL] (2021-12-27)[2022-03-01].http://finance.ce.cn/rolling/202112/27/t20211227_37206730.shtml.

[8] 何红旗 . 绿色经济 企业创新变革新路径 [M]. 中国商业出版社 , 2020.

[9] 孟根龙，杨永岗 , 等 . 绿色经济导论 [M]. 厦门大学出版社，2019.

[10] 搜狐网 . 充电设施密度全国第一！ 厦门 1189 个居民充电桩进入小区 [EB/OL]. (2021-11-26)[2022-03-01]. https://new.qq.com/omn/20211126/20211126A07D4400.html.

课 题 组 长：李　婷

课题组成员：谢　强　陈菲妮　李　婷
林　智　黄彩霞　陈亚军

课 题 执 笔：李　婷　陈菲妮　林　智

第二十章

国内外碳达峰碳中和进展及对厦门的启示

一、国外情况

积极应对气候变化，减少温室气体排放，推动早日实现碳达峰碳中和已成为全球共识。从历史排放看，发达国家制造了更多的排放总量，但他们大多在20世纪后半期或21世纪初就实现了碳达峰。当前，越来越多的国家积极参与到碳中和行动中，截至2021年，全球已有131个国家或地区制定碳中和目标，不丹、苏里南等国家已实现碳中和目标。以下主要介绍美国、欧盟、日本等三个经济体在碳达峰碳中和方面的进展。

（一）美国碳达峰碳中和进展

美国碳排放约为51亿吨/年，约占世界碳排放总量的15%。2007年，美国已实现碳排放达峰。2020年11月，特朗普政府宣布退出《巴黎协定》。但拜登上台后，在2021年2月，美国即宣布重返《巴黎协定》。2021年11月，美国正式发布《迈向2050年净零排放的长期战略》，计划2030年碳排放比2005年下降50%~52%；2035年实现100%清洁电力；2050年实现净零排放。美国将主要通过以下五大举措实现碳中和：

一是电力完全脱碳。推动太阳能和风电成本下降，推动清洁电力消费增长，加速电力全面脱碳。

二是终端电气化与清洁能源替代。使用脱碳电力为美国经济的所有领域提供多种服务。汽车、建筑和工业生产都将电气化。在电气化具有挑战的领域，例如航空、船运领域，优先使用非碳的氢能源和可持续生物燃料。

三是节能与提高能效。通过更高效的设备、综合节能手段以及优化生产过程等，实现节能更廉价、更容易，促使各行业更快向清洁能源转变。

四是研发深度减排的创新技术。政府资助技术创新的研发、展示和应用，降低竞争性技术的成本，通过政府和企业采购，把零碳技术从实验室导入工厂和市场，促使节能提效更廉价容易，减少温室气体排放。发起全球甲烷决心计划，到2030年全球甲烷排放减少至少30%。

五是实施大规模土壤碳汇和工程除碳策略。通过严格评估与核证的过程和技术移除二氧化碳，以及来自农业的非二氧化碳温室气体排放，以实现净零排放。

（二）欧盟碳达峰碳中和进展

欧盟碳排放约为 35 亿吨 / 年，约占世界碳排放总量的 10%。20 世纪 90 年代，欧盟已整体实现碳达峰。2020 年 3 月，欧盟委员会发布《欧洲气候法》，以立法形式约束各国为实现 2050 年气候碳中和采取必要措施。2020 年年底，欧盟 27 个成员国同意 2030 年温室气体净排放量将比 1990 年水平减排至少 55%，2050 年实现净零排放的新目标。2021 年 7 月，为建成全球首个气候中性的大洲，欧盟委员会公布“减碳 55”计划。欧盟提出了以下主要碳中和政策：

一是修订欧盟碳排放权交易体系。扩大碳交易范围，将建筑供暖、道路交通行业、海运碳排放纳入交易体系，并将创建一个真正的年度排放分配市场。

二是启动碳边境调节机制。自 2026 年 1 月 1 日起全面实施碳边境调节机制计划，正式开征碳边境税。2035 年将完全取消免费配额。

三是将农业纳入土地利用、土地利用变化和林业战略条例。至 2030 年通过自然碳汇实现 3.1 亿吨固碳量，并在欧洲范围内种植 30 亿棵树的林业战略。至 2035 年实现土地利用和农林业碳中和。

四是发布可再生能源、能源效率新指令。2030 年可再生能源占比需达 40%，初级和最终能源消费效率应分别提升 36% 和 39%。

五是发布能源税新指令。对环保能源设定最低税率，对化石能源采用较高税率。

六是制定车辆碳排放标准。到 2035 年，汽车和货车碳排放量较 2021 年下降 100%，仅销售零排放汽车和货车，实现“零碳运输”。

七是建设替代燃料基础设施。增加充电充气站设点，在主要高速公路上每 60 公里设置充电站，每 150 公里设置加氢站。

八是制订可持续燃料计划。到 2050 年可持续航空燃油占比至 63% 以上。可持续海运燃料鼓励使用液体生物燃料、电子液体、脱碳气体（包括生物 LNG 和电子气体）、脱碳氢和脱碳氢衍生燃料等。

九是设立社会气候基金。将设立一个 1444 亿欧元的“社会气候基金”，解决在 2025—2032 年因碳排放交易而造成的能源贫困问题。

（三）日本碳达峰碳中和进展

日本碳排放约为 11 亿吨 / 年，约占世界碳排放总量的 4%。2013 年，日本已实现碳排放达峰。2020 年年底，日本政府发布《2050 年碳中和绿色增长战略》，提出 2050 年实现净零排放的总目标、路线图。2021 年 5 月，日本国会参议院正式通过修订后的《全球变暖对策推进法》，以立法的形式明确日本政府提出的到 2050 年实现碳中和的目标。未来，日本将主要采取以下碳中和措施：

一是利用金融和财政手段促进碳中和。建立 2 万亿日元的绿色创新基金，资助碳中和基础领域。建立碳中和投资促进税制，对碳中和投资税收减免或特别折旧。建立合适的金融体系，加大绿色投资，引领日本国内远离化石能源，鼓励汽车、海运、农业等行业的低碳创新发展，总投资超过 240 万亿日元。

二是引入碳价机制。制定依据二氧化碳排放量向企业和家庭收费的制度。

三是制度监管与技术标准规范化。加强制定环境监管法规、碳交易市场与碳税等制度。致力在全世界对新技术进行标准化。

四是采取碳外交。增强日本绿色增长理念国际传播，促成先进科研机构间的合作。

五是能源与工业碳中和转型。涉及 14 个领域：海上风电、氨燃料、氢能、核能、汽车和蓄电池、半导体和通信产业、船舶、交通物流和基建、食品农林和水产、航空、碳循环、建筑和太阳能、资源循环以及生活方式。

二、国内情况

2020 年 9 月 22 日，中国国家主席习近平在第七十五届联合国大会一般性辩论上郑重宣示：中国将提高国家自主贡献力度，采取更加有力的政策和措施，二氧化碳排放力争于 2030 年前达到峰值，努力争取 2060 年前实现碳中和。实现碳达峰碳中和是以习近平同志为核心的党中央经过深思熟虑做出的重大战略决策，事关中华民族永续发展和构建人类命运共同体。一年多来，中国已为实现这一目标而付诸行动，并已取得积极成效。2020 年中国碳排放强度比 2015 年下降 18.8%，超额完成“十三五”约束性目标，比 2005 年下降 48.4%，超额完成了中国向国际社会承诺的到 2020 年下降 40%~45% 的目标，累计少排放二氧化碳约 58 亿吨，基本扭转了二氧化碳排放快速增长的局面。

（一）中央高度重视

党中央高度重视碳达峰碳中和工作，习近平总书记多次亲自谋划部署该项工作。如，2020 年 12 月 16 日，习近平主持中央经济工作会议并发表重要讲话，指出要抓紧制定 2030 年前碳排放达峰行动方案，支持有条件的地方率先达峰；要加快调整优化产业结构、能源结构，推动煤炭消费尽早达峰，大力发展新能源，加快建设全国用能权、碳排放权交易市场，完善能源消费双控制度；要继续打好污染防治攻坚战，实现减污降碳协同效应。

2021 年 2 月 19 日，习近平在深改委第十八次会议上发表重要讲话，要求统筹制定 2030 年前碳排放达峰行动方案，使发展建立在高效利用资源、严格保护生态环境、有效控制温室气体排放的基础上，推动我国绿色发展迈上新台阶。

2021 年 3 月 15 日，习近平主持召开中央财经委员会第九次会议，强调要把碳达峰、碳中和纳入生态文明建设整体布局，拿出抓铁有痕的劲头，如期实现 2030 年前碳达峰、2060 年前碳中和的目标。

2021 年 4 月 30 日，习近平主持中央政治局第二十九次集体学习并讲话强调，实现碳达峰、碳中和是我国向世界做出的庄严承诺，也是一场广泛而深刻的经济社会变革，绝不是轻轻松松就能实现的。各级党委和政府要拿出抓铁有痕、踏石留印的劲头，明确时间表、路线图、施工图，推动经济社会发展建立在资源高效利用和绿色低碳发展的基础之上。不符合要求的高耗能、高排放项目要坚决拿下来。

2021 年 7 月 30 日，习近平主持召开中共中央政治局会议并发表重要讲话，指出要统筹有序做好碳达峰、碳中和工作，尽快出台 2030 年前碳达峰行动方案，坚持全国一盘棋，纠正“运动式”减碳，先立后破，坚决遏制“两高”项目盲目发展。

（二）完善政策措施

一是成立领导小组。国家已成立碳达峰碳中和工作领导小组。2021 年 5 月 26 日，碳达峰碳中和工作领导小组第一次全体会议在北京召开，中共中央政治局常委、国务院副总理韩正主持会议并讲话。碳达峰碳中和工作领导小组第一次全体会议紧扣目标分解任务，加强顶层设计，指导和督促地方及重点领域、行业、企业科学设置目标，制定行动方案。同时，为统筹做好碳排放统计核算工作，加快建立统一规范的碳排放统计核算体系，国家成立碳排放统计核算工作组。统计核算工作组由国家发展改革委资源节约和环境保护司、国家统计局能源统计司主要负责同志共同担任组长，有关负责同志任副组长，成员单位包括科技部、工业和信息化部等国务院有关部委，中国煤炭工业协会、中国钢铁工业协会等有关行业协会。工作组日常工作由国家统计局能源统计司承担。

二是加快构建碳达峰碳中和“1+N”政策体系。已制定出台《中共中央 国务院关于完整准确全面贯彻新发展理念做好碳达峰碳中和工作的意见》《国务院关于印发2030年前碳达峰行动方案的通知》等顶层设计文件，正抓紧制定能源、工业、城乡建设、交通运输、农业农村等分领域分行业碳达峰实施方案。同时，积极谋划科技、能源转型、减污降碳协同等保障方案，已出台《关于统筹和加强应对气候变化与生态环境保护相关工作的指导意见》《关于加快建立健全绿色低碳循环发展经济体系的指导意见》《关于加快推动新型储能发展的指导意见》《关于推动城乡建设绿色发展的意见》《完善能源消费强度和总量双控制度方案》《高等学校碳中和科技创新行动计划》《关于严格能效约束推动重点领域节能降碳的若干意见》《关于完善能源绿色低碳转型体制机制和政策措施的意见》等系列文件。

（三）推进上下联动

一是发挥地方主体作用。按照国家的安排部署，各地积极主动推进碳达峰碳中和工作。地方在“十四五”规划和2035年建议中均已提出开展碳达峰工作。浙江、河南、甘肃等多个省份已成立碳达峰碳中和工作领导小组，召开会议部署相关工作。2021年1月，上海在市政府新闻发布会上已提出，力争2025年率先实现碳达峰，并将从加强部门协调、制定达峰方案、开展国际国内合作、推进绿色低碳技术开发应用和产业发展、建设国际碳金融中心等方面开展工作。各地陆续出台政策措施推动绿色低碳发展，如：2021年5月，广州市黄埔区、广州开发区、广州高新区联合印发《促进绿色低碳发展办法》；2021年9月，天津市出台《天津市碳达峰碳中和促进条例》，成为首部以促进实现碳达峰、碳中和目标为立法主旨的省级地方性法规；2021年11月，北京市通州区出台《绿色化改造提升项目补助资金管理办法》等等。

二是引导行业企业主动作为。行业层面，石油、化工、煤炭、钢铁、电力、汽车、交通等行业，正在制定各自的碳达峰和碳中和计划和路线图。2021年1月，17家石油和化工企业、化工园区以及中国石油和化学工业联合会在京联合签署并共同发布《中国石油和化学工业碳达峰与碳中和宣言》，以全行业名义宣示碳达峰和碳中和的决心和行动计划，这在全国是首例。企业层面，中国石化、中国海油和一些科研院所正积极开展低碳技术的研发和储备，启动碳达峰碳中和战略路径研究。2021年1月，国网天津市电力公司与天津本地6家发电企业共同签订战略合作协议，将全力构建新能源生态圈，加快推进天津能源清洁低碳转型和能源生产消费模式优化升级，为实现碳达峰碳中和目标贡献天津方案。同月，全球最大钢企中国宝武集团宣布将力争2023年实现“碳达峰”，2050年实现“碳中和”等等。

（四）开展对外合作

一是开展对话交流。2020年9月以来，习近平总书记先后在第75届联合国大会、联合国生物多样性峰会、第三届巴黎和平论坛、金砖国家领导人第十二次会晤、二十国集团领导人利雅得峰会、气候雄心峰会、世界经济论坛“达沃斯议程”对话会、中法德领导人视频峰会、领导人气候峰会、亚太经合组织领导人非正式会议、76届联合国大会、《生物多样性公约》第十五次缔约方大会领导人峰会、二十国集团领导人第十六次峰会等多个场合，阐述中国应对气候变化主张，实现“双碳”的目标举措，传递中国声音和中国方案，以中国理念和实践引领全球气候治理新格局，逐步站到了全球气候治理舞台的中央。

二是推动务实合作。我国高度重视应对气候变化国际合作，主动为广大发展中国家应对气候变化提供力所能及的支持和帮助。如，2021年6月，中国与28个国家共同发起“一带一路”绿色发展伙伴关系倡议，呼吁各国根据公平、共同但有区别的责任和各自能力原则，结合各自国情采取气候行动以应对气候变化。中国同有关国家一道实施“一带一路”应对气候变化南南合作计划，成立“一带一路”能源合作伙伴关系，促进共建“一带一路”国家开展生态环境保护和应对气候变化。2021年11月，在中非合作论坛第八届部长级会议开幕式上，习近平总书记宣布中国将为非洲援助实施10个绿色环保和应对气候变化项目，支持“非洲绿色长城”建设，在非洲建设低碳示范区和适应气候变化示范区。

三、启示与建议

绿色低碳、美丽厦门一直是厦门的标签，提早实现碳达峰碳中和也理应成为厦门城市发展追逐的目标。厦门应以习近平生态文明思想为指导，按照国家、福建省的安排部署，充分发挥作为国家生态文明试验区建设排头兵的作用，积极学习借鉴国内外在推进经济社会绿色低碳转型、推动碳达峰碳中和工作过程中的先进经验做法，主动作为、率先突破，在推动落实“双碳”目标的同时，推进经济社会高质量发展。

（一）加速构建绿色低碳产业

一是推动传统工业升级。以发电供热、橡胶塑料制品、化学制品等我市高碳排放工业行业为重点，鼓励工业企业运用物联网、大数据、人工智能等新手段，利用节能低碳新技术、新模式、新业态，加速工艺革新，实施电能替代，推动传统工业向高端化、智能化、低碳化发展。

二是大力发展绿色建筑业。全面推广装配化建造方式，加快构建绿色建设体系，打造绿色设计—绿色施工—绿色运维—绿色回收一体化建筑产业链。推进利用太阳能、空气热能、工业余热等解决建筑用能需求，鼓励房地产开发商新建纯电小区，推广厂房和大型公共建筑屋顶分布式光伏发电。探索超低能耗及近零能耗建筑建设，加强建筑运行能耗管理，不断降低建筑领域碳排放。

三是着力推进低碳交通业。发展绿色公共交通，加快城市轨道交通建设，着力推动公交、地铁一体化运营，不断提高纯电动、氢能源等公交车的比例。构建绿色物流体系，推动铁水、公铁、公水、空陆等联运发展，尽快实现车辆、船舶等电动化、新能源化和清洁化，不断提升交通运输业绿色发展水平。

四是不断壮大绿色新兴产业。依托厦门时代新能源、中航锂电、金龙等优势企业，做大做强新能源产业。大力发展污染第三方治理、碳资产管理和服务、合同能源管理等绿色环保产业。优化发展软件信息、研发设计、科技服务、信息咨询等服务业。不断集聚绿色金融机构，创新绿色信贷、绿色保险等金融产品，推动涉碳新兴产业抢抓机遇，快速发展。

（二）不断强化能源绿色供给

一是优化化石能源消费。加强源头管理，原则上不批准新建燃煤锅炉，有序淘汰现有燃煤锅炉，严格控制散煤燃烧。推动嵩屿电厂、腾龙树脂等现有用煤大户提高能效。实施煤改气行动，减少燃煤消费。大力推进先进生物液体燃料、可持续航空燃料等替代传统燃油，提升终端燃油产品能效。优化天然气设施，完善各区供气组团管网建设，提高天然气利用水平。

二是大力发展清洁能源。依托工业园区屋顶等空间资源，大力发展分布式光伏电站。加快厦门抽水蓄能电站、东部垃圾焚烧发电厂三期、厦门同安垃圾焚烧发电厂一期等工程建设。稳步推进加氢站、氢油综合能源补给站和液氢站建设，初步建成与氢能应用相适应的供氢网络，逐步打造“储氢—运氢—加氢”一体化氢能基础设施体系，支持氢能在交通、能源、民生等领域的示范应用。

三是建设新型电力系统。推进智能电网试点建设，构建新能源占比逐渐提高的新型电力系统。大力提升电力系统综合调节能力，加快灵活调节电源建设。积极发展“新能源储能”、源网荷储一体化和多能互补，支持分布式新能源合理配置储能系统。优化完善电动汽车充电设施布局，实现车、桩与智能电网灵活互动。

（三）着力加强“双碳”能力建设

一是完善政策措施。不断优化“双碳”顶层设计，贯彻国家、福建省要求，抓紧制定我市“1+N”碳达峰碳中和政策体系。发挥厦门市碳达峰碳中和工作领导小组作用，完善工作协调机制，加强考核督查，推动市直相关部门及各区上下联动、各司其职、形成合力。严格“三线一单”、规划环评、节能审查。学习天津、广州、通州等地做法，研究制定碳达峰碳中和促进条例，抓紧设立碳达峰专项资金，完善鼓励企业绿色低碳发展的政策措施，加大对企业打造绿色品牌、开展能源审计等低碳发展的扶持。落实政府绿色产品采购等制度，探索实行碳积分、碳普惠等措施，促进绿色消费。

二是强化要素支撑。加大金融支持，鼓励银行、证券、基金、债券、担保机构等金融资本和民间资本参与碳达峰、碳中和相关领域的研究与技术开发，更加精准向绿色、低碳领域配置，为全市经济社会全面绿色低碳转型提供强大的资金要素保障。加强统计监测，成立市碳排放统计核算工作组，加强工业、交通、建筑等重点行业的能源消费统计，开展企业碳盘查、核查，做好重点企业参与国家、省级碳市场建设基础数据报送工作，争取更多的规上工业企业纳入全市碳排放智能管理云平台，提高碳排放信息平台推广应用程度。强化科技支撑，大力培育引进新型低碳研发机构，发挥嘉庚创新实验室、厦门时代新能源研究院、中科院城环所等机构的作用，组建一批高能级企业创新联合体，加强高效储能、氢能、海洋蓝碳等绿色低碳关键技术攻关，多渠道推进绿色低碳高端技术和科研成果转化。

三是开展宣传交流。开展宣传培训，将碳达峰碳中和纳入干部培训体系，不断提高领导干部分析解决碳达峰碳中和问题的能力和水平。针对碳关税、供应链碳排放管理、碳排放权交易等热点难点，广泛开展企业、科研机构、学校等各领域涉碳培训，增强全社会对碳达峰碳中和的理解。加强交流合作，围绕“海丝”战略支点城市、金砖国家新工业革命伙伴关系创新基地等建设，依托海峡论坛、“九八”投洽会等展会，积极推动绿色低碳产业“走出去”“请进来”，加强与“一带一路”国家、金砖国家等应对气候变化交流合作，不断提升交流合作水平。

【参考文献】

[1] 秦容军 . 国内外碳达峰碳中和经验借鉴及对我国煤炭行业发展的启示 [J]. 煤炭经济研究 ,2021(3).

[2] 中华人民共和国中央人民政府 . 中国应对气候变化的政策与行动 [R].2021.

[3] 闫晶，张瀚舟 . 碳达峰碳中和先行城市的经验、挑战和启示 [J]. 上海节能 ,2021(8).

[4] 刘致，李鹏程 . 气候中性与碳中和国际时间及标准化发展对我国的启示 [J]. 标准科学 ,2020(12).

课 题 组 长：董世钦

课题组成员：戴松若　林　红　姚厚忠

梁子升　黄彩霞　许丽娟

课 题 执 笔：董世钦

第二十一章 碳达峰碳中和目标对厦门产业发展的影响分析

一、概　述

（一）什么是碳达峰

“碳达峰”是指，给定区域内的企业、团体或个人的二氧化碳排放总量达到历史峰值，达峰之后进入逐步下降阶段。碳达峰是二氧化碳排放量由增转降的历史拐点，标志着碳排放与经济发展实现脱钩。达峰目标包括达峰年份和峰值。

（二）什么是碳中和

“碳中和”是指，给定区域内的企业、团体或个人在给定时间内直接或间接产生的温室气体排放总量，可以通过植树造林、节能减排、负碳排放技术和碳补偿等形式实现二氧化碳排放相互抵消，即系统整体在给定时间内达到二氧化碳的相对“零”排放。具体讲就是二氧化碳的排放量与二氧化碳的去除量相互抵消。

（三）我国碳达峰碳中和的目标

2020 年 9 月以来，习近平总书记先后在第 75 届联合国大会上、二十国集团领导人利雅得峰会、气候雄心峰会、中央经济工作会、世界经济论坛“达沃斯议程”对话会等多个场合宣示，中国力争二氧化碳排放 2030 年前达到峰值，2060 年前实现碳中和。特别是 2021 年 3 月 15 日，习近平总书记组织召开中央财经委员会第 9 次会议时指出，实现碳达峰碳中和，是场硬仗，也是对我们党治国理政能力的一场大考，要求各级党委和政府扛起责任，拿出抓铁有痕的劲头，确保如期实现 2030 前达到峰值、2060 年前实现碳中和目标。因此，我国的碳达峰碳中和目标就是“力争二氧化碳排放 2030 年前达到峰值、2060 年前实现碳中和”。

（四）国外碳达峰国家特征

根据联合国气候变化框架公约秘书处（UNFCCC）网站公开的最新数据，已有法国、英国、美国等 46 个国家实现了碳达峰的目标。大部分国家实现碳达峰时，表现的主要特征为：人均 GDP 在 2 万美元以上（但碳达峰后经济增长速度会放缓）；城市人口占比超过 50%；第三产业占 GDP 的比重达 65% 以上，美国等一些国家的比重甚至接近 80%；化石能源消耗占比高达 60% 以上。

（五）国外推进碳中和经验

从主要国家在碳中和上的战略部署看，有以下经验可以借鉴。

一是加快能源绿色低碳转型。各国都在淘汰煤炭，并降低天然气供热，大量零碳发电装机逐步投入使用，推动电能低碳化，提升电力行业能效。

二是大力推广零碳技术。各国政府在政策上积极引导公共部门和私营部门加大对关键技术的研发力度，诸如可持续燃料、氢能、储能，碳捕获、吸收或利用技术等。如日本在 2017 年就发布了氢能的基本战略，德国于 2020 年 6 月发布了国家氢能战略等。

三是全面激发对绿色产品和服务的需求。各国纷纷提供税收优惠政策，并鼓励民众淘汰老旧汽油车，实施零排放车辆战略，建设绿色社区，加大植树造林力度，加大对屋顶太阳能的补贴、对垃圾分类回收并进行循环利用，取消相关电力税费等。

四是创造有利的政策与投资环境，发展绿色金融市场。在政策方面，包括进行气候立法，取消化石燃料补贴，制定碳定价政策，投资清洁技术，引入新的清洁燃料标准，加大绿色采购力度等。此外，各国政策弥补了价格驱动力不足的情况，为脱碳提供额外激励，大力发展绿色金融市场。

二、影响分析

（一）碳达峰碳中和对传统行业的影响

碳达峰碳中和是一场能源革命、产业变革。碳达峰碳中和的目标，是能源生产和社会活动与碳脱钩。未来全部的电力生产要清洁能源化，不产生或少产生碳排放，居民生活中尽量用电而不用其他的化石能源，企业在生产过程中也不消耗化石能源，用电力生产。也即能源生产去碳化，生产生活消费电气化。这就要求能源生产与加工转换、工业、交通业、建筑业等重点碳排放行业，通过技术进步和结构调整提高生产要素投入效率，开展低碳化改造，加快绿色转型。这对于厦门能耗高的传统产业而言是一场历史性变革。厦门能源生产与加工转换、工业、交通业、建筑业等传统行业碳排放占全市碳排放总量的比例超过 70%，因此推动这些行业改造转型势在必行。

但是，厦门传统产业转型面临着能源结构调整空间有限、企业转型升级成本高、转型压力大等的制约。

一是清洁能源保障能力不足。当前厦门一次能源利用主要以石油、天然气、煤炭等化石燃料为主，本地能源自给率不足 1%。受区域能源禀赋和土地资源限制，厦门难以发展核电、风电、潮汐能、地热能等能源，只有太阳能、生物质能具有一定潜力。在碳排放总量和强度双重目标约束下，厦门可能会因为缺乏大规模新能源和可再生能源，带来碳排放增量空间不足，影响部分产业类项目引进。

二是增加企业运营成本。降低碳排放，实现碳中和，除增加碳汇外，还必须依靠发展和利用碳捕集、利用与封存技术（CCUS）工具以及碳交易、碳税等市场化减排工具。而这些碳减排技术和市场化工具的利用会增加企业生产成本。以我市发电供热行业为例，现有华夏电力（300 兆瓦 ×4 台）、腾龙热电（100 兆瓦）、瑞新热电（50 兆瓦 ×2）、海发环能（6 兆瓦 ×2）等发电供热企业，其中华夏电力 2020 年消耗标煤超过 100 万吨，全市用煤主要集中在以上几家企业。根据目前正在编制的厦门市碳达峰行动计划，我市要率先实现碳达峰，减煤情景设置的路径更具备可行性。如果要减煤，则上述发电供热企业需要采取关停、限产或提效等措施，后期要实现碳中和还需采取碳捕集等技术手段，都将减少企业营收或增加企业运营成本。同时，全国碳排放权交易市场已于 2021 年 7 月正式上线，首笔碳交易价格为每吨 52.78 元，我市发电供热企业整体规模较小，发电机组不够先进，将可能会因为碳配额不足而增加配额购买成本。

三是企业转型压力大。放弃现有高耗能业务，拓展绿色低碳新业务，对企业来说，并不容易。以厦门海发环能公司为例，该公司以碳达峰碳中和为发展契机，主动转型，新设立环保能源事业部。但调研中企业反映，新业务拓展过程中，面临外部优势企业的激烈竞争，新业务拓展难，转型压力大。

（二）碳达峰碳中和对涉碳新兴产业的影响

碳达峰碳中和将给涉碳新兴产业带来历史机遇。实现碳达峰碳中和，需要加快发展知识技术密集、物质资源消耗少、综合效益高、成长潜力大的战略性新兴产业，将带来广阔的产业投资机会。当前，全球 37 个国家的 1000 多个机构投资者正逐步从化石燃料行业撤出 8 万亿美元，转投入零碳相关行业中。根据生态环境部环境规划院测算，2030 年碳达峰目标实现时，全社会预计将向零碳产业投资 8.5 万亿元。根据中国投资协会预测，零碳中国将撬动 70 万亿元绿色产业投资机会。

大量与低碳技术研发、示范和推广应用相关的持续巨额投资，有利于新能源、节能环保、绿色金融等涉碳新兴产业的创新发展。如在新能源汽车领域，根据德勤新能源汽车市场规模模型预测分析，新能源汽车将在 2025 年前后进入市场拐点，全面进入暴发期，预计 2030 年我国新能源汽车产销量超过 1500 万辆。又如在绿色金融领域，红杉中国的测算结果表明，2021—2060 年，我国绿色投资年均缺口约 3.84 万亿元，其中，2021—2030 年平均缺口约 2.7 万亿元，2031—2060 年平均缺口约 4.1 万亿元。庞大的绿色投融资需求，将为我国绿色金融发展带来巨大机遇。

厦门作为国际著名的海上花园城市，生态环境好，区域交通便利，对外开放度高，营商环境排在全国前列，产业投资吸引力较强。新能源汽车、节能环保、绿色金融等涉碳新兴产业发展较好，具备把握机遇的基本条件，可以借助碳达峰碳中和带来的新一轮产业发展机遇，深耕发力，扩大比较优势，增强经济发展新动能。

在新能源相关领域，厦门已拥有各类新能源汽车生产企业 80 多家，基本形成了覆盖上、中、下游的完备产业链。金龙客车拥有 10 年的氢燃料电池技术研发经验，金旅客车在 2016 年就推出了第一代氢燃料电池客车。厦门钨业的储氢材料产品产销处于国内领先水平，也是国内最大的锂电池正极材料生产企业。厦门已成功引入厦门时代新能源科技公司、耐克森新能源科技有限公司等新能源重点企业。

在绿色金融领域，两岸金融中心、古地石基金小镇、杏林湾商务运营中心等片区已集聚一批实力金融机构。2021 年 5 月，厦门首只绿色低碳发展基金顺利获批设立，总规模达 30 亿元；厦门市产业投资基金引导社会资本支持绿色产业发展，布局了主投绿色产业的基金 20 只，通过子基金投向绿色产业项目 25 亿元，涵盖中航锂电、宁德时代、理想汽车、圣元环保等多家绿色产业领域的新锐企业。

但我市涉碳新兴产业也存在规模小、技术能力不够、研发投入不足等问题，在一定程度上减缓了新兴产业发展步伐。

在产业规模方面，2020 年，我市新能源和新能源汽车相关行业总营收仅为 47 亿元，节能环保产业总营收为 80 亿元，都还未突破百亿元大关，与比亚迪 2020 年营业总收入 1566 亿元、宁德时代总营收 503 亿元相比，差距明显。

在技术能力方面，以规上企业为样本，行业高新技术企业占比为例，节能环保行业拥有国家高新技术企业20家，覆盖面45.5%，新能源行业拥有国家高新技术企业7家，覆盖面35%，新能源汽车行业拥有国家高新技术企业3家，覆盖面35%，都远低于我市新一代信息技术产业、高端装备制造产业60%左右覆盖面的水平。

在研发经费投入方面，2020年新能源产业、新能源汽车产业项目研发强度分别仅为2.0、2.9，与全市战略性新兴产业项目研发强度平均水平3.7相比，也有较大差距。

（三）碳达峰碳中和对产业政策的影响

碳达峰碳中和需重构产业政策，凝聚政府、企业、科研机构、社会等各层级力量，共同提高应对能力，形成工作合力。

发达国家已开始利用自身技术优势和标准优势，通过设置市场壁垒、征收碳关税等手段，来巩固保持自身的领先优势，全球产业链上的龙头企业开始强化供应链的碳排放管理，要求产品供应链各环节逐步实现碳中和。如2021年7月，欧盟决定将对从碳排放限制相对宽松的国家和地区进口的电力、钢铁、铝等系列产品征收碳关税。又如英国内阁办公室发布的编号为PPN 06/21的新规明确规定，投标供应商在参与合同价值超过500万英镑的公共工程项目前，必须做出碳中和承诺，并在投标文件中公布企业详细的、可信的碳减排计划，该规定于2021年9月30日起实施。再如2020年7月21日，苹果公司发布《2020年环境进展报告》，计划在未来十年内，所有业务、生产供应链及产品生命周期将净碳排放量降至零，实现碳中和。

我国高度重视碳达峰碳中和工作，习近平总书记多次就碳达峰碳中和工作作出重要指示批示，中央经济工作会议将碳达峰碳中和作为2021年八大重点工作之一，国家已成立碳达峰碳中和工作领导小组。2021年以来，国家层面已先后印发《关于完整准确全面贯彻新发展理念做好碳达峰碳中和工作的意见》《关于建立健全绿色低碳循环发展经济体系的指导意见》《关于统筹和加强应对气候变化与生态环境保护相关工作的指导意见》《关于推动城乡建设绿色发展的意见》《关于加快推动新型储能发展的指导意见》《关于进一步深化燃煤发电上网电价市场化改革的通知》等系列政策文件，国家发改委、工信部、央行、财政部等部委正从工业、金融、财政等领域编制碳达峰专项行动方案，加快推进碳达峰碳中和工作。

厦门产业政策相对完善，软件信息、文化创意等9条产业链群规模超千亿元，拥有光电、生物医药、钨材料等国家级产业基地和产业集群，初步形成了以先进制造业和现代服务业为主体的现代产业体系，2020年万元GDP能耗仅为0.24吨标准煤，在国内城市中处于先进水平。但现行产业政策以实现节能减排目标为主，与实现碳达峰碳中和的目标要求还有差距。

一是产业政策须调整。未出台促进碳达峰碳中和的法律规章。缺乏低碳行业、低碳企业、低碳产品等各领域的标准规范。缺乏鼓励企业低碳零碳发展的扶持政策，如北京通州已出台政策对获得“碳中和企业”认证的企业，最高一次性补助50万元，但我市还未有相关政策。

二是碳排放监测待完善。工业、交通、建筑等重点行业的碳排放数据基础较薄弱，核算监测有待加强。对重点企业碳排放监测覆盖面不够，目前仅66家重点企业纳入厦门市碳排放智能管理云平台，占规模以上工业企业的比例不足3%。

三是减碳科技支撑不足。我市科研机构和重点企业对二氧化碳捕集/运输/封存等低碳、零碳、负碳技术的研发和推广较少。新能源、新能源汽车等涉碳新兴产业项目研发投入不足，研发强度分别仅为2.0、2.9，与全市战略性新兴产业项目研发强度平均水平3.7相比，差距明显。

四是各级碳应对能力还不够。我市多数企业没有专门的能源管理部门，企业在低碳产品认证、碳排放管理等方面基础薄弱。政府部门工作人员对碳达峰碳中和的认识和实践能力有待深化。市民参与碳达峰碳中和的路径有待拓展。

三、对策建议

双碳目标下，要充分发挥厦门作为国家生态文明试验区建设排头兵的作用，主动适应、主动转型、主动作为、率先突破，化减碳压力为促增长动力，继续保持经济快速增长。

（一）积极调整，推动传统行业低碳转型

1. 积极推动工业绿色转型发展

优化工业行业结构，全面禁止新建钢铁、水泥、平板玻璃、焦化、有色金属等行业高污染项目；加大既有橡胶塑料制品、化学制品等高碳排放行业的工艺革新，淘汰落后和过剩产能；推动食品、水暖厨卫、纺织服装等传统制造业向新兴化、品牌化发展。优化工业企业用能结构，加大非化石能源应用占比，全面提升电气化应用水平。实施工业能效赶超工程，推动工业企业开展柔性生产改造，应用可中断用能设备，推广节能低碳新技术、新模式、新业态，不断提高企业能源利用效率。鼓励工业企业运用物联网、大数据、人工智能等新技术，向高端化、智能化、低碳化发展。培育更多绿色产品、绿色工厂、绿色园区，打造一批绿色产业示范基地和零碳经济发展示范园区。

2. 大力推进建筑业低碳零碳发展

全面推广绿色建筑，逐步提高新建节能环保建筑、高星级绿色建筑比例。推广装配化建造方式，开展适合本地特点的装配化建造关键技术研究，打造一批装配式建筑产业基地。推进公共建筑、城镇既有居住建筑等节能改造，不断提高建筑能效水平。开展建筑用能限额管理试点，实施建筑能耗统计、能源审计、能效公示及能耗动态监测，加强建筑运行能耗管理。推进利用太阳能、浅层地热能、空气热能、工业余热等解决建筑用能需求，鼓励房地产开发商新建纯电小区，推广厂房和大型公共建筑屋顶分布式光伏发电，持续优化建筑用能结构。以厦门市青少年宫、厦门人民大会堂为零碳建筑试点工程，探索超低能耗及近零能耗建筑建设。

3. 全面推进交通运输业绿色发展

发展绿色公共交通，按照“公交、地铁一体化”运营目标，加快 4 号线、6 号线等城市轨道交通线路建设，构建“快线 + 干线 + 支线 + 微线”的常规公交网络，不断提高纯电动、氢能源等公交车的比例。构建绿色物流体系，加快推进大宗货物和中长距离运输的“公转铁”，推动铁水、公铁、公水、空陆等联运发展，尽快实现车辆、船舶等电动化、新能源化和清洁化。推进绿色海空港建设，加快建设厦门港东渡港区 0# ~ 4# 泊位邮轮岸电系统等港口岸电设施、翔安新机场综合能源服务项目等工程。提升智慧交通水平，深度应用 5G、AI、智能网联等前沿技术，推动“5G+ 物流”、无人车等末端智慧物流要素运用，构建覆盖物流全链条的“一站式”“一单制”智能物流服务体系。

4. 着力促进能源系统向绿色低碳转型

逐步削减燃煤消耗，加快推进厦门嵩屿电厂一期在原厂址建设等容量替代火电机组，提升燃煤发电效率；引导腾龙树脂、海发环保等用煤大户实施煤改气行动。大力发展清洁能源，探索在火炬高新区、新阳工业区等产业园区，因地制宜发展分布式光伏电站，加快厦门抽水蓄能电站、东部垃圾焚烧发电厂三期、厦门同安垃圾焚烧发电厂一期等工程建设。建设新型电力系统，新扩建集美500kV输变电、东岗500kV输变电三期等一批输变电工程，完善全市电网结构，提高供电可靠性。推进智能电网试点建设，积极接纳各类分布式电源，适应可再生能源并网和新能源汽车等发展需要。加快建设厦门翔安新机场综合能源服务项目、火炬高新区能源互联网示范区等示范项目建设。

（二）抢抓机遇，培育壮大涉碳新兴产业

1. 壮大新能源产业

围绕新能源材料、新能源汽车、氢能等领域，重点发力，推动产业做大做强。做强新能源材料产业，依托厦门时代新能源、中航锂电、海辰新能源等龙头企业规模技术优势，带动电池正负极材料、电池制造装备等产业链关键环节发展；加快中国福建能源材料科学与技术创新实验室建设，推动高效能存储、低碳能源系统等先进材料技术攻关和产业化。做大新能源汽车产业，继续保持新能源客车优势，建立和优化新能源汽车整车开发流程，打造国产新能源汽车电控系统及关键零部件制造基地；紧盯比亚迪、蔚来、小鹏等优势企业，加强项目招商，力争在新能源乘用车领域取得突破。探索发展氢能产业，加快突破低温液态储氢、电解水制氢等关键材料、技术和设备，逐步打造“储氢—运氢—加氢”一体化氢能基础设施体系。

2. 发展节能环保产业

大力推广合同能源管理、环保管家、污染第三方治理、环保工程总包等各类环保综合服务。积极培育碳排放监测和核算、碳资产管理、碳咨询服务等现代服务性产业。以三达膜、百霖净水等龙头企业，带动发展膜材料与膜分离相关产业。围绕龙净、绿洋、中创环保等企业，发展工业用超净除尘设备、脱硫脱硝除尘一体化设备等产业。建设完善东部固废处理中心，打造完整再生资源产业链。充分发挥宏鹭升、欣意盛等建筑废弃物资源化骨干企业带头作用，不断提升建筑废弃物资源化产业发展的质量。鼓励“三立”等再制造试点单位，打造汽车零部件再制造品牌。

3. 提升绿色金融产业

依托两岸金融中心、古地石基金小镇、杏林湾基金聚集区等金融片区，加强金融招商，不断集聚绿色金融机构。推动绿色信贷、绿色保险等金融产品创新，推广节能贷、绿色贷等信贷产品，开发适用于针对清洁发展机制（CDM）和低碳项目发展的碳保险等。探索将用能权、碳排放权、排污权、合同能源管理未来收益权、特许经营收费权等纳入融资质押担保范围。稳步推进绿色融资企业及项目建库认证工作。依托绿碳联盟探索打造绿色金融超市，加快“厦绿融”绿色金融数字化系统建设，实现绿色产业与绿色金融的无缝对接。积极争取国家气候投融资试点，引导投融资向碳达峰、碳中和、适应气候变化领域倾斜和聚集。完善对金融机构绿色贷款、绿色债券等业绩评价，引导金融资源更加精准向绿色、低碳领域配置。

（三）主动作为，增强碳达峰碳中和能力

1. 优化空间布局

立足厦门资源环境承载力，以生态保护红线、“三线一单”、规划环评、节能审查等为抓手，明确产业项目低碳准入要求，不断增强新发展格局中“绿色刚性”的作用，加快形成与生态资源禀赋、环境承载容量相适应的城市空间格局。在产业园区规划建设过程中重视产城融合、商住平衡和功能复合，构建兼具固碳与防护功能的环园绿地，建立低碳生态的第四代产业园区。探索运用产业关联模型识别高关联度产业企业，构建产业共生链，提升产业关联度并推动高关联产业临近布局，缩短上下游企业距离，减少不必要的客货运输碳排放。

2. 完善产业政策

学习天津做法，制定出台厦门市碳达峰碳中和促进条例，为产业低碳政策提供法制保障。学习广州做法，加大对企业打造绿色品牌、开展碳排放状况核查、开展能源审计等的扶持。抓紧设立厦门市碳达峰专项资金，结合厦门市产业转型升级等专项资金，加大对产业绿色转型的扶持。探索制定低碳行业、低碳企业、低碳建筑、低碳交通等各领域标准规范。优化土地要素配置，严格控制新增土地开发，优先消化存量用地，提高土地开发强度，推动土地集约节约利用。继续落实节能节水环保、资源综合利用以及合同能源管理、环境污染第三方治理等方面的所得税、增值税等优惠政策。严格执行差别电价、惩罚性电价、阶梯电价、峰谷分时电价等能源价格政策。扎实开展重点行业、重点企业能源消耗总量和强度双控行动，不断完善节能降碳奖惩政策。

3. 加强统计监测

尽快成立厦门市碳排放统计核算工作组，负责组织协调全市及各区、各行业碳排放统计核算等工作。加强工业、交通、建筑等重点行业的能源消费统计，通过碳排放清单、核算和模型预测、在线监测等方法，准确测算厦门市、分行业、分能源品种的碳排放量，为率先碳达峰和引领碳中和奠定科学的理论基础。加强经济发展和节能降碳联动监测，正确处理好发展和减排、短期和中长期的关系。完善企业碳排放统计制度，定期开展盘查、核查，发掘减碳潜力，打好低碳发展基础。做好重点企（事）业单位温室气体排放报送工作和国家、省级碳市场建设基础数据报送工作。加强企业碳排放统计监测及服务能力建设，加速厦门市碳排放和能耗智能管理云平台等信息平台在企业的推广应用。

4. 强化科技支撑

大力培育引进新型低碳研发机构，支持在厦高校院所、重点企业建设绿色低碳领域国家级、省级及市级重点实验室。发挥厦门大学碳中和创新研究中心、嘉庚创新实验室、中科院城环所等机构作用。推进碳中和未来技术学院和示范性能源学院建设。多渠道引进和培养一批碳排放领域的紧缺人才和高端技术领军人才。加强二氧化碳捕集 / 运输 / 封存、海洋蓝碳等低碳、零碳、负碳关键技术攻关。组建一批高能级企业创新联合体，形成突破关键技术瓶颈的企业主导型战略科技力量。建设绿色创新成果转移中心展示平台和绿色低碳众创空间示范基地创新创业中心。鼓励科研机构和人员采取技术转让、成果入股、共同开发等形式，推进绿色低碳高端技术和科研成果转化，支撑建设一批绿色低碳示范产品、示范企业、示范园区。

5. 开展培训宣传

针对发达国家征收碳关税、国际企业巨头推行的供应链碳排放管理，国内碳排放权交易、绿电交易等政策热点难点，广泛开展企业涉碳管理培训，不断增强我市企业面对国际国内碳达峰碳中和最新政策的理解应对能力。强化企业在推进碳达峰碳中和中的主体地位，引导企业将低碳战略上升到整个企业的全过程管理当中，推动企业参与碳排放权、用能权等市场交易机制，促进企业绿色健康可持续发展。倡导居民践行低碳消费和生活方式，探索实行碳积分、碳普惠等措施，促进个人低碳消费。落实政府绿色产品采购和优先采购制度，引导消费者和企业选购高效绿色产品和设备。将碳达峰碳中和纳入干部培训体系，定期举办全市党政领导干部碳达峰碳中和培训班，不断提高广大党员干部特别是领导干部分析解决碳达峰碳中和问题的能力和水平。

【参考文献】

[1] 中国环境报 . 实现碳达峰碳中和需要付出艰苦卓绝的努力 [EB/OL][2021-08-24](2022-03-01).http://epaper.cenews.com.cn/html/2021-08/24/node_4.htm.

[2] 中华人民共和国中央人民政府 . 中共中央 国务院关于完整准确全面贯彻新发展理念做好碳达峰碳中和工作的意见 [R/OL].(2021-10-24)[2022-03-01)http://news.cri.cn/20211024/8455c1c3-c84b-190e-3a0d-9878154ae9e3.html.

[3] 中华人民共和国中央人民政府 . 2030 年前碳达峰行动方案 [R/OL].(2021-10-24)[2022-03-01).http://www.gov.cn/zhengce/content/2021-10/26/content_5644984.htm.

[4] 中国投资咨询网 ."碳达峰""碳中和" 成焦点 哪些行业将迎投资机遇？ [EB/OL](2021-03-17)[2022-03-01].http://m.ocn.com.cn/touzi/chanye/202103/gjaah17085055.shtml?ivk_sa=1024320u.

课 题 组 长：董世钦
课题组成员：林 红 林汝辉 梁子升
黄彩霞 许丽娟
课 题 执 笔：董世钦

第五篇　开放发展篇

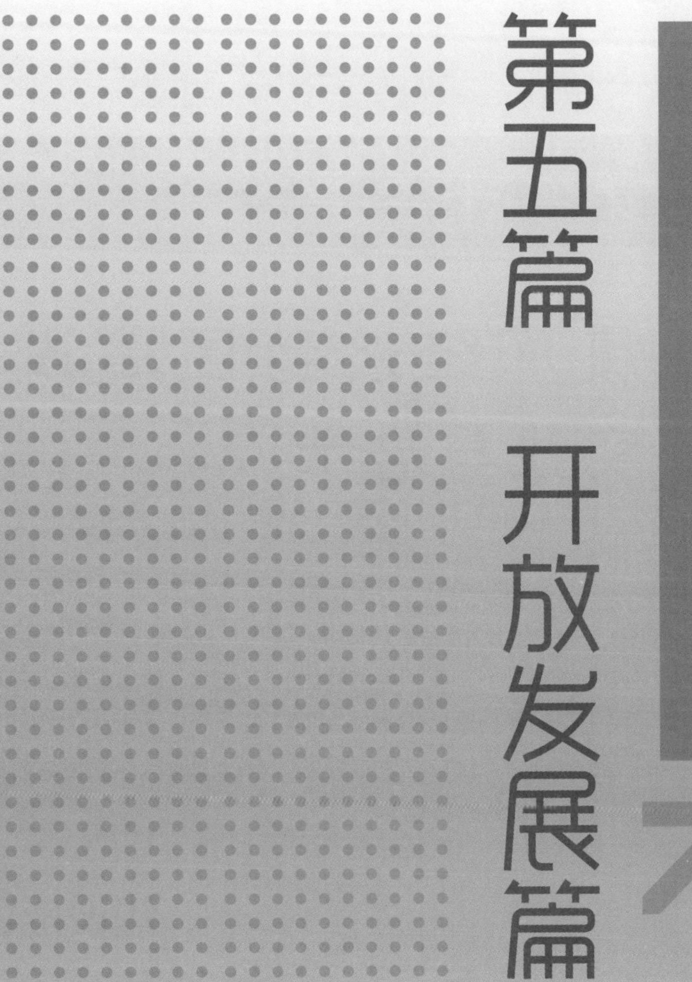

第二十二章

厦门经济特区建设 40 年的实践与启示

2021 年是厦门经济特区建设 40 周年，习近平总书记致厦门经济特区建设 40 周年贺信指出“40 年来，在党中央坚强领导下，厦门经济特区开拓创新、锐意进取，各项事业实现历史性跨越，为改革开放和社会主义现代化建设作出重要贡献，在促进祖国统一大业中发挥了独特作用。”全面回顾厦门经济特区建设 40 年来的发展成就，系统总结发展经验，有助于厦门在新发展阶段，改革开放再出发，在率先实现社会主义现代化征程上再创新的辉煌。

一、建设成就

（一）综合实力实现历史性跨越

1. 经济总量迅速壮大

全市地区生产总值从 1981 年 7.4 亿元增加到 2021 年 7033.89 亿元，增长约 950 倍，年均增速 18.7%；财政总收入从 1981 年 1.95 亿元增加到 2021 年 1530.21 亿元，增长约 785 倍，年均增速 18%；外贸综合竞争力居全国前列；港口集装箱吞吐量居世界第 14 位；人均地区生产总值超 2 万美元，达到发达国家水平。

2. 创新体系不断完善

厦门坚持把科技作为第一生产力，从推动企业由出口加工向自主研发转变，到打造创新型城市，再到实施创新驱动发展战略、建设福厦泉国家自主创新示范区、高素质创新名城，创新体系不断完善。厦门全社会研发投入强度超 3.1%。全市共有国家、省、市级重点实验室 130 多家，工程技术研究中心 120 多家，新型研发机构 40 多家，众创空间 350 多家；全球首个戊肝疫苗、首个国产宫颈癌疫苗等创新产品填补相关领域空白；培育了高素质企业集群，全市国家高新技术企业超 2200 家、科技小巨人企业超 1000 家，全市创新创业创造活力不断增强。

3. 产业集群效应加快显现

厦门立足自身发展禀赋和优势，稳步推进产业转型升级，由最初的简单加工制造业起步，逐步迈向东南沿海强大的高端制造业高地和最具竞争力的现代服务业集聚区。三次产业结构从1981年23：56.1：21.9调整为2021年0.4：41：58.6，已培育形成平板显示、软件信息、旅游会展、航运物流等9条千亿产业链，电子信息产业正加快向万亿产业集群迈进，生物医药、新型功能材料入选首批国家战略性新兴产业集群。

（二）改革开放实现历史性跨越

1. 全面深化改革纵深推进

市场经济体制改革方面，厦门积极推进以市场为取向的经济体制改革，率先在国有资产管理体制、建立特区金融体系、财税、价格流通体制、土地有偿转让和商业用地公开招标制度等开展一系列改革探索，为特区经济社会发展注入了源源不断的体制机制活力。行政管理体制改革方面，厦门致力简政放权、转变职能、提高行政管理效能，率先开展撤销八大工业局、实行重大片区开发建设的指挥部模式等改革，持续深化“放管服”改革，探索形成“多规合一”、国际贸易“单一窗口”等先行先试经验，获评全国营商环境标杆城市、首批全国法治政府建设示范市。社会领域改革方面，全面普及高中阶段教育，建立全民医保、最低生活保障等制度，首创“三师共管”分级诊疗等创新做法，全覆盖、分层次的住房保障体系被誉为“中国房改新政蓝本”，居家和社区养老服务改革试点获评全国优秀，探索共建共治共享的社会治理格局，形成主动创稳、多元化纠纷解决机制、“校园微治理”等特色亮点。

2. 全方位高水平对外开放格局加快形成

厦门主动融入世界经济大循环，着力构建开放型经济体制，实现了从出口加工区、保税区、保税港区到自贸试验区的迭代升级，成为我国“引进来”和“走出去”的重要枢纽。贸易进出口总额从1981年1.51亿美元增加到2021年1409亿美元，年均增速达18.6%，外贸进出口总额占全省近一半，已发展成为世界上最大的钨制品生产出口基地，中国主要电脑出口基地、液晶面板出口基地和民用飞机维修基地。截至2021年，累计实际使用外资近200亿美元，批准外商投资企业超过1.4万家。海运、空运、陆运通达五洲，厦门已由偏居一隅的沿海小岛向全国最高等级的国际性综合交通枢纽迈进。海港方面，厦门港现有生产性泊位176个（含漳州），156条航线通往全球149个港口，110条外贸航线通达55个国家和地区；空港方面，厦门已成为东南沿海区域性航空枢纽，国际航线36条，旅客国际中转量排名全国第五；铁路方面，组建“丝路海运”联盟，中欧（厦门）班列通达亚欧12个国家，累计开行1000多列，实现了“海丝”与“陆丝”在厦门无缝对接。厦门自贸片区集成推出111项全国首创改革举措，30项厦门经验在全国推广。累计缔结21个国际友好城市和12个友好交流城市，中国国际投资贸易洽谈会已发展为全球性的双向投资促进盛会，厦门国际马拉松赛连续13年获评国际田联金标赛事、被誉为“最美马拉松赛道”，形成了官任、前埔等一批国际社区，对外开放的大门越开越大、城市品牌越来越响。

3. 区域协同发展取得积极成效

新型城镇化建设扎实推进，汀溪镇、灌口镇分别入选国家、福建省首批特色小镇；美丽乡村建设和移民造福工程加快实施，集美区城内社、海沧区院前社、同安区军营村、翔安区云头村等被列为省美丽乡村建设示范典型村庄，城乡统筹发展水平稳步提高。厦漳泉龙同城化进程有序推进，厦门龙岩山海协作经济区、厦门泉州经济合作区建设稳步推进，闽西南协同发展区建设、闽粤赣十三市合作不断深化，厦漳港口完成一体化整合。

（三）城市建设实现历史性跨越

1. 城市发展框架由岛向湾拉开

特区建设之初，厦门集中力量发展岛内，岛内得到快速发展。1984 年，厦门经济特区从湖里 2.5 平方公里扩大到厦门全岛；2010 年，厦门经济特区进一步扩大到全市范围。特别是 2002 年以来，厦门秉承习近平同志擘画的“提升本岛、跨岛发展”宏伟图景和“四个结合”指导原则，深入实施跨岛发展战略，全面推进“岛内大提升，岛外大发展”，岛内旧城改造和有机更新提速提质，岛外新城建设加快成型成势，初步形成了“一岛一带多中心”的城市框架，城市建成区面积由特区建设初期的 38.5 平方公里增加到 2021 年的 402 平方公里，扩大 10 倍以上，厦门完成从海岛型城市向海湾型城市的跨越。

2. 城市发展能级稳步提升

岛内坚持“退二优三”，产业转移加快推动，功能品质不断优化提升。岛外新城基地建设提速提效，环东海域新城初步形成滨海高端酒店群；集美新城十年集聚成城，产城融合加速；马銮湾新城环湾大道、南岸生态岛等基本建成；同翔高新城加快集聚新能源等优势产业；东部体育会展新城新体育中心、新会展中心加快建设。交通、市政等基础设施不断完善，先后建成鹰厦线 1 条电气化铁路和福厦、龙厦、厦深线 3 条客专高速铁路，基本形成“一横两纵”的铁路线网空间格局；海沧隧道建成通车，翔安大桥等一批交通重点工程加快推进，“两环八射”快速路网基本形成；新机场航站区综合交通枢纽等工程加快建设，轨道交通 1 号线稳定运营，2 号线开通运营，3 号线、4 号线、6 号线建设有序推进；建成集美文教旅游区、马銮湾智慧商住区等 5 个世界一流城市输电网综合示范区；在全国率先确立海绵城市建设管理标准体系，地下综合管廊绩效评价全国第一；长泰枋洋水利枢纽工程基本建成；全国首个 5G 全场景应用智慧港口、公交综合智慧系统入选国家新基建示范工程项目。学校、医院等优质民生资源加快向岛外布局，实现基本养老保险和医疗保险城乡一体化。

（四）民生保障实现历史性跨越

1. 人民生活品质大幅提高

城镇居民人均可支配收入从 1981 年 482 元增加到 2021 年 67197 元，年均增速 13.1%；农村居民人均可支配收入从 1981 年 264 元增加到 2021 年 29894 元，年均增速 12.6%，实现了由解决温饱到高质量全面小康的历史性跨越。

2. 公共服务水平不断提升

民生投入力度不断加大，全市财政涉及民生支出占公共财政支出的 70% 以上，市民公共服务满意度位居全国前列。教育均衡化水平显著提升，率先通过义务教育发展基本均衡区国家认定；在全国率先实现城乡居民基本医保制度统一且全覆盖；率先构建多层次的住房保障体系，创新探索了保障房“地铁社区”建设供给模式；实现城乡低保标准全市统一；实现基本公共卫生服务城乡全覆盖，引进复旦大学附属中山医院厦门医院、华西医院等一批高水平医疗机构，初步确立了厦门作为闽西南医疗服务中心的地位；全市公共文化设施人均享有率居全国前列，成为国家公共文化服务体系示范市；实现居家养老服务全覆盖，养老机构医养结合覆盖率达 100%。

3. 人与自然和谐发展的格局加快形成

厦门本着发展与保护并重、绿水青山就是金山银山的理念，推动人与自然和谐共生，高标准建设国家生态文明试验区，开创生态保护地方立法先河，先后荣获"国家园林城市""国家卫生城市""国家环保模范城市""全国绿化模范城市""全国十佳人居城市""全国城市环境综合整治特别奖""中国人居环境奖""国际花园城市""联合国人居奖"等称号；获评国家森林城市、国家生态市、海洋生态文明示范区，成为践行习近平生态文明思想的生动范例。2021 年，厦门空气质量综合指数（2.53）在全国 168 个重点城市中排名第 6；流域国控断面、主要河流省控断面、小流域省控断面、小流域"以奖促治"断面、饮用水源地和黑臭水体等水质实现"6 个 100%"达标；工业地块安全利用率、危险废物安全处置利用率均达 100%；建成区绿化覆盖率达 45.52%，人均公园绿地面积达 14.60 平方米。

（五）社会文明实现历史性跨越

1. 民主法治建设扎实推进

全面推进依法治市，率先出台《厦门经济特区促进社会文明若干规定》《厦门经济特区多元化纠纷解决机制促进条例》等地方法律法规，荣膺全国"四五""五五"普法先进城市，促进德治与法治的紧密结合。法治政府建设在全国居前列，司法体制机制改革积极稳妥推进，司法公信力不断提升，获评法治政府建设典范城市，政府透明度指数全国第一。

2. 社会主义精神文明建设不断加强

持续深入开展全国文明城市创建，大力弘扬社会主义核心价值观，"爱心厦门"深入推进，荣获全国文明城市"六连冠"，自 1991 年以来历次被命名全国双拥模范城，市民道德水准和文明素养持续提升，树立了文明城市创建的标杆。加强未成年人思想道德建设和大学生思想政治教育，被中央文明委授予全国未成年人思想道德建设工作先进城市。推动闽南文化等创新传承发展，"鼓浪屿历史国际社区"成功列入世界文化遗产名录；成功举办金砖国家文化节等一系列具有国际和全国影响的重大文艺活动，文化精品工程取得突破。

3. 城市治理现代化水平不断提升

平安厦门建设持续深化，在全国率先构建起人民调解、行政调解、司法调解三位一体的"大调解"工作体系，矛盾纠纷多元化解机制经验在全国推广，群众安全感率 99.358%，保持全省第一。美丽厦门共同缔造、社区网格化管理服务、城市公共安全管理信息平台等社会治理创新走在全国前列，城乡社区结对帮扶共建机制在全国复制推广。创建国家食品安全示范城市，消费者满意度居全国第五。入围中国智慧城市十强，"i 厦门"荣获 2019 中国智慧城市创新示范奖。

（六）对台融合发展不断取得新突破

1. 经贸合作日益紧密

高水平建设杏林、海沧、集美三个国家级台商投资区，注重对台产业链招商和以商引商，成为台资企业最早的登陆地和重要的集聚地，台湾成为厦门第二大贸易伙伴、第一大进口来源地，厦门口岸的台湾水果、酒类、图书等进口量稳居大陆第一。截至2021年底，累计批准台资项目9039个，合同使用台资203.26亿美元，实际使用台资117.35亿美元；批准赴台投资项目56个，投资总额2.15亿美元。

2. 人文交流持续活跃

持续举办郑成功文化节、福德文化节、龙舟文化节、保生慈济文化旅游节、朱子文化节、宋江阵民俗文化节、两岸民间艺术节等两岸文化交流活动；成功举办12届海峡论坛，累计吸引超10万名台湾各界人士广泛参与；打造了海峡论坛、台交会、文博会、海图会、两岸乐活节等50多个大型对台交流活动平台；积极开展厦台社区交流对接，累计推动厦台近百对社区村里结对共建，兴隆社区获批设立福建省基层对台交流示范点；科技、教育、人才、医疗卫生等领域交流合作富有成效，持续举办两岸百名中小学校长论坛、两岸职业教育论坛、两岸学子论坛、两岸中医药发展与合作研讨会、两岸医药卫生交流与合作会议等交流活动，成为两岸人文交流最活跃的地区之一。

3. 两岸往来更加便捷

形成完整的邮件、快件、跨境电商、跨境供应链B2B四种通关模式。海运快件通关系统并入国际贸易“单一窗口”，实现每周至少六天六班点对点海运快件常态化航班和两岸进出口货物门对门直接运输。开通农副产品快速通关“绿色通道”，169种台湾商品采用“源头管理、口岸验放”模式快速通关。厦门海关列入海峡两岸AEO互认试点，与台湾关贸网路实现互联和数据交换，业务量居三个试点海关之首。厦金互通对接水平不断提升，建成“I海台”厦金航线票务系统，实现与金门方面无缝对接。截至2021年底，海上集装箱吞吐量累计455.6万标箱；空中货运吞吐量累计25.4万吨；厦金航线出入境旅客累计1900多万人次，占两岸“小三通”的90%；经厦门口岸赴台旅游累计310多万人次。

4. 同胞融合稳步发展

成为台胞在祖国大陆就业创业、居住生活的温馨家园，台胞在创业、就学、就业、居民待遇、参政议政等方面权益保障机制更加健全，两岸民众情感融合日益增强。全市已有两岸青创基地近30个，累计入驻台湾青创团队500个，吸引台湾青年超3500人。1万多名台胞办理台湾居民居住证，近2000名65岁以上台胞办理敬老卡享受我市公交优惠，发放近4000张台胞专属信用卡。启用厦门台胞台企权益保护法治宣传基地，台商检察联络员增至18名，台胞人民调解员增至27名。支持在厦台胞参政议政，共有5名台胞担任市政协委员。支持在厦台胞参与社区管理，共有65位台胞担任社区主任助理。

二、经验启示

厦门经济特区40年改革开放实践，创造了伟大奇迹，积累了宝贵经验，深化了我们对中国特色社会主义经济特区建设规律的认识。

（一）必须坚持党对经济特区建设事业的领导

中国共产党领导是中国特色社会主义最本质的特征，推动经济特区建设发展关键在党。40 年来，厦门始终坚持党要管党、从严治党。努力保持党的先进性和纯洁性，扎实推进党的建设新的伟大工程，深入推进反腐倡廉建设，建立“党委统一领导、党政齐抓共管、纪委组织协调、部门各负其责，群众积极参与”的反腐败领导体制和工作格局，为经济特区改革发展提供了坚强保证，实践证明，只有坚持党对一切工作的领导，不断加强和改善党的领导，才能成功应对一系列重大风险挑战，经济特区的事业才能始终沿着正确的方向前进。

厦门始终坚持加强党的执政能力建设和先进性建设。按照科学执政、民主执政、依法执政的要求，加强执政能力建设，引领全市人民凝心聚力紧密团结在党中央周围，把党的领导落实到特区建设各领域、全过程，不断完善领导经济社会工作的体制机制和方式，不断提高各级党委总揽全局，协调各方的水平，不断创新发展观念，拓展发展思路，破解发展难题，提高发展质量，有力促进了各级党组织驾驭市场经济、建设民主政治、发展先进文化、构建和谐社会、应对复杂局面、解决复杂问题等方面能力的提高，把特区经济社会发展转入高质量、高效益发展的轨道。

始终坚持加强和改进党的建设。坚持不懈地加强思想政治建设，以科学的理论武装头脑、指导实践、推动工作。大力加强各级领导班子和干部队伍建设，注重在实践中选拔任用干部，注重在基层艰苦环境中磨炼干部，注重建立公正的选人用人机制，真正让想干事、能干事、能干成事的干部成为特区改革发展稳定等各条战线的中坚骨干。进一步提升基层党组织的凝聚力、创造力和战斗力，坚持分类指导、整体推进，认真落实地方党委、部门党组（党委）抓基层党建责任制，促进基层党建工作增强实效、提高水平。注重抓好机关党建、国有企业党建、社区党建、非公经济组织党建工作，在探索基层党建新路子中不断建立新机制，从解决实际问题、改进薄弱环节入手，进一步推进基层组织建设，基层党组织的凝聚力、创造力和战斗力进一步提升。

（二）必须坚持科学发展之路

坚持科学的理论指引，沿着中国特色社会主义道路前进，是实现社会主义现代化、创造人民美好生活的必由之路、成功之路。40 年来，厦门始终坚持和完善中国特色社会主义制度，坚决贯彻执行党的十一届三中全会以来的理论和路线方针政策，不断强化理论武装，坚持以马克思列宁主义、毛泽东思想、邓小平理论、“三个代表”重要思想、科学发展观、习近平新时代中国特色社会主义思想为指导，坚持解放思想和实事求是有机统一，自觉以科学理论指导实践、推动工作；始终按照习近平总书记为厦门擘画的城市发展战略、跨岛发展战略等宏伟蓝图接续奋斗，用实际行动走在中国特色社会主义实践的前沿，向世人昭示了中国特色社会主义制度的优越性和勃勃生机。

始终坚持以发展为第一要务。特区建设以来，厦门一以贯之地坚持走以新型工业化为主的发展道路，发展壮大二、三产业，优化提升第一产业的，推动三次产业在更高层次上的协调发展，持续扩大经济总量，提升了城市的经济实力和综合竞争力。在改革开放之初就坚持“以工业为基础、港口为中心、外贸为先导”的工作方针，大力引进“生产型、出口创汇型、技术先进型”工业项目，形成了一批支柱产业；在新一轮跨越式发展阶段，围绕建设海峡西岸强大的先进制造业基地，培育形成了电子、机械、化工三大支柱产业，同时加快发展现代服务业，快速发展软件信息服务业、商务营运，建成一批服务业重大基础设施，商贸、物流、旅游、金融成为服务业支柱产业；近年来，在提升先进制造业同时，进一步提升现代服务业发展水平，培育战略新兴产业，形成二三产业协同拉动的产业格局，推动电子、机械两大支柱产业稳步增长，加快发展生物医药、海洋高新、新材料、节能环保等战略性新兴产业，同步推动软件信息、文化创意、服务外包、网络零售等现代服务业发展，形成光电、软件、计算机通讯、生物医药、航运物流、金融、文化创意、旅游会展等为代表的千亿产业链，保证了厦门始终沿着健康可持续轨道发展。

始终坚持创新引领发展。把科技创新作为发展的首要推动力，以人才为第一竞争力，大力实施科教兴市战略、人才强市战略和创新驱动战略，切实把经济发展转移到依靠科技进步、提高劳动者素质和管理创新上来。在特区动工建设的当天，厦门创办了“自费、走读、不包分配”的鹭江职业大学，为特区初期培育了一批有知识的专业工人和管理人才；“八五”“九五”期间承担“863”计划；到八十年代末贯彻“发展高科技，实现产业化”，实施“火炬”计划；九十年代成立火炬高新区，加快发展高科技产业；近年来，厦门加快国家创新型城市、国家自主创新示范区建设，加大科技投入，致力提高自主创新能力，加强原始创新、集成创新和引进消化吸收再创新，大力发展自主品牌和自主知识产权，推动大众创业、万众创新，构筑区域科技创新体系，推动经济增长由要素和投资驱动向创新驱动发生根本转变，走出一条以高新技术产业为先导的自主创新之路。

始终坚持全面协调可持续发展。注重发展的速度、质量、效益相统一，在推动经济持续较快发展的同时，加快转变经济发展方式，推进产业结构调整和优化升级，适时调整优化产业布局，促进产业集聚发展，不断提高招商引资的质量和水平，加快新旧动能转换，着力培育“四新经济”，催生新的增长极，促进经济增长速度、质量、效益相协调。按照经济发展与社会事业进步同步、地方经济增长与人民生活水平同步提高的基本方向，注重规划统筹、注重外引内联，应用规划、投入、项目、政策等手段，做到规划先行、投入支撑、项目带动、政策支持，全面有力地统筹城乡之间、区域之间、经济与社会之间的协调发展，推动经济、社会、城市转型发展，推动提升本岛与拓展海湾联动发展，使厦门彰显经济发达、社会事业进步、城市环境优美、人民生活富裕的和谐发展局面，走出一条具有厦门特色的内涵型、效益型、开放型、集约化发展之路。始终牢记习近平同志 2002 年对厦门提出的“当好生态省建设排头兵”嘱托，坚持生态优先、绿色发展，推动人与自然和谐共生，习近平同志领导制定的《1985 年—2000 年厦门经济社会发展战略》中前瞻性地设专章研究厦门生态环境问题，推动厦门从永续发展的角度深刻思考城市建设与环境的关系，他在厦门工作期间亲自领导筼筜湖综合治理，提出的“依法治湖、截污处理、清淤筑岸、搞活水体、美化环境”20 字方针沿用至今。

（三）必须坚持全面深化改革开放

改革开放是党和人民大踏步赶上时代的重要法宝，是决定当代中国命运的关键一招。40 年来，厦门始终坚持解放思想、先行先试、改革创新。在国企改革、开放市场、社会治理、自贸试验区等诸多领域创造了一系列全国率先，探索形成许多可复制可推广的制度经验，充分发挥了改革“试验田”作用。

始终坚持社会主义市场经济改革方向。以增强企业活力为重点，以市场为取向，运用宏观调控等手段，以点带面，全方位推进改革。注重现代市场体系建设，整顿规范市场秩序，建立起开放、竞争的商品流通体系和完善的劳动力、科技、信息等要素市场体系；深化投融资体制改革，大力推进代业主招投标、建设工程经评审最低价中标、财政性投资建设工程“代建制”，鼓励投资主体多元化、投资方式多样化；理顺市区两级关系，推行“收支两条线”、财政国库集中收付制度；纵深推进“放、管、服”改革，简化审批手续，精简政府机构，不断提高行政效率和政府行政管理能力，推动建立有利于培育和释放市场主体活力、提高资源配置效率、推动转型升级的体制机制。

始终坚持正确处理改革发展稳定的关系。把改革的力度、发展的速度与社会承受的程度有机地结合起来，坚持问题导向，在维护社会稳定中推进改革和发展，在改革和发展中促进社会稳定。切实关心民心，从解决现实问题入手，稳步推进公共事业改革，成立水务集团，实现“三水合一”的一体化经营管理，提高水资源的使用效益；放开公共交通、市政公用、社会事业的特许经营权，推行公交线路场站分离和多元化经营，实行公共绿地招投标养护，推行医药招投标采购制度，推动民营经济发展文化产业；合理配置城乡文化教育卫生体育事业资源，推动实施农村免费义务教育和初高中毕业生免费接受职业教育；设立社会保险统筹和个人专户，实行管办分离，推行养老、失业、工伤、医疗、生育“五险合一”保险制度，最大限度发挥社会保障体系“稳定器”的作用。

40 年来，厦门始终坚持实行更加积极主动的开放战略。改革开放初期，习近平同志准确把握厦门的独特区位优势，带着厦门人民探索出一条以开放促改革促发展之路。按照习近平同志提出的“三步走”思路，厦门着力构建开放型经济体制，实现了从出口加工区、保税区、保税港区到自贸试验区的迭代升级，深度拓展对外开放的领域和空间，着力建设金砖国家新工业革命伙伴关系创新基地，形成全方位、宽领域、多层次、有重点的对外开放格局，更好发挥特区对外开放“重要窗口”作用。

始终坚持引进来与走出去相结合，增强利用国际、国内两个市场、两种资源的能力。特区初创时期，注重发挥厦门侨区优势，想方设法“以侨引台、以侨引外、以台引台”，坚持引进生产型、先进型、出口创汇型企业，开拓出利用外资的良好局面。特区进入加快发展阶段后，强化龙头带动和完善产业链，重视引进有影响跨国公司，重视培育民营企业和高新技术企业，不断提高利用内外资的质量和水平。改善设施环境，借鉴通行规则，加快建设福建省自贸区（厦门）片区，营造良好营商环境，提升服务水平。加强对外宣传，拓展交流合作形式，积极搭建对外经贸交流合作平台，习近平同志在福建工作期间关心推动的中国国际投资贸易洽谈会，从地方性展会上升为国际性展会，从招商引资向双向投资、双向交流提升，成为全球最大的双向投资促进盛会，成为厦门拓展海丝沿线、联结海内外市场的重要桥梁。坚持外引内联，不断深化区域经济协作，推动厦泉漳龙城市联盟，首倡闽西南 5 市建立经济协作区，推动闽粤赣相邻 13 市建立区域经济协作区，努力发挥区域中心城市龙头带动作用。

（四）必须坚持对台融合发展

厦门经济特区因“台”而设，促进祖国统一大业是厦门经济特区肩负的历史使命。40 年来，厦门始终坚持在服务大局中先行先试、突破创新。率先在建设台商投资区、两岸试点直航、“小三通”、政党交流、基层民间交流、三通直航等领域先行先试，不断创新两岸经贸合作、文化交流、直接往来、同胞融合、民间交往的体制机制，推动两岸融合发展的层次和实效持续提升。

始终坚持做台湾人民工作。坚持寄希望于台湾人民的方针，在大局下行动，在全局下工作，在战略上谋划，既在全局上服从和服务于中央对台工作的通盘性、战略性安排，又在具体工作中把原则的坚定性和策略的灵活性结合起来，不断创新工作机制，真心诚意地服务台胞，入情入心地做台湾人民工作。深化两岸在文化、教育、医疗卫生等领域的合作交流，以论坛、节庆、民俗、宗教等为载体强化闽南文化纽带联系，坚持每年在厦举办海峡论坛、台交会、海峡两岸文化产业博览会、海峡两岸保生慈济文化节等一系列涉台活动，举办海峡两岸歌仔戏艺术节、闽南语歌曲大奖赛、海峡两岸图书交易会、海峡两岸青年联欢节等文化体育活动，开通厦门卫视、闽南之声广播和海峡新闻网，组织南音、歌仔戏、高甲戏等艺术团体赴台演出，重视发挥涉台党派、社团组织在联系台湾相关团体和人士中的优势，以及在处理相关涉台事务中的特殊作用，妥善处理重大涉台事件，构建直达社区的对台工作网络，千方百计促进台胞深度融入大陆的经济、社会生活，增强台湾民众对祖国大陆的向心力和对中华文化的认同感。

始终坚持合作共赢、共同发展。立足互惠互利，双赢发展，务实推动厦台交流合作。努力营造良好的投资环境，切实保护台商利益，促进台资企业发展。支持台商组建台商协会，建立与台商“季谈会”制度，主动服务台商，切实解决投资环境、台商子女入学问题。妥善处理台商投诉案件，消除台商后顾之忧，保障台商合法权益。密切政府与台商之间的联系，优化台商服务机制，促进台资企业增资扩产。大力推进两岸合作便利化，坚持以“小三通”促全面“三通”，务实推进厦门高雄试点直航和厦金定点直航，推进设立两岸包机航点，建立台湾农产品免税进入祖国大陆的“特快通道”，建设全国规模最大的台湾水果销售集散中心，大力推进对台农产品物流，形成以厦门为节点向祖国大陆辐射之势；获准受理五年期《台湾居民来往祖国大陆通行证》，扩大厦门赴金门旅游规模，吸引福建居民经厦门赴金门旅游，开辟医疗急救绿色通道，简化人员、货物通关手续，启用五通海空联运码头，努力创造两岸人员往来、货物流动和经贸文化交流的便利条件。

（五）必须坚持以人民为中心的发展思想

人民对美好生活的向往是经济特区改革发展的出发点和落脚点。40年来，厦门始终坚持改革发展成果更多更公平惠及人民。把增进民生福祉、促进人的全面发展，作为工作的出发点和落脚点，不断满足人民群众对美好生活的向往，提升人民群众的获得感幸福感。大力推进科技、教育、文化、卫生等社会事业发展，大力推行外来员工子女积分入学，让外来员工享受到同等的市民待遇，完善社会保障体系，不断提高公共服务水平，推进基本公共服务均等化。关注解决困难群体、低收入群众生活问题，出台地方性法规《厦门市最低生活保障办法》；由政府统一建设解困房、安居房和社会保障性住房；重视“三农”工作，实行市、区领导和部门、国有重点企业与贫困村挂钩帮扶制度，采取有力措施切实帮助群众排忧解难。始终坚持以人民群众的满意度作为检验工作的标准。对事关经济社会发展全局、有助于经济社会快速发展、符合人民群众根本利益的事，努力先为、多为、快为，尽力而为，而对大多数群众不赞成的事坚决不为。

始终坚持人民主体地位。始终坚持和完善人民代表大会制度，坚持和完善共产党领导下的多党合作和政治协商制度，充分发挥人大、政协的职能作用，创新民主党派和无党派人士参政议政形式，形成民主科学的决策和执行机制。充分发扬民主，拓宽反映社情民意的渠道，设立“市长专线电话”和专线电子信箱，实行单位部门领导人接待日制度等，在政府和市民之间建立了便捷的信息沟通渠道。积极推行企业职工代表大会制度和厂务、校务、院务、村务公开制度，保障基层群众民主权利。积极推进司法体制和工作机制改革，加强执法规范化建设，严格政法队伍教育管理，健全内外部监督体系，确保严格执法、文明执法、公正执法，为特区建设保驾护航。实施美丽厦门共同缔造，发动群众共谋、共建、共管、共评、共享，努力构建“纵向到底，横向到边，协商共治”的城市治理体系。

三、发展展望

厦门经济特区的成功实践充分证明，党中央关于兴办经济特区的战略决策是完全正确的。习近平总书记贺信指出，希望厦门“勇立潮头、勇毅前行，全面深化改革开放，推动高质量发展，促进两岸融合发展，努力率先实现社会主义现代化”，为厦门下一步发展指明了方向。新时代、新征程，厦门经济特区要按照习近平总书记的要求，立足新发展阶段、贯彻新发展理念、服务和融入新发展格局，笃定前行，努力把经济特区办得更好、办得水平更高。

（一）深入贯彻新发展理念

深化供给侧结构性改革，加力发展高端制造业，提升现代服务业业态能级，做大做强航空维修、电力电器、新能源汽车等产业，巩固提升平板显示、计算机与通信设备、半导体与集成电路等优势产业领域，推动生物医药、新型功能材料、海洋装备等国家战略性新兴产业集群建设，打造现代产业发展新体系。实施创新驱动战略，加快5G通信等新型基础设施建设，夯实创新载体平台，率先探索与金砖国家新工业革命领域创新合作，改进创新治理，完善激励创新的政策体系，创造鼓励创新的良好科研生态。实施更加开放的人才政策，围绕产业链、创新链布局人才链，完善引才、育才、用才机制，着力营造吸引留住人才的政策和服务环境，培养壮大产业转型发展和城市能级跃升所需的一流人才队伍，建成更具全球竞争力的人才特区。

（二）与时俱进全面深化改革

加大财税、投融资、国资国企等重点领域改革力度。加快推进自贸试验区、自主创新示范区、综改试验区、金砖国家新工业革命伙伴关系创新基地等制度创新。对标“全球一流、全国最优”，以转变政府职能为核心，营造市场化、法治化、国际化的一流营商环境，建立与国际接轨的营商规则体系。完善要素市场化配置体制机制，建设公平开放、竞争有序的现代市场体系。深化行政审批制度改革，推进“放管服”改革，创新政企常态化互动机制，构建亲清政商关系。

（三）锐意开拓全面扩大开放

充分发挥经济特区、自贸试验区、自主创新示范区、综改试验区、“海丝”核心区、金砖国家新工业革命伙伴关系创新基地等“多区叠加”效应，加快开放步伐，全面构建更高水平开放型经济新体制。全力加强与金砖国家的创新合作，打造与金砖国家全方位开放合作相适应的制度体系和政策协调平台，建立金砖国家大通关制度，打造新发展格局下面向金砖及“金砖+”国家的高质量发展引领示范区。更深融入“一带一路”建设，积极参与国际竞争与合作，推进战略、规划、机制对接，加强政策、规则、标准联通，加快海上合作战略支点城市建设。加快跨岛发展实现岛内外一体化，积极对接粤港澳和长三角，持续深化拓展东西部协作，构建区域一体化新格局。

（四）推动城市治理体系和治理能力现代化

全面推进科学立法、严格执法、公正司法、全民守法，坚持用法治思维和法治方式化解矛盾纠纷、维护群众合法权益，构建全覆盖、高水平的公共法律服务体系，创新深化“谁执法谁普法”的全民普法模式，让法治成为厦门经济特区发展的显著竞争优势。统筹“数字厦门”建设资源，大力推进以数字基建为核心的信息基础设施、融合基础设施、创新基础设施建设，实现全域智慧化运行，使城市更聪明、治理更精细、生活更便利。完善社会治理体系，健全党组织领导的自治、法治、德治相结合的城乡基层治理体系，建设人人有责、人人尽责、人人享有的社会治理共同体。深入推进社会治安防控体系建设，不断提升维护国家政治安全和社会稳定的能力，建设全国市域社会治理现代化示范市和社会治安防控体系建设示范城市。

（五）促进人的全面发展

把提高发展平衡性放在重要位置，构建优质均衡的公共服务体系，建成全覆盖可持续的社会保障体系。坚持教育优先，持续推动教育破难题、补短板、强优势，全力构建具有厦门特色、中国一流、国际水平的现代教育体系，建设现代化教育强市。实施“健康厦门”行动，不断完善全民健康服务体系、制度体系和治理体系，提高优质医疗资源覆盖范围，让市民享受公平可及、系统连续、优质高效的医疗卫生服务，建设高水平健康之城。实施就业优先政策，创造更多就业岗位，健全就业服务体系。构建多主体供给、多渠道保障、租购并举的住房供应与保障体系。建立健全城乡统筹、可持续的基本养老和基本医疗保险制度，建立更好应对老龄社会的养老服务体系。

（六）深化两岸融合融通

发挥对台优势，全力打造两岸融合发展范区。加大对台先行先试，加快推动经贸合作畅通、基础设施联通、能源资源互通、行业标准共通，深化以产促融、以通促融、以惠促融、以情促融。扩大厦台文化交流的参与度、覆盖面、影响力，增强“海峡同根、文化同源、两岸一家亲”的情感认同，打造新时代两岸共同精神家园。推进厦台基本公共服务均等化、普惠化、便捷化，为台胞台企在大陆学习、生活、创业、就业提供更多与大陆同胞同等待遇，促进其融入厦门社会。持续完善厦金合作对接会协商机制，推动厦金交通、教育、文化、旅游、体育、会展及公共服务双向延伸，加快推动厦金通电、通气、通油、通桥，打造厦金深度融合发展示范区。

【参考文献】

[1] 新华社 . 习近平致厦门经济特区建设 40 周年贺信 [N]. 新华网，2021-12-19.

[2] 唐晓编 . 习近平在厦门 [M]. 北京：中共中央党校出版社 ,2020.

[3] 厦门经济社会发展战略编委会 .1985 年—2000 年厦门经济社会发展战略 [M]. 厦门：鹭江出版社 ,1989.

[4] 厦门市统计局 .2021 年全市主要经济指标快报 [Z].(2022-01-07)[2022-03-01].http://tjj.xm.gov.cn/tjzl/tjsj/jdsj/sjyb/202201/t20220127_2623790.htm.

[5] 厦门市人民政府 .2022 年厦门市人民政府工作报告 [R/OL].(2022-01-27)[2022-03-01].https://news.xmnn.cn/xmnn/2022/01/25/100998354.shtml.

[6] 中共厦门市委理论学习中心组 . 中国改革开放历程的精彩缩影 [N]. 厦门日报 ,2018-12-20.

[7] 中共厦门市委理论学习中心组 . 厦门改革开放 30 年的实践与启示 [N]. 厦门日报 ,2008-10-7.

[8] 中共厦门市委理论学习中心组 . 厦门经济特区建设二十五年的实践与思考 [N]. 厦门日报 ,2006-12-13.

课 题 组 长：姚厚忠
课题组成员：黄光增　曾　峰　龚小玮
课 题 执 笔：姚厚忠

第二十三章

金砖国家新工业革命伙伴关系研究

一、新工业革命伙伴关系内涵特征

(一)新工业革命的内涵

在人类历史上曾经发生过多少次科技和产业革命，迄今为止学术界并未达成共识，大体上有2~3次科学革命、3~6次技术和产业革命等不同分类。比如，美国经济学家佩蕾丝按照技术经济范式转变认为，自1771年第一次技术革命以来，人类大体经历了早期机械时代、蒸汽机与铁路时代、钢铁和电力时代、石油和汽车时代、信息与通信时代五次产业革命。比如，2008年国际金融危机以来，英美学者发表一批文献，研究总结全球技术变革趋势、制造业发展和国家竞争力等问题，有关“第三次工业革命”的观点广为传播，各国学者基本认同，在经历了第一次工业革命带来的蒸汽时代、第二次工业革命带来的电力时代后，世界已进入第三次工业革命带来的信息时代。

无论如何划分，一般认为，20世纪下半叶以来，世界一直孕育和发展以信息化和工业化融合为本质的新工业革命。新工业革命呈现四个特征：

一是以信息技术突破应用为主导，形成数字技术、生物技术、物理技术相互渗透的新一代高新技术簇。特别是20世纪90年代以来，以计算机、互联网、移动通信和大数据为主要标志的信息技术指数级增长，并在社会经济中广泛运用，与实体经济深度融合，由此带来电子商务、智能制造、工业互联网等生产生活方式的革命性变革。与此同时，能源技术、材料技术和生物技术的创新也实现突破性进展，与信息技术共同为社会生产力革命性发展创造了最重要的技术基础。

二是信息数据作为独立的供给要素可获得性和流动性增强，成为新工业革命的核心投入要素。信息作为新供给要素所驱动的经济变革深入推进，未来的应用场景将会越来越多，作用越来越大。信息作为新供给要素，带动信息基础设施等新基建加快布局建设，形成大量有效投资进而促进经济增长。同时，信息的流动性、可获得性大幅提高，引发大规模社会分工协作方式变化，出现了共享经济、网络协同等新模式，产生新的经济增长源泉。

三是不断迭代的社会分工形态和商业模式，更加适应消费者个性化需求，拓展了范围经济的优势，成为新工业革命的效率源泉。以信息和数据为核心要素，以云网端为基础设施的新工业革命，促进生产组织、社会分工方式更倾向于社会化、网络化、平台化、扁平化、小微化，大规模定制生产和个性化定制生产日益成为主流制造范式，企业组织边界日益模糊，基于平台的共享经济、个体创新创业获得巨大发展空间。

四是在新工业革命的驱动下，形成智能制造业先导、一二三产业融合发展的现代产业体系。在新工业革命条件下，工业化和信息化高度融合，产业边界越来越模糊，新技术、新产业、新业态、新模式不断涌现，传统统计学意义上的三次产业结构比例关系难以充分度量产业体系的现代化水平，取而代之的是信息要素投入带来的产业边际效率改善和劳动生产率提升的程度。从整体看，现代产业体系正沿着数字化、网络化、智能化的发展主线逐步演进，现代产业体系的最终方向是智能化，并将支持整个社会向智能化方向转型。

（二）构建金砖国家新工业革命伙伴关系的背景

全球新一轮科技革命和产业变革风起云涌，全球制造业发生深层次变革，为各国中长期经济增长带来重大机遇，也为构建适应新工业革命的产业政策、创新生态、劳动力技能带来严峻挑战。尤其是全球金融危机后，主要工业化国家反思“脱实向虚”发展模式，聚焦实体经济实施“再工业化”战略，如美国工业互联网、德国工业 4.0 等。同时，以金砖国家为代表的新兴经济体加快新工业革命战略布局，如中国制造 2025、“数字印度”战略、巴西工业 4.0 计划、南非“国家宽带”战略等。各国虽提出的角度不同，但竞争的本质都是争夺产业生态、价值链、工业数据、竞争规则“四个主导权”。

保护主义盛行，经济全球化、国际经贸规划面临空前挑战，全球治理体系深刻重塑，大国博弈长期化严峻化。发达国家产业保护政策力度持续加强，如美国 2009—2016 年持续发布重振制造业政策，美国主动挑起的中美经贸摩擦剑指中国制造 2025，尤其是美国加税清单对我国高新技术行业征税范围更广，覆盖 98.3% 的航空航天器及零件和 52.6% 的光学、激光灯精密仪器行业门类。

金砖国家是我国运筹大国关系的主要平台，也是构建新发展格局、推动更高水平对外开放的重要依托。金砖国家群体性崛起，世界主要力量对比深刻变化，据世行按购买力平价估算，2017—2021 年金砖国家、G7 对世界经济增长的贡献率分别为 46% 和 19%。金砖国家以占世界 26.5% 的国土面积、40% 的人口，创造了 30% 的工业产值，对全球经济增长的贡献率接近 50%，特别是近 10 年来中国、印度两国经济葆有持续活力和韧性。金砖国家经济互补性较强，均处于新旧动能转换、转型升级加快的关键期，有着加强产业合作、实现互利共赢的共同诉求。金砖机制已实现三次转型，其中第一次转型，实现了代表性拓展，从新兴经济体转向整个发展中国家的代表，从金砖拓展到“金砖 +”。第二次转型，实现了合作内涵拓展，从经济合作转向塑造全球新秩序，分享全球治理主导权和主动权。第三次转型，实现了向全球治理角色转变，从全球治理、全球化的参与者转向引领者。时至今日，金砖国家已形成以领导人会晤为引领，安全事务高级代表会议、部长级会议为支撑，在数十个领域开展务实合作的多层次架构。

（三）金砖国家新工业革命伙伴关系的目标任务和运行机制

顺应时代大潮，2018 年 5 月我国工信部率先提出金砖国家新工业革命伙伴关系概念文件。在同年举行的约翰内斯堡会晤上，上升为金砖国家领导人形成共识的重要倡议。习近平主席在这次会晤上强调，“建立伙伴关系关乎金砖国家在未来世界经济格局中的地位，具有战略意义”。

1. 战略目标

一是加快数字化转型。开展 ICT 联合研发和创新，提升信息基础设施互联互通水平，支持中小企业数字化转型。二是推进工业化进程。推动五国建立适应新工业革命的技术创新能力、劳动力素质、新型工业基础设施，形成可持续的工业生产能力，更有韧性的工业及相关服务业。三是增强创新动力。推动联合研发和项目对接，打造有利于技术孵化、转移和应用的协同创新生态。四是促进包容性增长。落实 2030 年可持续发展议程，开展普惠民生合作，弥合数字鸿沟和发展鸿沟，让普通民众从工业化中受益。五是汇聚投资合力。动员各类资源，为伙伴关系开展项目和工业合作提供支持。

2. 战略任务

加强新工业革命环境下的政策协调，开展先进技术技能与培训合作，推动数字化信息和最佳实践做法交流，推动项目对接提高工业能力建设，开展保障包容性、公平增长的项目合作，推动资源互补互通。

3. 运作机制

一是金砖国家层面，成立伙伴关系咨询组，定期召开五国工业、通信和科技部长会议等。二是国家层面，由我国工信部、科技部和外交部共同牵头，秘书处设在工信部国际司，加强国内资源和渠道统筹。三是工信部层面，形成伙伴关系部内工作机制，内设工业组、通信组、协调组。

（四）类似倡议：近年 G20 机制的数字经济议题

众所周知，G2O 作为全球重要的政府间非正式对话机制，于 1999 年 12 月在德国柏林成立，旨在推动主要工业化国家、新兴市场国家之间就实质性问题进行建设性讨论，以寻求通过合作促进全球经济增长和金融稳定。2008 年全球金融危机爆发后，由于传统的国际经济治理机制——七国集团（G7）及其主要执行机构国际货币基金组织（IMF）未能发挥应有作用，G20 一跃成为应对这场危机的最核心治理机制，并在匹兹堡峰会后取代 G7 成为国际经济对话的首要平台。

近年来，全球数字经济蓬勃发展，各国利益更加紧密相连。自 2016 年 G20 杭州峰会，各国领导人签署《二十国集团数字经济发展和合作倡议》以来，数字经济连续五年成为 G20 国家讨论的核心议题之一，被视为关键的经济增长动力，主要聚焦在以下四个方面：

一是 AI 及治理创新。2019 年，日本作为 G20 峰会轮值主席国，以新一代信息技术引领者的地位强势推介人工智能标准、规则制定等数字经济国际规则，将“以人为中心的人工智能”、“治理创新：在数字经济中采取灵活敏捷的政策方式”作为 G20 数字经济部长宣言中的两章，并促使《G20 人工智能原则》获通过。

二是数据跨境流动。2019 年，日本在峰会上提出了“基于信息的数据自由流动”概念，意在推动并主导数据跨境流动的规则制定。2020 年，G20 轮值主席国沙特推出《数据和数据流的映射方法报告》，希望推动成员国之间实现更大互操作性，同时保持各国国内法规之间的平衡并尊重各国国情，但遭到日本、欧盟、印度等国的质疑而最终放弃。

三是利用数字技术应对新冠肺炎疫情。2020 年 G20 沙特峰会通过的《以数字化应对新冠肺炎疫情的政策措施报告》，认为疫情加速了全球数字化进程，各成员国竞相在提高连通性、远程办公、电子教育、数字服务和产品接入、电子支付、电子商务，以及支持数字化转型所需的财政政策等方面出台措施，更好助力经济复苏，这些数字化防疫抗疫实践的共享展现出很好的全球协同价值。

推动数字化转型是构建金砖国家新工业革命伙伴关系的首要战略目标，联系近年来 G20 机制下数字经济议题日益突出的地位，而我国拥有处于世界领先的数字技术，更应当依托金砖机制特别是新工业革命伙伴关系创新基地等战略平台，更多分享中国智慧、中国方案，引导金砖国家在全球数字治理中掌握更多的话语权和规则制定权。

二、发展基础

（一）金砖创新基地为厦门提供了战略平台

金砖国家新工业革命伙伴关系是我国引领金砖务实合作的旗舰项目，而金砖创新基地又是构建这一伙伴关系的最重要平台。目前，金砖创新基地建设各方面工作已全面展开，中俄数字经济研究中心、金砖新工业革命创新基地产业基金、中国信通院东南中心、工信部国合中心厦门分中心、厦门金砖新工业培训平台等一批重点项目和平台建设加快推进，接下来厦门将持续承接国家有关部委赋予的伙伴关系机制下的政策协调、项目开发、人才培养等合作任务，20 多个部级机制、工商理事会等产业和智库资源可资利用，厦门有望成为新工业革命政策理念实践、技术应用、人才开发等领域的示范城市。

（二）产业耦合度高为厦门创造了合作空间

金砖各国数字经济和制造业各具特色，与厦门产业耦合度高、互补性强，具有较大合作空间。分领域看：

一是数字经济。该领域是全球研发投入最集中、创新最活跃、辐射带动作用最显著的产业创新领域。2015 年 7 月，莫迪政策推出“数字印度”倡议，重点发展电子政务、远程医疗和移动医疗服务，加强网络基础设施建设，让广大农村人口接入互联网等。印度软件服务外包产业发达，软件业 80% 以上用于出口。俄罗斯数字化转型需求迫切，数据存储和分析商业中心市场规模 145 亿卢布，但商业机构数字技术应用水平较低。2021 年厦门数字经济占 GDP 比重达 60.4%，已形成具有全球影响力的产业集群，电子信息产业规模约 5000 亿元，软件信息多年保持高增长。

二是高端装备。该领域是金砖各国从制造大国走向制造强国的关键。俄罗斯在航空航天领域保持领先地位。巴西航空工业公司是世界四大民用飞机制造商之一，占世界支线飞机约 45% 的市场份额。厦门在该领域已建成具有全球竞争力的一站式航空维修基地，金龙阿波龙无人驾驶技术已实现 26 个城市落地运营。

三是生物医药。该领域正进入技术大规模产业化阶段，将成为全球经济的主导产业。印度在高附加值的医药制剂环节有一定优势，是全球最大的非专利药出口国。厦门在该领域已形成国家级产业基地，创新研发能力较强。

四是新材料。金砖国家稀土、铁、铜、铝、镍、钨钼、石墨等矿产资源丰富，特别是均排名全球稀土储量前 10 位。厦门已形成国家级新材料产业集群，以厦门钨业为龙头的细分行业发展势头迅猛，厦门稀土材料研究所在稀土材料研发、工程化开发上具有优势。

(三)金砖厦门会晤成功举办提升了城市国际知名度

厦门会晤以其丰硕成果开启了金砖合作第二个“金色十年”，厦门在全世界面前展现了高素质的创新创业之城、高颜值的生态花园之城的别样精彩，提升了国际化城市的品牌价值。2018 年 9 月，厦门市委在专题调研的基础上，组织专家学者形成了《“金砖会晤”后的厦门发展研究》系列成果专集，围绕贯彻落实习近平总书记对厦门做出的“办好一个会，搞活一座城”的重要指示精神，聚焦发挥金砖会晤效应，对厦门在新起点上推进“两高两化”城市进行了系统的战略思考。近三年，厦门经济发展保持较高增速，在副省级城市中实现了提质进位。根据全球化与世界城市研究网络（GaWC）编制的全球城市分级排名，厦门已入选全球二线城市，为打造中国“金砖之都”打下了比较坚实的基础。

三、存在问题

(一)金砖合作存在沟通大于合作等隐忧

金砖合作面临地缘政治、意识形态等不确定因素，存在一定分歧。目前项目以会议论坛为主，项目规划的整体性、战略性、互补性有待加强。加之，美国等西方国家拉拢印度、巴西，金砖国家之间离心力有所加大。

(二)厦门与金砖各国交流交往不够绵密

1. 经贸合作

一是双向投资方面，截至 2021 年 9 月，我市累计对金砖国家的境外投资项目 28 个，占我市累计对外投资总项目的 1.7%，协议投资额 6496.8 万美元，占我市累计对外投资协议投资额的 0.3%。截至 2020 年年底，金砖国家累计在厦投资 89 个项目，实际投资额 321 万美元，占全市的 0.01%，主要为批发贸易、餐饮、文化传播及教育咨询等小型企业。2021 年 1—9 月，金砖国家在厦新设投资项目 17 个，实际使用外资 18 万美元。

二是双边贸易方面，2020 年厦门对金砖国家进出口 604.6 亿元，占全市比重为 8.7%，低于东盟（18.8%）、欧盟（11.1%）和美国（13%）三大主要市场，从商品结构看，厦门主要从各国进口矿产品、木材等大宗商品，出口纺织服装等轻工产品以及液晶显示器等机电产品。2021 年 1—8 月，我市对金砖国家进出口总额 72.6 亿美元，同比增长 32.6%，与全市进出口平均增速大体相当。

2. 互联互通

2020 年厦门港仅有金砖国家集装箱班轮航线 4 条（全港 157 条），完成吞吐量 12.7 万标箱（全港 1140.5 万标箱）。2017 年 4 月中欧（厦门—莫斯科）班列线路开通，截至 2021 年 2 月底，累计进出口货值 8.2 亿美元，约占厦门中欧班列总货值的 1/3。2020 年 9 月俄罗斯阿祖尔航空公司开通的厦门—莫斯科航线，是厦门仅有的一条通往金砖国家的定期客运航线。而厦航仍未开通至金砖各国的定期客运航班，2020 年 11 月起开始执行厦门—莫斯科客改货航班，主要是运送防疫物资、电子设备等货物。

3. 人员交流

一是金砖国家来厦留学就业人员较少。2017 年以来，金砖国家外国人（C 类）来厦就业共 132 人，分别为俄罗斯 77 人、巴西 31 人、印度 20 人、南非 4 人。厦门共引进金砖国家留学人才 125 人，其中俄罗斯 104 人、印度 11 人、南非 9 人、巴西 1 人。究其原因，主要是厦门高等教育发展规模、层次不具优势，拥有本专科高校 16 所，排在全国第 32 位，甚至不及省内的福州、泉州，仅有厦门大学进入国家“双一流”院校建设名单，高质量工科院校不足，国内外高校、科研机构在厦门新落地项目也屈指可数。

二是人员往来便利度不足。特别是在签证政策方面，金砖四国中，仅有巴西、俄罗斯两国公司享受在厦门空港和海港 144 小时过境免签政策。

4. 友城交往

目前，厦门已缔结 21 个国际友好城市、12 个国际友好交流城市。其中，仅与俄罗斯符拉迪沃斯托克、巴西伊瓜苏 2 个城市结为国际友好交流城市。

（三）金砖创新基地赋能厦门发展是渐进过程

有别于国家支持深圳建设社会主义先行示范区、海南建设自由贸易港等重大战略，赋予永久基本农田以外的农用地转为建设用地审批权、零关税等“牵一发动全身”的重大突破政策，金砖创新基地聚焦在创新能力、工业化、数字化等专门领域，赋予厦门的先行先试政策相对有限。

（四）专长金砖国别研究的智库力量比较薄弱

系统研究和及时掌握金砖各国国情特点、战略动向、产业转型等各方面情况，是我市引领金砖国家新工业革命伙伴关系建设的前提。目前，市金砖办已着手建立与金砖智库中方理事会、工信部国合中心等机构的合作关系，并紧密对接复旦大学、厦门大学、华侨大学、福建师范大学等高校加强金砖国别研究。但从 2016 年国家出台《关于做好新时期教育对外开放工作的若干意见》对加快培养国别研究人才做出战略部署，迄今仅有五年时间，这些机构和高校专门开展金砖国别研究的时间都不长，在研究方向上也以外交、政治安全居多，对金砖国家政策规划、产业发展、科技创新、区域发展有深入研究的专家团队比较缺乏。

四、对策建议

按照主动服务国家战略，以国家所需、厦门所能、金砖国家所愿为指导思想，坚持“规定动作”与“自选动作”相结合，充分挖掘金砖创新基地赋能厦门发展的潜力，加快集聚金砖各国人才、技术、数据、信息等高能级资源要素，加快吸引央企、国内行业领军企业来厦布局面向金砖的投资运营总部等前沿基地，努力把厦门打造成为引领金砖国家新工业革命政策理念实践、技术转化应用、人才培育开发的示范城市，充分展现金砖合作成果的成长型全球城市。

（一）加强数字经济合作

推进信息基础设施布局建设。加快工业互联网标识解析二级节点等新型基础设施项目建设，推动建设国际互联网数据专用通道，分类分步放开通信行业。随着“互联网 +”新业态的高速发展，软件信息服务外包、国际金融服务、跨境电商等新产业新模式层出不穷，对互联网提出了更快捷、更安全的要求。专业园区迫切需要建设国际互联网专用通道，为数字经济发展提供基础支撑。以重庆为例，2019 年 9 月贯通的中新（重庆）国际数据通道，是从重庆经广州、香港到新加坡的直达数据链路，建设标准为带宽 260G、70 毫秒延迟，通道投用后，随即生成 49 个应用项目，腾讯、寰球超算等 60 多家企业开展远程医疗、智慧教育等创新应用，专用通道的带动作用明显。

打造数据合作试验区。探索创新金砖国家数据融通和安全治理机制，以离岸数据中心、国际互联网交换中心、国际互联网转接等核心业态，带动发展数字贸易、数字创意、国际金融、离岸数据服务外包、互联网创新孵化等关联业态，以数据要素的跨境流动促进人才、资金等要素的跨境流动，吸引国内外企业集聚和信息资源汇聚，助力厦门打造面向金砖国家的数据合作试验区。

（二）谋划推动先进制造业合作

一是电子信息，加强我市与俄罗斯在微电子、超级计算机等领域，与印度在软件信息等领域的产业合作，加快基础材料、芯片、关键软件等核心技术攻关。

二是高端装备，积极对接俄罗斯航空航天、巴西航空工业，围绕提升产业核心竞争力，重点发展新能源汽车、智能输配电设备、航空航天、海洋工程装备、智能机器人。

二是生物医药，围绕前沿领域，重点发展创新药、新型疫苗及佐剂、医疗健康服务业，促进高性能医疗器械、数字健康器材设备、健康食品积极拓展金砖国家市场。

四是新材料，围绕保障微电子、航空航天、汽车等优势产业的基础材料需求，加强与金砖国家的研发合作，重点提升资源深加工、应用端开发等环节的技术水平，发展稀土功能材料等材料及其应用。

（三）开展前沿技术联合攻关和应用

争取国家支持布局重大科研基础设施。结合推进厦门科学城等重大创新载体建设，以强科学、育产业为目标，集群化布局研究型大学、创新实验室、未来产业园和重大创新应用场景，建设金砖国家前沿技术研发集聚区。

发挥厦门大学在源头创新上的引领作用。支持厦门大学建设金砖国家工业创新研究院，围绕新一代信息通信技术、区块链、清洁能源、疫苗研发等战略前沿领域，发挥金砖各国在不同技术领域的优势，联合开展基础技术研究，生成一批标志性科技成果。增强厦门大学作为“金砖国家大学联盟”成员的集聚效应，吸引中国科学院、俄罗斯科学院以及其他金砖国家高校院所院士专家，导入优势创新资源，协同开展技术创新。

促进技术成果转移转化。引导专业机构在厦门和金砖其他国家城市设立双向孵化加速中心，打造国内中小企业走向金砖国家、金砖国家企业走向中国的“出海”加速平台，促进科技成果落地孵化。联合昆明加快建设金砖国家技术转移中心网络，搭建中国—金砖国家工业创新技术转移平台和企业孵化中心，促进各国创新企业技术转移、交易与共享。

开放应用场景。向上争取国家政策支持，在厦门推动开展国家级新工业革命技术应用示范建设，推进新兴产业和前沿领域的场景应用示范，促进新工业革命技术应用转化，吸引新经济企业来厦集聚。

加强知识产权保护。探索建设金砖国家知识产权保护协作中心，推进各国在知识产权信息与培训等方面的交流合作。鼓励金砖国家知识产权审批机构和仲裁机构合作，依法平等保护合法权益。

（四）探索建设国际化人才特区

构建具有国际竞争力的引才用才制度。向上争取政策支持，探索优化外籍人士来厦工作许可和工作类居留许可审批流程。促进金砖国家在华学成人才回流动与集聚，向上争取政策支持，探索建立更加开放的金砖国家人才管理机制。对标粤港澳大湾区，探索实施技术移民，建立技术移民职业清单和积分评估制度，为在厦工作生活的外籍人才加入和恢复中国国籍提供便利。

探索引进境外高水平大学开展合作办学。向上争取政策支持，扩大在厦高等学校办学自主权，建立本科以上中外合作办学项目快速审批机制，赋予厦门更加灵活的留学招生等审批权限。在这方面，深圳给厦门提供了有益的借鉴。从 2011 年开始，深圳瞄准全球综合排名前 100 名的境外高水平大学，成功引进并落地香港中文大学（深圳）、深圳北理莫斯科大学、清华—伯克利深圳学院等一批高校。这些高校分成两类：一类是教学和科研并重、涵盖本硕博各层次与多专业的综合性大学，以香港中文大学（深圳）以代表；另一类是以科技成果转化、产业化发展为导向的特色学院，以清华—伯克利深圳学院为代表。在引进境外高校时，深圳采用市政府、境外高校和国内高校三方合作的形式。

（五）打造金砖投资贸易中心

加强针对性招商引资。紧密对接中国商飞、中国联通等金砖国家工商理事会中方央企，以及三一重工、柳工等已布局金砖国家的国内行业领军企业，争取这些头部企业面向金砖的投资运营总部、贸易中心等项目落户厦门，助力厦门成为我国企业投资布局金砖各国的主要门户。同时，配套发展为“走出去”企业提供政策咨询、金融支持等全方位服务，重点是发挥第三方专业机构的作用，建立海外投资风险保障服务平台，构建海外投资保险、银行信贷支持、政府资金补贴、海外风险预警、国际商事纠纷仲裁等全要素服务链条。依托我市侨界与金砖国家华侨华人社团的联系渠道，加强金砖创新基地招商推介，引导海外侨胞返乡投资。搭建与金砖国家相关的产业投资信息对接渠道，增强厦门对金砖国家的投资吸引力。

建设面向金砖的贸易基地。对接金砖国家农产品、矿产、油气等大宗商品的资源优势，探索建设金砖国家大宗商品交易中心和离岸贸易先行示范区，引导优势离岸资源为在岸供应链服务。对标海南自贸港、上海洋山特殊综保区模式，向上争取对区内企业间的货物和服务交易免征增值税、取消海关账册管理等创新政策，打造“金砖版”特殊合作区，建设我国面向金砖国家最高开放形态的加工制造中心、研发设计中心和物流分拨中心。用好中俄班列和海铁联运资源，打通多式联运各环节转换、监管和信息共享渠道，构建面向金砖的国际中转基地。参照中欧安全智能贸易航线试点计划的运行模式，推进与金砖国家智能海关监管合作，促进金砖国家一体化高效便捷通关。

（六）增进金砖国家城市交流

加强“友城 +”以及民间对外交流。立足于构建“国际友城—友好交流城市—友好交流点”三位一体的对外交流格局，推进与俄罗斯喀山、南非德班等金砖国家城市友好交流进程。充分挖掘民间友好人士、商协会等资源，开辟一批友好交流点，增进与金砖国家的全方位友好交流合作。

加强新工业革命城市交流。依托金砖创新基地实质推动的新工业革命合作项目，聚焦金砖国家数字经济、制造业发展水平较高和科技创新走在前列的主要城市，比如俄罗斯的莫斯科、圣彼得堡、乌拉尔工业区，印度的班加罗尔、古尔冈，巴西的圣保罗、里约、巴西利亚，南非的德班，向这些城市的政府和相关行业协会发出倡议，建立友好交流网络。

（七）加强金砖国别研究

积极对接国务院发展研究中心、国家宏观经济研究院、国家发改委国合中心等高端智库，为我市金砖基金建设出谋划策。依托外事部门向上对接外交部国际经济司，建立与我驻金砖各国使领馆的沟通联络机制，加强对各国政策规划、产业发展、科技创新、区域发展等领域的跟踪研究。

在国别合作方向和重点上，应结合印度、南非两个英语国家的特点，侧重研究如何吸引和集聚这两国的经贸合作国际化人才；结合俄罗斯前沿技术基础研究的优势，侧重研究如何加强与俄罗斯特种高端装备研发和制造领域的合作；结合巴西行业协会在产业政策上话语权较强的特点，侧重研究如何增进与巴西相关协会组织的互动交流。

【参考文献】

[1] 刘宏松 . 二十国集团的功能拓展、议题设置与中国角色 [J]. 当代世界，2020（12）.

[2] 厦门市人民政府 . 厦门市国民经济和社会发展第十四个五年规划和 2035 年远景目标纲要 [R/OL].（2021-03-23）[2022-03-01].http://www.xm.gov.cn/zwgk/flfg/sfwj/202103/t20210326_2527296.htm.

[3] 厦门市人民政府 .2022 年厦门市人民政府工作报告 [R/OL].(2022-01-07)[2022-03-01].https://news.xmnn.cn/xmnn/2022/01/25/100998354.shtml.

课题组长：谢　强
课题组成员：戴松若　谢　强　陈菲妮
林　智　李　婷　陈亚军
课题执笔：谢　强

第二十四章

厦门构建国内国际双循环重要枢纽研究

当前，我国加快构建以国内大循环为主体、国内国际双循环相互促进的新发展格局，立足国内大循环，发挥比较优势，协同推进强大国内市场和贸易强国建设，以国内大循环吸引全球资源要素，充分利用国内国际两个市场两种资源，积极促进内需和外需、进口和出口、引进外资和对外投资协调发展。厦门作为对外开放前沿阵地，在链接内外循环方面发挥着重要作用。面对新发展格局，厦门要抢抓机遇，主动作为，加快构建国内国际双循环的重要枢纽，逐步打造成为具有较强全球资源配置能力的中心城市。

一、发展基础

厦门是国内重要的外资企业聚集区，也是我国对外投资的重要基地，直接投资枢纽地位不断提升。外贸综合实力位居全国前列，进出口额占全省一半以上，内贸发展持续加快，贸易枢纽作用明显。以港口为核心的国际航运中心加快建设，区域航空枢纽加快形成，交通枢纽地位不断凸显。开放型经济新体制不断深化，拥有保税区、出口加工区、保税物流园区、两岸综合配套改革试验区、自由贸易试验区、自主创新示范区等一系列开放功能区，有利于发挥多区叠加效应，为构建双循环重要枢纽提供制度保障。

（一）直接投资方面

1. 外资规模质量快速提高

厦门发挥外向型优势，吸收外资规模显著扩大，实际利用外资稳中提质。2021年，全年实际使用外资186.4亿元，增长12.2%，总量占福建省50.5%，居福建省首位。大项目带动作用明显，引进千万美元项目进一步增加。外资来源渠道拓宽，从港台为主要资金来源地逐渐发展到欧美日韩等先进国家和地区投资者。跨国公司投资规模扩大，累计14个国家（地区）63个全球500强公司在厦投资。

2. 高端产业引资步伐加快

外资持续向高端产业聚集，高科技含量、高附加值的高端产业吸引外资的步伐加快。外资企业的引进推动了厦门高新技术产业发展，有力地推动厦门计算机和通信设备、平板显示和集成电路等千亿产业链群发展。

3. 对外投资兴业全国领先

厦门对外投资加快发展，是我国对外投资重要基地。2021 年，全年新增对外投资项目 127 个，实际投资金额 13.53 亿美元，在国内城市处于领先水平。投资结构不断优化，全市备案境外投资主要流向批发和零售业、制造业、信息传输、软件和信息技术服务业。厦门对外投资主要集中在东南亚、“一带一路”沿线国家和港澳台地区等，象屿集团在印尼投建不锈钢冶炼产业园是经济特区创办以来对外投资项目规模之最。

（二）贸易往来方面

1. 外贸综合竞争力有所提高

厦门外贸形势快速回稳、持续向好，外贸依存度和综合竞争力分别位列全国第四、第五。2021 年，厦门市外贸进出口 8876.5 亿元人民币，比上年增长 27.7%（同期全国增长 21.4%）；其中进口 4569.2 亿元，增长 35.3%，出口 4307.3 亿元，增长 20.6%。东盟、美国和欧盟是前三大贸易伙伴，对东盟、美国和欧盟分别进出口 1629.3 亿、1132.9 亿和 982.8 亿元，均增长二成以上。同期，对金砖国家进出口增长 20.7%；对 RCEP 成员国进出口增长 22%。机电产品、劳动密集型产品是占比最高的出口商品，进口铁矿砂、煤炭等大宗商品和乳品、肉类等农产品增速大幅提升。贸易新业态不断涌现，服务外包、跨境电商进出口、文化贸易出口增长较快。

2. 内贸流通加速发展

厦门积极促进消费拉动内需，引进高端优质商业品牌，扩大国内市场，推进商贸流通现代化。2021 年，全年实现限上批零 28239 亿元，增长 45.5%，社会消费品零售总额 2584.1 亿元，增长 12.7%，增幅均居福建省第一。传统消费提质升级，新开首店不断增加，夜间经济项目加快发展，是国内夜间经济发展较强城市。数字消费、新能源汽车、必需品消费表现良好，旅游、会展、住宿、餐饮业复苏发展。商贸流通网络加快构建，厦门跨境电商产业园成为国家电商基地，网络促销活动成功举办，供应链创新与应用、城乡高效配送等试点示范作用明显。出台支持外贸产品出口转内销若干措施等利好政策，通过办展会、办集市、强品牌、强电商等多元形式，引导和服务企业拓展国内市场，实现转型突围。

3. 两岸贸易合作不断深化

厦门充分发挥地缘优势和对台战略支点作用，推动成为两岸经贸合作的前沿阵地。2021 年，实现对台贸易额 77.8 亿美元、增长 33.9%，金门“海外仓”中转海运快件业务加快发展，厦台海运中外运集运仓正式上线，大陆首个“海峡两岸（厦门）直播电商产业合作园”正式开播。进口台湾水果位居大陆首位，厦台海运快件加快发展，台湾商品集散中心地位更加巩固。口岸通关更加便利，海翔码头“大嶝—刘五店—金门罗料”对台航线开通运行，推动大嶝对台小额交易市场盘活和“厦金通关合作试验区”构筑。拓展两岸海关 AEO 互认试点，创新台湾食品、农产品、化妆品“源头管理、口岸验放”机制，推广台企进口工业品快验快放模式，实施台湾输大陆水果等快速通关“绿色通道”，完善厦台海运快件监管流程，实行企业分级管理。

（三）货物往来方面

1. 交通枢纽地位不断提升

2021 年，厦门港集装箱吞吐量完成 1204.64 万标箱，位居全球第 14 位，全国第 7 位，110 条外贸航线通达 55 个国家和地区，成为国家重点规划建设的四大国际航运中心之一。厦门高崎国际机场已成为东南沿海区域性航空枢纽，国际航线 36 条，旅客国际中转量排名全国第五。中欧（厦门）班列通达亚欧 12 个国家和 34 个城市，揽货范围已辐射至台湾、东盟等区域，实现了“海丝”与“陆丝”在厦门无缝对接，被列入“中欧安全智能贸易航线试点”计划，成为该计划的首条铁路运输试点线路。至 2021 年年底，“丝路海运”命名航线总数 86 条，通达 29 个国家的 102 座港口，全年共开航 2829 航次，集装箱吞吐量达 351.6 万标箱，增长 15.6%。

2. 海铁联运加快发展

厦门陆续开通了南昌、赣州、吉安、新余、萍乡、鹰潭、上饶、景德镇等城市的海铁联运线路，覆盖江西和福建的大部分区域，并逐步向湖南、四川等纵深陆域挺进。目前，厦门港海铁联运的主要货源来自江西省及闽西地区，形成了四条特色鲜明的海铁联运线路：“海丝”木材家具特色线路、欧美非进口稀贵金属特色线路、东北内贸特色线路、对台贸易特色线路，货种主要是木制品、家具、机电产品、服装鞋帽、食品、饮料、建材及钴、钨、稀土、铜、金属制品等。而内陆地区的箱包、家具等制成品和卷钢等大宗货物通过海铁联运、集装箱运输的方式，从厦门港出口至世界各地。

3. 政策环境持续优化

减税降费持续推进，厦门口岸通过降低港口政府定价经营性收费标准，每年为航商和货主减负约 1.6 亿元成本，免征货物港务费、港口设施保安费和港口建设费。通关效率显著提高，通过引导提前报关和两步申报、优化通关流程和作业方式、提升口岸管理信息化智能化水平等，通关时间提前超额完成国家要求。厦门口岸进出口整体通关时间进一步压缩，在中国十大海运集装箱口岸营商环境测评中排名居前。智慧港口加快建设，厦门远海码头落地全国首个、全球领先的 5G 全场景应用智慧港口项目，交通部“自动化码头技术交通运输行业研发中心”落户厦门港，海润码头启动全智能化升级改造，全国首创港口收费无纸化结算平台，实施集装箱货物提货单和设备交接单电子化。

（四）开放政策方面

1. 自贸试验区改革开放全国领先

厦门自贸试验区自 2015 年挂牌 6 年来，聚焦示范引领，持续深化改革创新，探索推出一批可复制可推广的“厦门经验”。累计自主推出 498 项创新举措；新增 11 项全国首创经验，累计全国首创 111 项。厦门国际贸易“单一窗口”等“厦门样板”，入选全国自贸试验区“最佳实践案例”。基本建成与国际投资贸易规则相适应的服务体系。国际贸易、航空维修、融资租赁、航运物流、创新创业、文化旅游、高端制造等七大功能性产业粗具规模，数字经济、离岸贸易、跨境电商、融资租赁等一批新业态加速发展。

2. 海关特殊监管区加快建设

厦门海关特殊监管区利用连接国内国际市场业务的功能和政策，推动与厦门自贸片区融合发展。象屿综合保税区重点打造以物流分拨中心、销售服务中心、检测维修中心、加工制造中心为主体，研发设计中心为辅助的产业体系，推进区内企业一般纳税人资格试点，支持区内企业承接区外委托加工业务，拓展融资租赁、研发设计、整车进口、封装检测、高端维修、保税展示交易等生产性服务业新业态。海沧保税港区推动中欧（厦门）班列国家物流新通道，海关监管创新举措率先落实，区内进出口货物申报时间大大缩短，跨境电商合格商品 6 秒内快速验放，企业账册备案、税款补缴等业务实现“秒办”。厦门自贸片区探索数字综合保税区建设，打造 5G 智能仓库，推广无人终端提高物流分拨效率，打通机电、进口酒数字产业平台和综合保税区智慧物流链条，搭建一站式数字化服务平台。

3. 综改试验区建设取得成效

厦门充分发挥对台战略支点作用，全面深化两岸交流合作综合配套改革，努力构筑两岸融合发展示范区。打造台资企业集聚区，目前，台资企业实现工业增加值占全市规模以上工业增加值约 1/4。加快两岸金融中心建设，全国首家两岸合资全牌照券商、两岸合资的持牌消费金融公司先后开业和获准入市。多家台湾银行机构在厦门开立人民币代理清算账户，跨海峡人民币代理清算账户余额不断增加。打造两岸融合发展示范区，厦金通气、通电、通桥工程项目稳步推进，金门、高雄“海外仓”及高金厦航线形成常态化运营。

二、存在问题

（一）直接投资有待提升

受新冠肺炎疫情、逆全球化趋势抬头等外部因素影响，世界经济严重衰退，全球资本流动放缓，各国吸引外资竞争加剧，厦门利用外资规模稳中趋缓，尤其对高端外资和高能级总部吸引力不足，高技术服务业引资占比有待提升。对外投资规模大幅下降，企业精准获取投资目的地投资环境、政策规定等信息的渠道较少，中介机构、出口信用保险等服务不能满足对外投资形式更加多样复杂的要求。投资领域有待拓宽，境外投资以贸易型为主，制造业、软件和信息技术服务业项目占比偏低。

（二）贸易往来有待拓展

对外贸易有待转型升级，受订单萎缩、产能转移及中美贸易摩擦等不利因素影响，加工贸易进出口持续低迷，出口商品仍以传统劳动密集型产品为主，出口市场集中度较高，对东盟、美国、欧盟三个主要市场进出口占比近半，多元化市场格局有待拓展。对内贸易规模较小，社会消费品零售总额仅是深圳的 1/4，网络销售水平不高。传统外贸企业需要重新开拓国内市场、树立品牌，出口转内销难度较大。

（三）货物往来有待扩大

航运服务有待提升，港口服务业多集中在基础航运服务业，航运企业总部、国际贸易、航运金融等高端服务业发展明显滞后。货源腹地有待拓展，厦门城市规模与经济规模仍然较小，不及深圳的 1/4，甚至落后于省内泉州、福州。东南沿海区域及腹地经济发展水平相比长三角、珠三角较弱，腹地经济总量相对较小，区域经济协作水平较低，物流需求增长空间有限，未能充分释放枢纽的集聚辐射能力。国际中转规模较小，厦门港口物流业大部分仍然停留在传统的仓储运输业，国际中转、配送、采购、转口贸易等高端价值链缺失，厦门港国际中转量占比不到 10%，与国际枢纽港普遍为 40% 以上的水平存在较大差距，使得港口效益较低。

（四）开放政策有待加强

贸易自由化有待提升，国际贸易单一窗口与厦门产业特色相关系统对接不足，关检融合后海关流程仍需优化，自贸试验区在监管、授权、执法等方面缺乏整合，未形成包括安全审查、反垄断审查、社会信用、企业年报公示等社会力量参与的贸易监管体系。对外投资政策不完善，扶持企业开展境外投资、对外承包工程以及对外劳务合作力度小，缺乏对企业投资的产业、风险、环境、法律等有针对性的引导。

三、总体思路

（一）指导思想

深入贯彻党的十九大和十九届二中、三中、四中、五中全会精神，坚持以习近平新时代中国特色社会主义思想为指导，深入学习贯彻习近平总书记重要讲话重要指示批示精神，贯彻落实更高水平建设高素质高颜值现代化国际化城市的总体部署，坚持更好统筹国内国际两个市场、两种资源，积极促进内需与外需、进口与出口、引进外资和对外投资协调发展，深化国际产业链供应链合作，推动投资贸易便利化，提高全球资源配置能力，建设内联外通的双循环战略通道，提升国际枢纽的平台功能、通道功能和配置功能，把厦门打造成为国际国内双循环的重要枢纽。

（二）功能定位

1. 联通国际和国内市场的新平台

坚持用平台思维整合全球优质要素资源，推动金砖创新基地、福建自贸试验区厦门片区等高水平开放平台形成更多首创式、差异化、集成式创新成果，打造联通国际市场和国内市场的新平台。

2. 内联外通的国际性综合交通枢纽

构筑互联互通开放大通道，统筹海陆空铁“四港联动”，构建以厦门为核心节点的海上丝绸之路和国际陆海联运“双走廊”，打造依托闽西南、服务两岸、链接全世界的国际性综合交通枢纽，推动形成内联外通的开放网络体系。

3. 全球资源配置能力较强的中心城市

抢抓《区域全面经济伙伴关系协定》机遇，深入研究和积极参与《全面与进步跨太平洋伙伴关系协定》，充分利用国内国际两个市场、两种资源，推动贸易和投资自由化便利化，深化国际产业链供应链合作，增强“引进来”的吸引力和“走出去”的竞争力，提高全球资源配置能力，建设具有较强全球资源配置能力的中心城市。

四、对策建议

（一）建设直接投资中心，提升国际投资枢纽功能

深化与重点区域交流合作，深度参与全球产业链重构，开展国际产能合作，推进高质量引进来和高水平走出去，打造国际直接投资往来的重要枢纽。

1. 搭建重要枢纽平台

坚持用平台思维整合全球优质要素资源，推动金砖国家创新基地、福建自贸试验区厦门片区等高水平开放平台形成更多首创式、差异化、集成式创新成果。

一是加快建设创新基地。加强与金砖和“金砖 +”国家、“一带一路”沿线国家、区域全面经济伙伴关系协定（RCEP）成员国地方经贸合作，推动贸易投资规模和质量“双提升”。完善金砖国家创新基地功能，在科技创新、工业和数字经济、贸易投资、政策协调等重点领域率先突破，加快形成“1 个核心区 +N 个联动区”的布局，建设金砖和“金砖 +”国家的重要桥梁和纽带，争取更多的国家级合作项目、政策、试点在厦门落地。

二是推动自贸区先行先试。推动福建自贸试验区厦门片区在贸易、投资、跨境资金流动、人员进出便利化自由化等方面先行先试，打造国际大宗商品交易中心、国际供应链重要枢纽、集成电路创新基地。

2. 推进高质量引进来

一是突破卡脖子技术。坚持引资引技引智并举，提升利用外资的技术溢出效应，推动产业转型升级。大力引进高新技术企业，根据厦门产业转型升级需求，着力引进新一代信息技术、生物医药、新能源、新材料、海洋高新、数字化产业等战略性新兴产业的外资企业，推动技术引进，着力突破卡脖子技术，促进创新发展。

二是着力补链强链扩链。针对我市电子信息、航运金融贸易、文化旅游会展三大万亿产业集群产业链供应链的不足和短板，加大与目标企业招商引资的力度，大力吸引世界 500 强等高能级企业来厦投资，推动产业链群补链、强链、扩链，做大产业规模，提高产业竞争力。

三是提高资源配置能力。推动一批在全球范围内配置资源要素、具备跨国经营能力的外资企业来厦设立企业总部、区域总部或研发中心、投资中心、财务中心、结算中心等职能型总部，推动跨国公司全球布局，稳定产业链供应链。鼓励外资企业以厦门为基地，到周边地区投资设厂，向外拓展业务。

四是强化招商工作。优化国际招商网络布局，推行产业链招商、基金投资招商、网络招商等新型招商方式，提升外资招引质效。以购买服务方式拓展投资促进渠道，借鉴深圳“境外直通车”模式，推动火炬高新区等产业园区与美国硅谷、德国、以色列等地区专业机构，以市场化模式建立“一对一”资源流通渠道。

3. 打造区域性“走出去”的重要窗口城市

一是引导优势企业全球布局产业链条。以“一带一路”建设为契机，与沿线国家建立友好城市关系，以政府力量做好“走出去”和“引进来”双向工作，引导厦门码头、船舶、交通、建筑等基建相关企业走出去，拓展进出口渠道。鼓励建发、国贸、象屿等国有企业集团到国外开展资源性投资，鼓励我市企业开展境外投资，拓展石材、铁矿、木材等资源进口。加快推进象盛镍业印尼经贸合作区等建设，推动盛屯矿业境外投资项目建设。推动市场占领型企业对外投资，鼓励企业从国内进口原材料，利用当地劳动力优势，在国外加工销售。

二是拓展对外投资合作方式。有序引导企业通过跨国并购、海外上市、证券投资、联合投资、绿地投资、设立分支机构等开展跨国经营活动，深度参与全球产业链重构。规范海外经营行为，引导企业遵守东道国法律法规，保护环境，履行社会责任，遏制恶性竞争。

三是健全“走出去”服务保障。健全服务保障，搭建“走出去”服务便利平台，完善境外投资贸易联络点服务功能。加强对企业对外投资的政策宣导、投资监管、风险预警、法律辅导等服务。加强资金支持，对海外投资的企业提供金融信贷支持、财政支持、商业信用保险、股权投资基金等一系列促进服务体系。加强税收支持，实施海外投资赋税抵免、纳税延期、转结亏损等税收优惠。

（二）建设国际贸易中心，提升国际贸易枢纽功能

优化国内国际市场布局，推进贸易转型升级，培育外贸竞争新优势，推动贸易自由便利、货物贸易与服务贸易同步发展，打造联动闽西南、服务两岸、辐射亚太的进出口商品集散地，建设具有较强国际资源配置能力的国际贸易中心。

1. 推进内外贸一体化

一是吸引海外消费回流。支持外贸企业对接国内消费需求，推动国际国内标准接轨，大力进口国内消费升级产品，借鉴海南免税岛建设，推动大嶝对台小额贸易市场转型升级发展，把免税商品从台湾商品拓展到境外商品，提高免税额度，建立免税购物中心，加大市场营销力度，吸引海外消费回流，推动游客在厦门购买国外免税商品。

二是推动内外贸企业合作。鼓励重点外贸企业与国内优质品牌商、批发商、知名零售企业和电商企业对接合作，通过产品联合开发等方式开展订单直采。鼓励出口企业与国内大型商贸流通企业对接，多渠道搭建内销平台，扩大内外销产品“同线同标同质”实施范围，降低出口产品内销成本。

三是融入国内产业链供应链。支持符合条件的工业品出口企业以及原材料、中间产品等出口企业融入国内产业链供应链，增强配套服务能力。打造本地零售消费供应链平台，引进国内大型供应链企业进驻，打通本地区域内产品流通渠道。

四是加强政策扶持。深化综合保税区增值税一般纳税人资格试点和内销选择性征收关税试点，支持加工贸易企业扩大国内销售，提升加工贸易内销便利化水平。在内外贸、投融资、财政税务、金融创新、出入境等方面探索更加灵活的政策体系，更加科学的管理体制。

2. 推进国际贸易高质量发展

一是培育壮大国际性贸易主体。深化国际产业链供应链合作，支持本地企业聚焦价值链中高端环节开

展跨国经营。支持建发、国贸、象屿等世界500强企业大力发展供应链服务，进一步做大国际贸易规模，提高国际市场竞争力。

二是拓展进口空间。重点推动资源型大宗商品、先进技术设备、关键零部件及优质消费品进口。引导企业扩大粮食、铁矿石、化工原料、石材等紧缺的资源型大宗商品和重要生产资料进口。大力培育大宗商品交易市场、期货交易交割市场和生产资料交易市场，支持我市企业获得原油等进口资质和配额。

三是稳定出口规模。推动出口市场多元拓展，加大力度拓展东盟市场，稳定欧美出口市场，积极拓展金砖国家、RCEP国家的出口。积极应对市场采购贸易不利影响，加大力度拓展省外的江西、湖南，和省内的龙岩、三明的外贸货源。提升高技术、高附加值产品出口比重。深入推进外贸转型升级基地、贸易平台、国际营销网络建设。大力发展软件信息、动漫游戏等数字服务出口。

3. 大力发展外贸新业态新模式

全面深化国家服务贸易创新发展试点，加快服务贸易数字化转型，推动供应链创新发展，大力发展跨境电商、数字贸易、融资租赁等新业态新模式，推动现代贸易提质增效，建设国家进口贸易促进创新示范区。

一是打造亚太地区供应链创新发展标杆城市。引导传统流通企业向供应链服务企业转型，大力培育新型供应链服务企业。鼓励批发、零售、物流企业整合供应链资源，建设采购、分销、仓储、配送供应链协同平台。支持引导外贸综合服务企业建设跨国供应链体系，鼓励企业建立重要资源和产品全球供应链风险预警系统。以科技创新赋能供应链，打造数字化供应链服务平台，拓展质量管理、追溯服务、金融服务、研发设计等功能，提供采购执行、物流服务、融资结算、口岸通关等一体化服务。

二是发展跨境电商。推进厦门跨境电商综合试验区建设，创新与跨境电商发展相适应的监管机制和政策体系，完善线上平台和线下园区建设，拓展服务功能和数据互通，推动产业要素集聚。实施跨境电商倍增计划，定向引进国内外垂直跨境电商平台和综合服务企业，构建一流跨境电商产业生态。依托厦门跨境电商产业园区，加快跨境电子商务、物流配送、金融服务等企业发展，实现跨境电商企业集聚和规模效应。

三是发展数字贸易。依托厦门软件园，发挥细分领域领军企业的带动作用，加快建设国家数字服务出口基地，重点面向"一带一路"国家输出信息安全、线上医疗、在线教育、数字文娱等智能化、智慧化的产品和服务。依托厦门自贸片区国家文化出口基地，大力发展数字出版、数字影视等重点产业，推进文化产品和服务"走出去"。

四是发展融资租赁。支持融资租赁公司创新经营模式，做大做强飞机融资租赁业务，拓展船舶融资租赁业务，扩大医疗设备、高端生产设备的融资租赁进口规模。

（三）建设国际航运中心，提升货物往来枢纽功能

推进交通强国试点城市建设，建设国际集装箱干线枢纽和邮轮母港，打造通达全球的国际航空枢纽，构建国际综合运输大通道，形成全球化互联互通网络，建设与国际接轨、高效便捷的国际航运中心。

1. 建设港口型国家物流枢纽

一是建设国际集装箱枢纽港。加快与高雄、马来西亚巴生港等境外港口"多港联动"，畅通与"一带一路"国家"海上高速公路"，大力拓展省外货源，用好启运港退税政策，推动港口向枢纽港、贸易港转型升

级。围绕“一流设施、一流技术、一流管理、一流服务”目标，加快海沧、翔安等深水港区基础设施建设，提升港航服务智能化水平，全面增强厦门港“硬核”力量，推动打造国际集装箱枢纽港。

二是加强港口合作。支持厦门港与“一带一路”沿线港口、沿海港口和中西部地区合作，提升多式联运服务，大力发展海铁联运，依托中欧班列，参与打通中西部陆海新通道，积极开拓沿海捎带业务，加快打造依托闽西南、服务两岸、链接全世界的港口型国家物流枢纽。

三是做大做强港航企业。大力引进世界级航运集团、物流企业、供应链企业，发展壮大航运金融、船舶租赁、船舶交易等港航服务业，推进港口货物集聚区和航运服务集聚区建设，打造国际航运服务高地。

2. 建设国际航空枢纽

一是加快建设新机场。以国际化的要求高水平建设翔安国际机场，加快构建对外集疏运体系，提高机场旅客吞吐能力，把翔安机场打造为我国重要的国际机场、区域性枢纽机场、国际货运口岸机场、两岸交流门户机场。

二是开通加密航线航班。积极推进厦门机场扩大开放航权，支持鼓励航空企业新开和增开国际、地区航线航班，开通与台港澳及东盟国家主要城市的空中快线。开通与加密“海丝”重点国家空中航线，争取开通厦门至中亚等国航线，为“一带一路”沿线国家和地区提供便捷通道，努力打造我国对“海丝”沿线国家重要国际航空枢纽。

三是大力发展航空物流。加强航空货运能力建设，打造快捷高效的航空直运、中转、集散等服务，打造区域性航空总部基地和航空快件国际枢纽中心，做大航空货运规模，提升厦门空港在两岸航空往来中的枢纽节点地位。

3. 打造国际航运服务高地

着力提升空港海港服务能级，打造国际航运服务高地，建设国际航运中心。

一是大力发展多式联运。推进铁路、公路、水运、航空等运输方式有效衔接，畅通东西互济陆海通道，实现水陆联运、水水中转有机衔接，壮大中欧班列厦门集结中心，深化自贸试验区海铁联运过境集拼试点，建设融入新发展格局的多式联运组织中心。积极探索综合物流全程多式联运“一单制”试点，推进口岸通关物流服务全程电子化，构建泛亚泛欧多式联运大通关机制。

二是大力发展中转业务。依托海港，拓展内外贸航线，做大内外贸中转。发展国际中转集拼业务，搭建国际中转集拼服务中心，提升港口综合服务能力，增强国际航运综合枢纽功能。

三是提升航运服务。吸引全球船舶管理龙头企业集聚，增强航运专业服务、国际船舶管理等服务能力。

四是发展智慧航运。进一步发展航运基础设施，推进航运基础设施向数字化、智能化、环境可持续的方向转型。

（四）建设开放新高地，提升制度保障枢纽功能

高标准建设厦门自贸试验区，完善以贸易自由化和投资便利化为重点的对外开放制度体系，健全对外投资政策和服务体系，构建开放层次更高、营商环境更优、辐射作用更强的开放新高地，为构建国内国际双循环重要枢纽提供制度保障。

1. 落实外资准入负面清单管理制度

发挥厦门对外开放优势，降低准入门槛，提高企业经营自由度，便利企业对外投资，打造双向投资便利平台，建设“一带一路”经贸合作枢纽，促进厦门产业转型升级。

一是提高负面清单的涵盖范围。借鉴香港、新加坡等地自贸区负面清单设计经验，将投资涵盖范围从直接投资扩大到包括直接投资和间接投资，将投资周期从准入前扩大到准入前 + 准入后，包括投资设立、取得和企业经营全生命周期。

二是提高负面清单透明度。借鉴新加坡经验，详细列明每一限制措施所涉及的行业、相关法律依据具体条款、对应政府适用级别等，并对限制对象、方式、具体内容和时限等进行详细规定和解释，以促进负面清单发挥有效引导投资和提高监管水平的作用。

三是提高企业经营自由度。在外商投资“负面清单”外，试行对企业经营范围不设限制，只要在合法合规前提下，公司可自由经营任何业务，并可根据自身状况和市场行情自行变更经营范围，无须审批。

四是对外资实行国民待遇。在外商投资“负面清单”外，按照内外资一视同仁的原则，实行牌照资质、注册资本、财政补贴、税收征收、企业监管、政府采购等方面内外资一致的“国民待遇”制度。

2. 健全贸易便利化体制机制

适应经济全球化、全球价值链集成化和一体化的新趋势，发挥外向型经济和港口优势，大力推进与“一带一路”沿线国家和地区的贸易自由化和便利化，推进厦门国际贸易中心建设。

一是加快特殊监管区建设。推动象屿、海沧港等综合保税区提档升级，发挥保税政策优势，推动国际中转集拼、国际分拨和结算等业务发展。谋划在翔安航空新城建设空港综合保税区，推动航空中转集拼、航空冷链物流发展。

二是推动通关便利化。创新海关数字监管模式，加快推进 ERP 联网监管。借鉴上海自贸试验区经验，深入实施货物状态分类监管，研究将试点从物流仓储企业扩大到贸易、生产加工企业，具备条件时，在厦门市其他符合条件的海关特殊监管区域推广实施。

三是便利中转业务。简化经厦门港内支线货物、海运转中欧班列货物的中转监管手续。创新开展“区内 + 区外”“境内 + 境外”集拼方式，打造具有全球影响力和竞争力的物流分拨中心。

3. 便利跨境资本流动

以促进自由贸易港区跨境贸易和投融资便利化、服务自由贸易港区实体经济发展为出发点，按照积极稳妥、把握节奏、宏观审慎、风险可控的原则推进，在资本项目可兑换、外汇管理体制改革、扩大人民币跨境使用、金融业对内对外开放、金融监管等方面先行先试，建设成为国家扩大金融开放服务高地。

一是放松外汇管制。在风险可控前提下，在自由贸易港内稳妥有序实现资本项目可兑换，减少外汇管制，争取实现“增量”外汇的自由流动，率先实现人民币与新台币的自由兑换，逐步实现与世界主要货币自由兑换，便利对外经济活动。

二是推动资金进出自由。允许资金自由流动，对贸易、非贸易和资金项目的收支不加限制，对汇出利息、利润、分红、提成费及投资所得的其他经常性收入不设限，非居民之间可以自由进行资金转移。完善跨境资本流动管理，对自由贸易港与境外之间的跨境资金流动采取“只监测、不限制”管理模式。

三是做大离岸金融。建立以内外分离型为基础，适度渗透的离岸金融发展模式，建立与自由贸易港发展离岸金融业务相适应的账户体系，推动与离岸贸易有关的离岸金融业务和其他金融创新业务加快开展。

【参考文献】

[1] 厦门市人民政府 . 厦门市国民经济和社会发展第十四个五年规划和 2035 年远景目标纲要 [R/OL].（2021-03-23）[2022-03-01].http://www.xm.gov.cn/zwgk/flfg/sfwj/202103/t20210326_2527296.htm.

[2] 厦门市人民政府 .2022 年厦门市人民政府工作报告 [R/OL](2022-01-07)[2022-03-01].https://news.xmnn.cn/xmnn/2022/01/25/100998354.shtml.

[3] 王昌林 . 新发展格局：国内大循环为主体 国内国际双循环相互促进 [M]. 北京：中信出版集团，2021.

课 题 组 长：林汝辉
课题组成员：戴松若　陈国清　刘飞龙
董世钦　林永杰　孙　博
课 题 执 笔：林汝辉　孙　博

第二十五章

厦门积极融入 RCEP 的对策研究

2020 年 11 月 15 日，中国与东盟 10 国及日本、韩国、澳大利亚及新西兰共同签署《区域全面经济伙伴关系协定》（Regional Comprehensive Economic Partnership, RCEP），标志着覆盖全球约 30% 的 GDP、人口、贸易总量的最大自由贸易区正式成立。经各方共同努力，RCEP 于 2022 年 1 月 1 日正式生效实施。RCEP 的签署实施是我国实施自由贸易区战略取得的重大进展，将为我国在新时期构建开放型经济新体制，形成以国内大循环为主体、国内国际双循环相互促进的新发展格局提供强大助力。厦门与 RCEP 成员国的经贸关系十分密切，应积极把握 RCEP 实施的机遇，深入推进高水平制度型开放，加快打造服务国内国际双循环的枢纽节点。

一、RCEP 主要内容与特点

（一）RCEP 主要内容

RCEP 是一个现代、全面、高质量、互惠的大型区域自贸协定。RCEP 协定由序言、20 个章节、4 个部分的承诺表共 56 个附件组成，共计超过 1.4 万页，议题覆盖广泛，主要内容包括货物贸易、服务和投资、相关领域规则三大部分。详见表 25-1。

表 25-1 RCEP 主要条款梳理

主 题	内 容
货物贸易	15 国之间双边两两出价，协定生效后区域内 90% 以上的货物贸易将最终实现零关税，承诺以立刻降税到零和 10 年内降税到零为主。
服务贸易	日本、韩国、澳大利亚、新加坡、文莱、马来西亚、印尼等 7 个成员采用负面清单方式承诺，中国等其余 8 个成员采用正面清单承诺，并将于协定生效后 6 年内转化为负面清单。
	中国承诺服务部门数量在加入 WTO 时约 100 个部门基础上，新增研发、管理咨询、制造业相关服务、空运等 22 个部门，并提高金融、法律、建筑、海运等 37 个部门的承诺水平。
	服务贸易章节除市场开放及相关规则外，还对金融、电信等领域做出了更全面和高水平的承诺，对专业资质互认做出了合作安排。

续表

主　题	内　　容
投资方面	采用负面清单方式对制造业、农业、林业、渔业、采矿业 5 个非服务业领域投资做出较高水平开放承诺。
自然人移动	与以往协定相比，RCEP 将承诺适用范围扩展至服务提供者以外的所有可能跨境流动的自然人类别，包括各国的投资者、公司内部流动人员、随行配偶及家属等各类商业人员。
知识产权领域	涵盖著作权、商标、地理标志、专利、外观设计、遗传资源、传统知识和民间文艺等广泛内容。
电子商务领域	中国首次在符合法律法规的前提下在自贸协定中纳入数据流动、信息存储等规定。
贸易救济领域	设立过渡性保障措施制度，为成员国因履行协议实施降税而遭受损失的情况提供救济。
原产地规则	采用区域累积原则，提高协定优惠税率的利用率；允许经核准的出口商声明以及出口商的自主声明，节省政府的行政管理成本和企业的经营成本，提高货物通关时效。
贸易便利化	海关程序和贸易便利化方面：简化海关通关手续；对快运货物、易腐货物等争取实现货物抵达后 6 小时内放行，实现果蔬和肉、蛋、奶制品等生鲜产品的快速通关，促进贸易增长。标准、技术法规和合格评定程序方面：减少不必要的技术性贸易壁垒。

资料来源：中国自由贸易区服务网。

（二）RCEP 主要特点

1. RCEP 是世界上最大的自由贸易区

RCEP 与其他全球主要自贸区域如全面与进步跨太平洋伙伴关系协定（CPTPP）、欧盟（EU）、美墨加贸易协定（USMCA）等相比，其 15 个成员国人口总量达 22.6 亿人，经济总量达 25.8 万亿美元，均占到全球的 30%（见表 25-2），是目前全球范围内涵盖人口最多、经贸规模最大、最具发展潜力的自由贸易区。

表 25-2　全球主要自贸协定比较

指　　标	RCEP	CPTPP	EU	USMCA
覆盖国家数量 / 个	15	11	27	3
平均经济增速 /%	5.2	2.2	2.3	2.4
人口 / 百万人	2262（29%）	508	448	493
经济总量 /10 亿美元	25.8（29%）	11.2	15.6	24.4
出口金额 /10 亿美元	5481（29%）	2942	5815	2551
进口金额 /10 亿美元	4956（26%）	2851	5532	3498
外商直接投资 /10 亿美元	364（24%）	276	388	329
对外直接投资 /10 亿美元	441（34%）	368	424	212

注：括号中为 RCEP 区域占全球比例；平均经济增速为 2015—2019 年 GDP 加权平均。
资料来源：毕马威。

2. RCEP 内容全面且开放水平高

RCEP 是全面的、高质量的自贸协定，既包括货物贸易、服务贸易、投资等市场准入，也包括贸易便利化、知识产权、电子商务、竞争政策、政府采购等大量规则性内容，涵盖了贸易投资自由化和便利化的方方面面。RCEP 整体贸易便利化水平超过了世贸组织《贸易便利化协定》，RCEP15 个成员国均做出了高于各自“10+1”自贸协定水平的开放承诺，RCEP 不仅拓展了原有“10+1”自贸协定的规则涵盖领域，而且在中小企业、经济技术合作等领域做出加强合作等规定。

3. RCEP 规则不及 CPTPP 严苛却更包容

从法律文本涵盖内容看，RCEP 涵盖的内容范围小于 CPTPP，RCEP 没有涉及 CPTPP 所追求的环境问题、劳工标准、反腐等超出 WTO 规则的新议题，但却最大限度地兼顾了各方发展水平差异极大的诉求，在货物、服务、投资等市场准入和规则领域都实现了利益的平衡，使得处于不同发展水平的经济体、规模各异的企业以及各类利益攸关方均能从中受益。RCEP 给予最不发达国家差别待遇，专门设置了中小企业和经济技术合作两个章节，来帮助发展中成员加强能力建设，促进本地区的包容均衡发展，共享 RCEP 成果。

二、影响分析

(一) 厦门与 RCEP 成员国经贸往来概况

1. 对外贸易方面

近年来，厦门与 RCEP 成员国经贸往来频繁且稳步增长，RCEP 成员国是厦门最大的贸易伙伴。2016—2021 年，厦门与 RCEP 成员国的进出口贸易额从 1570.8 亿元增至 3098.1 亿元，占全市进出口贸易额的比重从 30.8% 升至 34.9%。厦门主要向东盟出口纺织服装，向日、韩出口机电类产品，从东盟进口集成电路，从澳大利亚进口铁矿、煤等资源产品。

近年来，厦门与 RCEP 成员国的服务贸易有较快发展。2016—2019 年，厦门与 RCEP 成员国服务贸易进出口额从 12.56 亿美元增至 14.59 亿美元。2019 年对 RCEP 成员国服务贸易占全市服务贸易进出口比重 10.1%，其中东盟 10.89 亿美元，日本 2.56 亿美元，韩国 7418.83 万美元，澳大利亚 3653.52 万美元，新西兰 280.18 万美元。厦门主要向 RCEP 成员国出口空运服务、海洋货运服务、计算机服务等；主要进口计算机服务、管理咨询和公共关系服务、研发成果使用费等。

2. 双向投资方面

RCEP 成员国是厦门利用外资重要来源地。截至 2020 年，RCEP 成员国在厦门直接投资（FDI）的累计投资项目为 1863 个，合同外资 53.28 亿美元，实际使用外资 30.18 亿美元，分别占厦门市累计外资项目、合同外资和实际使用外资的 11.8%、8.4% 和 8.8%。RCEP 成员国在厦门的投资主要集中在设备制造、计算机、通信和其他电子设备制造等制造业，新加坡、日本、马来西亚、菲律宾是厦门境外投资主要来源地。

RCEP 成员国是厦门对外投资关键目的地。截至 2020 年，厦门累计对 RCEP 成员国的境外投资企业项目达 229 个（含增资 39 个），协议投资额 45.14 亿美元。厦门对 RCEP 成员国投资大多集中在东盟国家（其中印尼占 68%），主要涉及制造业、农林牧渔业、批发和零售业。

（二）RCEP 对厦门的机遇

RCEP 的签署是我国继加入 WTO 后又一重大的开放成果。根据联合国贸发会议预测，到 2025 年，RCEP 可望带动成员国出口、对外投资存量、GDP 额外分别增长 10.4%、2.6% 和 1.8%。厦门拥有经济特区、自贸试验区、自主创新示范区、“海丝”核心区等多区叠加优势，RCEP 的实施将有利于厦门与 RCEP 成员国开展全方位、宽领域、深层次的全面经济合作，提升厦门在国际国内两个市场的资源配置能力，为厦门构建更高水平的开放型经济新体制，加快打造国内国际双循环的重要枢纽节点提供有力支撑。

1. 有助于外贸高质量发展

一是有利于推动货物贸易增长。RCEP 生效后区域内 90% 的货物将实行零关税（见表 25-3，表 25-4），我国出口近三成可实现零关税待遇，与现下的自贸协定相比[①]，东盟显著扩大了对我国零关税产品的范围，印尼、菲律宾、柬埔寨、缅甸、马来西亚等国家均对我国新增了降税产品，主要包括汽车及零部件、摩托车、化工、机电、钢铁制品等，有助于推动厦门对东盟贸易增长。中日两国首次通过 RCEP 建立自贸协定，日本出口至我国的零关税商品比例将从目前的 8% 扩大至 86%；同时，日本将对我国 88% 的货物实施零关税，日本是厦门第六大贸易伙伴，有助于提升厦门对日本贸易规模。二是有利于服务贸易创新发展。RCEP 成员国对服务贸易均做出了高于各自“10+1”自贸协定水平的开放承诺，金融、物流、航空维修、旅游、通信等服务贸易将迎来新的发展机遇。三是有利于贸易新业态发展。随着 RCEP 在电子商务领域相关网络安全、个人信息保护、跨境电子方式传输等条款的落实，将推动跨境电商、市场采购等新兴贸易发展。

表 25-3　RCEP 项下我国降税承诺情况

单位：%

降税模式		日本	韩国	东盟	澳大利亚	新西兰
协定生效立即降为零		25	38.6	67.9	65.8	66.1
过渡期降为零	10 年降为零	46.5	41	12.7	14.2	13.9
	15 年降为零	11.5	3.1	3.0	0	0
	20 年降为零	3	3.2	6.9	10	10
最终零关税比例		86	86	90.5	90	90
部分降税		0.4	1.0	5.4	5.5	5.6
例外产品		13.6	13.0	4.1	4.5	4.4

资料来源：中国海关。

① RCEP 缔约方除日本外已与我国先后签署实施《亚太贸易协定》《中国—东盟自由贸易协定（升级版）》《中国—新西兰自由贸易协定》《中国—新加坡自由贸易协定》《中国—韩国自由贸易协定》及《中国—澳大利亚自由贸易协定》等 6 项优惠贸易安排。

表 25-4　RCEP 项下其他成员国对我国降税承诺情况

单位：%

降税模式	日本	韩国	东盟		澳大利亚	新西兰
			马来西亚、越南、新加坡、泰国、印尼、菲律宾、文莱	老挝、柬埔寨、缅甸		
协定生效立即降为零	57	50.4	74.9	29.9	75.3	65.4
最终零关税比例	88	86	90.5	86.3	98.2	91.8
部分降税	0	1.1	5.5	0	1.1	8.2
例外产品	12	12.9	4	13.7	0.7	0

资料来源：中国海关。

2. 有助于提升产业竞争力

一是有利于增强产业链安全性。RCEP 采用区域原产地累积规则[①]，有利于降低企业享受关税优惠门槛，促进区域内原材料、中间产品的流动，紧密区域内产业链分工合作，稳定和强化区域内产业链、供应链。二是有利推动产业升级。RCEP 区域产业链具备多元化优势，且各国比较优势差异较为显著，如日韩在关键零部件和元器件、集成电路、半导体制造设备等领域领先，厦门与 RCEP 成员国在集成电路、平板显示等产业贸易关联度较高，RCEP 生效实施将加速厦门企业融入区域产业链的进程，促进厦门产业转型升级。三是有利于吸引海外人才。RCEP 中的自然人流动条款，便利了区域内部人员的自由流动，尤其是商务人员、技术人员以及以“自然人流动”和“商业存在”方式提供服务的高素质人员的流动，有利于厦门吸引金融、技术等领域高素质人才。

3. 有助于提高双向投资水平

一是有利于吸引外资。我国首次在自贸协定下以负面清单形式对投资领域进行承诺，将提高我国外资准入规范化和透明化水平，金融、电信、国际航运等服务业外资准入门槛进一步降低，有助于厦门吸引外商投资。由于台湾非 RCEP 成员，台湾企业为享受 RCEP 政策红利，将会选择到大陆设厂，有利于厦门进一步吸引台资。二是有利于加快境外投资步伐。RCEP 对区域内投资规则进行了整合和升级，有利于促进境外经济合作园区发展，为厦门优势企业到区域内尤其是新兴市场国家的投资经营创造了广阔的空间。

4. 有助于完善开放型经济新体制

一是有利于自贸区改革创新。RCEP 在知识产权、电子商务、数字经济、自然人流动等方面的规则和标准，将会倒逼国内制度改革，促进厦门自贸区加快完善相关领域的对外开放规则设计。二是有利于建立高标准市场体系。RCEP 生效实施后，如竞争政策条款、政府采购条款将推动我国调整国内法律法规和管理措施，加快推动我国建立高标准市场体系，提升要素活力和流动。

① RCEP 实现 15 个成员国之间的累积，打破原先中韩、中澳、中国东盟等不能跨协定累积的限制。产品在加工过程中，实现的增值部分只要属于 15 个成员国，且价值增值超过 40% 即视为原产地产品。

（三）RCEP 带来的挑战

1. 区域内贸易竞争加剧

一是出口竞争加剧。厦门对 RCEP 成员国出口商品以纺织服装、机电类产品为主，随着 RCEP 协定的实施，厦门服装、纺织等劳动密集型产业出口将与东盟激烈竞争，厦门机电产品出口将与日本、韩国并驱争先，短期内中高端产品出口方面或将遭遇挑战。二是部分服务贸易挑战增加。在新兴服务贸易领域，相对于日本、新加坡等国家较高的服务业发展水平，厦门在知识产权服务、技术服务、专业和管理咨询、研发成果转让及委托研发服务等领域发展基础相对薄弱，缺乏在国内外有竞争力的龙头企业，RCEP 服务贸易开放承诺给厦门服务贸易发展带来一定压力。

2. 产业竞争压力加大

一是中低端产业转移步伐加快。RCEP 框架下，厦门低端劳动密集型和零部件生产企业的成本优势丧失，东盟相对廉价的生产要素和相对宽松的投资限制会加速劳动密集型产业“借道出口”转移到东盟，产业集聚效应会导致中低端产业加速转移。都市现代农业可能迎来东盟、澳大利亚和新西兰农副产品的竞争压力。二是高新技术产业竞争加剧。新一代电子信息产业、高端装备制造、新材料、生物医药等战略性新兴产业和部分千亿产业链将面对日本、韩国和新加坡等企业的激烈竞争。其他成员国中具有比较优势的企业进入国内会加剧“进口替代”，也可能会给厦门相关企业带来一定的冲击。

三、对策建议

厦门应抓住 RCEP 重大战略机遇，发挥 RCEP 与“一带一路”倡议的叠加效应，主动用好和融入 RCEP，在贸易便利、服务开放、投资自由等方面先行先试，积极拓展对 RCEP 成员国开放合作的领域和深度，加快打造面向 RCEP 成员国开放发展的重要支点。

（一）积极拓展与 RCEP 成员国的经贸合作

1. 做大货物贸易规模

一是促进新增零税目产品出口。抓住 RCEP 对区域内 90% 的货物将实行零关税的契机，针对 RCEP 协议生效后新增加的零税目产品（如表 25–5 所示），采取“一国一策”，加大对印尼、马来西亚、菲律宾、日本、韩国等重点国家市场开拓力度，提升高技术、高附加值商品出口比重。二是做大做优进口。加快国家进口贸易促进创新示范区建设，利用 RCEP 累计原产地规则，扩大对 RCEP 成员国先进技术设备、原材料、优质消费品及紧缺产品的进口，打造区域性进口商品展示和集散中心。三是扩大中间产品生产和贸易。积极鼓励和扶持本地企业加快融入跨国公司的区域生产网络，扩大中间产品（半成品和零部件）的生产和贸易。针对 RCEP 背对背原产地规则，建立辐射全国的生产资料和中间产品大市场。

表 25-5　RCEP 超出原有双边协定的零关税产品

协定方	主要产品
印度尼西亚	加工水产品、烟草、盐、煤油、碳、化学品、化妆品、炸药、胶片、除草剂、消毒剂、工业黏合剂、化工副产品、塑料及其制品、橡胶、箱包、服装、床上织物、鞋靴、大理石、陶瓷、塑像、玻璃、钢铁制管、链及弹簧、发动机、液体泵、灭火器、录音设备、电视、汽车及零部件、摩托车等
马来西亚	加工水产品、可可、棉纱及织物、化纤、不锈钢、部分工业机械设备及零部件、汽车、摩托车等
菲律宾	医药产品、工业副产品、塑料及其制品、硫化橡胶、化纤及织物、服装、纺织品、鞋、玻璃及其制品、钢铁制品、发动机零件、空调、洗衣机、减压阀、电线等机电产品、汽车及零部件等
文莱	烟草、地毯、床上用品、鞋、风扇、空调、冰箱、滤水设备、洗衣机、吸尘器、热水器、电话、传声器、电视、电路、电灯、电线、家具等
泰国	纸制品、砂岩、仿首饰、铜、液体泵、电动机、变压器、手电筒、电线等
柬埔寨	鸡肉、蔬菜水果、海藻、加工蔬菜水果、面食、杂项食品、烟草、矿产品、石油、化学品、染料、塑料及其制品、橡胶、皮革、木材纸制品、棉制品、化纤及其制品、服装及其他纺织品、鞋靴、钢铁铝制品、工业机械设备、农业纺织设备、电动机、变压器等部分机电设备、汽车及零部件、家具、发卡等
缅甸	大米、中药、树胶、油、酒、饲料油渣、化学品、塑料及其制品、木制品、石棉制品、汽车、摩托车等
老挝	活鱼、甘蔗、酒、汽车等
韩国	零关税：鹿茸、糊精。部分降税：服装、干贝、瓷砖
中国对东盟	菠萝罐头、菠萝汁、椰子汁、胡椒、柴油等化学燃料、部分化工品、纸制品、柴油发动机、车辆照明及信号装置、车窗升降器等
中国对韩国	零关税：纺织品、不锈钢。部分降税：发电机、汽车零部件

2. 拓展服务贸易领域合作

一是拓展服务贸易领域合作。推进国家服务贸易创新试点，积极争取国家有关部委支持，分层次逐步取消或放宽跨境交付、境外消费、自然人移动等模式的服务贸易限制措施，拓展同 RCEP 成员国运输服务、旅游会展、软件信息、飞机维修、金融、教育等领域的服务贸易合作。二是壮大特色服务贸易。加快数字服务出口基地和国家文化出口基地建设，支持面向 RCEP 成员国开展信息基础设施、5G、数据中心等投资合作，培育数字内容与新媒体、创意设计等服务贸易新增长点，打造面向 RCEP 成员国的服务外包接发包平台。支持厦门大学马来西亚分校扩大规模，鼓励厦门其他高校积极吸引 RCEP 成员国留学生，大力发展研学旅行，建设教育服务出口高地。三是培育新兴服务贸易。加快发展法律服务，推进海丝中央法务区建设，争取中央政策支持建设“海丝”国际仲裁服务中心，拓展国际海事调解与仲裁等业务；推广会计和咨询服务外包，鼓励发展财务外包业务，发展会计和咨询服务；大力发展金融服务，做强做大人民币结算代理清算规模，开展“RCEP 跨境资金池”等金融产品创新，争取建设 RCEP 资金跨境结算中心。

3. 着力拓展对日经贸合作

一是扩大机电产品、纺织服装出口。针对首年关税即降为零的2034种、5年内关税减让显著的2725种出口商品（中日关税减让的主要商品见表25-6），以电子电器、机械设备、电气设备和纺织服装等为重点，建立出口重点商品和企业清单，加大市场开拓力度。二是扩大中间品和高新技术产品、消费品进口。促进RCEP区域内中间品交换与流动，以机电产品等为重点，加大中间产品进口和项目引进。针对首年关税即降为零的2070种进口商品和5年内关税降幅较大的5048种商品，扩大食品、医药、美妆等日用消费品和集成电路、半导体等高新技术产品进口。三是加强产业链精准招商。聚焦日本世界500强、行业领军企业和技术先进型中小企业，开展“日资企业厦门行”活动，实施集成电路、半导体材料及设备、生物制药、氢能源等产业链靶向招商，大力引进日本的资金、技术、设备、产品，推动相关产业高质量发展。

表25-6　RCEP项下中日关税减让的主要商品

内　容	RCEP项下零关税的主要商品
中国自日本进口	集成电路、半导体、电容器变压器及其他部分电子电气产品，半导体集成电路制造设备、阀门、部分发动机及其他机械产品，部分汽车零部件、大部分仪器仪表、大部分塑料及其制品（包括塑料马桶圈、餐具等）、部分化工品。药品、眼镜片眼镜架、部分珠宝、涂料、部分照相摄像机机器零部件、医疗仪器、部分钟表、家具、部分文具、滑雪等部分运动器械等生活用品。
中国向日本出口	全部机电产品、服装、家具、仪器仪表、玩具、部分钢铁及其制品、铝及其制品、车辆及零部件、化学品、部分纺织品、部分鞋靴、部分水产品、部分蔬菜及其制品。

4. 加快发展跨境电子商务

一是壮大跨境电商市场主体。推进现有线下重点跨境电商产业园区建设，培育孵化跨境电商卖家，鼓励中小微企业在Shopee、Lazada、日本乐天、Coupang等RCEP跨境电商平台“开店”。支持跨境电商企业自建海外独立站，对相关研发费用按一定比例给予扶持。二是促进跨境电商进出口。制定跨境电商B2B出口（9710、9810）扶持政策，吸引更多企业开展跨境电商B2B出口业务；拓展1210保税备货业务，探索商品免备案、保税备货加线下直提、保税仓内直播等创新举措。三是优化跨境电商物流环境。推进机场跨境电商监管中心建设，加快RCEP成员国跨境货物通关；鼓励企业自建、收购或租赁覆盖RCEP重点国别、重点市场的跨境电商出口海外仓、公共海外仓、海外服务中心等，形成“商家直邮—国内仓发—海外仓发”的立体跨境物流网络。四是打造跨境电商自主品牌。加快建设跨境电商品牌孵化营销中心，实施“品牌出海”计划，支持品牌企业上线厦门品牌出海门户网站，鼓励企业创立自主品牌、收购境外品牌、打造海外品牌。

（二）提升产业链供应链的稳定性和竞争力

1. 提升产业链供应链的稳定性

一是加强与RCEP成员国产业对接。积极对接“智慧印度尼西亚计划”、“泰国4.0战略”、马来西亚生产力蓝图计划和2050国家转型计划、菲律宾“大建特建”规划等RCEP成员国的发展规划，围绕“拓链、延链、补链、强链”，全面梳理全市千亿产业链和企业同 RCEP 成员国对接合作新空间，加强厦门与 RCEP 成员国的产能与投资合作。二是增强产业链稳定性。重视并防范 RCEP 双刃剑效应，关注劳动密集型产业面临的竞争压力和冲击，加强对劳动密集型产业外迁监测，采取“一链一策”“一企一策”的方式，稳定产业链核心企业。三是稳定区域供应链。培育大中小企业融通生态，加强本地大中小企业在技术、资本、创新等方面的关联融通。推进全国供应链创新与应用试点城市建设，发挥中国（厦门）供应链科创中心、建发“LIFT 供应链服务”等平台作用，加强 RCEP 成员国供应链集成，提高供应链安全稳定水平。

2. 推动产业创新发展

一是加强与 RCEP 成员国科技合作。建立完善面向 RCEP 成员国的科技创新合作机制，吸引 RCEP 成员国高校、科研院所和企业来厦共建联合实验室、技术创新中心、产业孵化中心、新型研发机构等，探索在部分 RCEP 成员国建设飞地孵化器。二是加大国际人才引进。积极对接 RCEP 自然人流动规则，探索与国际接轨的跨境人才流动制度，推进签证便利化，落实吸引境外高端人才政策体系，大力集聚海内外“高精尖缺”型高层次人才、技能型人才，壮大重点产业多层次人才队伍。三是改造提升传统优势产业。推动食品、水暖厨卫、运动器材、眼镜、纺织服装等传统制造业数字化、服务化、高端化转型，加快商贸、物流等传统服务业向新兴化、品牌化发展，提高产品和服务的质量和竞争力，大力开发满足 RCEP 成员国市场需求的细分产品，强化产品优势。

3. 积极吸引 RCEP 成员国投资

一是搭建 RCEP 成员国投资平台。用好“9·8”投洽会、进博会等重要展会平台，增加投洽会（厦洽会）的 RCEP 元素内容，增设 RCEP 投资贸易促进活动，召开 RCEP 成员国推介会、商品贸易对接会、服务贸易对接会、第三方产能合作研讨会等。二是加强 RCEP 成员国精准招商。围绕千亿产业链条以及 RCEP 重点开放的投资领域，加强对 RCEP 成员国的招商推介与项目促进力度，吸引 RCEP 成员国 500 强企业、行业龙头企业及侨资企业等来厦投资，壮大厦门优势产业链群。三是积极吸引出口配套投资。指导企业利用 RCEP 原产地区域累积规则优化供应链，加大配套零部件项目引进力度，吸引以 RCEP 区域为出口目的地的欧美光学仪器、药品、航空等高科技产品企业来厦投资。

4. 支持企业高水平“走出去”

一是推动企业稳妥开展对外投资。利用 RCEP 投资保障性安排，加快推进象盛镍业印尼经贸合作区等建设，鼓励引导有色金属冶炼、卫厨等优势行业企业抱团“走出去”，投资并购 RCEP 成员国优质资源和先进企业。探索在 RCEP 框架下与台资主体开展第三地投资合作。二是加强与 RCEP 成员国开发合作。持续开辟国际产能合作平台，促进企业参与 RCEP 成员国港口、铁路、公路、能源等基础设施建设，拓展境外工程承包市场。支持供应链核心企业利用渠道优势，参与相关国家矿产资源开发、林业资源采伐合作。

（三）建设更高水平开放型经济新体制

1. 推进厦门自贸片区创新发展

一是深化自贸片区改革创新。对标 RCEP 成员国自由港和自由贸易区的一流标准，在促进资金、技术、人员等“要素型开放”的同时，加快规则、规制、管理和标准等的“制度型开放”。二是先试先行 RCEP 新规则。充分发挥自贸试验区制度创新优势，先行先试 RCEP 过渡性条款，将投资便利化、服务贸易负面清单、数字贸易、跨境电子商务等协议内容在厦门自贸片区率先落实，为高效执行 RCEP 协定经贸规则提供可复制、可推广的样板经验。三是打造特色产业平台。深入实施重点平台提升行动方案，做优做强航空维修、融资租赁、进口酒等 14 个重点平台，构建“平台 + 基地 + 产业”协同联动发展模式，打造具有国际竞争力的产业高地。

2. 促进贸易投资自由化便利化

一是提升通关便利度。落实 RCEP“6 小时通关”，对抵达海关监管作业场所且完整提交相关信息的 RCEP 缔约方原产易腐货物和快件、空运货物、空运物品，实行 6 小时内放行便利措施。二是加强与 RCEP 成员国关际合作。推动与 RCEP 成员国建立关际合作联系，推进与印尼泗水海关合作，积极开展与 RCEP 成员国的 AEO 国际认证合作，支持企业申请 AEO 认证，对通过 AEO 认证的企业给予奖励。三是深化国际贸易“单一窗口”建设。积极开展与 RCEP 成员国口岸、港口、平台的对接和业务合作，积极参与亚太示范电子口岸网络（APMEN）框架内海运物流可视化试点、空运物流可视化试点、电子原产地证数据交换等项目。四是推进投资便利化。实施市场准营承诺即入制试点，全面落实投资负面清单承诺，清单之外不得新增外商投资限制，推动服务业领域开放。

3. 持续打造国际一流营商环境

一是持续优化营商环境。推动《厦门经济特区优化营商环境条例》全面有效实施，以 RCEP 要求的 200 多项软性义务为重点，推进政务服务数字化，持续在开办企业、办理建筑许可、纳税服务等方面补短板优服务，逐步探索确立以竞争中性为特征的营商环境。二是强化知识产权保护。完善知识产权司法协同中心建设和行政调解机制建设，推进设立中国（厦门）知识产权保护中心，充分利用我国与日、韩等建立的专利审查高速路（PPH）项目，助力企业全球专利布局，加强海外知识产权纠纷和维权援助机制建设。三是妥善应对贸易摩擦。将 RCEP 成员国作为贸易摩擦预警重点地区，加强对 RCEP 成员国技贸措施的风险预警、通报评议和规则解读，支持企业应对 RCEP 贸易救济调查案件，维护自身合法权益。

（四）加强与 RCEP 成员国的互联互通

1. 构建海上运输便捷通道

一是加强“丝路海运”航线拓展。充分发挥“丝路海运”平台作用，加强与 RCEP 成员国先进港航企业合作，积极吸引优质港航企业加入“丝路海运”联盟，鼓励航运企业打造面向 RCEP 的“丝路海运”快捷航线。深化与马来西亚巴生港、韩国釜山港、澳大利亚弗林德斯港等 RCEP 成员国友好港口交流合作。二是建设国际集装箱干线枢纽港和邮轮母港。增开或加密厦门至 RCEP 成员国主要港口的集装箱班轮，提升厦门港国际国内中转功能，积极发展集装箱国际中转业务、水水中转业务和国际集拼，扩大海上转口、过境运输。发展厦门至 RCEP 成员国国际邮轮航线，引进国际大型邮轮公司建设国际邮轮厦门总部基地。

2. 打造区域航空枢纽

一是加密 RCEP 空中航线。加快推动厦门新机场建设，积极争取更多国际主要枢纽城市的航权和时刻资源，支持基地航空公司巩固完善东南亚航线网络，争取实现对 RCEP 成员国主要城市的航线全覆盖。二是提高国际中转能力和水平。充分发挥外国人 144 小时过境免签等政策优势，增加国内经厦门至 RCEP 成员国的中转机会，优化提升胡志明市、马尼拉等经厦门至欧美的中转衔接质量，提升国际中转水平。三是大力发展航空货运。支持组建本土航空货运公司，鼓励商舟航空物流公司等增开国际货运航线，逐步构建面向亚太，链接欧美澳，衔接 RCEP 及金砖国家的航线网络。鼓励拓展第五航权航线，吸引 RCEP 成员国航空公司开辟经停航线，鼓励开展航空货运国际集货、国际中转集拼业务。

3. 完善多式联运体系

一是提升中欧（厦门）班列运行效率。积极争取国家铁路集团运能支持，加密中欧（厦门）班列班次。优化班列运行线路，探索开通海铁联运客户定制专列，整合中亚线优势资源开通中亚全程班列，放大中欧（厦门）班列辐射牵引作用。二是完善多式联动通道。加快建设前场铁路大型货场、海沧海投临港物流中心等大型现代化物流园区，设立多式联运监管中心，拓展海铁联运、海陆空联运等多式联运业务，支持“丝路海运”班轮与厦台海空航线、中欧班列对接，积极开拓 RCEP 成员国货源。

（五）建立完善 RCEP 服务体系

1. 打造 RCEP 服务与交流平台

一是建设综合服务平台。依托市外资外贸专班，建立全市 RCEP 跨部门协调推进工作机制。推动设立 RCEP 企业服务中心，打造 RCEP 一站式服务平台，提供政策咨询、原产地证开立、展会信息等系列服务，助力企业开拓区域内市场。二是搭建 RCEP 交流合作平台。谋划举办与 RCEP 相关的经贸论坛、研讨会和展览会等，搭建 RCEP 成员国企业交流合作平台。积极争取涉及“海丝”、中国与 RCEP 成员国合作等领域的国际性组织总部或办事机构落户厦门。着力拓展与 RCEP 成员国知名度高、与厦门产业互补性强的城市结为友城，加强交流合作。

2. 加强企业 RCEP 培训教育

一是加强 RCEP 规则宣讲培训。加大 RCEP 培训力度，依托城市大脑搭建政策宣传平台，以原产地规则、知识产权保护、优惠关税等内容为重点，加强外经贸企业 RCEP 培训，帮助企业尤其是外向型中小微企业熟悉 RCEP 规则内容和成员国关税减让情况，熟练掌握原产地证书申领程序、证明材料等 RCEP 规则。二是加强 RCEP 专业教育。鼓励相关院校开设相关课程，加大 FTA 原产地专业人才培养力度，将 FTA 战略纳入企业管理的培训课程，通过营造社会学习和运用 RCEP 等 FTA 的氛围，从源头提升企业利用 RCEP 的主动意识和操作水平。三是持续开展 RCEP 专题研究。整合政府职能部门、高校、智库机构组建研究队伍，深入企业、协会商会、机构开展调研和上门服务，就协定关税筹划、规则利用及原产地合规管理等方面开展深入研究，为企业提供应对方案。

3. 加强企业 RCEP 相关服务

一是加强税收筹划服务。建立 RCEP 国别商品减税对比清单，依托“国际贸易单一窗口”，拓展“智能关税系统”功能，为企业提供 RCEP 关税减让与最惠国关税查询比对功能①，服务保障企业最大程度享受 RCEP 优惠条款。二是加强原产地证书指导服务。加强原产地证书的宣传推介，帮助企业尽快掌握原产地规则操作实务；推广“原产地证书申领一体化平台”，免除 EMS 寄送原产地证书费用等。三是提供优质法律服务。实施多元化法律服务，指导企业及时高效稳妥处理在 RCEP 成员国的商事纠纷，依托商务部贸易摩擦“四体联动”应对工作机制，有效指导企业应对 RCEP 成员国“两反一保”等贸易救济调查案件。

【参考文献】

[1] 任泽平，范城恺，华炎雪等 . 全球最大自贸区 RCEP 诞生：内容、影响与展望 [J] 发展研究 ,2020（12）.

[2] 王俊 .RCEP 对苏州开放经济的影响及对策建议 [R].(2020-12-21)[2022-03-02].http://rurc.suda.edu.cn/9c/62/c19276a433250/page.htm.

[3] 吴静静 .RCEP 对宁波外经贸的影响与对策研究 [J]. 宁波经济（三江论坛）,2021（1）.

[4] 厦门市外贸外资工作专班 . 厦门市全面对接《区域全面经济伙伴关系协定》行动计划 [EB/OL].(2021-08-09)[2022-03-02].http://swj.xm.gov.cn/jmzx/tzgg/202108/t20210811_2573663.htm.

课 题 组 长：黄光增
课题组成员：彭朝明　姚厚忠　曾　峰
　　　　　　龚小玮　姜耘时
课 题 执 笔：黄光增

---

① 我国除了在 RCEP 项下与其他 14 个成员国实施 5 张关税减让表外，同时与我国已经签署的中国—东盟、中国—新加坡、中国—韩国、中国—澳大利亚、中国—新西兰自贸协定以及亚太贸易协定等 6 个区域贸易协定形成税率交叉，企业从降税清单产品范围、原产地标准宽严程度、关税减让幅度、操作程序便利程度等方面综合考量，选择最适合自身需求的自贸协定。

第二十六章

促进厦门外贸出口高质量发展的对策建议

一、近5年发展情况

(一) 2021年厦门外贸出口情况

2021年，厦门外贸出口4307.3亿元，同比增长20.6%，增速创近5年来新高；但与全省出口增速27.7%相比，厦门增速低7.1个百分点；从副省级城市看，厦门出口规模及增速居中游，分别排第7位和第8位（详见表26-1）。

表26-1 2021年副省级城市出口情况表

城市	出口额/亿元	出口额排名	增速/%	增速排名
深圳	19263.4	1	13.5	14
宁波	7624.3	2	19.0	9
广州	6312.2	3	16.4	12
青岛	4921.3	4	27.0	5
成都	4841.2	5	17.9	10
杭州	4647.0	6	25.9	6
厦门	4307.3	7	20.6	8
南京	3989.9	8	17.4	11
西安	2361.9	9	33.0	4
大连	1931.7	10	15.5	13
武汉	1929.0	11	35.7	3
济南	1174.1	12	55.6	2
沈阳	484.9	13	76.8	1

续表

城市	出口额/亿元	出口额排名	增速/%	增速排名
哈尔滨	171.3	14	25.2	7
长春	—	—	—	—

数据来源：各城市统计局网站。

（二）2017—2020年厦门外贸出口情况

2020年，厦门外贸出口实现3572.9亿元，增长1.2%。自2017年以来，厦门出口额同比增速已连续4年低于全省平均水平，3个年份低于全国平均水平（见表26-2、表26-3）；在副省级城市中，出口规模在副省级城市中从第5位降至第7位，增速排名于8~12位左右徘徊（见表26-4及图26-1、图26-2）。

表26-2　2017—2020年厦门出口与全省、全国比较表

年份	厦门		全省		全国	
	出口额/亿元	增速/%	出口额/亿元	增速/%	出口额/亿元	增速/%
2017	3253.2	2.3	7114	4.1	153321	10.8
2018	3338.5	2.7	7624	7.1	164177	7.1
2019	3528.7	5.7	8282	8.7	172342	5
2020	3572.9	1.2	8474	2.3	179326	4

表26-3　2020年福建省各地市出口情况表

城市	出口额/亿元	出口额排名	出口增速/%	排名
厦门	3572.9	1	1.2	5
福州	1845.5	2	−1.1	8
泉州	1503.6	3	3.4	4
漳州	538.3	4	14.6	3
龙岩	335.1	5	17.9	2
宁德	228.6	7	27.0	1
莆田	228.6	6	−0.8	7
南平	115.1	8	1.0	6
三明	106.6	9	−39.7	9

数据来源：各城市统计局网站

表 26-4　2017—2020 厦门出口规模与同比增速在副省级城市中排名

城市	出口额排名				增速排名			
	2020 年	2019 年	2018 年	2017 年	2020 年	2019 年	2018 年	2017 年
深圳	1	1	1	1	11	10	14	10
宁波	2	2	3	3	6	4	5	12
广州	3	3	2	2	8	13	15	6
成都	4	7	7	8	1	1	1	2
青岛	5	6	6	6	4	5	11	9
杭州	6	4	4	4	10	7	13	13
厦门	7	5	5	5	12	8	12	11
南京	8	8	8	7	5	2	8	4
西安	9	10	9	10	9	15	2	1
大连	10	9	10	9	15	11	7	8
武汉	11	11	11	11	7	6	6	3
济南	12	12	12	12	2	9	4	7
沈阳	13	13	13	13	14	14	9	5
哈尔滨	14	15	15	15	3	3	10	15
长春	15	14	14	14	13	12	3	14

数据来源：各城市统计局网站。

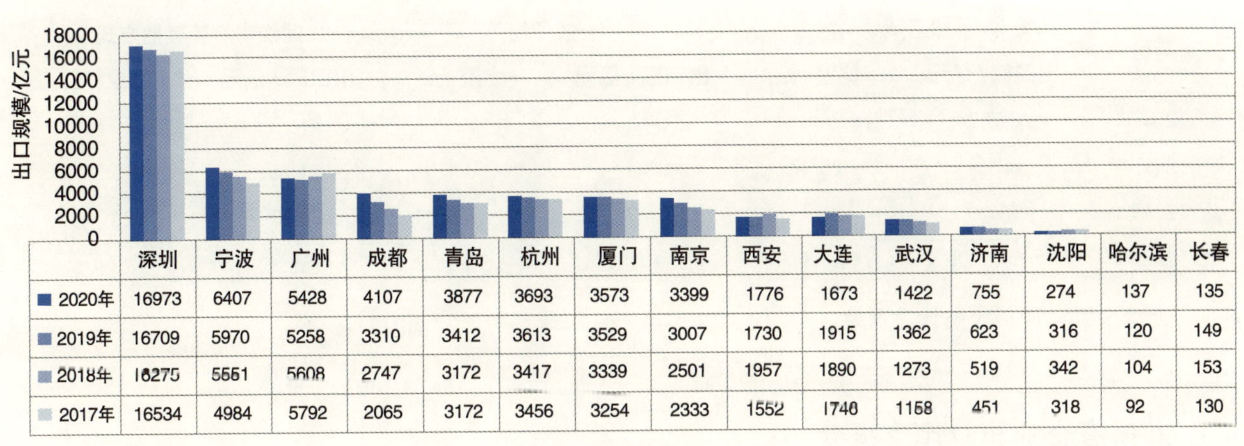

数据来源：各城市统计局网站。

图 26-1　2017—2020 年副省级城市出口规模情况

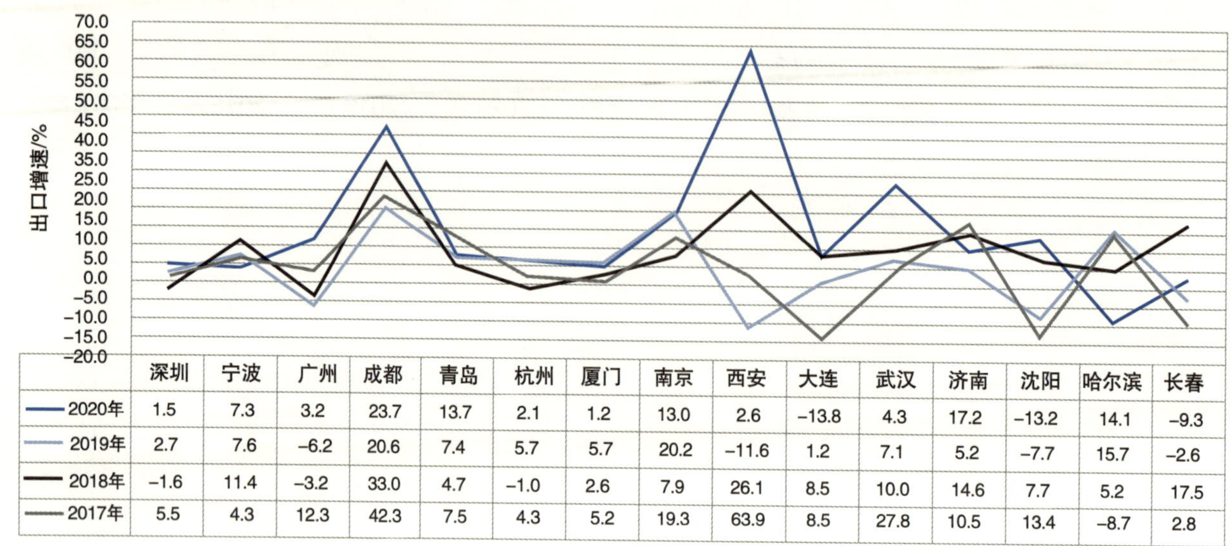

	深圳	宁波	广州	成都	青岛	杭州	厦门	南京	西安	大连	武汉	济南	沈阳	哈尔滨	长春
2020年	1.5	7.3	3.2	23.7	13.7	2.1	1.2	13.0	2.6	−13.8	4.3	17.2	−13.2	14.1	−9.3
2019年	2.7	7.6	−6.2	20.6	7.4	5.7	5.7	20.2	−11.6	1.2	7.1	5.2	−7.7	15.7	−2.6
2018年	−1.6	11.4	−3.2	33.0	4.7	−1.0	2.6	7.9	26.1	8.5	10.0	14.6	7.7	5.2	17.5
2017年	5.5	4.3	12.3	42.3	7.5	4.3	5.2	19.3	63.9	8.5	27.8	10.5	13.4	−8.7	2.8

数据来源：各城市统计局网站。

图 26-2　2017—2020 年副省级城市出口增速情况

1. 保税物流等贸易方式出口比重上升

从贸易方式看，一是加工贸易和一般贸易比重下降，加工贸易比重由 2017 年的 26.8% 下降至 2020 年的 19.5%，一般贸易比重由 2017 年的 62.5% 下降至 2020 年的 58.5%。二是保税物流等其他贸易方式比重不断上升，由 2017 年的 10.6% 上升至 2020 年的 22%。详见表 26-5。

表 26-5　2017—2020 年厦门外贸出口情况表（按贸易方式）

年份	加工贸易		一般贸易		保税物流等其他方式	
	出口额 / 亿元	比重 /%	出口额 / 亿元	比重 /%	出口额 / 亿元	比重 /%
2017	873.2	26.8	2034	62.5	346.5	10.6
2018	881.8	26.4	2015.1	60.4	441.6	13.2
2019	757.3	21.5	2064.7	58.5	706.7	20
2020	697	19.5	2091	58.5	785	22

数据来源：厦门市统计局网站。

2. 国有企业出口比重提升

从企业性质看，厦门民营企业和外商投资企业出口比重下降，民营企业出口占比由 2017 年的 47.4% 下降至 2020 年的 45.8%；外商投资企业出口占比由 2017 年的 42.6% 下降至 2020 年的 36%。国有企业出口比重由 2017 年的 10% 上升至 2020 年的 18.1%。详见表 26-6。

表 26-6　2017—2020 年厦门外贸出口情况表（按企业性质）

年份	民营企业		外商投资企业		国有企业	
	出口额 / 亿元	比重 /%	出口额 / 亿元	比重 /%	出口额 / 亿元	比重 /%
2017	1542.2	47.4	1385.2	42.6	326	10
2018	1468.4	44	1431.2	42.9	438.9	13.1
2019	1589.6	45	1331.3	37.7	607.9	17.2
2020	1638	45.8	1288	36	647	18.1

数据来源：厦门市统计局网站。

3. 劳动密集型产品出口比重维持稳定

从产品类型看，机电产品尤其是高新技术产品出口比重有所下降。2017 年以来，机电产品出口比重最高达 48.8%（2018 年），2020 年比最高值相差 2 个百分点；高新技术产品出口比重下降 2.6 个百分点。纺织服装、家具、箱包等七大类劳动密集型产品出口比重较为稳定，维持在 32%~33.7%。

表 26-7　2017—2020 年厦门外贸出口情况表（按产品类型）

年份	机电产品		高新技术产品		纺织服装等七类劳动密集型产品	
	出口额 / 亿元	比重 /%	出口额 / 亿元	比重 /%	出口额 / 亿元	比重 /%
2017	1478.4	45.4	681.9	21	1096.3	33.7
2018	1629.2	48.8	701.1	21	1055	31.6
2019	1663.4	47.1	650.3	18.4	1190	33.7
2020	1672.6	46.8	—	—	1150.6	32.2

数据来源：厦门市统计局网站。

二、存在问题

（一）加工贸易不断下降

一是加工贸易出口占比逐年下降，2017 年到 2020 年，下降了 7.3 个百分点，2020 年占比仅为 19.5%。二是加工贸易出口增速下降，2020 年厦门加工贸易出口 696.7 亿元，下降 8.0%。相较近年来出口增速最快（超过 20%）的副省级城市，差距明显。

主要原因在于，从存量上看，厦门工业企业大多位于产业链中端或后端偏前环节，下游终端和整机出口企业不足，导致产值难以在本地转化为出口。如近两年，宸鸿等企业因产业链下游客户由境外转至境内苏州等地，导致其加工贸易出口额呈下降态势。从增量上看，近年厦门已落地的制造业龙头项目产品以服务国内市场为主，缺乏如宁德时代等高成长型企业，导致加工贸易出口后劲不足。

（二）保税出口增速下降

2021 年第一季度，保税物流出口约 120 亿元，同比下降超过 20%，低于全国约 65 个百分点。值得注意的是，过去几年来保税出口一直是厦门外贸出口增长的重要支撑，但 2021 年第一季度保税出口出现下降趋势，对厦门外贸出口稳增长带来新的风险与挑战。

主要原因在于，保税出口对异地货源以及奖励政策依赖程度较高。一是异地货源出现流失，2021 年厦门外贸依存度高达 126.2%，居全国第二位，厦门外贸出口货源超过 40% 来自异地，但近年来周边省市地区为完成各自出口指标任务，纷纷加大奖励力度、改善营商环境、优化出口服务，多措并举，加速了厦门异地货源流失。如泉州相关部门提出“生产在当地，出口数据也留在当地”，厦门异地货源争取难度加大。二是厦门扶持政策与周边地区存在一定落差，如泉州等地，省、市、区三级政策叠加实施后，出口信保奖励可基本实现 100% 覆盖企业信保费用支出，而厦门出口信保奖励缺乏多级叠加，政策吸引力下降加速异地货源流失。

（三）贸易新业态发展滞后

跨境电商方面，一是规模尚小。厦门于 2018 年下半年获批跨境电商综试区城市，面临 104 个获批试点城市的激烈竞争。2021 年厦门跨境电商进出口约 85.5 亿元，占全市进出口额比重仅 0.96%；而 2019 年年底刚获批跨境电商综试区的绍兴市经过两年建设，2021 年跨境电商出口额首破百亿元达 118.6 亿元，跨境电商进出口额占全市比重近 4%。二是海运和空运物流通道不足，如深圳至北美跨境电商海运快线最快 12 天可达，而厦门至北美跨境电商海运货物时间长达一个月左右。

市场采购贸易方面，厦门尚未开展实施试点。而 2021 年泉州市场采购贸易出口 459.3 亿元，同比增长 49.3%，占泉州市外贸总值的 17.6%，成为外贸出口稳定增长的重要支撑。

主要原因在于，一是促进新业态发展的相关条件不完备。跨境电商方面，目前高崎机场超负荷运营，货运吞吐面临瓶颈制约；市场采购贸易方面，前期由于在全市范围内找不到符合条件的出口货品集聚区而未能申报获批试点。二是与跨境电商 B2B 直接出口、出口海外仓等模式相配套的税收落地执行政策尚不明晰；与漳州等周边综试区相比，厦门出口基数大，上述模式出口奖励政策的激励带动效应较弱。

三、发展展望

展望 2022 年，厦门出口形势不容乐观。

从全球看，全球疫情形势尚不明朗，不同国家间经济恢复不均衡，地缘政治、各国政策不稳定性因素增多，导致外部需求、全球供应链恢复和重组面临较大不确定性，国际贸易增长动能减弱；加之国际物流通道不顺畅、海运费上涨等因素影响，外部市场环境更趋复杂严峻，对厦门外贸出口稳增长形成较大挑战。

从国内看，2021 年年底中央经济工作会议指出，我国经济发展面临需求收缩、供给冲击、预期转弱三重压力，加上 2021 年以来，煤炭、石油、化工、燃气、钢铁、有色等能源、原材料价格不断上涨，推高了厦门外贸企业的出口成本，对出口经营企业形成较大压力。

从区域看，泉州、漳州、宁德、龙岩等省内城市外贸出口基数小，为促进货源回流实施的出口奖励政策力度较大、针对性强，异地货源回流对厦门外贸出口增长同样形成较大压力。

从本地看，一是产业链发展较不完善，服务国际市场的整机终端制造企业较少；二是营商环境、港口条件等外贸传统竞争优势正在弱化，出口新优势有待培育；三是外贸新业态新模式发展较慢，出口新增长点不足，外贸下行压力依然很大。

四、对策建议

2022 年，厦门外贸出口稳增长工作要认真贯彻落实中央经济工作会议精神，以“稳”字为主基调，更加注重增强政策研究和政策实施的前瞻性、针对性、有效性，继续引导企业努力开拓市场，增强外贸企业核心竞争力，积极培育外贸新业态新动能，加快形成部门协同合力，推动实现外贸出口高质量发展。

（一）支持企业开拓国际市场

紧抓 RCEP 关税减让、金砖创新基地建设机遇。充分发挥外经贸发展专项资金作用，大力支持外贸企业举办面向俄罗斯等金砖国家，日本、韩国以及越南等东盟市场的贸易促进活动，鼓励外贸企业充分运用第五代移动通信（5G）、虚拟现实（VR）、增强现实（AR）、大数据等现代信息技术，通过搜索类网站等渠道开展线上推介、在线洽谈、线上签约、“云营销”等活动。

完善企业开拓市场支持政策。借鉴成都举措[①]，加大对东盟、日韩等厦门主要出口市场开拓的支持力度，对企业参加上述目标市场的境外展会展位费给予 90% 支持，对展品运输费用、通关及检验检疫费用给予全额支持。加强国别贸易投资法律政策研究，提升商事法律、标准体系建设等方面服务水平。及时发布重点市场政策及市场信息，建立完善外贸进出口重点国别、行业和采购商三类“数据库”，引导企业精准开拓市场。

提升出口产品综合竞争力。支持机电、纺织服装、高新技术产品等出口生产企业对标国际标准组织生产和质量检验，鼓励企业通过研发创新、“工业设计 +”等方式加快出口产品迭代升级。支持企业建设出口产品质量检测公共服务平台，对照国际认可的产品检测和认证体系，在技术、标准、质量、品牌、销售、服务等方面加强全链条创新，全面提升产品技术含量和产品附加值，夯实质量优势。

（二）完善产业链，夯实本地出口货源

强化招商引资。加强服务国际市场的大型制造业项目招商引资，围绕电子信息、机械装备等优势产业发展需求，推进产业链补链、延链、强链，适度引进处于产业链下游、以出口型为主的终端整机配套制造业项目，重点支持和大力发展电子终端产品、电子元器件、传感设备、机械装备、生物医药等先进制造业，以及物联网、新能源、新材料、节能环保、人工智能（AI）等新兴产业高端装备、高附加值终端产品，夯实加工贸易出口和机电产品出口后劲。

加强品牌建设。推动外贸生产企业由贴牌生产向委托设计制造、自有品牌方向转型，鼓励企业通过自主培育、境外收购等方式积极争创出口名牌，鼓励企业积极开展境外商标注册、专利申请和国际通行体系认证，加大对自主品牌知识产权保护和海外维权的支持力度。建设企业外贸品牌培育库，完善 Amoybrand 厦门品牌出海门户网站建设，进一步细分产品品类，优化营销功能，持续对接红点设计等优质设计服务资

① 具体指《成都市促进外资外贸稳定发展行动方案（2020—2022 年）》中拓展市场相关政策。

源，为企业提供品牌设计赋能等价值提升服务，加快塑造品牌形象。

提高出口产品质量。鼓励机电、纺织服装、高新技术产品等外贸企业对标国际标准开展生产和质量检验，支持外贸企业通过研发创新、“工业设计 +”等方式加快产品迭代升级。支持企业建设出口产品质量检测公共服务平台，参与制订行业标准、国家标准。支持防疫相关产业企业开展国际认证，争取纳入国家医疗物资出口“白名单”。建立健全质量安全风险预警和快速反应监管体系。加快推进与重点出口市场认证证书和检测结果互认。

（三）积极培育发展贸易新业态

大力发展跨境电子商务。一是加快跨境电商综试区建设，推动本地跨境电商企业加强与亚马逊、WISH、阿里巴巴、京东等头部平台对接合作，实施品牌和优势产业出海行动计划，加大优势企业及产品品牌宣传；借鉴宁波举措，对海外仓额外开展国际货运代理、境外通关、营销推广、退换货、售后维修、简易加工、金融保险服务对接等业务取得银行贷款的，给予一定额度的贴息支持。二是加强物流通道建设，加快推进翔安国际机场建设，加强机场用地规划设计，推动实现在新机场紧邻跑道同侧，为新经济新业态规划预留综合型的公共物流用地。三是加快完善配套政策，加强与漳州等周边地区政策对比研究，综合运用树典型、立标杆、扩影响等多种激励方式增强政策吸引力，加快制定跨境电商配套税收实施细则，给跨境电商经营企业吃“定心丸”，推动跨境电商业务规范、健康、快速发展。

积极培育市场采购贸易。紧抓福建省扩大市场采购贸易试点机遇，加快研究制定市场采购贸易实施方案并公布实施，对市场采购贸易经营主体给予不低于泉州等周边地区的扶持奖励，鼓励纺织、服装、箱包、鞋帽等更多特色优质商品通过市场采购贸易出口，积极支持新业态成长。

（四）优化贸易方式结构

做强一般贸易。发挥厦门一般贸易占比较大的优势，进一步巩固和扩大一般贸易规模，提升产品附加值，增强关键技术、核心零部件生产和供给能力，培育以技术、标准、质量、品牌、服务为核心的外贸竞争新优势。扩大高新技术产品、纺织、服装等优势产品出口，提升国际市场份额和话语权。

鼓励加工贸易创新发展。支持加工贸易企业加强技术创新，提高加工贸易层次和水平。鼓励加工贸易企业加大技术改造投入，设立技术和产品创新载体，引进先进技术和设备等，在关键零部件和系统集成制造领域掌握核心技术，走“专、精、特、新”发展道路。鼓励加工贸易网络化与数据化，加快跨境电商综试区建设，促进加工贸易终端消费品依托互联网集成式接单，开展工厂对销售商（M2B）、工厂对消费者（M2C）等模式的跨境电商出口业务，鼓励企业采用大数据和众包模式促进加工贸易生产加工方式变革，推动加工贸易数据化。

（五）深入开展暖企护航行动

加大金融支持力度。引导银行等金融机构按年产值 / 营收、出口额等指标，分梯次建立金融精准帮扶“白名单”，鼓励银行机构积极运用央行再贷款、政策性资金以及“一企一策”等方式为“白名单”出口企业提供优惠贷款。引导政策性担保公司对外贸小微企业免收保证金和担保费。

积极帮助外贸企业降成本。适度延长阶段性免征和降低进出口货物港口建设费、货物港务费、港口设施保安费等举措实施期限，对年出口额达到一定金额的出口企业，适度给予海运集装箱物流费用支持。全面落实降低社保费、失业保险稳岗返还、以工代训等援企稳岗政策，最大限度稳定劳动密集型产品出口企业工作岗位。进一步优化外贸出口扶持政策，尽量秉持加大奖励、避免回撤的政策理念，实施“保存量”与“奖增量”并重，对于外贸出口维持原业务量达 80% 及以上的企业，给予一定“保存量”奖励。加大各项外贸扶持政策宣讲力度，让更多外贸企业充分利用外贸奖励政策降本增效。

实施灵活多样的外贸奖励政策。设置“稳外贸贡献奖”系列奖项，每年对全市外贸企业进行一次综合评比，将奖项颁发给当年稳存量、扩增量、建品牌、提质量等方面表现突出的企业，给予外贸稳存量及扩增量表现特别突出的企业一定的保障房、公租房自主分配名额，帮助外贸企业稳定骨干人才队伍。

（六）加强部门协同，增强稳外贸合力

加强部门协作力度。发挥全市外贸外资工作专班机制作用，加强重点外贸企业调研走访，建立问题台账清单，完善企业服务机制，加强海关及检验检疫、税务、外管、金融、商务、财政等多部门协作力度，综合、全方位、多角度地推动企业反映的重点难点问题得到及时协调并解决，推动多部门加强政策研究，完善稳外贸促出口的各项政策举措。

完善容错机制。按照鼓励创新、包容审慎的监管理念，建立具有弹性的包容审慎监管制度，鼓励和支持市场采购贸易等新业态发展。建立容错纠错机制，鼓励各相关部门在外汇、税收、通关等方面积极创新，调整适应新业态试点发展的相关标准，及时解决新业态发展新情况与原有监管政策的矛盾，提升跨境贸易便利化水平。完善风险预警和分析评价体系，充分利用大数据、云计算等途径，提高对外贸新业态领域潜在风险敏感度和突发情况快速处置能力，提升监管水平。

【参考文献】

[1] 厦门海关 .2021 年厦门市外贸进出口情况 [EB/OL].(2022-01-27)[2022-02-10].http://gongbei.customs.gov.cn/xiamen_customs/zfxxgk22/3017978/3018709/491082/4148525/index.html.

[2] 金华市人民政府 . 关于印发金华市跨境电子商务发展“十大行动”实施方案的通知 [EB/OL].(2020-04-03)[2021-04-16].http://www.jinhua.gov.cn/art/2020/4/3/art_1229160383_1044202.html.

[3] 鄞州区人民政府 . 宁波市鄞州区人民政府办公室关于支持外贸企业渡难关稳订单拓市场的若干意见 [EB/OL].(2020-08-13)[2021-05-18].http://www.nbyz.gov.cn/art/2020/8/13/art_1229587443_5982.html.

[4] 国家税务总局 . 关于跨境电子商务综合试验区零售出口货物税收政策的通知 [EB/OL].(2018-09-28)[2021-06-04].http://www.chinatax.gov.cn/n810341/n810755/c3766983/content.html.

[5] 宁波市人民政府 . 关于支持外贸企业开拓国内市场的若干意见 [EB/OL]. (2021-10-14)[2021-12-14].http://swj.ningbo.gov.cn/art/2021/10/14/art_1229051955_1699066.html.

[6]《经济研究》智库“经济形势分析课题组”. 2021 年中国外贸形势分析与 2022 年展望 [EB/OL].(2022-02-10)[2022-02-15].http://ie.cass.cn/academics/economic_trends/202202/t20220210_5392368.html.

[7] 电商报 .2021 年绍兴跨境电商出口首次突破百亿元大关 [EB/OL].(2022-02-16)[2022-02-23]. https://www.dsb.cn/176470.html.

课题组长：李　婷
课题组成员：戴松若　谢　强　李　婷
陈菲妮　林　智
课题执笔：李　婷

第六篇　民生幸福篇

第二十七章

扎实推进厦门共同富裕的对策建议

共同富裕是中国特色社会主义的本质要求，是中国式现代化的重要特征。习近平总书记指出，“现在，已经到了扎实推动共同富裕的历史阶段”。厦门经济特区建设 40 年来，经济社会发展取得了显著成就，为扎实推进共同富裕奠定了坚实基础。厦门应深入学习贯彻习近平总书记关于共同富裕的系列重要论述，坚持以人民为中心的发展思想，全方面位推进高质量发展超越，着力解决发展不平衡不充分问题，加快建设共同富裕先行示范市。

一、共同富裕的内涵特征

共同富裕是中国人民自古以来的理想追求，是我国历代治国理政思想理念的重要元素之一，具有深厚的中华优秀传统文化基因。从“不患寡而患不均”的公正理念，到“大道之行也，天下为公”的社会理想，共同富裕的思想内核深深嵌入中华优秀传统文化之中。

中国共产党一经诞生，就把为中国人民谋幸福、为中华民族谋复兴确立为自己的初心使命，实现共同富裕是中国共产党百年奋斗的目标追寻。新民主主义革命时期，党带领人民通过“打土豪分田地”“减租减息”“没收地主土地”等一系列不同阶段的土地政策措施，对共同富裕问题作了深入探索。1953 年 12 月 16 日，中共中央《关于发展农业生产合作社的决议》指出：“逐步实行农业的社会主义改造……并使农民能够逐步完全摆脱贫困的状况而取得共同富裕和普遍繁荣的生活。”“共同富裕”概念首次正式提出。进入改革开放和社会主义现代化建设新时期，党中央提出了“先富带动后富”“消除两极分化”，达到“共同富裕”的发展思路。党的十八大以来，党中央把握发展阶段新变化，把逐步实现全体人民共同富裕摆在更加重要的位置上，习近平总书记就扎实推动共同富裕作出一系列重要论述、重大部署，为准确把握共同富裕内涵，实现全体人民共同富裕提供了根本遵循和行动指南。

（一）共同富裕是全体人民的共同富裕

实现共同富裕，要求以高质量发展为基石，在做大“蛋糕”的基础上分好“蛋糕”，通过形成人人享有的合理分配格局以及保障和改善民生，促进社会公平，实现效率与公平、发展与共享的统一。

（二）共同富裕是全面共富

共同富裕不仅仅是指“钱包鼓起来”，而且是使人民群众物质生活和精神生活都富裕，是多维度的富裕，是人的全面发展和社会的全面进步，是物质文明、政治文明、精神文明、社会文明、生态文明的全面提升。

（三）共同富裕是共建共富

从共同富裕实现的路径来看，共同富裕不是整齐划一的平均主义，不是人民群众均质化的同等富裕，也不是全体人民在共同富裕道路上的同步富裕，而是普遍富裕基础上的差别富裕，共同富裕要靠勤劳智慧来创造。

（四）共同富裕是逐步共富

实现全体人民共同富裕是一项长期艰巨的任务，是一个逐步推进的过程，不可能一蹴而就，要充分认识共同富裕的长期性、艰巨性、复杂性。共同富裕是在动态中向前发展、从低层次向高层次跃升、从局部到整体拓展的过程。

二、基础条件

厦门经济特区建设 40 年来，在促进全体居民共同富裕取得多方面进展和重大成就，已具备坚实的基础和条件推动共同富裕实现更大突破。

（一）物质基础比较扎实

40 年来，厦门地区生产总值、财政总收入年均增长 15% 和 18.1%，发展速度质量效益居全国前列，2021 年全市地区生产总值达 7033.89 亿元，人均地区生产总值突破 2 万美元，达到发达国家水平；居民人均可支配收入达 64362 元、居全国第 9 位。

（二）城乡收入差距比较小

2021 年全市城乡居民收入倍差为 2.25，低于全国的 2.50，最高最低区居民收入倍差为 2.02，优于上海、北京，也优于省内的泉州、福州。

（三）公共服务水平比较高

厦门市公共服务质量满意度位居全国前列，率先成为全国义务教育发展基本均衡区，义务教育质量在国家监测中位居前列；初步确立闽西南医疗服务中心的地位，“三师共管”分级诊疗、家庭医生签约服务等“厦门模式”向全国推广；实现居家养老服务全覆盖、养老机构医养结合全覆盖，获评全国居家和社区养老服务改革试点优秀地区；率先构建人才住房、保障性商品房、公共租赁住房及保障性租赁房等多层次住房保障体系，形成保障性住房“厦门蓝本”。

三、不足与短板

（一）经济总量规模较小

2021 年，厦门 GDP 为 7033.89 亿元，在 15 个副省级城市中排名第 14 位，在全省九地市中排名第三，经济总量偏小（见图 27-1），直接制约厦门的区域中心城市辐射带动作用，也直接影响加快实现共同富裕的物质基础。

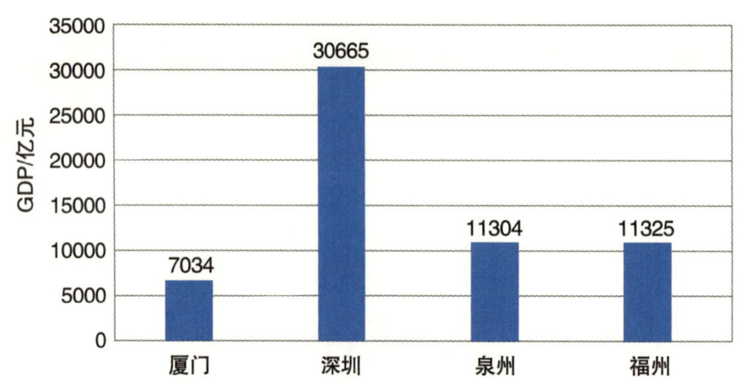

图 27-1　2021 年厦门及部分城市 GDP 对比

（二）市场主体活力有待增强

企业是促进共同富裕的主体。国有企业方面，厦门拥有建发集团、国贸控股、象屿集团三家世界 500 强企业，但国有企业主要集中于供应链和房地产板块，战略性新兴产业占比偏低，国有企业发展质量有待提升。民营企业方面，厦门民营经济占 GDP 比重仅 46.4%，低于全国、全省平均水平，民营企业规模偏小、综合实力偏弱，仅有 4 家民营企业入围“2021 中国民营企业 500 强”榜单。

（三）岛内外发展差距有待缩小

厦门岛内外发展仍有一定差距，厦门岛内土地面积占全市 10%、人口占全市 40.86%，但 GDP 占全市 54%。人均 GDP 最高的思明区（21.0 万元 / 人）是最低的同安区（7.5 万元 / 人）的 2.8 倍。详见图 27-2。

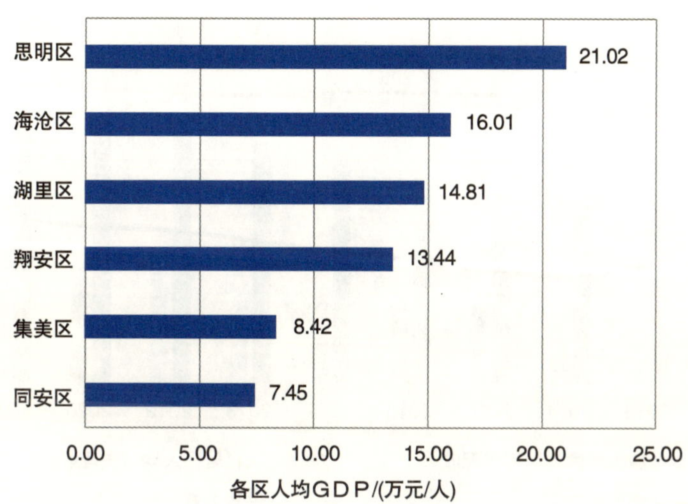

图 27-2　2021 年厦门各区人均 GDP

（四）收入分配差距有待缩小

厦门城乡间、岛内外、行业间收入绝对差距依然较大，收入分配差距扩大趋势尚未根本扭转。一是城乡收入绝对差距不断扩大。2013 年以来，厦门城乡收入倍差由 2.76 缩小到 2.25，但绝对差距除 2014 年略有下降外，其余年份均在扩大，至 2021 年厦门城乡居民绝对收入差距达 37303 元。见表 27-3。

二是岛内外收入差距不断扩大。2021 年人均可支配收入最高的思明区（81224 元）是最低的翔安区（40062 元）的 2.03 倍，较 2015 年（2.18 倍）略有缩小，但两区居民可支配收入绝对差距由 2015 年的 27893 元扩大至 2021 年的 41162 元。

三是行业间工资差距不断扩大。2013 年全市城镇非私营单位平均工资行业最高水平（金融业）是最低水平（住宿和餐饮业）的 3.91 倍，2020 年城镇非私营单位平均工资行业最高水平（卫生和社会工作）是最低水平（住宿和餐饮业）的 4.40 倍，行业间工资差距从 2017 年开始逐年拉大。见表 27-4。

四是第三次分配作用不够显著。动员社会力量参与的激励机制以及社会氛围和群众基础还不强，民间捐赠、慈善事业、志愿行动等济困扶弱活动制度保障不足。高收入群体参与慈善的深度广度还不够，慈善公益组织专业性、公信力和规范化程度不够。

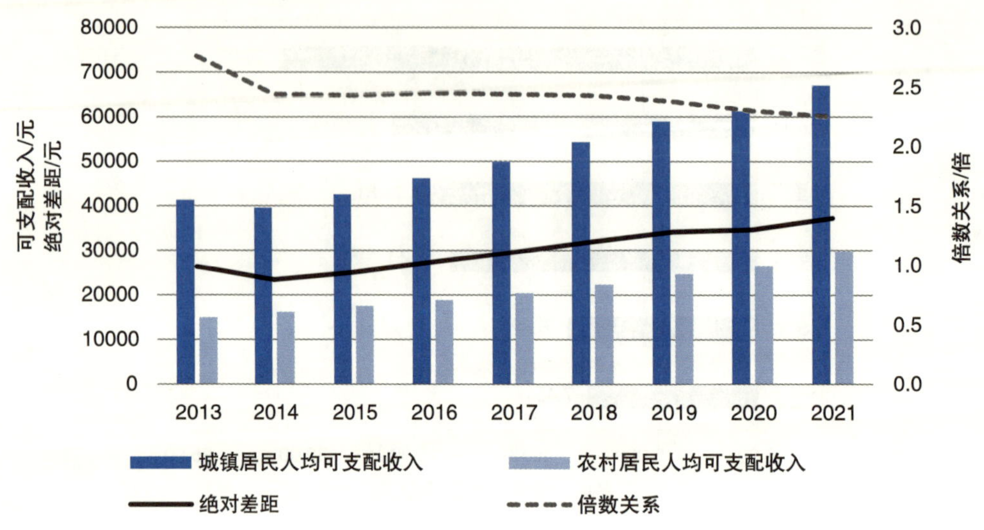

图 27-3　2013—2021 年厦门城乡居民收入水平及差距变动

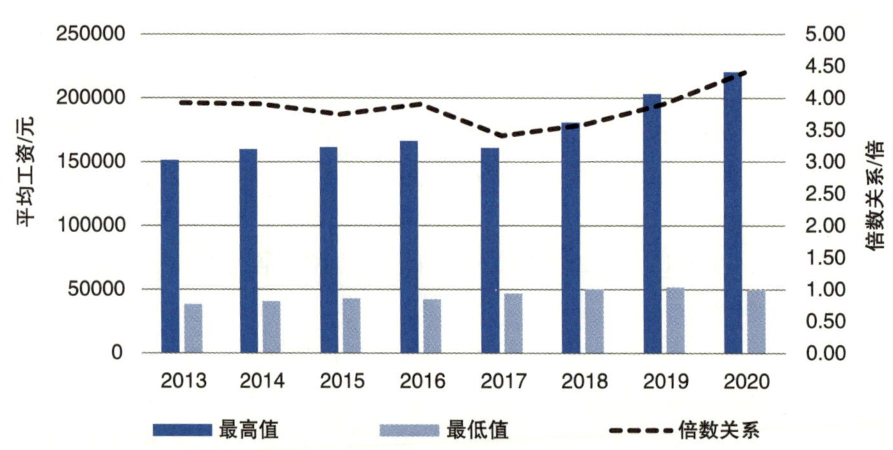

图 27-4　2013—2020 年厦门城镇非私营单位行业平均工资差距变动

（五）公共服务均等化水平有待提高

基础教育领域，优资教育资源在城乡间、岛内外差距较大，如思明区市级及以上示范性幼儿园幼儿在园比例达 42.08%，是集美区的 3.3 倍；思明区名师工作室数量占全市 37%。

基本医疗卫生领域，厦门医疗卫生资源分布存在本岛拥挤、岛外稀少，旧城密集、新区不足，乡村医生短缺等问题，优质医疗资源大多集中在本岛，思明区医疗机构总床位约占全市的比例为 51.35%，思明区每千常住人口执业（助理）医师数是海沧区的 6.7 倍。

住房保障领域，厦门住房供应结构不够均衡，商品房占住房总套数的 52%，而保障房、市场化租赁住房仅占 11% 和 8%，保障性住房供给相对不足，保障房和租赁房供给与需求空间不匹配仍然存在。

养老服务领域，养老服务发展跟不上人口老龄化带来的需求增长，农村地区供给严重不足，同安区、翔安区每千名老人养老床位数分别是 36 张、37.9 张，均低于全市平均水平。

四、发展展望

从国内看，党的十九届五中全会提出共同富裕分阶段目标任务，即“到 2025 年，全体人民共同富裕迈出坚实步伐；到 2035 年，全体人民共同富裕取得更为明显的实质性进展”。在全面建设社会主义现代化国家新征程中，扎实推进共同富裕这一重大战略任务部署将渐次展开。2022 年国家将全方位推动浙江省高质量发展建设共同富裕示范区，推动制定出台《促进共同富裕行动纲要》，研究制定扩大中等收入群体实施方案和研究构建促进共同富裕监测评估体系等，为促进共同富裕提供方向路径。

从厦门来看，中共福建省委、省政府发布《关于支持厦门建设高质量发展引领示范区的意见》，支持厦门建设“共同富裕示范区”；厦门市第十三次党代会提出“建设共同富裕先行示范市”目标，省委、市委工作部署为扎实推进共同富裕提供了目标任务和政策支持。2022 年厦门将深入实施就业能力提升工程，探索公共服务多元化供给机制，健全多层次社会保障体系，推动城乡居民收入和生活水平差距进一步缩小。

五、对策建议

厦门现阶段推动共同富裕，应坚持以满足人民日益增长的美好生活需要为根本目的，以改革创新为根本动力，以解决岛内外差距、城乡差距、收入差距问题为主攻方向，加快建立推动共同富裕的体制机制和政策框架，在高质量发展超越中加快共同富裕先行示范市建设。

（一）推进产业提质扩量，夯实共同富裕物质基础

1. 高水平建设区域创新中心

一是加快厦门科学城建设。对接福厦泉科技创新走廊，推进“虚拟大学园”“厦门国际技术转移中心”等重点项目建设，加强与上海张江、大湾区综合性国家科学中心联动，重点引进培育一流的研究型大学、科学研究机构，提升自主创新能级。二是大力发展新型研发机构。高标准建设嘉庚创新实验室、生物制品省创新实验室，推动建设国家级技术创新中心或分中心；创新新型研发机构管理机制，支持清华海峡研究院等院所创新运营模式，引导新型研发机构提质升级。三是打造全球人才蓄水池。提速推进“群鹭兴厦”计划，坚持靶向引才育才，实施“引才伯乐奖”，创新“候鸟型”高层次人才引进和使用机制，柔性集聚国内外高端智力，打造人才特区。四是构建“热带雨林”式创新生态体系。借鉴杭州经验，全面构建“产学研用金、才政介美云”十联动的区域创新生态，深入推进科技体制改革，深入推行“揭榜挂帅”“赛马”等制度，激发创新创造活力，推动全员劳动生产率稳步提高。

2. 建设数字经济发展高地

一是深入推进数字产业化。充分发挥数字中国建设峰会厦门分会、中国人工智能大赛等的影响效应，拓展软件园一二三期、翔安数字经济产业园协同发展和产业集聚，着力打造大数据、云计算、人工智能、区块链等富有竞争力的数字产业集群，培育发展在线经济、网络视听等新业态。二是全面推动产业数字化。加快构建工业互联网平台体系，推进中小企业“上云用数赋智”，培育一批灯塔工厂、熄灯工厂、智慧车间等数字化转型标杆；建立推行智能制造顾问制度，培育引进智能制造诊断服务商，加强产业数字化转型诊

断服务。三是加快培育数据要素市场。建立公共数据和社会数据多元采集体系，深化政务数据与社会数据融合应用，建立公共数据资源有偿服务机制，完善公共数据开放共享、数据安全等管理措施。四是夯实新型数字基础设施。加快 5G 和千兆固网建设，推进国家工业互联网标识解析二级节点和“星火·链网”超级节点建设，完善城市 AIoT 基础设施。

3. 发展壮大海洋经济

一是加快建设国际航运中心。加快建设国际集装箱干线枢纽港和国际邮轮母港，完善厦门港口基础设施，推进港口资源整合，聚集高端航运服务要素，打造世界一流的现代化数字化港口。二是发展壮大海洋新兴产业。加快国家海洋经济发展示范区建设，规划建设海洋高新产业园区，重点培育壮大海洋生物医药、海洋高端装备、海洋新材料、海洋信息与数字等海洋高新产业。三是大力发展现代都市渔业。推动高崎闽台渔港改造和欧厝对台渔业基地功能提升，推进中国海洋国际合作中心、厦门南方海洋研究中心、厦门国际水产品交易平台建设，打造高端水产品集散地。

4. 增强市场经济主体活力

一是深化国有企业改革。优化国有经济布局和功能结构调整，推动国有资本向战略性新兴产业和服务城市发展等关键领域集中，有序实施混合所有制改革，强化国有资本推动共同富裕战略功能，促进国有企业发展成果全民共享。二是做大做强民营经济。进一步完善支持社会资本参与政策，鼓励民间资本参与基础设施、公用事业、科技创新等重大项目建设和运营，鼓励民间资本参与国有企业混合所有制改革。健全执法司法对民营企业平等保护机制，推行涉企“柔性执法”，切实保护企业家人身和财产安全。三是培育发展中小企业。加强中小企业梯度培育，着力推动“个转企、小升规、规改股、股上市”，支持民营企业以科研项目投入、后补助投入等方式承担国家重大科研项目申报，促进中小企业“专精特新”发展，培育一批瞪羚和独角兽企业。四是打造国际一流营商环境。推动《厦门经济特区优化营商环境条例》全面有效实施，加快推进海丝中央法务区建设，深化“放管服”改革，健全完善社会信用体系，畅通政企沟通渠道，构建“亲清”新型政商关系。

（二）推进城市均衡协调，促进城乡区域一体化发展

1. 纵深推进跨岛发展

一是加快推进基础设施跨岛布局。畅通岛内外连接，加快轨道交通 4 号线、6 号线建设，加快建设翔安大桥、同安进岛通道等重点交通项目，实现城市内外交通的高效转换。高标准建设市政设施，提升供水、供电及燃气等保障能力。二是加快推进产业结构跨岛升级。加快岛外产业平台载体建设，做强做优软件园三期拓展区、海沧生物医药港、集美机械工业集中区、翔安临空经济区、同安新经济产业园等园区载体，提升丙洲、美峰现代服务业基地的集聚辐射力。三是加快推进民生和公共服务跨岛覆盖。加快岛内各类优质资源向岛外延伸，加快建设翔安东部体育会展新城，建成投用四川大学华西厦门医院、环东海域医院、马銮湾医院等高水平三甲医院。

2. 全面推进乡村振兴

一是做精做优都市现代农业。壮大农业龙头企业，发展农产品加工业、休闲农业和乡村旅游业、农村电商，推动农村一二三产融合发展。加快发展种源种业，推进厦门同安闽台农业融合发展（种子种苗）产业园建设。深入推进科技特派员制度，培育造就新型农村专业人才队伍。二是建设新时代美丽乡村。加大农村供水、供电、道路、燃气、通信等基础设施投入，健全专业化、标准化和城乡一体化的乡村公共设施管护机制，提升农村基础设施水平；深入推进农村垃圾、厕所和污水“三大革命”，全面提升乡村人居环境；加强乡村生态保护与修复，实施河流系统整治，梯次建设“绿盈乡村”，提升农村生态环境。三是提升农村公共服务水平。开展城区义务教育学校与农村薄弱学校合作办学，加大乡村教师培养补充力度，加强农村优秀校长和骨干教师培养。加强远程医疗能力建设，促进优质医疗资源向农村延伸，充分发挥村卫生所、乡村医生作用，推进乡村医生向执业（助理）医师转化，建立公立医院骨干医生到农村医疗机构定期坐诊、巡诊制度。

3. 完善城乡融合发展机制

扎实推进国家城乡融合发展试验区建设，突出以工促农、以城带乡。建立健全统一有序的城乡要素市场，推进各类要素在城乡间双向自由流动，创建一批城乡融合发展典型项目。健全农业转移人口市民化长效机制，探索建立人地钱挂钩，以人定地、钱随人走制度。加快推动城乡区域基本公务服务普惠均等可及，完善城乡统筹规划制度和多元投入机制，推动城乡交通、供水、电网、通信、燃气等基础设施建设同规同网。加大城乡融合激励政策力度，推动科技进乡村、资金进乡村、青年回农村、乡贤回农村。

（三）深化收入分配制度改革，多渠道增加居民收入

1. 推动实现更加充分更高质量就业

一是促进重点人群就业。对高校毕业生、外来务工人员、退役军人、残疾人等重点群体中的就业困难人员实行托底帮扶，做好公益性岗位安置工作。二是多渠道支持灵活就业。支持和规范发展基于互联网平台的新就业形态，支持“知识经济”“自由职业”“零工经济”等业态发展，探索完善快递小哥、网约车司机、网络主播等新业态从业人员劳动权益保障机制。三是提高劳动者综合素质。大力开展职业技能培训，加强高技能人才实训基地建设，深化职普融通、产教融合、校企合作，不断扩大技术技能人才队伍。健全普惠性的终身职业培训制度，加强对城镇各类就业困难人员的就业培训和托底帮扶。四是健全公共就业服务体系。构建市、区、镇（街）、村（居）四级就业服务联动机制，加强就业、财政、产业、社保等政策协同，加大公益性岗位开发和托底安置力度。

2. 拓宽居民增收渠道

一是健全工资收入合理增长机制。建立健全企业工资决定和正常增长机制，将企业职工的工资收入增幅与企业净收入增幅挂钩，合理提高企业职工工资收入占企业净收入的份额。二是完善创新要素参与分配机制。探索知识、技术、管理、数据等要素价值的实现形式，探索通过土地、资本等要素使用权、收益权增加中低收入群体要素收入。三是多渠道增加城乡居民财产性收入。拓宽居民租金、股息、红利等增收渠道，创新更多适应家庭财富管理需求的金融产品。巩固提升农村集体经济，探索股权流转、抵押和跨社参

股等农村集体资产股份权能实现新形式。

3. 扩大中等收入群体

实施中等收入群体规模倍增计划，着力激发技能人才、新型职业农民、科研人员、小微创业者、企业经营管理人员等重点群体活力，鼓励勤劳守法致富。完善小微创业者扶持政策，支持个体工商户、灵活就业人员等群体勤劳致富。加快培育蓝领工人队伍，对技术上有重大发明的技术工人，给予“特事特奖”。保障不同群体发展机会公平，拓宽技术工人上升通道，完善党政机关、企事业单位和社会各方面人才顺畅流动的制度体系，实行更加开放的人才政策，推动更多低收入群体迈入中等收入群体行列。

4. 完善第三次分配制度

一是加快慈善组织发展。引导支持更多企业参与设立慈善基金，大力发展社区服务类慈善组织，实现公益慈善各领域全覆盖；完善慈善组织监管制度，借助区块链技术对慈善捐赠开展全流程智慧监管。二是大力发展公益慈善事业。建立慈善表彰奖励制度，设立“厦门慈善奖”，充分激发全社会慈善活力；创新慈善活动载体和形式，开办社区“慈善超市”，加快“互联网 + 慈善”发展，支持慈善信托、公益创投、网络众筹等新型公益模式规范发展。三是激发民间捐赠热情。落实公益性捐赠税收优惠政策，完善慈善褒奖制度，引导高收入群体和企业更多回报社会；探索各类新型捐赠方式，推动慈善捐赠由捐钱捐物向捐技术、股权、证券、知识产权、保险等形式拓展。四是建立慈善信息平台。建设慈善信息系统，完善慈善资源供需对接机制，实现社会慈善资源与救助帮扶需求的有效链接。

（四）推进公共服务均等化，实现高品质生活共享

1. 提高岛内外教育均衡水平

一是扩大优质教育资源覆盖面。推动“名校跨岛”“名师出岛”，完善岛内外学校对口帮扶机制，提升合作办学成效。深化“小片区管理”、薄弱学校“委托管理”，强化优质教育资源带动辐射作用，促进城乡之间、学校之间办学水平协调提升。二是大力推进学位建设。合理推进“上天入地”建设老城区集约型学校，推动解决岛外老城区、工业集中区等就学热点难点区域学位问题。三是大力提升岛外乡村教育水平。组织实施农村小规模学校提升改造工程和农村小学与幼儿园分离工程，改扩建后坂小学等一批农村学校。加大乡村教师招聘，加强区域内对口支援和校际协商，将有富余的师资调剂到缺编的乡村学校，加大农村小规模学校艺体学科购买课时服务工作力度。

2. 全面推进健康厦门建设

一是增加医疗卫生资源供给。推动国家区域医疗中心建设，积极引进知名高校附属医院等优质医疗资源，加大政策支持社会办医发展，在每千人口拥有执业（助理）医师数、医疗卫生机构床位数等方面，尽快缩小与先进城市的差距。二是加强基层卫生服务能力。完善基层医疗服务机构网点布局，加快基层医疗机构标准化建设；加快全科医生培养，落实乡村医生各项补助政策，完善乡村医生养老生活保障，稳定乡村医生队伍。三是构建强大公共卫生体系。加大疾病预防控制体系改革力度，加快建设市级公共卫生医院，完善重大疫情防控体制机制，健全公共卫生应急管理体系。

3. 完善住房保障体系

一是促进房地产市场平稳健康发展。坚持“房住不炒”，严格落实房地产长效机制和城市主体责任制，强化房地联动调控，加大二手房市场监管力度，打击炒房等违法违规活动，实现“稳地价、稳房价、稳预期”目标。二是加大保障性住房建设。创新保障性租赁住房筹建方式，探索以“竞配建”、利用集体建设用地和企事业单位自有闲置土地建设租赁住房等方式增加保障房供应；优化保障性住房空间布局，在轨道枢纽、产业园区周边建设保障房，提高保障房居住便利度。三是加快发展住房租赁市场。鼓励多余住房用于租赁，推动商业、办公等存量非住宅改建为租赁住房，有效增加租赁住房供给；加快构建住房租赁价格参考体系，引导市场合理定价，稳定市场租金水平；加快完善长租房政策，逐步使租购住房在享受公共服务上具有同等权利。

4. 扎实做好托育养老服务

一是加快普惠性托育发展。积极发展多种形式的婴幼儿照护服务机构，鼓励引导企事业单位、社会组织、个人单独或联合举办托育服务机构，建设一批嵌入式、分布式社区托育点，鼓励幼儿园开展托幼一体化服务，鼓励用人单位为职工提供托育服务。二是完善养老服务体系。加快构建居家社区机构相协调、医养康养相结合的养老服务体系，探索在中心城区或老龄化程度较高地区建立“家庭养老床位”，探索发展农村微型养老机构。加快推进长期护理保险制度试点，加强对失能、半失能、失智老人的长期照护服务。借鉴杭州经验，建立居家社区探访制度，探索建立“养老顾问”机制。

（五）打造新时代文化高地，丰富人民精神文化生活

1. 提升社会文明程度

一是推动理想信念常态化教育。推动学习贯彻习近平新时代中国特色社会主义思想走深走心走实，实现理想信念教育常态化制度化。坚持以社会主义核心价值观为引领，加强爱国主义、集体主义、社会主义教育，厚植勤劳致富、共同富裕的文化氛围。二是高水平推进全域文明建设。争创全国文明典范城市，深入开展文明单位、文明村镇、文明校园、文明家庭创建，实现新时代文明实践中心建设市域全覆盖。健全志愿服务体系，构建完善“社工＋志愿者”联动机制，开展志愿服务“订制服务”，加大志愿服务供需对接的精准性和激励回馈的广泛性。

2. 健全高品质精神文化服务体系

一是优化公共文体设施布局。全面布局市、区、乡镇（街道）和村（社区）四级公共文化设施网络，引导文化资源向城乡基层倾斜，推进文化设施数字化更新，建设数字图书馆、博物馆、文化馆等，不断提升公共文化服务智慧化水平。二是广泛开展群众性文化活动。创新实施文化惠民工程，引导文化企业把社会效益放在首位，大力增加各类演出活动的公益场次，扩大面向各类人群的公益文化服务供给。推进全民阅读工作，开展“品读厦门”活动，推动厦门书香社会建设。三是构建大文化发展格局。加快打造“艺术之城”，持续办好中国金鸡电影节，举办一批高水平文化艺术活动，推动建设新时代中国影视中心。加快打造“音乐之岛”，推进鼓浪屿世界文化遗产保护修缮和活化利用，推动文化艺术回归，再现“琴岛”人文氛围。四是完善全民健身公共服务体系。因地制宜增加市民身边的体育设施，加大镇街特色体育项目培育，

发展“体育 +”多元业态，推动群众体育赛事由中心城区向环东海域等新城片区、岛外农村地区和基层社区延伸。

3. 做强做优文旅经济

一是推进全域旅游发展。加快构建“一核、四区、多节点”全域旅游发展格局，推动思明区、海沧区、同安区创建国家全域旅游示范区、省级全域生态旅游示范县（市、区），大力发展海洋旅游、夜间旅游、研学旅游、红色旅游等多元业态，打造精品旅游线路。二是推动文旅融合发展。以“文化 +”“旅游 +”为引领，推动文化和旅游产业深度融合、协同发展，加快建设国家文化和旅游消费试点城市，打造系列文旅 IP，进一步丰富文旅消费内容和场景，构建文旅发展新格局。

（六）完善生态文明制度体系，营造共同富裕宜居环境

1. 有序推进碳达峰碳中和

制定实施全市碳排放 2030 年前达峰行动方案，力争在全省率先实现碳达峰。深化低碳城市建设试点，率先构建全方位、多层次低碳试点体系。加快推动能源结构调整，探索发展氢能源，提高非化石能源和低碳高效产业比重，完成能源“双控”目标。全面提升建筑领域绿色低碳水平，深化交通绿色低碳转型，积极创建低碳社区、低碳园区、低碳校园、低碳景区，带动低碳城区建设。健全碳汇补偿机制，发挥森林、海洋等自然生态系统固碳作用。加强低碳、零碳等关键核心技术攻关、高能级平台建设和技术产业协同发展，提升绿色低碳前沿技术原始创新能力。

2. 构建完善生态文明制度体系

推进国家生态文明试验区建设，深化生态环境保护领域地方立法实践，推动生态环境保护综合行政执法改革，探索建立常态化 GEP 核算和考核制度，推进 GEP 应用体系建设。完善环境治理市场化机制，探索多元化生态产品价值实现路径，落实排污权、碳排放权等资源环境权益交易制度，构建以排污许可制为核心的污染源监管制度体系。加快创新绿色金融改革，积极推进绿色金融发展。落实党政领导生态文明建设和生态环境保护目标责任制，全面实施领导干部自然资源资产离任（任中）审计制度、生态环境损害责任终身追究制。落实生态环境损害赔偿制度，强化企业治理主体责任，全面开展环境损害赔偿。健全生态环境共同参与监督机制，引导社会力量有序参与生态环境治理、验收、监测和执法。

【参考文献】

[1] 习近平 . 扎实推进共同富裕 [J]. 求是 ,2021（20）.

[2] 袁家军 . 扎实推动高质量发展建设共同富裕示范区 [J] 求是 ,2021（20）.

[3] 张来明，张建伟 . 促进共同富裕的内涵、战略目标与政策措施 [J] 改革 ,2021（9）.

[4] 福建省人民政府发展研究中心课题组 . 扎实推动福建省共同富裕的若干思路建议 [J]. 发展研究 ,2021（38）.

[5] 曾飞凡 . 共同富裕理论的历史脉络梳理与解读 [J]. 发展研究 ,2021（38）.

[6] 中共中央 国务院关于支持浙江高质量发展建设共同富裕示范区的意见 [Z].2021.

[7] 厦门市人民政府 .2022 年厦门市人民政府工作报告 [R/OL](2022-01-07)[2022-03-01].https://news.xmnn.cn/xmnn/2022/01/25/100998354.shtml.

课 题 组 长：黄光增
课题组成员：姚厚忠　曾　峰　龚小玮
课 题 执 笔：黄光增　姚厚忠

第二十八章

厦门推进基本公共服务优质共享的改革实践

习近平总书记指出，让改革发展成果更多更公平惠及全体人民，朝着实现全体人民共同富裕不断迈进。多年来，厦门认真贯彻习近平新时代中国特色社会主义思想，践行以人民为中心的发展理念，着力深化改革，有效破解公共服务优质共享体制机制障碍，市民获得感、幸福感不断提升。

一、改革成效

在市委、市政府不懈努力下，厦门致力于建立健全基本公共服务制度体系，不断推进公共服务的优质共享，已初步形成学有所教、病有所医、老有所养、住有所居、劳有所得、闲有所乐的幸福图景。2021 年 7 月国家市场监督管理总局印发的《2020 年全国公共服务质量监测情况通报》显示，厦门在全国 110 个监测城市中，公共服务质量满意度位列第四。

（一）学有所教

厦门率先成为全国义务教育发展基本均衡区，义务教育“五个均衡”、社会主义核心价值观学科教育、心理健康教育、招生制度改革等做法成为全国经验。基础教育满意度位居全国 38 个重要城市前列。学前三年毛入园率达到 99%，九年义务教育巩固率达到 100.62%，义务教育质量在国家监测中位居前列。

（二）病有所医

实现城乡居民基本医保制度统一及全覆盖、基本公共卫生服务城乡全覆盖，初步确立了厦门作为闽西南医疗服务中心的地位。全民医保“厦门模式”被人社部在全国推介。2021 年，厦门市城乡居民医保筹资标准每人每年 1140 元，比全国平均 580 元高近 1 倍。居民人均期望寿命已达 81.04 岁，达到发达国家水平。先后获评国家公立医院综合改革和分级诊疗试点城市、国家级精神卫生综合管理示范城市、国家级医养结合试点城市、全国艾滋病综合防治示范区等荣誉，“三师共管”分级诊疗和家庭医生签约服务等“厦门模式”向全国推广。

（三）老有所养

实现居家养老服务全覆盖，养老机构医养结合全覆盖，成为全国首批 50 个国家级医养结合试点城市，获评全国优秀居家和社区养老服务改革试点地区。全市建立起养老机构、养老服务照料中心、农村幸福院、社区养老服务站（含村改居幸福院）的养老网络体系，每个街（镇）建有 1 个以上养老服务照料中心、每个社区建有 1 个居家养老服务站、每个建制村建有 1 个以上农村幸福院。

（四）住有所居

率先构建多层次的住房保障体系，形成保障性住房“厦门蓝本”。人才住房、保障性商品房、公共租赁住房及保障性租赁房等多种住房保障方式不断完善，基本形成一整套符合本地实际的租售并举、分层次、全覆盖的住房保障体系，全面构建“稳租期、稳租金”住房租赁体系。2021 年，全市配租配售保障性住房 1.86 万余套（间）。

（五）劳有所得

实现劳动保障事务所街镇全覆盖，社区劳动保障工作站社区全覆盖，所有行政村均配备专职劳动保障协管员，为全体劳动者免费提供各类就业创业指导服务。公共就业满意度高，2021 年 12 月末，全市城镇登记失业率 3.40%，全体居民人均可支配收入 64362 元，同比增长 10.7%，居民收入增长居全省第一位。

（六）闲有所乐

全市公共文化设施人均享有率位居全国前列，获评国家公共文化服务体系示范市、国家公共文化服务标准化试点、国家基层综合性文化服务中心试点。2020 年，全市拥有 10 座公共图书馆、128 个街区自助图书馆、7 个公共文化馆。人均体育场地面积 2.62 平方米，居福建省首位。

二、改革着力点

（一）扩大有效供给

按照覆盖全体市民、覆盖市民全生命周期、覆盖基本公共服务全领域的目标，聚焦解决群众最关心最直接最现实问题，加大公共财政投入力度，加强普惠性、基础性、兜底性民生建设，补齐补强基本公共服务短板弱项。更好地发挥市场作用，调动社会各方积极性，不断创新基本公共服务供给模式，丰富基本公共服务内容，提高人民生活品质和社会建设水平，打造国家基本公共服务建设先进城市，改善民生福祉，促进人的全面发展，实现共同富裕目标。

（二）重视均衡发展

全面实施“岛内大提升、岛外大发展”跨岛战略，在优化提升岛内基本公共服务水平基础上，大力推动优质教育和医疗资源布局岛外新城，确保岛外各区都有优质名校和三甲医院，协调推进基本公共服务资源向基层和家门口延伸、向岛外新城和农村覆盖、向薄弱环节和重点群体倾斜，逐步缩小公共服务岛内外差距及城乡发展差距。完善基本公共服务设施建设，按照服务人口和服务半径，不断优化资源配置，建设社区卫生服务中心、社区文化活动中心、社区健身活动场所、社区养老照护协调中心和社区综合服务站，力争形成 15 分钟社区生活圈，逐步提高服务便利性和可及性。

（三）推进制度创新

立足实现好、维护好、发展好最广大人民根本利益出发点和落脚点，加强顶层设计，建立基本公共服务项目清单制度，明确权责事项、设定依据、实施主体和责任主体。推动制定厦门基本公共服务标准体系，不断提高保障水平。加快基本公共服务领域数字化改革，推进教育、医疗卫生、文化体育、住房保障、社会保障、就业创业等服务纳入数据平台。完善公共服务设施建设运营机制，加强政策协调与保障，推进社区网格化管理，提高社会治理水平，尽力而为、量力而行，推动基本公共服务更加精准、更加有效，满足人民对美好生活多层次多样化的需求。

三、改革举措

（一）建设教育强市

1. 扩大教育资源供给

加快实施教育补短扩容，持续将学校学位建设作为重点民生保障工程，每年安排建设一批中小学幼儿园（含中职）项目，大幅改善全市入园、入学紧张问题。适当超前编制基础教育学校布局规划，满足适龄儿童就近入园入学需要。加快推进腾笼换凤，整合老城区闲置地块兴办义务教育学校。落实小区配套建设政策，确保学校、幼儿园与居民住宅区同步规划、同步建设、同步交付使用。2021 年建成 48 个中小学幼儿园项目，新增学位 5 万个，中小学课后延时服务实现全覆盖。加大教育投入力度，统一提高全市各区学前教育生均公用经费拨款标准至每生每年 600 元，义务教育阶段生均公用经费定额标准为小学 1300 元，初中 1600 元。

2. 推动岛内外教育均衡发展

实施名校跨岛发展，厦门一中、双十中学、外国语学校、科技中学、实验小学等在岛外建设实质性分校，不断缩小岛内外教育质量差距。建设义务教育管理标准化学校，提升改造一批乡村学校，开展优质校与农村校、薄弱校“联姻”合作办学，并通过购买服务、交流轮岗、送教下乡和结对帮扶等措施，不断缩小城乡、校际教育质量差距。

3. 提升教育治理能力

市委成立教育工作领导小组，历史性地首次召开全市教育大会，全面加强党对教育工作的领导，为教育优质共享提供思想保障。实施区管校聘、职称评审、岗位竞聘、职教师资、购买服务等教师队伍建设“五项改革”，构建“新任教师—骨干教师—学科带头人—专家型教师”培养体系，打造高素质教师队伍，为教育优质共享提供师资保障。开展校长职级制改革、名校长培养工程，改革校长选任及校际交流机制，形成办学特色和办学优势，为教育优质共享提供带头人保障。启动教育信息化 2.0 行动计划，实施“宽带网络校校通”“优质资源班班通”“网络学习空间人人通”等工程，建设i教育综合服务平台，为教育优质共享提供科技保障。

（二）打造健康之城

1. 提高医疗卫生实力

引育优质医疗资源，实施“市校合作、高位嫁接”，与复旦大学、四川大学等国内知名高校合作共建复旦中山厦门医院、复旦儿科厦门医院和四川大学华西厦门医院。在全国率先批准台湾地区服务提供者设立个体诊所。加大高层次卫生人才引进培养力度，逐步建成“双主任”制、名医工作室等高层次人才柔性引进和培养机制。实施大医院选派专家到基层坐诊、带教全科医生，带动提升基层医务人员业务水平。完善现代医院管理，全面实行党委领导下的院长负责制。

2. 扩大优质医疗资源覆盖面

推进优质医疗资源向岛外布局，加快建设马銮湾医院、环东海域医院、市妇幼保健院集美分院、集美华西医院，完善厦门大学翔安医院等岛外医疗机构，力争形成优质医疗机构遍布岛外各区的新格局。加快医疗资源向基层下沉和共享利用，出台《厦门市关于进一步完善医联体建设工作的实施方案》，建立医联体基层医生交流协会、基层医生之家，推动形成一条上下转诊的绿色通道，并逐步推动建设远程会诊平台，实时传输相关数据，打造“小病不出村，常见病不出镇，大病不出区”的医疗服务体系，提高百姓健康服务获得感。

3. 完善健康服务机制

成立健康厦门行动推进委员会，服务保障重点人群健康。深入开展“三师共管”分级诊疗，构建“1+1+N”家庭医生签约服务，规范慢病患者管理。出台《厦门市大病医疗保险办法》《厦门市医疗救助办法》等，探索建立重特大罕见病救助机制，推动贫困人口全部纳入基本医保、大病保险和医疗救助等制度保障范围，完善医疗保障体系。率先全国推出药品集中采购和使用政策，有效减轻群众药费负担。在国内首创基于医保电子凭证的全流程“刷脸”诊疗服务和新生儿医保参保报销“秒批”服务，在省内率先实现医保服务协议线上网签和线上代开药功能，通过厦门市健康医疗大数据管理中心，建立全市门诊统一预约平台、医疗就诊支付平台，就医等候时间缩短2/3，极大改善群众便捷就医体验。

（三）构建养老服务网络

1. 提升养老服务信息化水平

建设12349养老信息化平台，24小时为老年人提供政策咨询、心理慰藉、订单管理等线上服务，线下整合2000余家加盟商联合开展家政服务、生活照料、医疗康复、紧急救援、健康管理五大类30余项为老服务。打造15分钟为老服务圈，实现居家社区养老服务“三通”：老人拨打12349号码养老业务“一号通”；老人佩戴智能设备，实现紧急救援“一键通”；老人使用市民养老卡，实现签约服务商消费结算“一卡通”。

2. 推进社区居家养老服务网格化布局

统筹建设居家社区养老服务照料中心，对居家社区养老服务照料中心项目每个给予 150 万元补助、农村幸福院项目每个给予市级财政 20 万元补助。各区政府通过向社会组织购买服务的方式，在每个社区设置 1～2 个助老员岗位，由社会组织派遣人员在岗提供服务。助老员以老年人的生活需求为重点，提供助餐、助洁、助医、助行、助乐、助急等服务。

3. 完善养老服务设施建设运营机制

建立居家社区养老服务设施规划建设与专业运营有机结合的长效机制，支持各区依法依规利用集体建设用地用房、存量商业服务用地用房等建设养老服务设施。鼓励各区通过政府购买服务、财政补贴等政策支持手段，推动社区公共设施低偿或无偿用于社区养老。各区根据辖区情况统筹财政资金，按照养老服务照料中心不低于 5 万元 / 年、农村幸福院不低于 2 万元 / 年标准，进一步提高运营补贴标准，各养老服务设施开放运营及服务人员配比达标率均达 100%。

（四）完善多层次住房保障体系

1. 不断健全住房保障体系

持续完善以“保障性租赁房、公共租赁住房、保障性商品房”为主体的保障性住房体系，为不同群体提供精准保障。本市户籍低收入或中等偏下收入住房困难家庭，可以申请保障性租赁房，实现“保基本”；新就业大学生、企业无房职工等新市民，可以申请公共租赁住房，确保能在厦门落脚扎根“有得住”；在“三高”企业工作满一年的骨干员工，可以 4.5 折申请购买保障性商品房，确保“买得起”；被认定为高层次人才，可申购人才住房或申领住房补贴，确保“住得好”。

2. 加大重点人群住房保障

加大新就业大学生等青年群体租赁住房保障。出台《加大新就业大学生等青年群体租赁住房保障工作的若干意见》，通过实物配租和租金补贴相结合的保障方式，实现来厦新就业大学生等青年群体“5 年内 5 折租房”，重点解决该群体来厦五年内的过渡性居住需求，促进本市引才、留才、聚才。实物配租标准，原则上按不超过 40 平方米 / 人的面积标准，以实物配租房源项目市场评估租金五折配租给保障对象。租金补贴，按照思明、湖里每人每年 8000 元，集美、海沧每人每年 6000 元，同安、翔安每人每年 5000 元的标准发放，保障期限最长不超过 5 年。

3. 完善住房保障市场机制

发挥市场机制作用，引导市场主体参与保障房投资建设，相继出台《厦门市扩大租赁住房供给促进市场平稳发展工作方案》《存量非住宅类房屋临时改建为保障性租赁住房实施方案》《关于加快发展保障性租赁住房的意见》，明确发展保障性租赁住房相关政策支持、“非改租”条件。支持专业化规模化住房租赁企业建设和运营管理保障性租赁住房。支持符合条件的非居住存量房屋，按程序报批后，改建为保障性租赁住房。保障性租赁住房租金在政府指导下，标准低于同地段同品质的市场评估租金。

（五）促进重点人群就业

1. 推动高校毕业生就业创业

出台《贯彻实施2020年普通高等学校毕业生就业创业工作的意见》，通过引导机关、事业单位、国有企业等招聘应届高校毕业生、增设见习岗位等措施，千方百计增加就业岗位。推进离校未就业应届高校毕业生实名制就业服务工作。及时发放高校毕业生求职创业补助，对灵活就业的毕业生给予社保补贴。给予本市院校本科毕业生1万元留厦生活补贴，厦大博士、博士后留厦可认定为C类人才享受住房优惠或购房补贴。对吸纳应届高校毕业生就业的中小微企业，按条件及时发放吸纳就业补贴。

2. 帮扶相关重点群体就业创业

对新型职业农民、本市户籍农村转移就业劳动者、返乡创业重点人群、退役军人等重点群体，组织开展针对性的各类职业技能、创业培训，不断提升就业创业能力。对“4050”、残疾人等困难群体，着力开发困难群体人力资源，不断提升就业困难群体实名制管理服务，有效保障困难群体就业。对符合条件的重点群体从事个体经营的，从创业补贴、税收优惠等方面，予以政策支持。

3. 完善就业服务保障机制

严格落实就业服务责任，切实把稳就业纳入各区政府及相关职能部门班子工作实绩考核。统筹财政专项资金、失业保险基金等各类资金，保障各类稳就业保就业资金需求。以“互联网+就业服务”为手段，加快推进公共就业信息化建设，提升就业服务网络化水平。加强对劳动关系风险形势的监测预警，不断完善劳动关系形势三方会商制度，做到提前预防、及时发现、尽早介入。

（六）迸发文化体育活力

1. 大力实施文化惠民工程

增强文化服务的丰富性和普惠面，国有文艺院团有序开展各类公益演出，开展精品剧目进社区、进公园、进部队、进景区，推动文化惠民演出常态化。发展街头文化，在全市设立12个街头文化活动点位，全年演出不少于150场次，培育一批群众喜闻乐见的街头文化活动品牌。实施“三下乡”“文化四进”“美术大篷车”“春雨工程”文化和旅游志愿服务行动，开展丰富多彩的群众文化活动。

2. 完善公共文体设施网络

公共文化场馆建设已全面达标，大型公共文化设施布局趋向均衡，努力构建全市“15分钟文化生活圈”。建成覆盖全市的公共图书馆一卡通服务体系，联网服务网点达315个。全市大中型公共文化设施54个，六区均相应建成区级文化艺术中心，乡镇街道综合文化站设置率达100%。推进区级公共图书馆、文化馆总分馆制建设，深化公共文化馆、图书馆法人治理结构改革。市级公共图书馆、文化馆、美术馆、博物馆等均实现全面免费开放。推动建设闽南戏曲艺术中心、厦门市美术馆、闽南文化博物馆（闽南文化集中展示中心）、中国海防博物馆等标志性特色公共文化设施项目，打造文化新地标。扩大体育设施覆盖面，推进大型体育设施向岛外布局建设。推进新市级体育中心“一场两馆”、翔安体育交流中心、田径体操馆、帆船帆板训练基地、五缘湾体育公园等项目建设。

3. 创新体育设施建设与运营

实施小型场地设施普惠工程，集合政府、社区、企业等各方力量，创新建设全省首个厦门体育智慧健身房（育秀试点工作站）。安排年度专项资金用于健身器材与设施进社区、进乡村、进公园、进机关。盘活闲置用地资源，推动工业仓储用地用于改造全民健身设施，梳理部分闲置储备用地和边角地用于配建体育设施。大力推动学校体育设施对外开放，全市累计开放88所学校体育场地设施，让更多市民能够共享优质文体资源，实实在在看得见、摸得着，体会得到幸福美好生活。

【参考文献】

[1] 厦门市人民政府办公厅．厦门市人民政府办公厅关于印发推进医疗联合体建设进一步落实分级诊疗制度实施方案的通知[EB/OL].（2018-12-31）[2021-09-05]. http：//www.xm.gov.cn/zwgk/flfg/sfbwj/201901/t20190121_2210870.htm.

[2] 厦门市人民政府．厦门市人民政府关于印发大病医疗保险办法的通知[EB/OL].（2018-01-11）[2021-09-05]. http：//www.xm.gov.cn/zwgk/flfg/sfwj/201801/t20180117_1841327.htm.

[3] 厦门市人民政府．厦门市人民政府关于印发厦门市医疗救助办法的通知[EB/OL].（2018-03-08）[2021-09-05]. http//www.xm.gov.cn/zwgk/flfg/sfwj/201803/t20180315_1857205.htm.

[4] 厦门市人民政府办公厅．厦门市人民政府办公厅关于印发加大新就业大学生等青年群体租赁住房保障工作若干意见的通知[EB/OL].（2021-07-29）[2021-09-05]. http：//www.xm.gov.cn/zwgk/flfg/sfbwj/202107/t20210729_2570715.htm.

[5] 厦门市人民政府办公厅．厦门市人民政府办公厅关于加快发展保障性租赁住房的意见[EB/OL].（2021-07-26）[2021-09-05]. http//www.xm.gov.cn/zwgk/flfg/sfbwj/202107/t20210726_2569239.htm.

[6] 厦门市大中专毕业生就业工作领导小组．厦门市大中专毕业生就业工作领导小组关于贯彻实施2020年普通高等学校毕业生就业创业工作的意见[EB/OL].（2020-07-03）[2021-09-05]. http//hrss.xm.gov.cn/xxgk/zfxxgkzl/zfxxgkml/qtxx/jycy/202007/t20200706_2460168.htm.

课题指导：彭朝明
课题执笔：戴松若　林　红　董世钦

第二十九章

加快推进岛外新城产城人融合发展的对策建议

一、发展成效

从2002年厦门正式启动"海湾型城市"建设，到2010年全面实施岛内外一体化建设、启动岛外新城建设，再到2016年产城人融合纵深推进新城建设，产城人融合发展的理念日益深入人心，工作有序推进，成效逐步显现。

（一）城市格局跨岛拓展

1. 城市框架不断拉开

"一岛一带多中心"城市空间格局持续拓展优化，集美新城"十年集聚成城"，环东海域新城、马銮湾新城、同翔高新城加速推进，东部体育会展新城潜力无限。"十三五"期间，岛外新城[①]累计完成固投5590亿元，占全市总量的42.4%；岛外建成区面积从2015年的223.3平方公里增加到2020年的279平方公里，占全市增量的77.4%。从沿湾建设起步到向湾发展拓展，岛外新城日益成为承接岛内功能分流、汇聚资源、聚集人气的重要载体，成为全市城市建设的主战场。

2. 路网体系基本建成

国际航运中心、火车站厦门北站、翔安新机场布局岛外，海陆空三大门户枢纽渐次跨岛转移，建成"五桥一隧"[②]跨岛通道，轨道交通加速成网，内外联通的"两环八射"路网体系基本建成，进出岛通行费2019年5月起全面取消，极大促进厦门在更大空间尺度上集聚人流、商流、资金流、信息流，加速对接联动厦漳泉大都市区、闽西南协同发展区。截至2020年年底，建成途经岛外新城的骨干路网76条、次支路350条，道路里程1100公里。

---

① 本章主要以马銮湾新城、集美新城、环东海域新城、同翔高新城、东部体育会展新城等五个岛外新城为研究对象，暂不包括翔安航空新城、海沧湾新城（已成为海沧区中心城区）。

② 海沧大桥、海堤大桥、厦门大桥、集美大桥、杏林大桥，及翔安隧道。

（二）产业结构跨岛优化

1. 产业能级迈向中高端

跨岛发展扩大了经济腹地、拓展了产业空间，实现岛内外产业联动发展和经济结构优化。2020 年，岛外四区 GDP 占全市 46.0%，规上工业增加值占比 73.8%，支撑带动全市 GDP 增速连续两年位居 15 个副省级城市第一。全市 12 条千亿产业链群有 7 条布局岛外，生物医药港、软件园三期、环东“三谷”、火炬同翔高新城等高科技园区加快建设，生物医药港入驻企业 369 家、营收 328 亿元，软件园三期建成面积已超 3 个“软二”，环东海域新城光电产业规模占全市 30% 以上，同翔高新城聚集平板显示、集成电路等高端制造业产业链群。

2. 创新要素加速集聚

新城成功引进一批大院大所，搭建起一批产学研平台载体，异军突起成为全市创新高地和创业热土。截至 2020 年年底，岛外拥有新型研发机构 31 家，占全市 3/4；科技企业孵化器 23 家，占比 1/2；公共技术服务平台 18 个，占比 2/3；省级以上重点实验室 15 家，占比 60%；国家高新技术 1285 家，占比 56%；主板上市公司 29 家，占比 1/2（其中近五年新增 17 家，占全市增量 2/3）。

（三）公共服务跨岛覆盖

1. 公共服务配套日臻完善

优质公共资源加速向岛外辐射延伸，加快推进“名校出岛”“名医出岛”和保障性住房建设，高标准规划新体育中心、新会展中心等公建配套。“十三五”期间，岛外新增义务教育学位 11.2 万个，占全市增量 88.4%，“一双外”、科技中学、实验小学在岛外新城办实质性分校；新增开业 1 所三甲医院（厦大附属翔安医院），新增医疗床位 2482 张，占全市增量的 26%，川大华西医院落户集美新城；全市竣工的 20 个保障性住房项目中有 19 个在岛外。全部公益产品实现同城同价，基本养老保险和医疗保险实现城乡一体。

2. 新型基础设施加快布局

岛外新城成为布局“新基建”的新土壤，国内首个 5G 全场景应用智慧港口在远海码头投产，厦门鲲鹏超算中心（一期工程）建成上线，云知声的厦门 AI 超算平台成为东南区域计算能力首屈一指的超算平台项目，网络基础设施、大数据基础设施和计算基础设施日趋完善。

（四）生态文明跨岛建设

1. 湾区生态景观日新月异

从环东海域整治到马銮湾生态修复，始终坚持生态优先，将清淤整治、生态修复、公园绿地、步行系统、排污纳管等作为岛外新城配套同步建设，把海绵城市、综合管廊等生态理念落实在新城建设当中，如今厦门湾最美海景、最优环境、最美岸线集聚岛外新城。“十三五”期间，新城片区新增建成投用综合管廊 32 公里、累计 44.5 公里，分别占全市 86.7%、80.9%，新增公园绿地面积 353 公顷，占全市增量 1/5。

2. 文旅新地标赋予新魅力

建成环杏林湾景区、滨海旅游浪漫线（一、二期）、下潭尾生态湿地公园（一期）等重要地标，成功举办环东半程马拉松赛等重大赛事，厦门市图书馆集美新馆、厦门版“鸟巢”等成为新晋网红打卡地，波特曼、万豪、万丽等高星级酒店纷纷落户新城。“十三五”期间，岛外累计接待游客 1.4 亿人次，旅游总收入 1250 亿元，分别占全市 35%、20%。

（五）人口布局跨岛集聚

人口加速向岛外新城聚集，岛外常住人口从 2015 年的 185 万人增长到 2020 年的 305.4 万人，占全市增量的 92%，占全市比重也从 48% 提高至 59.1%（2018 年岛外人口首超岛内），岛内外人口结构进一步优化。岛外首个新城集美新城的建成也带动集美区成为岛外首个突破百万人口的行政区。

持续推动农业转移人口市民化等措施取得明显成效，人口城镇化率高出全国 25.5 个百分点，全省 20.7 个百分点，稳居全省第一、全国主要城市前列。其中，海沧、集美两区分别达到 97.7%、90.3%。

二、存在问题

发展不平衡不充分的问题依然存在，尤其在新城产业支撑、功能完善、人口导入及产城人有机融合等方面还面临不少瓶颈问题，客观造成“产城脱节、职住分离、结构失衡”等共性问题，极大制约了新城高质量发展。

（一）产业发展能级仍需提升

1. 规模偏小

岛外新城多数处于开发初期，因城市功能配套滞后，与周边园区和产业发展的协同不足，难以带动新城产业规模快速壮大。集美新城建设基本实现“十年集聚成城”的目标，但“城强产弱”问题突出。软件园三期建成面积是软一、软二之和的 3 倍，但缺龙头，体量偏小，注册企业 4000 多家，但营收仅为二者的 26%，软件园三期营收超 10 亿的企业仅 1 家，仍无百亿规模的领军企业，要形成像“软二”那样集聚发展的规模尚待时日；以机械装备业为代表的二产有龙头，但缺活力、增长乏力，金龙与主要竞争对手宇通的差距逐步拉大，厦工业绩低位徘徊。

2. 层次不高

环东海域新城老工业区（同安工业集中区、环东海域思明园、湖里园等）的企业多为岛内转移的劳动力密集型中小型传统工业企业，产业业态以服装加工、纸箱包装、机械配件加工、电控开关、灯具照明等低附加值加工贸易型制造为主，高端制造业等实体增量不足，研发设计、科技中介、金融等现代服务业发展不足，产业附加值不高、地均产值较低，特别是部分老工业厂房占地大，亟待二次开发和转型升级。

3. 创新能力不足

岛外新城目前产业特色化、集聚化和创新集群的特征还不够突出。集美新城、环东海域新城引进的

“大院大所”的成果转移转化和对本地的产业支撑作用不足，传统工业园区的制造业创新能力不足，高新技术产业缺乏核心和关键技术支撑，创新资源要素集聚能力也偏弱。

（二）城市功能品质亟待完善

1. 组团融合不深

新城与旧村犬牙交错，目前几个新城均存在现状村庄建设密度高、占地面积广、补偿需求差异大等问题。如环东海域新城村庄约占规划总面积 13%，涉及同安、翔安两区整治拆迁的村庄数量多、面积广。机械工业集中区、杏林老工业区、轻工食品园等传统产业园区内部缺乏相关配套，更多依赖周边村庄的中低端配套，与新城定位形成较明显反差。

2. 公建配套供给不足、分布不均

新城在商业生活配套水平、教文卫体等公共资源和服务保障能力等方面，与岛外楼盘交房数量和速度不匹配，与岛内相比还有明显差距。如公共交通方面，站点建设滞后、候车设施简陋，轨道交通、常规公交出行客流比例低远低于全市平均水平，新城公交线路占全市 46%，客流仅占 9%；医疗资源方面，岛外新城目前仅有市二院、长庚医院、厦门大学附属翔安医院三家三甲医院，“十三五”期间新增三甲医院床位也仅为 1000 个，高端医疗资源较为缺乏；高等教育方面，全市高等教育院校主要集中在思明、集美、翔安，马銮湾新城、环东海域新城缺乏高等院校布局。

3. 人气商机集聚不足

目前岛外人口密度约 1450 人 / 平方公里，仅为岛内的 1/9。主要是由于优质的商业配套、教育、医疗、文体等资源相对缺乏，导致部分新城楼盘入住率不高，存在较大程度的职住不平衡。片区内产业人口、新市民等常住人口除了日常便利性消费在区域内完成，目的性消费和休闲活动外溢岛内的现象较为突出。此外，旅游产品整体吸引力有限，除集美新城杏林湾文化旅游区日益成熟、环东海域新城滨海旅游浪漫线成旅游打卡新热点，其他新城尚缺乏拿得出手的“拳头”旅游产品，与国内其他新城、核心景区相比存在较大差距，对市民游客吸引力有限。

（三）人力资源尚需合理开发

1. 高端人才集聚不足

以本岛为核心的单中心城市格局并未真正改变，岛内外在商业生活配套、科教文卫公共资源和服务能力、适合高层次人才就业的产业（企业）规模、集中度等方面，仍有较大差距，导致岛外新城对人才尤其是高层次人才的吸引力不足。

2. 人口城镇化与空间城镇化不协调

农村人口生产生活方式的转变、综合素质的提升和精神世界的丰富上仍然做得不够多、不够好，农村资源变资本、变财富的渠道还不畅通，农村人力资源与新城产业适配度不高。2020 年岛外四区城乡居民人

均可支配收入比最低的为 1.7:1（海沧区），最高的为 2.1:1（同安区），城乡收入差距明显。

三、发展展望

（一）有利因素

作为“一岛、两湾、多组团”的城市空间结构的重要节点，新城发展已提到新的战略高度，承担着疏解中心城区人口和功能、集聚新的产业、带动区域发展的重任。随着重大产业载体、旗舰项目以及文化、教育、医疗、体育等公共服务设施优先布局岛外新城，岛外新城提升发展能级的条件和时机均已趋于成熟。

（二）不利因素

岛外新城的发展高度依赖投资，辐射带动力较弱，在新形势下这种模式难以复制为继，需要从土地财政和人口增量驱动，转向产业功能、品质魅力、人本服务驱动。此外，新城的建设也带动了土地成本、用工成本、生活成本不断上升，未来新城发展吸引人才、项目的优越性和显示度如何彰显面临挑战。

总体来看，岛外新城建设面临的机遇大于挑战，在新的阶段有望加快创新岛外新城发展之路，明确发展目标和发展定位，在固根基、扬优势、补短板、强弱项上展现更大作为，加快产、城、人深度融合。

四、对策建议

（一）引入先进城市理念

上海“十四五”规划提出围绕“产城融合、功能完备、职住平衡、生态宜居、交通便利、治理高效”推动五个新城建设，打造独立的综合性节点城市，贯穿其中的是产城人融合发展的理念。建议借鉴上海“五个新城”建设经验，跳出“中心城区 + 岛外新城”的二元空间模式，探索综合性节点城市建设路径，构建“3+X”新城建设新格局。

“3”：加快建成马銮湾新城、环东海域新城、集美新城这三个独立的综合性节点型新城，对节点型新城的空间规划、产业规划、城市治理及公共服务等，要从城市能级、城市功能、城市品质的角度予以考量，探索打造成中等城市人口规模（50 万 ~100 万人口）、城市功能完备的综合节点城市，努力把新城建设成为厦门主动服务融入国家战略和区域协同发展的重要支点和前沿阵地。

“X”：优化布局同翔高新城、东部体育会展新城等若干个功能型新城，注重各新城的功能细分，提升各功能空间的关联度，形成各有侧重、特色鲜明的功能定位。

在以产城人融合发展理念推动新城建设过程中，必须理解把握和协调处理好几个方面的关系：

首先，要把握好“产、城、人”的内在逻辑联系。产城人融合发展的核心要素在于人，本质是围绕人的多元需求，在空间中更合理配置各类生产、生活要素，以产业发展和能级提升为动力，以城市发展和功能完善为载体，并最终实现人与城市、产业的可持续发展。其中，人口集聚，带来生产要素和消费需求，是城市的活力系统；产业注入，推动城市经济发展，是城市的动力系统；城市基础设施的建设，商业服务、办公、居住、休闲等功能的完善，是城市的硬件系统。

其次，要处理好新城与中心城区（老城）的关系。在新城建设初期，如果没有和老城形成有效的资源、产业、人口协调发展关系，可能导致新城发展乏力、老城衰落，或者新城与老城都有发展，但职住分离，形成通勤中的“潮汐”现象，这都会造成城市发展资源的浪费和不可持续发展。新城与老城既要错位发展、互补发展，又要协调发展、融合发展，尤其要注重新老城区的资源互动和空间联系，避免“空城”“睡城”现象；注重新城建设与老城改造有效互动与协同推进，形成产业梯次衔接、经济结构优化；注重新城内外两种人口导入的协调，老城产业人口导入是起点，吸引本地农村人口和外地产业人口就地居住、就业是更重要的动力。

再次，要协调好新城规模扩张与品质提升的关系。当前新城建设的目的不是简单地承接中心城区人口和功能的疏解，更不是老城简单的复制延伸，而是要最终实现自身相对独立，实现新城人口与就业、产业与功能、经济与社会之间的平衡，从而破解城市发展瓶颈、优化空间布局、打开发展格局。我们在新城建设中不仅要避免过去“城市病”的某些问题，也要准确把握城市发展规律，用代表未来方向的现代化城市建设理念引领新城建设，从产业能级、交通枢纽，到公共服务、人居环境，再到城市治理实现大跃升，努力建设成为引领厦门高质量发展、高品质生活、高颜值生态、高效能治理的实践样本。

（二）筑牢新城产业支撑

1. 推动产业协同发展

引导新城产业差异化发展。聚焦各新城最具竞争力的主导产业，引导各新城找准聚焦点和发力点，建立富有特色的主导支撑产业，形成既差异竞争又协调发展的新格局。环东海域新城重点发展新经济、总部经济，集美新城重点发展软件信息、文创旅游，马銮湾新城重点发展生命健康、智慧产业，同翔高新城和东部体育会展新城分别聚焦高端制造和体育会展。

推动特色品牌园区协同发展。以特色品牌园区为关键抓手，积极推进“一城一名园”建设。如环东海域新城要加快建设环东“三谷”和新经济产业园，聚集和培育更多“三高”企业、高层次人才，可以串联同安工业集中区、集美北部工业区等生产性产业园区，以新带旧突围产业转型、发展动力接续的困局，也可以借力自贸试验区、两岸金融中心、翔安临空产业园等现代服务业集聚区，构建产业链协同发展机制。此外，马銮湾新城的生物医药港，集美新城的软件园三期，同翔高新城的半导体与集成电路，东部会展新城的“一场两馆、新会展中心”等，都可以与布局在全市其他区域（新城）的上下游产业形成有序分工、协同发展。

2. 聚焦产业创新发展

构建现代产业体系。聚焦“智”“创”“云”等关键词，瞄准高新技术产业和现代服务业，推动制造业智能化、服务业高端化，深入研判“未来赛道”，前瞻培育布局未来产业。注重夯实新城实体经济发展基石，坚持聚焦产业链价值链关键环节，打造先进制造业标杆，以先进制造业带动生产性服务业快速发展。借鉴成都“场景营城”经验，在岛外新城和新机场等重大片区建设中，加快推动 5G、人工智能等新技术应用场景规划，赋能新落户岛外新城的新经济企业发展。

提升科技创新能力。抓住金砖创新基地建设机遇，在环东海域新城建设未来科技城建设。以“向湾发展”的思路规划建设直通湾区的“科技大道”，沿大道两侧布局未来产业园和产业集群，大型科技企业总部，研究型大学、新型研发机构、技术创新中心、创新验证中试平台、重点实验室、国际技术转移与科教基地、重大创新应用场景等创新创业载体以及各项配套，加快创新资源空间集聚，促进“科、产、城、人、用”在新城高度融合。学习借鉴长三角G60科创走廊建设经验，以厦门未来科技城、泉州时空科创基地为两个关键节点，依托福厦铁路、厦深铁路、G15沈海高速等交通大动脉，打通漳州龙海、厦门五个岛外新城和泉州南安、晋江、鲤城等高新技术产业走廊，串联整合沿线创新资源、产业要素，同时依托福厦泉国家自主创新示范区平台，推动科技创新与制度创新双轮驱动，把未来科技城打造为“厦漳泉科创走廊”创新策源地。

推动龙头品质跃升。聚焦电子信息万亿产业集群和机械装备、生物医药、新材料等千亿产业链群，实施“一链一图”“一链一制”“一链一策”“全链联网”，发挥链主企业创新领航作用，补齐上下游缺失关键环节和配套短板，增强产业链供应链自主可控能力。深化新一代信息技术集成应用，改造提升水暖厨卫、运动器材等传统优势产业，推动“OEM”企业向“ODM”转化，“ODM”企业向“OBM”提升①，打造“厦门智造”和“厦门创造”的知名品牌。加快构建覆盖先进制造业、现代服务业领域的标准体系，鼓励企业、产业技术联盟等积极参与国际标准化活动，推动“厦门标准”走向国际，赢得标准话语权。

3. 全面推动招大引强

精准招商方面，发挥高能级项目、独角兽企业等龙头示范效应，争取“引进一个、带来一串、辐射一片”。聚焦产业链群缺失的关键环节、上下游配套的短板等，增强产业链供应链自主可控能力，打造一批主导产业突出、产业链群完整、大中小企业关联度高的优势产业集群。

要素保障方面，研究出台更具针对性的政策包，鼓励符合片区产业规划的优质项目优先布局岛外；通过规划调整、旧城旧村改造、低效用地清理等多管齐下盘活用地，借鉴上海松江创新结余工业用地分割转让方式，推动集美机械工业集中区、海沧新阳工业区、同安工业集中区、环东海域思明园、湖里园等岛外老工业园区土地集约高效利用，加快园区二次开发和转型升级，破解产业用地瓶颈。

机制创新方面，依托指挥部模式探索专业招商、平台招商、应用场景招商等招商模式创新，进一步完善招商奖励机制和“一站式”快速决策机制，推动项目早签约、早落地、早投产、早见成效。

（三）完善新城城市功能

1. 完善交通网络和枢纽建设

锚固对外交通枢纽节点功能。加快翔安新机场、福厦高铁厦门北站、第二西通道和第二、第三东通道建设，加强空港、海港与铁路联动，构建全方位交通生态圈，提升对外通道的辐射力。

提升新城内部交通品质。按照“80、40、20”原则②有序推进新城公共交通体系建设，全面推进轨道交通建设，构建与轨道交通一体化的地面公交线网体系。优化新城内部路网结构，加大主次干路规划实施力

① OEM（original equipment manufacturer）即原始设备制造商，也称为定点生产、代工生产；ODM（original design manufacturer）即原始设计制造商；OBM（original brand manufacturer），即原始品牌制造商。

② 岛外新城与本岛的联系以大中量运力公交为主，公交出行占比80%；新城之间出行可以大中量公交、常规公交和小汽车相互补充，公交出行占比40%；新城内部出行以慢行为主，常规公交为补充，公交出行占比20%。

度，完善静态交通系统；结合新城景观风貌、功能活动区等构建各具特色的高品质慢行交通系统，逐步构建以轨道交通为骨干，常规公交为网络，慢行交通为补充的公共交通服务体系。

2. 高位嫁接发展公共服务配套

精准补齐公共服务和商业配套短板、健全城市综合功能，当务之急是以更高标准布局教育、医疗、文体、养老、保障房等优质资源。持续推进“名校跨岛”，加快厦门二中集美校区等项目建设，布局推进同翔高新城火炬学校、集美新城康锦学校等九年“一贯制”学校。加快国家区域医疗中心建设，建成投用四川大学华西厦门医院、环东海域医院、马銮湾医院等高水平三甲医院。推动大型公共文体设施布局向岛外倾斜，加快休闲度假酒店群、爱琴海购物公园等商业生活配套建设，注重导入品牌资源，引进一批国内外名品厦门首店、福建首店，加大体验型商业布局比重，与岛内万象城等大型综合体形成差异化布局，有效汇聚岛内及周边消费群体。借鉴上海黄浦江两岸综合开发经验，充分发挥岛外新城湾区优势，坚持生态优先、实现向湾发展，高标准推进海域整治、公共管廊、公园绿地、生态廊道等规划建设，打造国际一流的滨海公共空间。在环东海域滨海旅游浪漫线建设中，同步有机植入体育健身、文创展示、旅游休闲、创意办公等优质潮流业态，探索以公共空间提升为先导带动新城建设。

3. 提升城市管理精细度

在岛外新城试行“数字孪生城市”应用，依托5G、云计算、大数据、物联网等技术，把数字化、智能化、智慧化的理念和要求贯穿新城基础设施建设、城市运行管理、社区建设等各方面，加快新一代信息技术在新城城市管理领域的推广应用，构建智慧城市现代化治理平台，打造智慧城市产业良好生态。坚持城市规划与城市经营相结合，加强对土地出让时机选择、节奏控制、次序把握的研究，快速提升区域土地价值。学习借鉴上海经验，通过比选选择市属国企或实力强大、经验丰富的央企作为新城主体，以土地混合出让的方式交给企业整体开发，确保片区整体规划与土地开发无缝衔接，同时在实施过程中可考虑将片区土地房屋征拆、市政和公建配套建设，以及居住、商业、酒店、办公等经营性业态开发自由组合、混合开发，有效控制征拆和开发成本，提高土地开发利用效益。同步加强公共建设项目建后管养，确保已建成民生工程项目实现政策效益最大化。

（四）加快人口结构优化和人的城市化

1. 适度扩大人口规模

抓住推行岛内外差异化人口政策的窗口期，适度放宽岛外和新城落户门槛。注重优化新城人口结构，从学历、技能、职称、工种等因素进一步完善人才落户政策，加强向高层次、高学历、高素质人才的落户倾斜，积极吸引相关高层次人才落户。对在新城工作一定年限并承诺落户后继续工作的人才，可参考上海自贸区临港新片区的特殊政策，缩短“居转户”年限。

2. 强化新城智力支撑

多维度加强人力资源供给，通过高层次人才引进、柔性引才、科研合作等多种方式向外部引才，注重引入人才的长期发展、可持续发展。增强人才吸引力和服务能力，特别是要注重扩大高层次人才、国际化人才所需的优质公共服务供给，包括人才子女就学所需的优质公共学位和国际学校，品质生活所需的国际一流湾区生态环境、高品位生活商业综合体配套、通达便捷的国际交通枢纽、高水平医疗资源和高标准文体设施等。探索出台与岛内差异化的购房和租赁政策，给予高层次人才政策倾斜，吸引更多人才在新城安居乐业。

3. 推动人的城市化

解决好被征地和退养人员生活出路和长远发展，落实推进整村征拆预留发展用地模式，促进发展用地项目集中连片开发，加快开发人才公寓、商业综合体等，着力增强农村集体经济“造血”功能。加快对被征地和退养人员专业技能的培训和基本知识的普及，使之更好地适应城市化对于劳动者素质的要求，引导村民就近转岗就业，并在医疗和住房保障等方面予以支持。同步提升新城人口的生活品质和精神内核，注重以“文化软实力”赋能，珍视新城历史文化资源，挖掘重塑新城文化内涵，打造具有国际视野、彰显厦门特色、充满历史人文气息、富有人文关怀的现代人居环境，让“新市民”更有获得感、幸福感和归属感。

【参考文献】

[1] 厦门市发展研究中心 . 加快推进岛外新城产城人融合发展的建议 [Z].2021-11.

[2] 厦门市人民政府 .2022 年厦门市人民政府工作报告 [R/OL](2022-01-07)[2022-03-01].https://news.xmnn.cn/xmnn/2022/01/25/100998354.shtml.

[3] 厦门市发展研究中心 . 促进新城产城融合 推动岛外大发展研究 [Z].2019-11.

[4] 邓智团 . 上海新城：正从“新的城区”向“新的城市”转变 [N]. 中国城市报. 2021-01-25.

[5] 唐晓宏 . 上海产业园区空间布局与新城融合发展研究 [D]. 上海：华东师范大学，2014.

课题组长：陈菲妮

课题组成员：谢强 李婷 林智 黄彩霞

课题执笔：陈菲妮

第三十章

加快厦门岛外教育补短板研究

加快岛外教育补短板，不断提升岛外教育水平，对于实现岛外教育“有学上”“上好学”，提升岛外核心竞争力，加快实施“岛内大提升 岛外大发展”战略，办好人民满意的教育，建设现代化教育强市，增强人民群众教育获得感、幸福感具有重要意义。为聚焦市民关注热点，突出研究重点，本章研究范围限定为岛外学前教育到高中教育阶段。

一、发展情况

（一）教育供给大幅增加

根据厦门市统计年鉴数据，从现有学校及学生人数来看，2015—2020 年，厦门岛外海沧、集美、同安、翔安四区除小学学校数量由 216 家减少至 209 家外（主要原因是部分农村校合并），各级学校数及在校学生数普遍增长（详见表 30-1）。整体来看，学校数量增加最多的是幼儿园，从 455 家增长到 708 家，增长 55.6%；在校人数增加最多的是小学阶段，从 152626 人增加到 223098 人，增加 70472 人；各区小学、初中在校人数都大幅增加，小学人数均增加超过 1 万人。具体来看，同安区幼儿园、小学、初中、高中在校人数均为岛外各区最多，集美区人数稍少，排在第二位。

表 30-1 岛外各区学校学生情况表

区	年份	幼儿园		小学		初中		高中	
		数量 / 所	在园人数 / 人	数量 / 所	在校人数 / 人	数量 / 所	在校人数 / 人	数量 / 所	在校人数 / 人
海沧区	2015	57	15815	24	27356	7	7509	2	2457
	2020	109	26514	22	41594	10	13981	2	3964
集美区	2015	144	26822	45	53174	14	15323	6	7341
	2020	219	39014	45	68876	19	25441	8	10317

续表

区	年份	幼儿园		小学		初中		高中	
		数量 / 所	在园人数 / 人	数量 / 所	在校人数 / 人	数量 / 所	在校人数 / 人	数量 / 所	在校人数 / 人
同安区	2015	136	18341	81	48291	20	15891	8	8222
	2020	237	40151	78	70952	23	25967	6	10506
翔安区	2015	118	13618	66	23805	13	7387	4	4405
	2020	143	24248	64	41676	13	11997	4	5736
岛外四区合计	2015	455	74596	216	152626	54	46110	20	22425
	2020	708	129927	209	223098	65	77386	20	30523

注：根据厦门市统计年鉴有关年份整理。

从新增学位情况来看，岛外各区大力推进学校学位建设，幼儿园及中小学所能提供的学位数大幅增加。“十三五”期间，海沧区完成新建、改扩建学校项目 39 个，新增幼儿园学位超 8800 个，新增义务教育学位超 34000 个；集美区完成新建、改扩建学校项目 39 个，新增中小学幼儿园学位超 33000 个；同安区完成新建、改扩建学校项目 65 个，新增幼儿园学位超 6800 个，小学学位超 2.3 万个，中学学位超 8500 个；翔安区完成新建、改扩建学校项目 51 个，新增幼儿园学位超 9000 个，新增义务教育学位超 24000 个。

（二）教育需求不断增长

在跨岛发展持续推进、“岛内大提升、岛外大发展”加快实施、“一岛一带多中心”城市空间格局持续拓展等背景下，岛外各区产业布局更加清晰，海沧新城、集美新城等新城建设越趋成熟，经济社会加快发展，人口均大幅增长（详见表 30-2）。具体来看，海沧区、集美区户籍人口增长最快，2015—2020 年，增长均超过 50%。其中集美区常住人口增加最多，增加 20 万人，成为岛外首个常住人口突破 100 万人的城区，同安区次之，增加 15.5 万人，岛外各区常住人口都远超户籍人口。从出生人口看，2017 年岛外各区迎来出生人口高峰，2018 年开始，出生人口数呈逐年下降趋势，其中同安区、翔安区回落明显。岛外各区人口的增加，学龄儿童人数的快速增长，以及随迁子女人数的增多，都导致对学校学位需求的同步增加。同时，在居民收入和生活水平不断提升后，市民教育理念已逐渐从“有学上”到“上好学”转变，对教育供给多样化和高质量教育的需求更大。

表 30-2 岛外各区人口变动情况表

区	人口	2015 年	2016 年	2017 年	2018 年	2019 年	2020 年
海沧区	户籍人口 / 万人	16.7	18	19.3	20.7	24.2	26.4
	常住人口 / 万人	45.7	48.0	50.4	54.2	57.8	58.6
	出生人口 / 人	3291	4433	5180	4349	4855	4124
集美区	户籍人口 / 万人	24.3	26.5	28.9	31.5	36.9	40.6
	常住人口 / 万人	84.1	87.4	91.1	96.8	102.2	104.0
	出生人口 / 人	4025	5959	7760	7069	7601	6753

续表

区	人口	2015年	2016年	2017年	2018年	2019年	2020年
同安区	户籍人口 / 万人	35.8	36.8	37.9	39.1	40.5	41.9
	常住人口 / 万人	70.4	73.1	77.4	81.6	85.2	85.9
	出生人口 / 人	6538	7257	9106	7265	6470	5495
翔安区	户籍人口 / 万人	32.9	33.9	35	36.1	37.8	39.5
	常住人口 / 万人	46.5	48.8	51.0	54.4	57.2	58.2
	出生人口 / 人	6551	7030	8030	6915	6492	5436

注：根据厦门市统计年鉴有关年份整理。

（三）教育质量稳步提升

岛外各区通过加快教育补短板，外引内扩优质教育资源，优化教学管理，提高教育信息化水平，推动各级各类学校办学水平不断提高。其中：同安区获得“全国中小学责任督学挂牌督导创新区”荣誉称号，海沧区、集美区获福建省“教育强县（市、区）”称号。在幼儿园教育方面，岛外各区普惠性幼儿园覆盖率均超过90%，有效保障孩子们享受优质的学前教育。在中小学教育阶段，各区大力引进岛内优质教育资源，推进岛内名校跨岛发展，厦门一中、双十中学、外国语学校、科技中学、实验小学等先后在岛外建设实质性分校。各区着力推进义务教育管理标准化学校建设，“十三五”期间，集美36所、同安89所、翔安61所学校通过“福建省义务教育管理标准化学校”评估，海沧义务教育阶段学校全部通过市级义务教育管理标准化、义务教育标准化评估。大力实施农村义务教育质量提升工程，一批乡村小学完成提升改造，升格为区直属学校，并通过采取购买服务、交流轮岗、送教下乡和结对帮扶等措施，有效提升乡村学校教学质量。推进优质校与农村校、薄弱校“联姻”合作办学，应用远程教育，不断缩小区域内校际质量差距。

在提升教学质量的同时，岛外各区全面推进中小幼德育一体化，积极开展各类劳动实践、研学旅行、志愿服务等活动，着力培育德智体美劳全面发展的时代新人，创建了一批足球、篮球等特色学校，形成了具有各自特色的素质教育品牌。如海沧“海娃舞蹈团”获全国赛金奖，“海娃民乐团”参加教育部主办的全国赛获器乐类国家级一等奖；集美设立闽南戏曲示范点学校9个，杏南中学代表队获WER机器人世界锦标赛二等奖；同安竹坝学校女排获市赛17连冠，男排获省赛6连冠、市赛12连冠；翔安童谣、答嘴鼓等闽南传统艺术项目多次获得全国金奖。

（四）教师队伍不断壮大

岛外各区相继出台系列政策，加大教师招聘力度，吸引全国各地优秀教育人才、“985”高校、“211”高校及省属师范大学优秀毕业生到岛外各区就业，在职在编教师大幅增长，其中，幼儿园教职工人数增加超过一倍（详见表30-3）。通过完善教育人才梯次培养体系和校际交流工作制度，扎实推进“名师培养工程”“名校长培养工程”，组建名师发展工作室，落实教师全员培训，推进教师岗位练兵，组织参加省、市级教师教学技能大赛等活动，不断完善教师递进式发展平台。同时，全面实施岗位聘任制度，落实师德考核和表彰制度，建立激励机制，将师德教育列为素质教育督导评估、校长绩效考核、教师年度考核的重要内容，打造了一支高素质教育人才队伍。如，同安区涌现出全国优秀教师温文彬、徐碧环、洪金星，全国模范教师洪秀端，福建省十佳“最美教师”詹江贺等一批优秀教育人才；集美区厦门十中苏婷、内林小学郑晓万在福建省第四届中小学教师教学技能大赛中获省特等奖等。

表 30-3 岛外各区各级学校教职工人数统计表

区	年份	幼儿园 / 人	小学 / 人	普通中学 / 人
海沧区	2015	1744	1446	826
	2020	3298	1615	1431
集美区	2015	3125	2824	2087
	2020	5921	3075	3330
同安区	2015	1727	2759	2178
	2020	4313	3540	2876
翔安区	2015	255	1233	1219
	2020	2304	1728	1302
岛外四区合计	2015	6851	8262	6310
	2020	15836	9958	8939

注：根据厦门市统计年鉴有关年份整理。

（五）教育改革扎实推进

岛外各区以改革为抓手，不断完善教育体制机制，激发教育发展活力。如海沧区在全区范围内全面铺开素质教育督导评估工作，实行“一年评一次，三年为一轮”制度，引入第三方评估机构开展中小学督导评估，探索素质教育督导评估与校园长绩效考核工作“二评合一”模式，2018 年海沧区“两项督导”取得“优秀”等级。集美区为名师搭建了“六级递进式发展平台”，为教育干部构建了“五级递进式发展平台”，有效加强教师队伍建设。同安区利用“互联网 + 教育”方式，成立“同安区基于互联网 + 教学应用实践共同体”，创新打造“远程同步互动”课堂，建立城区学校、中心校与农村完小和教学点的一对一手拉手“远程帮扶”新机制。翔安区创建全省首个区级普惠性的翔安教育集团，开创了办学新模式，并率先在全市实现区属中小学、幼儿园统一购买物业服务，让教师从繁杂的非教学事务中解脱出来，专心从教，有效提升学校精细化管理水平。

二、主要短板

（一）教育质量有待提升

一是优质教育资源覆盖面不高。相比岛内教育强区思明区，岛外各区优质教育资源还存在较大差距。在幼儿园方面，思明区公办园在园幼儿比例达 63.23%，市级及以上示范性幼儿园幼儿在园比例达 42.08%，均为全市各区首位，占比含金量高。在中小学阶段，思明区域内拥有厦门市实验小学、厦门外国语附小、大同小学、厦门一中、厦门外国语中学等一批名校资源。同时，思明区在省义务教育管理标准化学校占比、中小学校智慧校园占比等指标上，也好于岛外各区。

二是教师队伍水平还需提升。教育高层次人才引进机制不够灵活，名师名校长队伍建设力度还需加大。教师编制紧张，音乐、体育、艺术等专业教师缺乏。编外教师占比高（除翔安外），待遇偏低，人员不稳定。同时，从对比来看，思明区在市级名师工作室、市级及以上优秀教师人数、小学每个教职工负担学生数、编外教师年收入等指标上，都比岛外各区表现要好；思明区生均教育经费投入指标，也比岛外各区（除海沧区）高，反映出岛外各区教师队伍建设还有很大提升空间。有关指标对比情况详见表 30-4。

表 30-4　2020 年厦门市各区基础教育情况对比表

序号	指　标	思明	湖里	海沧	集美	同安	翔安
1	公办性质幼儿园幼儿就读率 /%	63.23	43.33	50.8	40.37	50.03	53.22
2	市级及以上示范性幼儿园占比 /%	42.08	24.12	17.92	12.6	19.74	22.82
3	省义务教育管理标准化学校占比 /%	100	100	100	100	93.68	77.22
4	小学每个教职工负担学生数 /%	19	23	26	23	20	24
5	中小学校中智慧校园占比 /%	18.42	11.11	15.15	7.58	7.84	2.56
6	中小学编外教师占比 /%	18.86	36.06	23.82	31.96	21	0.28
7	编外教师年收入 / 万元	10.4	10	10	10	8.3	8
8	幼儿园保育员年收入 / 万元	7.5	6.5	5	7.5	4.5	6
9	市级“名师工作室” / 个	10	2	2	6	3	4
10	市级及以上优秀教师人数 / 人	72	58	54	60	63	54
11	生均教育经费投入 / 元	25062	25940	31856	22018	23488	22748

注：根据市教育局、同安区教育局提供资料整理。

（二）教育资源供给不足

一是基础教育学位缺口依然存在。根据市教育局有关预测分析，2021—2022 年，岛外各区幼儿园学位缺口 4500 人左右，小学学位缺口 3700 人左右。同时，岛外人口因“全面二孩”、户籍新政等政策影响增长迅速；岛外集体户适龄儿童近年来增长快速，随迁子女大量流入，岛外各区未来幼儿园适龄儿童和小学学龄人口将继续保持快速增长，学位供给赶不上需求，“入园难”“入学难”矛盾将日益凸显。二是教育资源供给存在结构性失衡。学校规划建设不够科学，部分学校片区内招生对象远超学校可提供学位数，部分学校远远不足。同时，岛外各区还普遍存在小学阶段“镇区紧缺、农村剩余”结构性学位紧缺问题。另外，名校名师“分布不均”，主要集中在城区和公办学校，难以充分满足群众在家门口就能上好学的要求。三是优质民办教育供给不足。岛外各区民办中小学校数量少，民办校教育质量整体不高，优质民办教育相对缺乏，有竞争力的高端民办学校屈指可数，难以满足群众多样化就学需求。

（三）乡村教育基础薄弱

一是学校点多面广规模较小。岛外乡村地域广阔，乡村学校点多、面广、线长，布局大多分散。以同安区为例，2020 年，同安区有农村集体办幼儿园 75 所，占全区幼儿园总数 31.6%，幼儿人数占全区幼儿总数 14.52%；乡村完小 50 所、教学点 7 个，占全区小学总数的 73%，生数占全区小学总人数的 15.17%；规模 200 人以下的乡村完小有 32 所，规模最小的完小为后埔小学仅有 52 人，规模最小的小坪教学点仅有 5 名学生。二是学校硬件设施较差。建筑物普遍年代久远，建筑面积小，大部分无专用的音乐、美术、舞蹈教室，更没有体育馆、艺术馆、图书馆等专用场馆，只能基本满足教学需求。三是教育经费较少。农村初中校和农村完小因生源少，导致公用经费相应较少。这些经费仅能维持学校常规运转，学校的校园文化提升改造、设备设施购置更新等品质项目无法保障。四是师资水平较弱。集体办幼儿园编外教师占比高，中小学受现行小学教师编制按生师比 19:1 配备，生数 200 人以下小规模学校按班师比 1:1.7 配备标准限制，艺体学科教师普遍缺乏，教师学科结构性失衡的现象较为突出，新教师受编制原因无法补充，出现农村校教师年龄整体偏大的现象。

三、对策建议

（一）不断提高岛外教育教学质量

1. 扩大岛外优质教育资源覆盖面

一是持续推动“名校跨岛”。深化岛内外教育交流合作，加快推进厦门实验中学新校区、双十中学翔安校区、实验小学翔安校区等项目，不断完善岛内外学校对口帮扶机制，进一步扩大合作办学的深度和广度，提升合作办学成效。二是借助市域内科研院校力量。鼓励支持岛外各级各类中小学幼儿园与厦门大学、华侨大学、集美大学等科研院校开展多种形式的教育交流合作，提升办学水平。三是加强对外交流合作。学习借鉴国内上海、深圳等先进城市在教育管理体制、办学体制、人才培养模式改革等方面的经验做法。鼓励岛外各区积极参与“一带一路”沿线国家、金砖国家、台港澳等地区的教育交流与合作，支持有条件的学校与境外优质学校建立“姊妹校”关系，不断提升办学国际化水平。四是持续加大优质教育资源引育。推动海沧延奎小学、集美实验小学、同安一中等岛外现有优质教育资源做大做强，加快培育一批名校优质校。完善重点教育招商项目和重要目标企业（学校）责任挂钩机制，充分拓展校友会等资源渠道，提升招商精准度，加快引进一批非义务教育阶段的优质民办学校、国际学校。

2. 建设岛外高素质教育人才队伍

一是创新教师编制管理。盘活岛外各区事业编制存量、向教师队伍倾斜，完善“退一进一”加缺编按比例招聘方式。推进岛外各区“区管校聘”管理改革，教育行政部门在核定的教职工编制总额和岗位总量内，可跨学段统筹分配各校教职工编制和岗位，合理调整各校教师的学科结构和年龄结构。二是加大教师招聘力度。对标岛内思明湖里，不断完善岛外各区教师外招政策，拿出真金白银，提高教育人才租房、购房等补贴标准，完善落户、医疗、子女就学等方面的优质服务，确保外招政策相对更有吸引力。加大岛外各区从教育部直属师范大学和全国重点师范大学招聘中小学教师力度，吸引全国各地优秀教育人才、“985”高校、“211”高校及省属师范大学优秀毕业生到岛外就业。三是加强教育系统人才培养。落实师德师风“一票否决”制度，引导广大教师学为人师、行为世范。实施区级名师、名校长培训工程。推广“研训导一体化”教师发展模式。健全“教坛新秀—教学能手—学科带头人”梯级的中小学名师专业发展体系。强化校长职业保障，完善校长职级制。搭建成长平台，组织开展教师教学基本功大赛、教育教学技能大赛、创新大赛、学科优质课评比、信息化教学能力比赛等各类教师“大比武”活动。

3. 深入推进教育教学改革

一是构建新型教育教学模式。充分运用人工智能、5G、物联网等新技术，探索未来学校教育教学管理新模式、新方法和新形态，推进岛外中小学人工智能教育试点，加快“未来学校”“未来教室”等建设；利用“互联网＋教育”方式，推广同安“远程同步互动”课堂模式经验，推动岛内岛外优质教育资源实现共享，加快岛外各区教育弯道超车，实现超越。二是推动教育质量综合评价改革。立足岛外各区实际，不断深化新时代学校、教师、学生等领域教育评价改革，完善适应教育新需求和分类管理的学校建设标准，完善教师分级成长考评制度，建立健全学生发展评价标准，切实扭转不科学的教育评价导向。三是加强教育督导机制改革。建立岛外各区专业化的教育督导队伍，实施督学责任区挂牌督导制度，强化督导结果在教育资源配置、评先奖优和干部任用等方面的运用，切实让教育督导工作“长牙”。四是完善教育投入保障机制。健全岛外各区财政教育投入持续稳定增长的长效机制，确保财政一般公共预算教育支出和按在校学生人数平均的一般公共预算教育支出逐年增长。逐步提高岛外各区学前教育、义务教育、普通高中教育阶段生均公用经费定额标准。弘扬嘉庚精神，引导鼓励企业家、乡贤、爱心人士、创业成功人士通过捐赠、扶助等多种形式支持岛外教育发展。

（二）持续保障岛外基础教育学位供给

1. 科学规划学校布局

一是合理配置教育空间资源。提前对岛外各区户籍人口、出生人口、外来人口等数据进行摸底排查，加强数据收集与研判，并结合各区国土空间规划、产业布局，按照千人指标科学合理测算学位，适度超前规划基础教育学校建设。二是加强入学政策引导。岛外各区根据片区学生变化情况，针对部分学校划片内的“两一致”对象分布不均问题，要适时修改完善“两一致”分流方案，通过就近选择分流接收校、提前预告分流方案，争取被分流对象的支持和理解；针对集体户增长迅速问题，要进一步优化派位规则，合理统筹，在根据落户时间优先，遵循志愿的基础上，综合考虑家长接送问题，减轻多孩家庭接送负担；同时要不断完善各区积分入学细则，量力而行，尽力而为，保障进城务工随迁子女就读权利，推动解决“城镇挤”、片区不均衡等问题，力求做到生源质量均等化、积分入学科学化、学区划分合理化。三是完善学校建设动态调整机制。对嵩屿街道、海沧街道、杏东片区、同安老城区等人口密集、学位紧张的片区优先安排学校建设项目。马銮湾新城、环东海域新城等岛外新城片区要同步配套建设教育设施，确保中小学校、幼儿园与居民住宅区同步规划、同步建设、同步交付使用。

2. 大力推进学位建设

一是建立学校建设项目库。岛外各区要结合“十四五”教育事业发展规划，加快编制完善新、改、扩建学校项目库，细化建设内容、建设年限、责任单位，按年度分批推进一批中小学幼儿园项目建设。二是加快项目建设进度。全面加快集美柏涛学校、同安卿朴中小学、厦大附属翔安实验学校等一批学校项目建设速度，同步规划实施校园周边道路、公共交通、污水管道等市政配套建设。三是加强要素保障。通过盘活闲置土地和厂房资源用于学校改建项目，合理推进“上天入地”建设老城区集约型学校，推动解决岛外老城区、同安工业集中区等就学热点难点区域学位问题。

（三）大力提升岛外乡村教育水平

1. 优化乡村办学条件

一是加快推进岛外乡村学校补短板项目。组织实施农村小规模学校提升改造工程和农村小学与幼儿园分离工程，改扩建后坂小学、迁建西山小学等一批农村学校，满足适龄儿童就近入园入学需要。二是强化乡村学校建设项目土地要素保障。涉及乡村规划建设范围内的教育补短板项目，以集体建设用地，按照乡村建设许可证程序办理，不受总规的限制。三是不断增加乡村教育投入。增加乡村小规模学校专项补助资金，加大对乡村学校功能室设施设备的投入，推动各乡村学校因地制宜发展射击、民乐等特色项目，建设一批“小而美，小而精”的乡村学校。

2. 加强乡村教师配备

一是建设乡村教师队伍。推动教师编制向乡村学校倾斜，加大乡村教师招聘。加强区域内对口支援和校际协商，将有富余的师资调剂到缺编的乡村学校。加大农村小规模学校艺体学科购买课时服务工作力度，补齐补强小规模学校艺体学科师资短板。二是加大乡村教师队伍培养力度。组织开展农村校长师德素养及管理能力提升培训、农村学校教导主任师德提升工程专题培训、农村小学教师师德素养及教育能力提升培训等系列专题培训。三是增强乡村教师吸引力。落实乡村教师生活补助，提高乡村教师生活待遇。岛外各区在评优评先、骨干教师培养中，单列名额用于推荐农村优秀教师，同等条件下予以优先推荐。

3. 提高乡村办学质量

一是大力实施共建帮扶。试行名校带动战略，推动各区城镇优质校与乡村薄弱校共建协作，如同安一实小与宋宅小学、竹坝学校与竹山小学等共建协作，探索开展捆绑考核，保障共建帮扶有实效，从而助推岛外乡村学校提升教育质量。二是深入开展结对送教。以“远程同步互动”课堂等信息化手段为支撑，不断探索城区学校、中心校与农村完小和教学点的一对一手拉手“远程帮扶”校际合作新机制，不断将城区和中心校的优质资源输送到乡村学校，助力乡村学校教育提质。

【参考文献】

[1] 黄亮．上海基础教育改革与发展的成功经验——兼论上海一流教师队伍的建设 [J]. 现代基础教育研究，2019，35.

[2] 中国教育新闻网．践行新发展理念，不断扩大优质教育资源，实现高位均衡发展——城乡教育一体化的“成都样本”[EB/OL].(2019-10-19)[2022-03-01].http://www.jyb.cn/rmtzgjyb/201910/t20191019_268253.html.

[3] 凤凰新闻．厦门岛外幼儿园中小学近期建设规划出炉 [EB/OL].(2019-8-28)[2022-03-01].https://ishare.ifeng.com/c/s/7pVjnCxCDHh.

[4] 厦门人大．厦门市基础教育发展情况调研报告 [R/OL].(2020-07-28)[2022-03-01].https://www.xmrd.gov.cn/

rdlz/llyj/202007/t20200728_5381608.htm.

课 题 组 长：董世钦
课题组成员：戴松若　林　红　林汝辉
　　　　　　梁子升　林　敏　许丽娟
课 题 执 笔：董世钦

后记

2021年，厦门市发展研究中心践行智库初心使命，切实履行作为市委市政府的智力库、信息库和人才库“三库”职责，围绕厦门更高水平建设高素质高颜值现代化国际化城市，开展了百余项政策咨询研究工作，为市委市政府及相关部门决策提供高质量政策咨询服务。本书汇聚2021年度研究中心部分研究成果，评述2021年厦门经济社会发展状况，展望2022年发展前景。

在编撰本书的过程中，我们得到了厦门市市直部门及火炬高新区管委会、自贸区管委会、金砖办及各区发改局等单位的大力协助，在此谨表示衷心的感谢！

本书观点仅代表厦门市发展研究中心对相关领域、相关问题的思考，用于学术交流和讨论，不代表政府的决策观点和政策倾向。书中涉及的统计和调查数据，因来源不同，可能与实际有出入，2021年全年的实际数据仍以厦门市统计局正式公布的数据为准。由于时间和水平有限，书中难免存在疏漏和差错之处，敬请读者指正并见谅。

编　者

2022年3月